菊間弁護士と学ぶ!

契約のキホンのキホン

弁護士
菊間千乃
著

ぎょうせい

◆ はしがき ◆

「管理職になって、急に契約書をチェックする仕事が増えたのだが、どこからどう見たらいいのかわからない」「条文が3行以上続くと、めまいがして、契約書を読みたくなくなる」。

私が実際に現場でお会いした契約担当者の声である。そして本書は、こうした契約書アレルギーの方に向けた書籍である。

もともとは初学者向けの民法（債権法）改正本の執筆依頼であった。しかし、初学者にとって、改正前の内容を知る必要はあるのかと思うに至り、本書は、改正民法施行に合わせ、平成29年に改正され、令和2年4月から施行される、債権関係の民法の条文をできるだけわかりやすく解説することに主眼を置いた。

これまでの民法の条文は、表現があいまいであるため、○○説といった学説や、判例が示した条文解釈の学習が必須であった。しかし平成29年の改正で、こういった解釈が平易な言葉で条文化され、かなりわかりやすくなったと思う。

司法試験受験者にも一部見受けられるが、民法の教科書ばかりを読んで、条文をしっかり読み込めていない者がいるようである。しかし、教科書は条文の解説本なのであるから、後にも先にも、基本は条文である。よって、本書は、レッスンごとに引用するすべての条文を掲載した。本書と別に六法を参照する必要はない。まずは条文を読み、解説を読み、もう一度条文を読んでほしい。

法律は法律家のためのものではない。広く国民に認知され利用されてこそ、意味がある。本書をきっかけに、民法の条文に慣れ親しんでいただければ幸いである。

執筆のお声かけをいただいてから早3年、辛抱強くお待ちいただいたぎょうせいの皆さん、そして激務の中、内容面や表現方法など、幅広くアドバイスをいただいた、新人以来お世話になりっぱなしの同部屋の八木仁志弁護士に、心から感謝を申し上げる。

1人でも多くの方が、条文アレルギーから解放されますように!!

2020年3月

弁護士　菊間　千乃

◆凡　　例◆

1　根拠法令

法令名を付していない条数は、民法を指す。なお、改正民法とは、特に明記がない限り民法の一部を改正する法律（平成29年法律第44号）により改正された民法を指し、旧民法とは、その改正前の民法を指す。

2　裁判例等

裁判例等を示す場合、「判決」⇒「判」と略した。また、裁判所等の表示及び裁判例等の出典については、次に掲げる略語を用いた。

(1)　裁判所名等略語

大	大審院
大連	大審院連合部
最	最高裁判所

(2)　判例集・雑誌等出典略語

民録	大審院民事判決録
民集	大審院民事判例集／最高裁判所民事判例集
刑集	最高裁判所刑事判例集
判時	判例時報

◆ 参考文献 ◆

筒井健夫・村松秀樹『一問一答　民法（債権関係）改正』（商事法務、2018年）

野村豊弘監修『民法改正で変わる！契約実務チェックポイント』（日本加除出版、2017年）

近江幸治『民法講義Ⅰ民法総則（第7版）』（成文堂、2018年）

近江幸治『民法講義Ⅴ契約法（第3版）』（成文堂、2006年）

近江幸治『民法講義0ゼロからの民法入門―教養としての民法』（成文堂、2012年）

近江幸治『民法講義Ⅳ債権総論（第3版補訂）』（成文堂、2009年）

我妻栄ほか『我妻・有泉コンメンタール民法（第6版）総則・物権・債権』（日本評論社、2019年）

潮見佳男『民法（全）（第2版）』（有斐閣、2019年）

潮見佳男『基本講義　債権各論Ⅰ契約法・事務管理・不当利得（第3版）』（新世社、2017年）

潮見佳男『プラクティス民法　債権総論（第5版）』（信山社、2018年）

内田貴『民法改正―契約のルールが百年ぶりに変わる』（ちくま新書、2011年）

民法改正研究同人会　稲村晃伸ほか『民法大改正ガイドブック―ビジネスと契約のルールはこう変わる』（ダイヤモンド社、2015年）

神余博史『国家試験受験のためのよくわかる民法（第9版）』（自由国民社、2019年）

民法研究会『面白いほど理解できる民法（第3版）』（早稲田経営出版、2019年）

栗田昌裕ほか『民法4債権総論（有斐閣ストゥディア）』（有斐閣、2018年）

佐久間毅『民法の基礎1総則（第4版）』（有斐閣、2018年）

Contents

Chapter 4 契約の解除時の問題について学ぼう

Chapter 6 契約にまつわる重要事項について学ぼう

Chapter 7 ビジネスシーンでのその他の問題について学ぼう

契約実務の現場から

Chapter 1

契約（書）について学ぼう

　本章では、契約書の基本について学んでいきます。「契約」とは何か？ 何のために契約書を交わすのか？ 契約書を作成するときにはどのようなことに注意をすればよいのか。各論に入る前に、これらの基本を押さえることはとても大切です。わからなくなったら、ここに戻りましょう。契約書作成、修正のポイントは、ずばり「愛」ですよ！

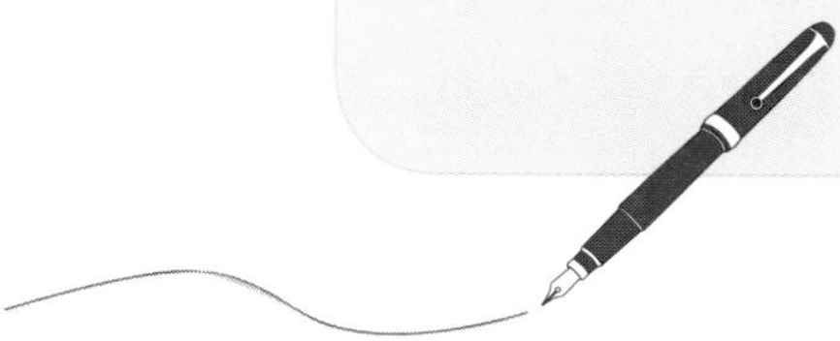

（契約の成立と方式）
第522条 契約は、契約の内容を示してその締結を申し入れる意思表示（以下「申込み」という。）に対して相手方が承諾をしたときに成立する。
2 契約の成立には、法令に特別の定めがある場合を除き、書面の作成その他の方式を具備することを要しない。

Lesson 1 契約の意義

皆さんは、なぜこの本を手にお取りになりましたか。契約書を作成する、もしくはチェックするお仕事が舞い込んできたけれども、一体何に注意して作成、チェックしたらよいかわからない、ということでしょうか。それとも民法改正の内容が契約実務にどのような影響を及ぼすのかについて、概略を知りたいなと思ったからでしょうか。

しかし、本題に入る前に、そもそも皆さんはなぜ契約を締結するかということについて考えたことはありますか。「契約」ってなんでしょう。本章では、契約するということの意義、効果について、まずは考えてみたいと思います。

1. 「契約」とは

契約とは、「申込み」と「承諾」という意思表示の合致で成立する法律行為をいいます。たとえば、皆さんが八百屋さんで、「ミカンをください」と言います。これが「申込み」です。「はい。このミカンですね」と八百屋さんが返答しました。これが「承諾」です。ミカンを欲しいという意思とミカンを渡すという意思が合致しているので、契約（売買契約）が成立しているということになります。一方、皆さんが「ミカンをください」と言ったところ、八百屋さんが「はい、このリンゴですね」と言って、リンゴを差し出してきたら、どうでしょうか。ミカンを欲し

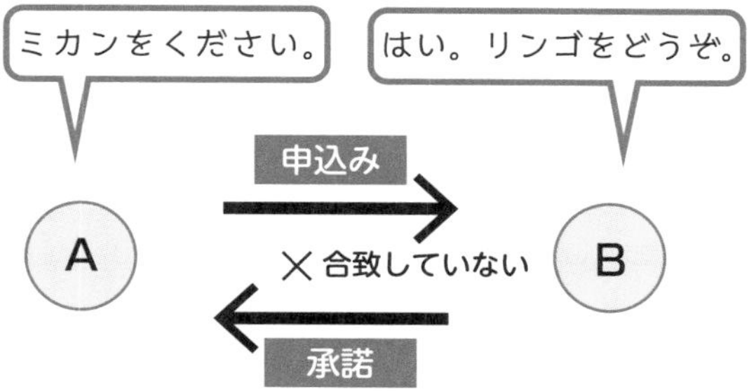

いという意思とリンゴを渡すという意思は、合致していませんよね。よって、この場合は意思表示の合致がないため、契約は成立しているとはいえません。

こう考えると、皆さんは日常で無意識のうちに、たくさんの「申込み」「承諾」をし、契約の当事者になっているということに気づくと思います。たとえば、会社で働いている方は、その会社と雇用契約を、学校に通っている方は、その学校と在学契約を、マイホームを購入するために金融機関から融資を受けた方は、その金融機関と消費貸借契約を、保証人を付けていれば、保証契約を、結婚だって、結婚契約を締結しているということなのです。何もビジネスで取り扱う難しい専門用語が列記された契約書だけが、契約ということではありません。

2. 「契約」の種類

では、契約にはどのようなものがあるのでしょうか。民法には、贈与・売買・交換・消費貸借・使用貸借・賃貸借・雇用・請負・委任・寄託・組合・終身定期金・和解の13種類の契約についての規定があります。耳にしたことがある言葉もあるのではないですか。民法は明治時代につくられた法律です。その当時、典型的な契約形態がこの13種類だったのでしょうね。この13種類の契約を典型契約または有名契約といいます。「有名」とは「有名人」の「有名」ではありません。「名前」が「有る」契約、ということです。

しかし、先ほど契約は「申込み」と「承諾」という意思表示の合致で成立するといいました。13種類には在学契約は含まれていません。ではこれらの契約は民法に規定がないので、無効なのでしょうか。いいえ、そうではありません。民法はあくまで典型的な契約を規定しているだけであり、この13種類以外の契約形態を民法が否定しているということではありません。明治時代と令和の世の中では、ビジネスの方法も世の中の仕組みも大きく様変わりしています。契約だって、明治時代の先人たちが想像できなかったようなものがたくさんあります。それらに民法が完璧に対応することは不可能なのです。よって民法に規定がないからといって、焦らなくても大丈夫です。

こういった民法に規定のない契約は、典型契約に対して、非典型契約といいます。有名ではないですから、無名契約です。たとえば、皆さんがオーダーメイドでタキシードをつくるとします。これは何契約でしょうか。生地を買うという点は、売買契約ですが、皆さんの体型にフィットしたオンリーワンのタキシードを完成させることが契約の主債務（売主の義務）になりますから、この部分は、仕事の完成に対して対価（報酬）が支払われる請負契約となります。つまり、売買契約＋請負契約ということになります。ちなみに、このようないくつかの契約要素が入り混じった契約は、混合契約といい、これも非典型契約の一つです。

3. 「契約」の効果

契約を締結することで、契約の相手方をその契約内容に従って行動するよう拘束することができます。これが契約の効果です。先の例で、ミカンの売買契約が成立したからには、申込者である買主には、代金を支払う義務（債務）が発生しますし、承諾者である売主には、ミカンを渡す義務（債務）が発生します。相手方がこの義務（債務）を履行しないときに、「契約内容に従って、きちんと自分の義務を履行してくださいよ」と相手に要求することができる、それが契約をすることの効果です。

Lesson 2 契約書の意義

1. 契約書はなぜ作成するのか

契約は「申込み」と「承諾」という意思表示の合致によって成立するといいました。八百屋さんの店頭で皆さんは契約書にサインをしているわけではありません。それでも売買契約は成立しています。では、契約書とは何のためにあるのでしょうか。契約を締結する際に必須のものではないのでしょうか。

結論から申し上げれば、契約書は契約の成立において、必須のものではありません。「申込み」と「承諾」という意思の合致で契約が成立する以上、書面がなくても、口頭でこと足りるのです。よって、契約書を作成していないから、締結した契約における自分の債務を履行しなくてよい、ということにはなりません。契約書はなくとも、その契約が成立している以上、当事者はその契約に拘束されるのです。

では、なぜ契約書を作成するのでしょうか。それは、ずばり、将来の争いをスムーズに解決するためです。確かに契約は口頭でも成立します。しかし、契約の相手方が「そんなことは聞いていない」「そんなことは言っていない」と、自分の義務（債務）を果たさないとしたら、どうしたらよいでしょうか。「いいや、言った」「言ったかもしれないけれど、そういう意味で言ったわけではない」などなど。口論になることは必至です。決着がつくまでに長時間がかかり、最悪のケースでは、けんか別れで終わってしまうかもしれません。

契約書があればどうでしょう。トラブルが起きれば、まずは契約書の内容を確認し、どちらがどういった義務（債務）を負担すべきなのか、それがなされないときの対応としては、何ができるのか（損害賠償の請求、履行の強制、契約の解除等）と、規定をチェックしたうえで、相手方と交渉をすることになります。契約書には、通常は両当事者の権限のある者が署名押印をしている以上､相手方も「そんな契約書は知らない」というわけにはいきません｡当事者は契約書の内容に拘束されますから、契約書に従って、相手に債務の履行を要求することができるのです。契約書を確認すればいいだけのことですから、紛争の解決に時間もお金もかかりません。

来たるべき紛争時に､「言った」「言わない」の不毛な議論にならないよう、スムーズに明快に解決をし、当事者間に無用な遺恨を残さないように、契約書を作成する必要があるのです。

2. 契約書に規定されていない項目について

日本の契約書はアメリカの契約書と厚さが違う、ということをお聞きになったことがありますか。契約社会アメリカでは、非常に詳細な点まで、微に入り細に入り契約書で規定をします。契約書を交わすということは、記載されている条項について、両当事者がすべて同意をするということですから、契約書が長ければ、それだけ締結までに（双方が合意する内容に持っていくまでに）相当な時間がかかります。ただし、トラブルが起こったとしても、解決はスムーズでしょう。大抵のことは、契約書に規定されているからです。

一方日本は、まだまだ契約社会とはいえないという現状があります。もちろん、アメリカのような詳細な契約書を交わすことがスタンダードになっている業界もありますが、全体としてみれば、契約書はごくごく形式的なものに留めるという業界が少なくありません。日本では、契約相手とトラブルになるということを契約締結時に想定していない、もしくは想定して規定を置くこと自体が、相手を信用していないようで失礼だ､という感覚が根強く残っているからではないかと思います。そこで、契約書に規定していないトラブルが起こった際にどうするかといえば、「そのときに話し合いましょう」なのです。契約書の最後の方に「本契約において、定めのない事項又は疑義が生じた場合は、甲及び乙は誠意をもって協議し解決にあたるものとする。」といった内容が記載されているのを、見たことはありませんか。いわゆる「協議条項」です。何かあったらあったで、そのときに考えようという発想です。

何から何まですべて規定するとなれば、ビジネスのスピードに契約実務が追いついていけないということもあるでしょう。契約には、常に相手方がいる以上、アメリカのような詳細な契約書をすべての契約において交わすと自分が決意しても、なかなか実行することは難しいものです。よって、協議条項は日本の契約書においては必須なのだと思いますが、やはりトラブルが生じれば、契約締結時のような和やかなムードでの話し合いは難しくなりますので、この協議条項に含まれる内容は、極力減らせるよう、注文をした商品が発送されない、代金が振り込まれない、第三者が権利侵害を主張してきた等、締結時に考えられうるトラブルについては、対応策を規定しておいた方がよいでしょう。

Lesson 3 契約書作成のポイント

契約書作成のポイントは「想像力」、「愛」です。

1. なぜ契約書を作成するのか

契約とは申込みと承諾という意思の合致で成立し、格別形式は問わないということをお話しました。それでは、なぜあえて契約書を作成するのかといえば、「紛争が生じたときに、速やかに解決を図るため」、これに尽きます。皆さん、契約を締結するときは、互いに協力して新しい事業に取り組もうと前向きな気持ちでいるでしょうから、損害賠償条項や解除条項等は、自分たちには不要だと思われるかもしれません。しかし、世の中に絶対揉めない契約などありません。むしろ、今のよい関係を永続していくために、些細な揉めごとで良好な関係を崩さないために、契約書を作成しておく必要があるのです。

2. どこに着目するのか

「契約書には前文と目的と当事者と……を必ず記載しましょう」というマニュアルを読み、ふむふむとその事項を眺めたところで、皆さんにとって最適な契約書を作成することはできません。なぜなら、契約は一つひとつが異なるものだからです。契約書のマニュアルは、売買、請負、委任等、契約形態のアウトラインを知るには有用ですが、あくまでアウトラインですから、あなたがこれから締結しようとする契約内容に不要な部分もあるでしょうし、不足している部分もあるでしょう。

自社の契約内容に最適なオーダーメイドの契約書を作成するうえで大切なことは、ズバリ「想像力」です。契約内容から、どのようなトラブルが想定できるか、そのトラブルが生じた場合の解決策は規定されているか、その内容が自社に不利な内容になっていないかという観点から、契約書を作成、修正していく必要があります。

そして、この「想像力」とは、とどのつまり、「愛」なのです。トラブルが発生したときに、後で契約書を確認した人が途方にくれないように、自社が莫大な損害を被らないように、今自分がすべきことは何だろう、そう思って契約書をチェックすれば、おのずと、あの場合はどうなるだろう、こういう場合はどうすればよいだろうと想像力が掻き立てられると思います。それはつまり、愛情をもって契約書を作成、修正するということなのです。

たかが契約書ではありません。たった1枚の契約書で会社が存続の危機に陥る可能性もあるのです。実務を行っていると、「上がうるさいので契約書上は、このままにしてほしい」等と先方から言われることがあります。あまり想定されないトラブルのケースだから、「ま、いいか」と先方の要求をのんだところ、実際にトラブルが発生し、契約書に沿って責任をとることになった、というケースもよくあります。だからこそ、契約書チェックをルーティーン作業のように行ってはいけません。「まあ、いいか」では困るのです。 1枚の契約書の契約内容から浮かび上がる物語を想像力、愛を駆使して、あれこれ検討し、来たるべきトラブルに備えた解決基準を定めたオリジナルの契約書を作成しましょう。

3. 鉄板死守条項

すべて自社に有利な内容で契約書を作成できれば、それに越したことはありません。しかし、相手も同じことを考えているはずですから、互いが一歩も譲らなければ、契約は締結できません。そこで必要なのは、契約条項に優先順位をつけることです。

ここだけは絶対譲れないという項目は何なのか、また逆に、相手の提案をのんでもよい、譲歩してもよいと思える点はどこなのか、そういったことを考えながら、契約書の中で、鉄板死守条項と交渉条項をあげていきます。たとえば、今回は内容面で譲歩するが、次の交渉の機会を得るべく、契約期間の自動更新はしないなど。

これだけ準備をしたら、あとは交渉力です。相手の気持ちも慮りながら、愛をもって交渉に臨みましょう。WIN-WINの関係でよい契約が締結できるといいですね。

Lesson 4　契約書の訂正

1. 契約書の訂正

契約書を締結する際には、当事者双方が内容を確認したうえで、署名押印をします。当事者は契約書の記載内容に拘束されますから、契約金額や契約期間など、その契約の重要な部分について、誤記があれば、契約書を訂正する必要があります。訂正しなければ、誤記の内容に、自分たちが拘束されることになってしまうからです。些細な誤記があった場合はどうでしょうか。この場合も、誤記に気づいたのであれば、訂正をしておいた方がよいでしょう。それでは、契約書の訂正とはどのように行うのでしょうか。

当事者の署名押印前に、上述のような契約の根幹に関わる条項につき誤記があった、または誤記の箇所が多数あることを発見したということがあれば、データを修正し、再度印刷したものを互いに確認をしたうえで、署名押印をするということが望ましいと思います。一方、署名押印の直前に誤記が見つかった、または署名押印後に些細な誤字脱字が見つかったという場合には、手書きの修正を行い、訂正印で処理をすることが一般的です。データを修正したものを再度確認するということになると、訂正条項部分以外が書き換えられていないか等、修正後の契約書の全文を一からチェックする必要が生じてしまい、面倒だからです。もともとチェック済みの契約書を手書きで修正するのであれば、その部分だけを確認すればこと足ります。

一方、署名押印をした後に、契約内容を一部変更する、新たな条項を追加するという場合には、契約書の訂正ではなく、当該契約書に関する合意書という形で、別途書面を作成することが一般的です。

2. 訂正方法

契約書は当事者双方の意思表示の合致の証ですから、訂正についても、それを両当事者が了解しているということを、外形的に示すように訂正しなくてはなりません。そこで、契約書を手書きで訂正する場合は、訂正前の内容がわかるように訂正し、その訂正を当事者双方が了承した証として、当該契約書の当事者欄の押印に使用した印鑑と同じものを使って、両当事者が、訂正部分に押印をします。

具体的に説明をしていきましょう。「商品の引渡しは、7月3日とする」との文言を、「8月31日にする」と訂正するとします。まず、訂正する「7月3日」という文字を二重線で消します。そして、その上部に訂正後の正しい文言である「8月31日」を記載します。そのうえで、訂正部分の近くの欄外に、訂正した行、削除した文字数、新たに書き加えた文字数を「○行目、○字削除、○字加入」と記載します。そしてこの「○行目、○字削除、○字加入」との記載の下に、契約当事者双方が、訂正印を押印します。

上記訂正箇所が契約書の5行目であれば、「5行目、4字削除、5字加入」と記載し、当該記載の下に訂正印を押印して、完了です。これを、訂正箇所すべてにおいて行います。

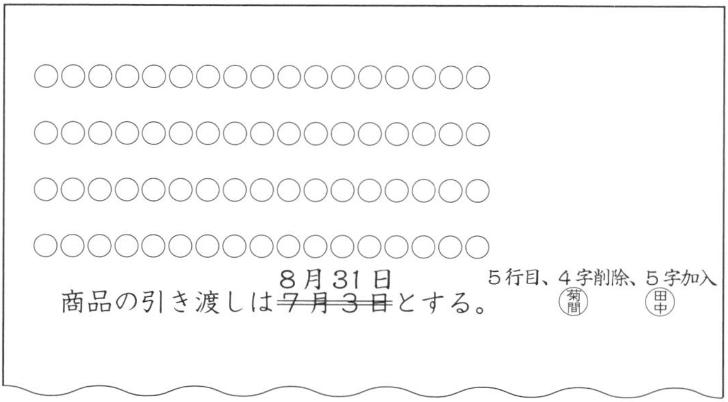

3. 契約書のチェックは慎重に

このような訂正箇所が複数ある場合、訂正するだけでも一苦労、見た目も決して美しい契約書とはなりません。本来的には、当事者双方が署名押印をする前の段階で、しっかりじっくり契約書の文言をチェックしていれば、防げることです。

契約書のチェックが仕事という方は、毎日膨大な契約書をチェックするため、細かな部分をついつい見落としてしまうかもしれません。私も契約書チェックのご依頼を多数受けますが、弁護士のチェック後は当事者が契約書を再度チェックすることはないと思い、慎重に慎重を重ねてチェックを行っています。パソコンの画面では、ついつい見落としがちな誤字脱字も、印刷したものを見返すと、容易に発見することができます。OKを出す前に、最後は紙に印刷したものを確認するということは、些細な誤字脱字の訂正を防ぐには、有用だと思いますよ。

Chapter 2

契約締結、成立時の問題について学ぼう

本章では、契約締結時に想定される諸問題について勉強をします。誰が契約主体になれるのか、契約の成立（申込みと承諾の意思の合致）の時期とはいつなのか、契約締結にかかる費用はどちらが負担するのか、いったん締結した契約を取り消すことはできるのかなどなど。またなじみがあるのに、よくわからないと多くの方がおっしゃる約款についても、新たに平成29年の法改正で民法に規定がされましたので、しっかりみていきましょう。

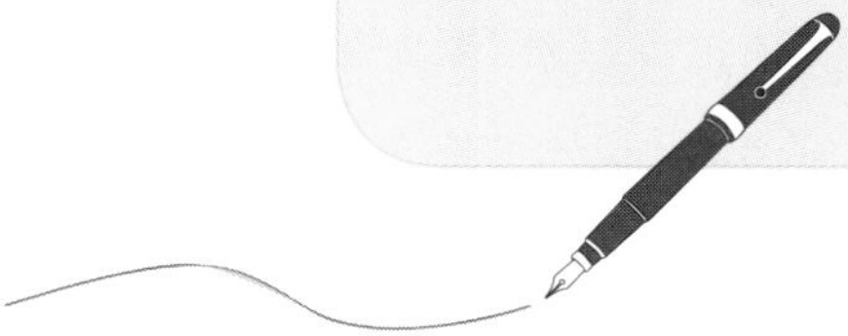

（契約の成立と方式）

第522条　契約は、契約の内容を示してその締結を申し入れる意思表示（以下「申込み」という。）に対して相手方が承諾をしたときに成立する。

2　契約の成立には、法令に特別の定めがある場合を除き、書面の作成その他の方式を具備することを要しない。

Lesson 5 口約束の契約

1. 口約束で契約は成立するか

繰り返しお話しているとおり、契約は当事者間の「申込み」と「承諾」という意思の合致によって成立します。これが原則です。ということは、口約束で契約は成立するのでしょうか。

答えはYesです。むしろ、書面の作成が法令で規定されている場合が特別であって、原則、契約は口約束でも成立するのです（522条2項）。八百屋さんで「ミカンをください」「はい。このミカンですね」で、売買契約は成立します。では、なぜ皆さんは、「口約束で契約は成立するのか」という疑問をお持ちになられたのでしょうか。

2. 裁判の実務

口約束の契約の成立を争った場合、裁判所はどうやって契約の成立、不成立を判断するのでしょうか。両者の言い分を聞き、「どちらがより本当のことを言っていそうか、本人の目を見ればわかるのだ！」そう言って、裁判官は判断を下すのでしょうか。

日本の民事裁判は、判決の基礎となる資料（事実や証拠）の提出を当事者の責任においてすることを求めており、これを「弁論主義」といいます。裁判所は、当事者の立証活動によって提出された証拠から、心証を形成して事実認定を行います。この心証形成の方法は法的に規定されているものではなく、裁判官個々人の経験則や知見に基づいて行われ、これを自由心証主義といいます。

たとえば、口約束の契約が成立したか否かで争われている売買契約の対象物が1億円の絵画だとしましょう。通常、1億円の物を売り買いするときに、口約束だけで行う人はいるでしょうか。もちろんお金持ちの方であれば、そういうこともあるかもしれません。しかし一般の感覚からすれば、そのような高価な物を売買する際には、契約書を作成して契約を締結することが通常であると思いませんか。「通常であれば契約書は作成するよね」と裁判所が心証形成するのであれば、契約が成立したと主張する方は、なぜ契約書を作成しなかったかを、合理的に説明できなければ「契約は成立している」という自己の主張を認めてもらうことは困難でしょう。契約成立を主張する原告としては、その絵画を欲しいと頼んできた被告のメールや、すでに引渡しをしているのであれば、その日時、写真等を証拠として提出し、契約が成立したことを立証しようと試みることになります。そうやって、「ああ、これなら売買契約は成立していたよね」との心証を裁判官が持ってくれれば、契約は成立したとの判断がなされるのです。

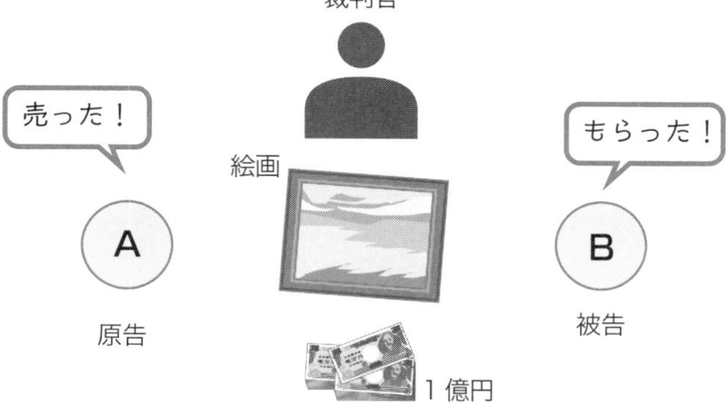

ただし、契約書以外で、どの証拠を提出すれば裁判所の心証がこちらに有利に傾くかということは、案件ごとに異なりますし、不確かな要素が多いことは否めません。その点、両者の署名押印のある契約書があれば、「申込み」と「承諾」の意思の合致があったことが明らかです。相手方が、その署名は偽造だとか、脅迫されて無理やり書かされたのだ等と争ってくることはあるかもしれませんが。

つまり、契約自体は口約束で成立するのですが、後にその成立や内容に争いが生じたときに、言った言わないの争いで、自分が不利にならないように、迅速に明確に契約内容を提示できるという意味において、契約書の作成が必要だということなのです。

3. やっぱり書面化しておきましょう

契約は、これからも一緒に仕事をしていこうと思う方や、親しい方を相手として締結することが多いですよね。口約束で契約をすると、無用な争いが起きて、こういった大切な人間関係にひびが入ってしまうこともあります。大切な相手だからこそ、きちんと契約書をつくって契約を締結するということを心がけましょう。あ、もちろん大切な八百屋さんだからといって、八百屋さんの店前で、ミカンの売買契約書を示す必要はないですけれどね（笑）。なぜいらないかは、お考えください！

Lesson 6 契約自由の原則と公序良俗

（公序良俗）
第90条 公の秩序又は善良の風俗に反する法律行為は、無効とする。
（保証人の責任等）
第446条 保証人は、主たる債務者がその債務を履行しないときに、その履行をする責任を負う。
2 保証契約は、書面でしなければ、その効力を生じない。
（契約の締結及び内容の自由）
第521条 何人も、法令に特別の定めがある場合を除き、契約をするかどうかを自由に決定することができる。
2 契約の当事者は、法令の制限内において、契約の内容を自由に決定することができる。
（契約の成立と方式）
第522条 契約は、契約の内容を示してその締結を申し入れる意思表示（以下「申込み」という。）に対して相手方が承諾をしたときに成立する。
2 契約の成立には、法令に特別の定めがある場合を除き、書面の作成その他の方式を具備することを要しない。

1. 契約自由の原則

契約は「申込み」と「承諾」の意思の合致で成立します。ただし、皆さんは誰かに「申込み」をしなければならないとか、申込みを受けたら必ず「承諾」しなければならないということはありませんよね。申込みをするのも、それを承諾するのも、皆さんの意思で自由に決定してよいのです。なぜなら、契約は自由だからです。

「契約自由の原則」という言葉は聞いたことがありますか。一体契約の何が自由なのでしょうか。具体的には、①締結の自由、②相手方選択の自由、③契約内容決定の自由、④方式の自由をまとめて、「契約自由の原則」といいます。改正民法では、このうち①②③が521条に、④が522条2項に明文化されました。

民法には典型契約として13種類の契約が規定されています。しかしこれ以外の契約が無効であるということではありません。③内容決定は自由、なのですから当然民法典に規定のない、新しい契約、複合的な契約もOKなのです。

2. 例　外

しかし「原則」というからには「例外」があります。

(1) 公序良俗違反

公序良俗という言葉を聞いたことがありますか。広辞苑には「公の秩序と善良の風俗。国家・社会の公共の秩序と普遍的道徳を意味する。」と説明されています。国民がよりどころとする規範、ルールであり、時代とともに変化することのない道徳観念といったところでしょうか。これに違反する契約は、いくら当事者同士が合意をしていても無効となります。

たとえば、「どうしても許せないヤツがいる！」と、殺し屋に殺人を依頼する、これは殺人契約になるのでしょうが、人を殺してはいけないという普遍的道徳に反しますから、当然このような契約は無効です。「契約を締結した。契約書もあるんだから、契約内容に従って、俺が嫌いなヤツを殺して来い！」と言ったところで、言われた方に殺人を行う義務（債務）はありません。よって、「そちらの都合で殺人計画を中止した場合は、中止料として○○円支払うとあるのだから、約束の金を払え！」と裁判所に訴えたところで、そのような契約は無効ですから認められません。

改正民法90条には「公の秩序又は善良の風俗に反する法律行為は、無効とする。」とあります。契約締結は法律行為ですから、公序良俗違反の契約は民法上も無効であることが明文化されています。

(2) 電気、ガス、水道等の供給契約

私たちの生活環境に大きな影響を与えるライフラインである電気、ガス、水道等の供給契約においては、公共性、公益性の観点から、原則として供給側に拒否権は認められていません。もちろん有償契約ですから、消費者が料金を支払わなければ供給をストップすることができますが、こういった正当な理由がない限り、消費者からの申込みに対しては、必ず承諾しなければならないということが、各法に規定されており、供給会社に「締結の自由」は認められていません。これも契約自由の原則の例外といえます。

最近電力は自由化されましたが、依然ガスと水道に関しては、利用者に料金交渉をする権限は与えられていませんよね。供給会社が提示してくるプランの中で選択できるにすぎないということでいえば、私たち利用者に「内容決定の自由」が保障されていないということですから、この点も契約自由の原則の例外となります。

(3) 当事者間の力関係の補正

当事者間で「申込み」と「承諾」の意思の合致があれば契約は成立しますが、その原則に任せていた場合、力関係に強弱がある当事者間の契約においては、どうしても強者の意見が通り、弱者はそれに従わざるを得ないということが起こります。これを是正するために、一定の限度で契約自由の原則に制限をかけている場合があります。たとえば、賃貸人と賃借人間の関係を規定する「借地借家法」、事業者と消費者の関係を規定する「消費者契約法」等です。通常は契約内容に契約当事者は拘束されますが、「この機械をつければ水道代が安くなる」と勧誘し、実際にはそのような効果のない機械を販売したような場合は、買主は、不実告知（消費者契約法４条１項１号）を主張し、この契約を取り消すことができます。歴史的にみて、契約当事者間の立場の強弱の差が大きい場合、別途法律で契約自由の原則に制限を設けているのです。

こういった法律がある場合には、契約自由の原則は当該法律の範囲

内で、という制約を受けることになります。借地借家法も消費者契約法も民法という基本法に対する特別法ですので、そちらの規定が優先されます。

⑷ 保証契約

契約は口約束でも「申込み」と「承諾」の意思表示の合致があれば成立します。改正民法522条2項で、「契約の成立には、法令に特別の定めがある場合を除き、書面の作成その他の方式を具備することを要しない。」と規定されています。ただし、保証契約においては、「保証契約は、書面でしなければ、その効力を生じない。」と規定されており、必ず書面での締結が必要となります（446条2項)。他人の保証人になるということは、大きな責任、負債を背負う可能性があることですので、軽い気持ちで保証人になることを引き受けないように、保証契約については、口頭ではなく必ず書面化することが平成16年の民法改正で規定されました。これは「方式の自由」の例外にあたります。

Lesson 7 代理行為

（代理権授与の表示による表見代理）

第109条　第三者に対して他人に代理権を与えた旨を表示した者は、その代理権の範囲内においてその他人が第三者との間でした行為について、その責任を負う。ただし、第三者が、その他人が代理権を与えられていないことを知り、又は過失によって知らなかったときは、この限りでない。

2　第三者に対して他人に代理権を与えた旨を表示した者は、その代理権の範囲内においてその他人が第三者との間で行為をしたとすれば前項の規定によりその責任を負うべき場合において、その他人が第三者との間でその代理権の範囲外の行為をしたときは、第三者がその行為についてその他人の代理権があると信ずべき正当な理由があるときに限り、その行為についての責任を負う。

（権限外の行為の表見代理）

第110条　前条第1項本文の規定は、代理人がその権限外の行為をした場合において、第三者が代理人の権限があると信ずべき正当な理由があるときについて準用する。

（代理権消滅後の表見代理等）

第112条　他人に代理権を与えた者は、代理権の消滅後にその代理権の範囲内においてその他人が第三者との間でした行為について、代理権の消滅の事実を知らなかった第三者に対してその責任を負う。ただし、第三者が過失によってその事実を知らなかったときは、この限りでない。

2　他人に代理権を与えた者は、代理権の消滅後に、その代理権の範囲内においてその他人が第三者との間で行為をしたとすれば前項の規定によりその責任を負うべき場合において、その他人が第三者との間でその代理権の範囲外の行為をしたときは、第三者がその行為についてその他人の代理権があると信ずべき正当な理由があるときに限り、その行為についての責任を負う。

（無権代理）

第113条　代理権を有しない者が他人の代理人としてした契約は、本人がその追認をしなければ、本人に対してその効力を生じない。

2　追認又はその拒絶は、相手方に対してしなければ、その相手方に対抗することができない。ただし、相手方がその事実を知ったときは、この限りでない。

（無権代理人の責任）
第117条　他人の代理人として契約をした者は、自己の代理権を証明したとき、又は本人の追認を得たときを除き、相手方の選択に従い、相手方に対して履行又は損害賠償の責任を負う。
2　前項の規定は、次に掲げる場合には、適用しない。
一　他人の代理人として契約をした者が代理権を有しないことを相手方が知っていたとき。
二　他人の代理人として契約をした者が代理権を有しないことを相手方が過失によって知らなかったとき。ただし、他人の代理人として契約をした者が自己に代理権がないことを知っていたときは、この限りでない。
三　他人の代理人として契約をした者が行為能力の制限を受けていたとき。

1. 権限のない社員が勝手に結んだ契約は有効？

契約は契約を締結したいと考える本人しか締結できないのでしょうか。すべての契約を本人しか締結できないとなると、経済活動が制限されてしまい、不便ですよね。そこで民法は本人の活動領域を広げ、また未成年等の制限行為能力者の活動の手助けをするという観点から、代理制度を設けました。代理とは、本人の代わりに他人（代理人）が事務を処理し、その法律行為の効果が本人に帰属する制度です。

とても便利な制度ですが、問題もあります。注文もしていないのに、自宅にピザが届く場面を想像してみてください。自分の知らないところで、勝手に誰かが自分の代理人だとして契約を締結し、その効果だけが自分に降りかかってきたら困りますよね。そこで、代理制度については、民法上様々な規定が置かれています。

2. 原　則

代理行為の原則は、①本人が代理人に代理権を与える（授権行為）、②代理人が「本人の代理人」として（顕名）相手方と契約を締結する（法律行為）、③②の契約の効果が本人と相手方の間に発生する、というこ

代　理

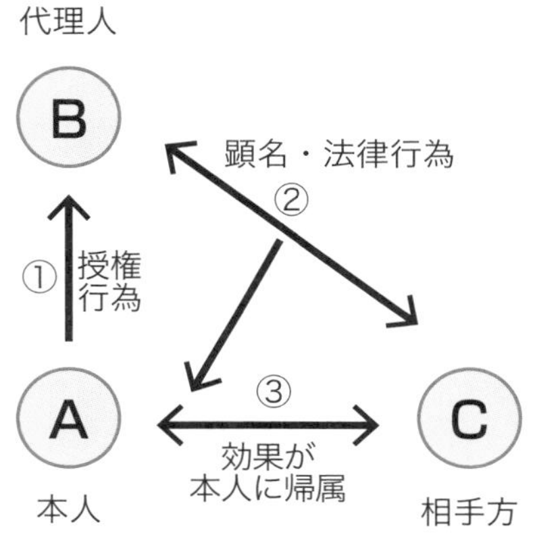

無権代理

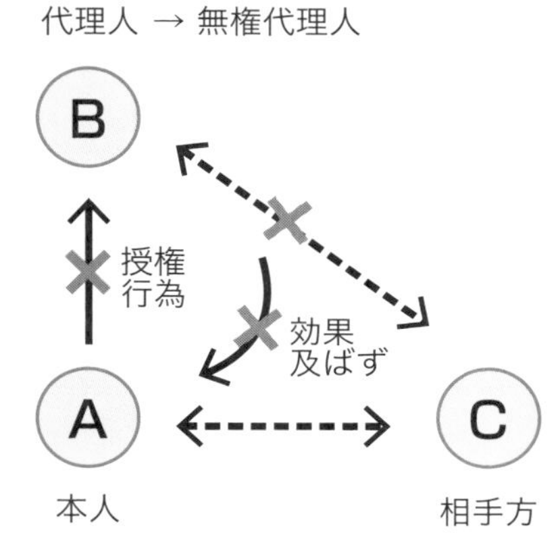

とです。契約効果が本人に帰属するためには、その大前提として、本人が代理人に対して代理権を授与している必要があります。

3. 無権代理

代理人が代理権限を持っていなかったらどうでしょう。これを「無権代理」といいます。「権限」が「無い」代理人ということです。代理権限がないといっても、①そもそも代理権がない、②代理権はあるけれども、その範囲外の行為をした、③代理権内の行為であるけれども、代理権授与期間を過ぎていた、と様々なパターンが想定されます。

⑴ 完全な無権代理

他人が代理権を有していないにもかかわらず、第三者と契約を締結した場合、それを後から本人が追認しない限り、その契約の法的効果が本人に及ぶことはありません（113条）。この場合、契約の相手方は無権代理人に対して、契約内容の履行または損害賠償を求めることができます（117条1項）。

ただし、相手方がそもそもこの人は代理権を持っていない人だということを知っていれば、無権代理人に対して賠償責任等は問えません（117

条2項1号)。また、相手方が、その「代理人」と称している人が代理権を持っていないことを知り得た場合(代理権がないことを認識しなかった点について、相手方に過失がある場合)も、無権代理人に責任追及はできません。もっとも、相手方に過失があったとしても、無権代理人自身が自分に代理権がないことを認識している場合は、無権代理人を免責する理由はないということで、無権代理人の責任は否定されないと規定されました(117条2項2号)。さらに、無権代理人が制限行為能力者の場合も、無権代理人に責任を問うことはできません(117条2項3号)。

しかし、そもそも完全な無権代理人を代理人だと信じるには、通常それ相応の理由があるはずです。本人の署名押印のある委任状や、印鑑証明書を持っていたとか、本人が代理権を与えると述べていたとか。その場合、いくら実際のところ代理権を与えていなかったからといって、本人は責任を逃れることができるのでしょうか。これを「代理権授与表示による表見代理」といいます(109条1項)。

同条項は、第三者(契約の相手方)に対して、他人に代理権を与えたと表示(口頭、書面いずれでも)をした者(本人)は、その代理権の範囲内で、その他人が第三者との間でした行為について、責任を負うと規定しています。ただし、第三者には善意(この場合、「知らない」という意味です)、無過失であることが求められます。

実際は「代理権の授与」がなかったとしても、本人が対外的に「代理権授与表示」をしたからこそ、その外観を信じて第三者は契約締結を行ったのですから、本人が「全く無関係です」と責任を免れることはできないということです。

そして改正民法では、109条2項が新たに新設され、「他人」が「表示」の範囲外の行為をした場合であっても、第三者がその行為について、その他人に代理権があると信ずべき正当な理由があるときは、本人に責任が及ぶと規定されました。この点については、判例(最高裁判所が裁判の理由の中で示した法律判断のうち、先例の価値があるもの)がすでに存在しており、判例の内容が明文化されました（不動産の売主Aから、売買に基づく登記変更のため、白紙委任状、権利証等の必要書類の交付を受けた買主Cの代理人Bが、さらに買主Cから、Dの不動産との交換を依頼されたにもかかわらず、売主Aの代理人として第三者Dと交換契約を締結した場合、第三者においてBに代理権があると信じたことに正当の理由がある限り、Aは、Dに対し、当該交換契約につきその責任を負う。最判昭和45年7月28日民集24巻7号1203頁）。

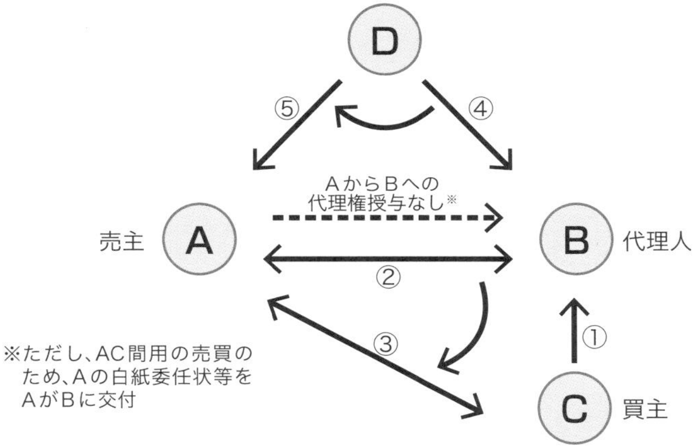

⑵ 権限外の行為の表見代理（110条）

本人がある事柄に関して他人に代理権（基本代理権）を与えていたところ、代理人がその範囲外（権限外）の行為をした場合、本人にその法律効果を帰属させることはできるでしょうか。

たとえば、5000万円までの契約の締結権限を有する者が、1億円の契約を締結したというケースです。契約の相手方にしてみれば、代理人の名刺の肩書き、役職等から1億円の契約締結権限を持っていてもおかしくないと思う正当な理由があれば、この場合にも、法律効果は本人に及ぶと規定されています。

(3) 代理権消滅後の表見代理（112条）

本人がある事柄に関して代理権（基本代理権）を与えており、代理人もその権限の範囲内で行為をしたのだけれども、代理権の授与期間が過ぎていた場合はどうでしょう。7月31日に部署替えがあり、契約締結権者ではなくなったにもかかわらず、8月2日に契約を締結したというような場合です。

この場合も契約の相手方が代理権が消滅していることを知らなければ(無過失)、その法律効果は本人に及びます。

さらに平成29年の民法改正で、代理権授与期間経過後に基本代理権の範囲を越えて代理人が法律行為を行った場合（112条1項＋110条）も、契約の相手方がその他人に代理権があると信ずべき正当な理由があるときは、その法律効果は本人に及ぶと規定されました（112条2項)。この点もこれまでの判例の内容が明文化されました（大連判昭和19年12月22日民集23巻626頁)。

契約実務の現場から —代表取締役ではない者が契約者でもよい？

無権代理の心配があることから、実務では、代表取締役ではない立場の者が契約締結当事者になる場合、

> **第○条**　甲及び乙は、相手方に対し、甲乙が本契約を締結し、本契約条項の規定を履行する権利及び能力を有しており、本契約を締結するについて何人からも何らの異議の申立がなされないこと、万一係る事態が生じた場合、甲又は乙は、第三者からの一切の要求に対し、自己の責任と負担においてこれに対処し、相手方に何らの支障・損害を与えないことを保証する。

といった条項を入れることがあります。

Lesson 8 契約成立の時期

（意思表示の効力発生時期等）
第97条　意思表示は、その通知が相手方に到達した時からその効力を生ずる。
2　相手方が正当な理由なく意思表示の通知が到達することを妨げたときは、その通知は、通常到達すべきであった時に到達したものとみなす。
3　意思表示は、表意者が通知を発した後に死亡し、意思能力を喪失し、又は行為能力の制限を受けたときであっても、そのためにその効力を妨げられない。
（承諾の通知を必要としない場合における契約の成立時期）
第527条　申込者の意思表示又は取引上の慣習により承諾の通知を必要としない場合には、契約は、承諾の意思表示と認めるべき事実があった時に成立する。

1. 契約の成立時期

契約は「申込み」と「承諾」の意思表示が合致した時に成立するということでしたね。しかし、意思表示が合致する前に申込みを撤回したらどうなるのでしょうか。契約は必ずしも、対面で締結するものではありませんから、相手方の承諾と入れ違いになることもあります。

2. 到達主義

民法は「意思表示は、その通知が相手方に到達した時からその効力を生ずる。」（97条1項）と、到達主義を原則としています。ただし、遠く離れた者同士の契約では、承諾の到達を待っていたのでは、迅速性に欠けるということで、隔地者間の契約の成立時期においてだけ、これまでは例外的に承諾の通知を発信した時に契約は成立する（上記でいえば、8月6日に契約成立）発信主義を採用していました（旧民法526条1項）。

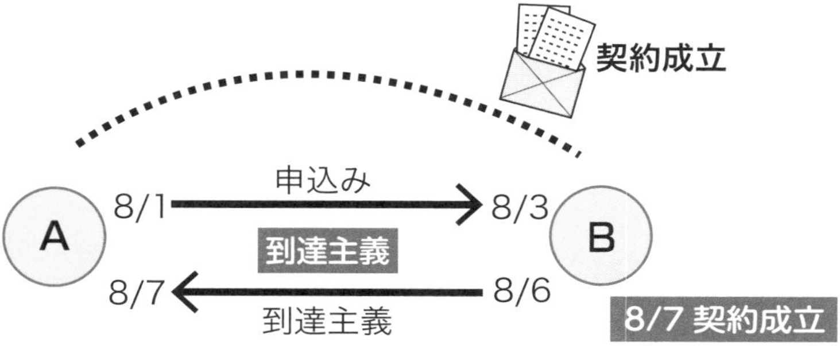

しかし、現在の整備された通信網においては、メール等を使えば即時に承諾の意思表示ができるため、わざわざ例外規定を置く必要性はないとされ、平成29年の改正で、隔地者間の契約においても承諾が申込者に到達した時（上記でいえば、8月7日）に成立することとなりました（同条文削除）。

契約実務の現場から　―到達主義

実務においては、契約書の内容を調整している間に、取引が開始されてしまうケースが珍しくありません。こういう場合は、

> **第○条**　本契約は、契約締結日にかかわらず、○○年○月○日より遡及的に適用するものとする。

との一文を入れ、契約の内容を過去にさかのぼって適用するというやり方がよくとられています。

3. 承諾の意思表示がなくとも契約が成立する場合

民法は「申込者の意思表示又は取引上の慣習により承諾の通知を必要としない場合には、契約は、承諾の意思表示と認めるべき事実があった時に成立する。」と規定しています（527条）。必ずしも明確な承諾の意思表示がなくても、承諾と認めるべき事実があればよいということです。売買の申込みを受けたと同時に、商品を発送するということが典型例でしょうか。この場合、商品を発送するという行為が、承諾の意思表示にあたります。

ここで注意すべきは、沈黙は承諾になるのかということです。注文もしていない商品が送りつけられ、「諾否の回答がなければ、本商品を購入したとみなしますので、□□円を○日までにお支払いください」等と書かれた書面が同封されてきたというご相談を受けたことがあります。

申込みをされた者に承諾の意思表示をする義務はありません。よって諾否の返事をしなかったからといって、527条が根拠となり、契約が成立するということにはなりません。「承諾の通知を必要としない場合」ではないということです。送られてきた商品も、わざわざこちらが費用を負担して返送する必要もありません。返送する際、個人情報を記載することで、さらにその情報が悪用されるおそれもあります。無視をするのが一番です。

もっとも、継続した取引関係がある当事者間で、不承諾の場合のみ通知を行う等ということが慣習として行われている場合には、沈黙＝承諾の意思表示あり⇒契約成立となるでしょう。

Lesson 9 承諾期間の定め

契約の申込みにおける期間の定めがあるものとないものの違いはどのようなことでしょうか。

（承諾の期間の定めのある申込み）
第523条 承諾の期間を定めてした申込みは、撤回することができない。ただし、申込者が撤回をする権利を留保したときは、この限りでない。

1. 承諾期間の定めのある申込み（523条）

承諾期間の定めのある申込みとは、契約を締結するに際し、文字どおり、「承諾するか否かを○月○日までに返事をしてくださいね」と先方に伝えるような申込みです。この場合、申込みを受けた方は、たとえば「10月31日までに返事をくださいね」と言われれば、当然31日まで検討をしてその日に返答をすればよいと思いますよね。ところが、申込者が同時に他の人にも同内容で契約の申込みをしていて、「そちらが31日よりも早く承諾をしてくれたので、申込み自体を撤回します」と言われてしまったら、どうでしょう。だったら、承諾期間をもっと早めに設定してくれていれば、うちとしても早めに検討できたのに、と相手方は思うかもしれません。

そこで、523条では原則として、承諾期間を定めて申込みをした場合、申込者はその承諾期間内に申込みを撤回することはできないと規定されているのです。ただし、上記のように、時間があまりないので、迅速にこちらの契約内容で承諾をしてくれる相手方をみつけたいとして、同時並行で複数社に声をかけたいという場合もありますよね。その場合、申込者が申込時に撤回権を留保（「承諾期間内であっても、こちらから申込みを撤回する可能性もあります」と伝える）しておけば、承諾期間内であっても、申込者は当該申込みを撤回することができると規定されました。

この撤回権の留保については、条文上何の規定もありませんので、口頭で「来週いっぱいに返事が欲しいのだけれど他社にも声をかけているため、そちらの話が先にまとまってしまったら、この話はなかったことにしてください」と伝えれば撤回権は留保された、ということになります。

もっとも、言った、言わないの話になりますので、撤回権留保の事実がわかるよう、メール等に残しておいた方がよいと思います。

（承諾の期間の定めのない申込み）

第525条　承諾の期間を定めないでした申込みは、申込者が承諾の通知を受けるのに相当な期間を経過するまでは、撤回することができない。ただし、申込者が撤回をする権利を留保したときは、この限りでない。

2　対話者に対してした前項の申込みは、同項の規定にかかわらず、その対話が継続している間は、いつでも撤回することができる。

3　対話者に対してした第1項の申込みに対して対話が継続している間に申込者が承諾の通知を受けなかったときは、その申込みは、その効力を失う。ただし、申込者が対話の終了後もその申込みが効力を失わない旨を表示したときは、この限りでない。

2. 承諾期間の定めのない申込み（525条1項）

一方、承諾期間の定めのない申込みの場合はどうでしょうか。承諾期間の定めがないからといって、何か月も先方に検討期間を与えておくわけにもいかず、申込者としてもなるべく早期に返答をいただかなければ、次に進むこともできませんよね。

そこで、申込みを受けた側が承諾するか否かを検討するために相当な期間が経過するまでは、申込者は当該申込みを撤回することはできないけれども、やはりこの場合も、あらかじめ申込者が撤回権を留保していれば、相当期間経過前であっても当該申込みを撤回することができると規定されています。

法律を勉強すると、よく目にするこの「相当な期間」。「相当な」とはどのくらいなんだと首をひねってしまいますよね。受け手が諾否を決めるのに必要な時間ですが、事案によって期間は変わってくるでしょうし、あまり神経質になる必要はないと思います。心配であれば、期限をきちんと決めて申込みをしましょう。

3. 対話者への申込み（525条2項・3項）

対話者への申込みは、上記規定にかかわらず、いつでも対話の継続中であれば撤回をすることができます。いったん「3か月くらいで検討してください」と言おうが、「少し考えてみていただけますか」と言おうが、その場で面と向かって話をしているのですから、先方の応対等を見て、脈がないなと思えば、申込者としては、その場で撤回をして、他の相手方を探した方がよい場合もありますよね。そこで、対話者間で面と向かって申込みをした場合には、その対話中であればいつでも申込みの撤回ができると規定されました。

また、対話中に申込みをして、その場で相手方から承諾の通知を受けなかった場合は、原則としてその申込みは効力を失います。よって、相手方が承諾の有無を返答する必要もありません。ただ通常は、まずは話を聞いて、「持ち帰って検討させてください」となりますよね。このように申込者が対話終了後も、相手方の承諾の有無の返答を待ちますという態度を示す（対話終了後も当該申込みの効力を失わせないと表示）ときは、対話終了＝申込み終了とはなりません。申込者が「ぜひ検討をしてください。いいお返事をお待ちしております」と言えば、「承諾期間の定めのない申込み」になりますし、「恐れ入りますが、2週間を目処にお返事をいただけると嬉しいのですが」と言えば、「承諾期間のある申込み」になります。また、申込者が何も言わなくても、相手方が「少し考えさせてください」と述べ、申込者が「はい。前向きにひとつよろしくお願いします」等と言って対話が終了すれば、これも「承諾期間の定めのない申込み」ということになりますね。

Lesson 10 契約を補足する約款

（定型約款の合意）

第548条の2 定型取引（ある特定の者が不特定多数の者を相手方として行う取引であって、その内容の全部又は一部が画一的であることがその双方にとって合理的なものをいう。以下同じ。）を行うことの合意（次条において「定型取引合意」という。）をした者は、次に掲げる場合には、定型約款（定型取引において、契約の内容とすることを目的としてその特定の者により準備された条項の総体をいう。以下同じ。）の個別の条項についても合意をしたものとみなす。

一 定型約款を契約の内容とする旨の合意をしたとき。

二 定型約款を準備した者（以下「定型約款準備者」という。）があらかじめその定型約款を契約の内容とする旨を相手方に表示していたとき。

2 前項の規定にかかわらず、同項の条項のうち、相手方の権利を制限し、又は相手方の義務を加重する条項であって、その定型取引の態様及びその実情並びに取引上の社会通念に照らして第1条第2項に規定する基本原則に反して相手方の利益を一方的に害すると認められるものについては、合意をしなかったものとみなす。

1. 約款とは

大量生産・大量販売を特色とする今日の消費者取引を迅速に処理するため、事業者が契約条件をあらかじめ画一的に定めたものが約款です。約款取引においては、一方当事者が契約書を準備し、他方当事者が個々の条項について個別に交渉をすることは想定されていません。多数の取引を迅速に処理するための約款ですから、いちいち顧客ごとに契約内容を詰めていては、効率的ではないからです。保険、旅行、銀行等において広く用いられ、皆さんもなじみがあると思います。

しかしなじみがあるといっても、約款の内容を逐一確認し、契約を締結したという経験をお持ちの方は、どのくらいいらっしゃるでしょうか。私も正直あの細かい字を見せられただけで、自分の個人的契約であれば、「まぁいいか」と大枠を確認しただけでサインをしてしまうことがあります。つまり約款を用いた契約においては、相手方が約款の内容をよく理解していない、「申込み」と「承諾」が実際のところ合致していないということがよくあるのです。

それにもかかわらず、これまで民法には約款に関する規定はありませんでした。すなわち約款による契約の拘束力の根拠が不明確であったということです。そこで平成29年の民法改正では、約款に関しての規定が盛り込まれることとなりました。

2. 定型約款

平成29年の民法改正で規定されるのは、定型的な約款についてだけです。定型約款とは、定型取引において、事業者が準備した約款をいいます。そして定型取引とは、ある特定の者（一般的には事業者）が不特定多数の者（一般的には消費者）を相手方として行う取引であり、その内容の全部または一部が画一的であることが当事者双方にとって合理的な取引をいいます。

普通預金約款や旅行業約款等今まで私たちになじみのある約款は、この定型約款に入ると思われます。また、事業者間の取引に使われる約款であっても、条文上、事業者間契約は定型約款から除外する、と規定されているわけではないので、上述の定型取引の要素を持つ事業者間取引における約款であれば、定型約款と扱われる可能性はあります。

3. 定型取引の合意＝定型約款の個別条項の合意

(1) 「みなす」規定

平成29年の改正民法の条文では（548条の2)、「定型取引の合意をした」者は①定型約款を契約の内容とする旨の合意をしたとき、または

②定型約款を準備した者があらかじめその定型約款を契約の内容とする旨を相手方に表示していたときは、「定型約款の個別条項の内容についても合意をした」と「みなす」と規定されました。

この「みなす」という言葉。法律の条文でよくみかけますが、意味は分かりますか。「みなす」とは、本来異なる2つの事物について、一定の法律関係においては法令上同一のものとして取り扱うということです。法律が「イコールです」、「同一です」と定めているので、これに反論をしたり、例外を認めるということもできません。

つまり、定型約款を契約の内容とすることを約款の準備者が表示している状態で定型取引をした場合には、定型約款の個別条項は読んでいようがいまいが、全部了解した（合意した）ものとして扱われるということです。今までも実務上そのような運用がされていたのでしょうが、その法定根拠が明確になったということでしょう。

⑵ 「みなし」の例外

定型取引においては、定型約款を読まずとも、その内容が契約内容となるということを法律が規定している以上、当然その約款の内容には「安全性」というフィルターをかけておかないと、皆さんは怖くて定型約款を使った取引を利用できないですよね。

そこで民法548条の2第2項において、①相手方の権利を制限し、または②相手方の義務を加重する条項で、その定型取引の態様およびその実情並びに取引上の社会通念に照らし、信義則に反して相手方の利益を一方的に害すると認められるものについては、合意をしなかったものとみなすと規定されました。

たとえば、契約期間中の解約に伴う違約金が法外な金額であるとか、この契約を締結する場合には、別途○○も購入する必要があり、その諸経費が法外な金額である等、きちんと読んでいればおよそ合意はしないと思われるような条項が記載されていたような場合です。

商取引がスムーズに行えるようにするためには広く定型約款が使われる

ことが望ましい状態です。ただし、約款の細かい条項をすべてチェックする個人は少ないでしょう。そこで、定型約款を準備する側がそこにつけ込んで、自分たちに一方的に有利な内容の約款を作成することは許さない、ということです。

Lesson 11 定型約款の表示と変更

（定型約款の内容の表示）

第548条の3　定型取引を行い、又は行おうとする定型約款準備者は、定型取引合意の前又は定型取引合意の後相当の期間内に相手方から請求があった場合には、遅滞なく、相当な方法でその定型約款の内容を示さなければならない。ただし、定型約款準備者が既に相手方に対して定型約款を記載した書面を交付し、又はこれを記録した電磁的記録を提供していたときは、この限りでない。

2　定型約款準備者が定型取引合意の前において前項の請求を拒んだときは、前条の規定は、適用しない。ただし、一時的な通信障害が発生した場合その他正当な事由がある場合は、この限りでない。

（定型約款の変更）

第548条の4　定型約款準備者は、次に掲げる場合には、定型約款の変更をすることにより、変更後の定型約款の条項について合意があったものとみなし、個別に相手方と合意をすることなく契約の内容を変更することができる。

一　定型約款の変更が、相手方の一般の利益に適合するとき。

二　定型約款の変更が、契約をした目的に反せず、かつ、変更の必要性、変更後の内容の相当性、この条の規定により定型約款の変更をすることがある旨の定めの有無及びその内容その他の変更に係る事情に照らして合理的なものであるとき。

2　定型約款準備者は、前項の規定による定型約款の変更をするときは、その効力発生時期を定め、かつ、定型約款を変更する旨及び変更後の定型約款の内容並びにその効力発生時期をインターネットの利用その他の適切な方法により周知しなければならない。

3　第１項第２号の規定による定型約款の変更は、前項の効力発生時期が到来するまでに同項の規定による周知をしなければ、その効力を生じない。

4　第548条の２第２項の規定は、第１項の規定による定型約款の変更については、適用しない。

1. 定型約款の表示

定型取引において、「当社の定型約款を契約の内容にしますよ」ということを相手方に表示しておけば、その約款が契約内容になるとお話しました。すなわち相手方は定型約款の文言をみる必要は全くないということです。そうだとすると、そもそも事業者の側に定型約款の表示義務はないという理解でよいのでしょうか。

この点は、民法548条の3に、「定型取引合意の前」または「定型取引合意の後」に、「相手方から開示請求」があれば、「遅滞なく」「相当な方法」で開示しなければならない、と規定されています。裏を返せば、相手方から請求があるまでは、積極的に開示をする必要はないということです。

民法548条の3第2項において、「定型取引合意前」の「開示請求」を拒んだ場合は、当該定型約款を定型取引の内容とする合意があったとみなすことはしないと規定されていますので、当該定型約款は取引内容とはなりません。ただし、これは「合意前」の「開示請求」に対してですから、「合意後」の「開示請求」を事業者が拒んだとしても、当該定型約款がその定型取引の内容となるということに変わりはありません。

2. 定型約款の変更

契約の原則からすれば、契約内容を変更する場合、変更内容について、当事者間の合意が必要ですよね。しかし定型取引の場合、多数の契約の相手方との合意が成立しない限り、約款内容が変更できないというのは不都合です。

そこで民法548条の4において、①変更の内容が相手方の一般の利益に適合する、または②変更が契約目的に反せず、かつ、変更の必要性、変更後の内容の相当性、変更に関する規定の有無等に照らして、変更自体が合理的であるときは、個別に相手方と合意をすることなく、定型約款の内容を変更することができる、と規定されました。

ただし、定型約款の変更をするときは、①内容を変更すること、②変更内容、③効力発生時期の３点を、インターネット、その他適切な方法により周知しなければなりません（584条の４第２項）。この周知ができていないと、いくら効力発生時期を定めたとしても、変更後の内容が当該定型約款の内容となることはありません（同条３項）。

Lesson 12 第三者のためにする契約

（第三者のためにする契約）
第537条　契約により当事者の一方が第三者に対してある給付をすることを約したときは、その第三者は、債務者に対して直接にその給付を請求する権利を有する。
2　前項の契約は、その成立の時に第三者が現に存しない場合又は第三者が特定していない場合であっても、そのためにその効力を妨げられない。
3　第1項の場合において、第三者の権利は、その第三者が債務者に対して同項の契約の利益を享受する意思を表示した時に発生する。
（第三者の権利の確定）
第538条　前条の規定により第三者の権利が発生した後は、当事者は、これを変更し、又は消滅させることができない。
2　前条の規定により第三者の権利が発生した後に、債務者がその第三者に対する債務を履行しない場合には、同条第1項の契約の相手方は、その第三者の承諾を得なければ、契約を解除することができない。

1. 第三者のためにする契約とは

本来契約は申込者と承諾者の二者間で成立し、その効果も当然この二者間に及びます。ところが、AB間で、「BがCに対して100万円を支払う」というように、契約当事者Bが、契約当事者以外の第三者Cに対して債務を負担するという内容の契約を締結することもできます。AがCに対し別途100万円の債務があるときに、Bに対する債権でCに対する債務を決済しようとする場合が典型例です。

法律効果が当事者以外のCに及ぶので、「第三者のためにする契約」といいます。この場合、Cを受益者、Aを要約者、Bを諾約者といいます。AB間を補償関係、AC間を対価関係といいます。

第三者Cは、AB間の契約成立時には存在していなくても、特定され

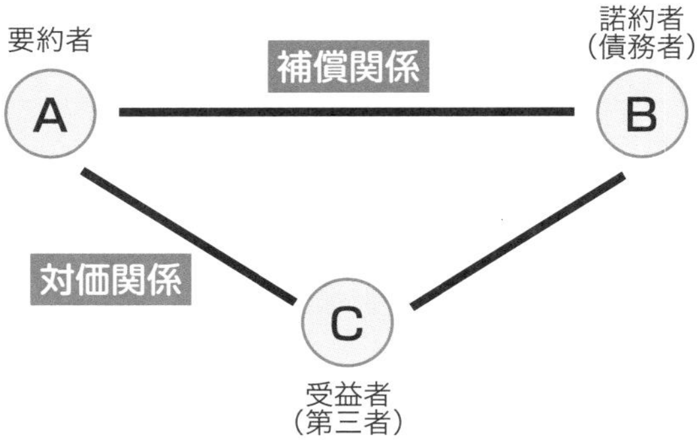

ていなくても構いません（537条2項）。あくまでこの契約の主体はABだからです。よって、出生前の赤ちゃんや、設立されていない法人等をCとすることもできます。

ただし、Cは何もしなくても自動的に100万円を手に入れるわけではありません。平成29年改正の民法537条3項は、「第三者の権利は、その第三者が債務者に対して同項の契約の利益を享受する意思を表示した時に発生する」と規定しています。つまり、CがBに対して、100万円を受け取る意思表示をしてはじめて、100万円がBからCに支払われるということです。

契約実務の現場から—第三者のためにする契約

実務においては、改正民法537条3項は、不動産売買の際に、中間省略登記を合法的に行う手法の1つとして利用されています。

2. 第三者の権利の確定

Cが受益の意思表示をした後は、AB間で「やっぱりCに支払うのはやめましょう」と、C⇒Bに発生した債権を消滅させることはできません（538条1項）。契約当事者はABですから、本来であれば自由にその内容を決められるはずですが、すでにCが100万円を受領する権利が確定的に発生しているため、このCの期待権を保護する必要があるからです。以後、当該債権を譲渡したり免除できるのは、AではなくCになります。

AB間で債務不履行があった場合はどうでしょう。Bにしてみたら、Aが債務を負担しないのに、自分だけがCに対して100万円を支払う必要はないと主張しますよね。債務を支払う相手がCであるだけで、Cに100万円を支払うというBの債務は、AのBに対する債務と対峙しているものだからです。AB間の契約が売買契約であれば、同時履行の抗弁権（54頁参照）が使えます。BはAに対して同時履行の抗弁権を主張できるように、Cに対しても同時履行の抗弁権を主張することができます。100万円を早く払ってくれというCに対し、BはAが自分に（たとえば）絵画を引き渡さなければ、代金を支払わないと債務の履行を拒むことができます。

3. 契約の解除

前記**2.**の例においてAが絵画を結局渡さなかったらどうなるでしょうか。Bとしては当然契約の解除ができます。その結果CのBに対する100万円を受領する権利も消滅しますが、そもそもAが債務を負担しないことが問題ですので、Aの代わりに利益を受けるべきCが受益できなくても、これに対しCがとやかく言うことはできません。

反対にAが絵画を渡したのに、いつまで経ってもBが100万円をCに支払わない場合はどうなるでしょうか。Aとしては、AB間の契約を解除して絵画をBから取り戻したいと思いますよね。この場合も、あくまで契約主体はABですから、Cに解除権は発生しないのですが、Cには「100万円受け取れる」という期待権があり、Bに対して100万円の支払いを強制することができるわけですから、この場合にAから契約解除を持ち出すには、第三者であるCの承諾が必要となることが、明文化されました（538条2項）。

Lesson 13 契約の無効・取消し

（無効な行為の追認）
第119条 無効な行為は、追認によっても、その効力を生じない。ただし、当事者がその行為の無効であることを知って追認をしたときは、新たな行為をしたものとみなす。

（取消権者）
第120条 行為能力の制限によって取り消すことができる行為は、制限行為能力者（他の制限行為能力者の法定代理人としてした行為にあっては、当該他の制限行為能力者を含む。）又はその代理人、承継人若しくは同意をすることができる者に限り、取り消すことができる。

2 錯誤、詐欺又は強迫によって取り消すことができる行為は、瑕疵ある意思表示をした者又はその代理人若しくは承継人に限り、取り消すことができる。

（取消しの効果）
第121条 取り消された行為は、初めから無効であったものとみなす。

（原状回復の義務）
第121条の2 無効な行為に基づく債務の履行として給付を受けた者は、相手方を原状に復させる義務を負う。

2 前項の規定にかかわらず、無効な無償行為に基づく債務の履行として給付を受けた者は、給付を受けた当時その行為が無効であること（給付を受けた後に前条の規定により初めから無効であったものとみなされた行為にあっては、給付を受けた当時その行為が取り消すことができるものであること）を知らなかったときは、その行為によって現に利益を受けている限度において、返還の義務を負う。

3 第1項の規定にかかわらず、行為の時に意思能力を有しなかった者は、その行為によって現に利益を受けている限度において、返還の義務を負う。行為の時に制限行為能力者であった者についても、同様とする。

（取消し及び追認の方法）
第123条 取り消すことができる行為の相手方が確定している場合には、その取消し又は追認は、相手方に対する意思表示によってする。

（取消権の期間の制限）
第126条 取消権は、追認をすることができる時から5年間行使しないときは、時効によって消滅する。行為の時から20年を経過したときも、同様とする。

1. 無効と取消しの違い

「無効」は文字どおり、効力がないのですから、最初から何もない、「無」の状態ということです。「無」の状態ですから、その状況を後から追認するということもできませんし、期間の制限なくいつでも主張することができます（119条本文）。

これに対し「取消し」は、取り消すという作業がありますので、そこには取り消す対象があるわけです。取り消せば、さかのぼって法律行為の効力は消滅しますが、取り消すまでは有効なものとして成立しています（121条）。取り消さないで追認することで、有効なものとすることもできます。有効なものを「取り消す」という作業によって、最初にさかのぼって効力なしにするわけですから、その主張期間は制限されています（126条）。

2. 絶対的無効と相対的無効

どのような法律行為を無効とするかは、立法政策の問題です。典型的なところでは公序良俗違反の法律行為（契約）は無効です。法律行為が無効であるということは、誰に対する関係でも、また、誰でもその無効を主張することができるはずであり、これが絶対的無効というものです。

一方、無効といっても、無効を主張できる当事者が契約の一方に限定されるという場合があります。これが相対的無効です。たとえば、意思無能力を原因として、契約の無効を主張できるのは、意思無能力者側だけです（120条）。

無効なものを追認することはできないと説明しました。当事者がその行為が無効であることを知って追認した場合は、法律効果としては、追認ではなく、新しい法律行為がされたということになります（119条ただし書）。

3. 取消しとは

取消しは、①制限行為能力者が単独で法律行為を行った場合、②意思表示に瑕疵があった場合に、意思表示の瑕疵や行為能力が制限されていることを理由として、有効とされている法律行為の効力をさかのぼって否定するという意思表示をいいます（120条）。

⑴ 取消権者

民法120条に、取消しの意思表示ができる者が限定列挙されています。

ア　制限行為能力者の行為を取り消す場合

①　制限行為能力者（他の制限行為能力者の法定代理人としてした行為については、当該他の制限行為能力者）

②　制限行為能力者の代理人、承継人

③　制限行為能力者の当該行為について同意権を有する者

イ　錯誤、詐欺、脅迫を理由に取り消す場合

①　錯誤により、又は詐欺、脅迫を受けて、意思表示をした者

②　①の者の代理人、承継人

⑵ 取消方法

民法123条には、「取消し」は「相手方に対する意思表示による」としか規定されていません。口頭で「取り消すよ」と伝えてもよいですし、当該契約で発生した自己の債務の履行を拒絶するということでも、取消しの意思表示があったということになります。

4. 原状回復義務

平成29年の改正で新たに規定された条文です（121条の2）。法律行

為が無効、取消しとなった場合の清算関係について、原則は「無効な法律行為に基づく債務の履行として給付を受けた者は、相手方を原状に服させる義務を負う」と規定されました（同条1項）。法律行為が無効であるということは、給付を受ける原因がないということですから、元の状態に戻しましょうということです。ただし、当該行為が無効であることを知らない給付受領者は、通常は給付物を自分の財産として処分してしまっているでしょう。その場合にまで、一律原状回復義務を負わせるとすると、給付受領者は、給付物を受領した後も、いつ無効だ、取消しだと言われるかわからないという不安定な立場に立たされることになり、本来の受領の利益を享受できないことになってしまいます。また、せっかく未成年者や制限行為能力者等を保護するために規定した「無効」や「取消し」の趣旨が没却されてしまいます。そこで①無償行為（贈与など）が無効であること（給付受領時に、当該行為が取り消すことができること）を知らずに給付を受けた者、②行為時に意思能力を有しなかった者、制限行為能力者は、現に利益を受けている限度において、返還義務を負うと規定されました（同条2項・3項）。

Lesson 14 費用負担

（弁済の費用）
第485条　弁済の費用について別段の意思表示がないときは、その費用は、債務者の負担とする。ただし、債権者が住所の移転その他の行為によって弁済の費用を増加させたときは、その増加額は、債権者の負担とする。
（売買契約に関する費用）
第558条　売買契約に関する費用は、当事者双方が等しい割合で負担する。
（有償契約への準用）
第559条　この節の規定は、売買以外の有償契約について準用する。ただし、その有償契約の性質がこれを許さないときは、この限りでない。

1. 契約に関する費用

民法558条は、売買契約に関する費用は当事者双方が等しい割合で負担すると規定しています。そして、559条が、この規定を売買契約以外の有償契約に準用すると規定していますので、当事者双方が互いに経済的な対価を支払う有償契約については、契約に関する費用は、原則、当事者の平等負担ということになります。

そもそもこの契約に関する費用とは、どういった費用を指すのでしょうか。不動産の売買の場合であれば、その評価額を算出するためにかかった費用、契約書を公正証書にするのであれば、その証書作成費用等です。不動産の売買に伴って所有権を移転するための登記費用については、契約に関する費用だと考えれば当事者の平等負担となりそうですが、実務上は買主の全額負担となることが多いようです。登記をすることで、利益（対抗力）を得ることができる者（買主）が、登記費用を負担すべきとの考えからのようです。

ただし、これは強行規定（これに反する当事者の合意が一切認められない規定）ではありませんので、契約当事者間で負担割合を自由に決めても問題はありません。

2. 弁済の費用

債務の弁済のために生じる費用（振込手数料等）は、「契約に関する費用」には含まれません。弁済費用については、原則的に「債務者の負担とする」（485条）と規定されています。振込手数料は、まさにこれにあたります。ほかにも、目的物を輸送する際の荷造費、運送費等も、「弁済の費用」にあたります。

契約実務の現場から —印紙代

契約書に貼る「印紙代」も、この契約に関する費用にあたります。契約書は通常、正本を２部作成し、各々が保管するということにしますから、この場合は各々が契約書１部の分の印紙代を負担すればよいということになります。

印紙代を節約するために正本は1部作成し、もう1部は写しとする、という方法をとることもありますが、以下の場合には、写しであっても収入印紙を貼る必要がありますので注意が必要です。

① 契約当事者の双方または文書の所持者以外の一方の署名または押印があるもの

② 正本などと相違ないこと、または、写し、副本、謄本等であることなどの契約当事者の証明のあるもの

Chapter 3

契約の効力、履行時の問題について学ぼう

本章では、契約後に当事者が契約上の義務を果たさなかった場合について学びます。どこまでが損害として認められるのか、相手に契約上の義務を果たすよう求めるのか、金銭賠償を求めるのか等、トラブルになった際に最も重要になる部分です。トラブルを速やかに解決するためにも、民法の該当条文をしっかり押さえたうえで、契約交渉にのぞむ必要があります。

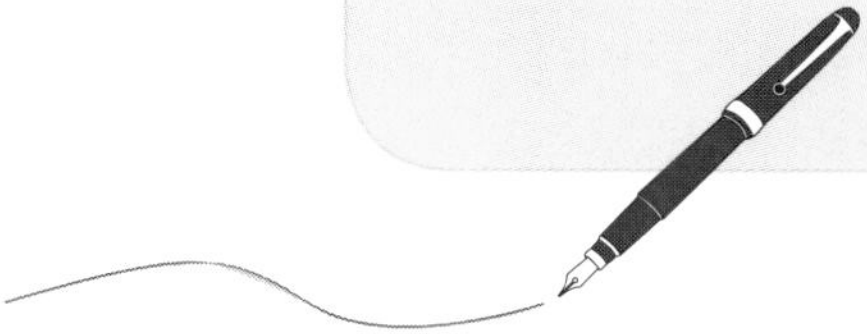

Lesson 15 同時履行の抗弁権

（弁済の提供の効果）
第492条　債務者は、弁済の提供の時から、債務を履行しないことによって生ずべき責任を免れる。
（弁済の提供の方法）
第493条　弁済の提供は、債務の本旨に従って現実にしなければならない。ただし、債権者があらかじめその受領を拒み、又は債務の履行について債権者の行為を要するときは、弁済の準備をしたことを通知してその受領の催告をすれば足りる。
（同時履行の抗弁）
第533条　双務契約の当事者の一方は、相手方がその債務の履行（債務の履行に代わる損害賠償の債務の履行を含む。）を提供するまでは、自己の債務の履行を拒むことができる。ただし、相手方の債務が弁済期にないときは、この限りでない。

1. 双務契約

売買契約においては、売主は目的物の引渡債務を、買主は代金支払債務を負います。この両者の債務は、相対する関係にありますよね。このように、両当事者が相互に対価的な債務を負担する契約を「双務契約」といいます。売主は、目的物の引渡債務を負担する債務者であり、代金支払を受ける債権者です。一方、買主は、目的物の引渡しを受ける債権者であり、代金支払債務を負担する債務者です。このように、双務契約においては両当事者は、各々債務者であり、債権者でもあるのです。

2. 同時履行の抗弁権

双務契約においては、両当事者の公平を図るために、同時の履行を主張して抗う権利、「同時履行の抗弁権」が認められています（533条）。

たとえば、売主Aと買主Bが100万円の花瓶の売買契約を締結したとしましょう。Aは、Bが100万円を用意せずに、「花瓶を渡してくれ、それがあなたの債務なのだから」と言われたところで、本当にBは100万円を支払う気があるのだろうか、お金の工面ができているのだろうかと心配になりますよね。反対にBにしてみれば、Aが「花瓶は後で渡すから、とりあえず100万円を支払ってくれ」と言ってきても、そのまま逃げられたらどうしようと、素直に100万円を支払うことはためらいますよね。同時履行の抗弁権とは、こういった場合、仮にAから上記のように言われたら、Bが「Aが花瓶を引き渡すまで、100万円の支払はいたしません」と主張することができる権利をいいます。

契約実務の現場から —同時履行の抗弁権

通常の取引において同時履行の抗弁権が問題になることはほとんどありません。たとえば、書店で書籍を購入したときは、レジに書籍を持って行って、購入の意思を示すとともに、代金を支払うことで、同時履行が実現しているからです。

同時履行の抗弁権が問題になる多くのケースとして、不動産の売買契約があげられます。高額な現金をその場で手渡して、土地や建物を引き渡してもらうというような取引はまず考えられないですよね。

ですから、契約条項では、下記のように掲げておくことが多いのです（あくまでも一例です）。

第○条（引き渡し）
売主は、買主に本物件を売買代金全額の受領と同時に引き渡す。

3. 弁済の提供

債務者が債務を履行すれば、その債権は消滅します。このように債務者が債務の本旨に沿った履行をすることを「弁済」といいます。

弁済には、受領者（債権者）の協力が不可欠の場合が多いです。債務者が弁済を試みても、債権者が受け取ってくれなかった場合、債務者は債務不履行の責任を負わなければならないのでしょうか。そうだとしたら、一所懸命債務を履行しようとした債務者が報われませんよね。そこで民法は、弁済の提供をした債務者は、弁済がないことを理由に債務不履行責任を問われることはない（492条）と規定しています。ただし、この「弁済の提供」とは、「債務の本旨に従って現実にしなければ」なりません（493条）。そして「現実の提供」とは、債務者が債権者の協力がなくても、自分だけでできる限りの具体的行為を行うということです。金銭債務であれば、現金を用意するということです。ただし、目の前に100万円を積むことまでは判例は要求せず、100万円を持って債務の履行場所に行けばそれで現実の提供はなされたとみなされます。花瓶についても、Bの目の前に必ず持ってこなければならないわけではなく、Bが「引き渡してくれ」と言ったときに、いつでも引渡しのできる状態にしておけば、それで「現実の提供」をしたということになります（最判昭和23年12月14日民集2巻13号438頁）。

反対に、弁済の準備のできない経済状態にあるため口頭の提供もできない債務者は、債権者が弁済を受領しない意思が明確な場合であっても、弁済の提供をしない限り、債務不履行の責を免れません（最判昭和44年5月1日民集23巻6号935頁）。

4. 弁済期

同時履行の抗弁権を主張するためには、相手の債務が弁済期に達している必要があります。たとえば、上記ABの売買契約が、「花瓶は9月1日に引き渡す。売買代金の支払日は9月10日とする。」と規定されていたとします（契約自由の原則ですから、弁済期も自由に当事者が設定できます）。この場合、Bの代金支払債務は9月10日が履行期となりますから、Aは9月1日にBから「花瓶を引き渡してください」と言われたときに、「いや、君が代金を支払ってくれなければ、花瓶の引渡しはできないよ」とは言えないということです。

もちろん、契約書に「履行日9月1日」としか書いていなければ、双務契約では基本的に両債務は対価的関係にあり、同時履行が原則ですから、9月1日にAもBも互いに相手に対し同時履行の抗弁を主張できます。

Aが代金支払を求めてBへの訴え提起をした場合、Bが同時履行の抗弁を主張したときは、裁判所は、「BはAから花瓶の引渡しを受けるのと引き換えに代金の支払をせよ」という判決をすることになります（引換給付判決）。

契約実務の現場から―弁済の提供・供託

実務において、債権者が受領を拒む場合の一例としては、賃貸借契約において、賃料値上げの合意が賃貸人と賃借人でできない場合が考えられます。賃料10万円だったところ、賃貸人が来月の更新時から13万円に値上げしますというような場合です。賃借人としては、13万円に納得しないからといって、1円も支払わなければ債務不履行になりますし、かといって13万円を支払ってしまえば、賃上げを了承したことになります。賃貸人にしてみれば、賃借人から10万円を受け取ってしまえば、賃料が10万円据え置きであることを了承したことになるため、13万円を支払わない限り、一切金銭は受け取らないという態度に出ることがあります。振込先を知っていれば、10万円を振り込んでしまえばよいのですが、これまで手渡しで賃料を支払っていたとか、賃貸人が従来の振込口座を閉じてしまった等という場合は、賃借人は、賃料据え置きの話し合いを大家さんと交渉する一方で、10万円を供託するという方法をとることが一般的です。ここで、どうせ賃料で争っているから、賃貸人は10万円を受けとらないだろうなと思っても、いきなり供託をすることはできません。まずは10万円を賃貸人に示し（弁済の提供）、受け取りを拒絶されたという事実を供託原因として、供託をすることができます。

Lesson 16 引渡しの拒否

売主が商品の引渡しを拒否した場合はどうなるのでしょうか。

債務者には債務を履行する義務があります。逆に言えば、債権者は債務者に対して、債務を履行するように請求することができます。

よって、債務者が任意に債務を履行しないときは、債権者としては、①強制的に債務を履行させる、②債務不履行に基づき損害賠償請求をする、③契約を解除する、等の手段を検討することになります。

（履行の強制）
第414条 債務者が任意に債務の履行をしないときは、債権者は、民事執行法その他強制執行の手続に関する法令の規定に従い、直接強制、代替執行、間接強制その他の方法による履行の強制を裁判所に請求することができる。ただし、債務の性質がこれを許さないときは、この限りでない。

1. 履行の強制（414条）

債務者が任意に債務の履行をしないときは、債権者は民事執行法その他強制執行の手続に関する法令の規定に従い、商品を引き渡すように、裁判所に請求することができます（直接強制）。

また、債権の内容によっては債権者に一定の金銭を支払うことを債務者に命じるという金銭的ペナルティを与えることによって、債務者に債務の履行を強制するやり方（間接強制）もあります（民事執行法172条）。

（債務不履行による損害賠償）
第415条　債務者がその債務の本旨に従った履行をしないとき又は債務の履行が不能であるときは、債権者は、これによって生じた損害の賠償を請求することができる。ただし、その債務の不履行が契約その他の債務の発生原因及び取引上の社会通念に照らして債務者の責めに帰することができない事由によるものであるときは、この限りでない。
2　前項の規定により損害賠償の請求をすることができる場合において、債権者は、次に掲げるときは、債務の履行に代わる損害賠償の請求をすることができる。
一　債務の履行が不能であるとき。
二　債務者がその債務の履行を拒絶する意思を明確に表示したとき。
三　債務が契約によって生じたものである場合において、その契約が解除され、又は債務の不履行による契約の解除権が発生したとき。

2. 損害賠償請求（415条2項）

契約を締結したにもかかわらず、気が変わったのか売主が商品の引渡しを明確に拒否した場合は、買主である債権者は、債務の履行（商品の引渡し）に代えて、損害賠償を請求することができます（いわゆる塡補賠償。415条2項2号）。また、それとは別に、契約不履行により被った損害がある場合には損害賠償請求をすることができます（同条1項）。

（催告による解除）
第541条　当事者の一方がその債務を履行しない場合において、相手方が相当の期間を定めてその履行の催告をし、その期間内に履行がないときは、相手方は、契約の解除をすることができる。ただし、その期間を経過した時における債務の不履行がその契約及び取引上の社会通念に照らして軽微であるときは、この限りでない。
（催告によらない解除）
第542条　次に掲げる場合には、債権者は、前条の催告をすることなく、直ちに契約の解除をすることができる。

一　債務の全部の履行が不能であるとき。
二　債務者がその債務の全部の履行を拒絶する意思を明確に表示したとき。
三　債務の一部の履行が不能である場合又は債務者がその債務の一部の履行を拒絶する意思を明確に表示した場合において、残存する部分のみでは契約をした目的を達することができないとき。
四　契約の性質又は当事者の意思表示により、特定の日時又は一定の期間内に履行をしなければ契約をした目的を達することができない場合において、債務者が履行をしないでその時期を経過したとき。
五　前各号に掲げる場合のほか、債務者がその債務の履行をせず、債権者が前条の催告をしても契約をした目的を達するのに足りる履行がされる見込みがないことが明らかであるとき。

3. 契約の解除（541条）

債務者（売主）が引渡しをしない場合において、買主が相当の期間を定めて引渡しを催告しても、その期間に引渡しがなされなかった場合は、買主はこの売買契約を解除することができます。ただし、その期間を経過した時における債務の不履行が、この契約および取引上の社会通念に照らし軽微であるときは、契約の解除までは認められません。当事者が、契約をした主目的の達成に必須ではない不随的義務の履行（公租公課の負担）を怠ったにすぎない場合には、特段の事情のない限り、相手方は当該契約を解除することができないという判例があります（最判昭和36年11月21日民集15巻10号2507頁）。なお、売主の、商品を引き渡さないという意思が明確である場合には、買主は催告をすることなく直ちに契約の解除をすることができます（542条1項）。

契約実務の現場から ―契約解除

実務においては、相手方に債務履行の可能性が認められない場合は、一刻も早く契約を解除できるように、また契約解除に基づく損害賠償請求ができるように、以下のような規定を入れることがあります。

第○条（契約解除）

1. 甲又は乙は、相手方がその責に帰すべき事由により本契約上の義務を履行しない場合は、相手方に相当の期間を定めて書面による催告を行い、なお履行がないときには、本契約を解除することができる。
2. 甲又は乙は、相手方に次の各号に掲げる事由のいずれが生じたときには、何ら催告することなく直ちに本契約を解除することができる。
   (1)　仮差押、差押、強制執行又は競売の申立を受けたとき。
   (2)　破産、民事再生、会社更生、特別清算等の手続申立を受けたとき、
   (3)　手形、小切手を不渡りにする等支払停止状態に陥ったとき。
   (4)　公租公課の滞納処分を受けたとき。
   (5)　監督官庁による営業許可の取消、営業停止等の処分があったとき。
   (6)　前各号の他、著しい信用不安の事態が生じ、本契約に基づく債務の履行が困難になるおそれがあると認められるとき。
3. 本条第１項又は第２項に基づき本契約が終了した場合でも、甲又は乙の相手方に対する損害賠償の請求を妨げない。

Lesson 17 危険負担

（債務者の危険負担等）
第536条 当事者双方の責めに帰することができない事由によって債務を履行することができなくなったときは、債権者は、反対給付の履行を拒むことができる。
2 債権者の責めに帰すべき事由によって債務を履行することができなくなったときは、債権者は、反対給付の履行を拒むことができない。この場合において、債務者は、自己の債務を免れたことによって利益を得たときは、これを債権者に償還しなければならない。

1個の契約で2つの債権債務関係が生じる双務契約において、一方の債務が履行不能となった場合にもう片方の債務はどうなるのかという問題です。どちらの債務の履行が問題となっているのかに注意をしましょう。

1. 双務契約

双務契約とは、当事者双方が互いに対価的な債務を負担する契約をいいます。商品を引き渡す債務と、商品の購入代金を支払う債務を当事者が各々負担する売買契約が典型です。これに対し、当事者の一方だけが相手方に対し債務を負担する契約は「片務契約」といいます。自己の財産を相手方に無償で与える贈与契約が典型です。

本項で問題となっている危険負担は、対価的関係にある2つの債務のうち、片方の債務が、履行不能になった場合、もう一方の債務はどうなるのかという問題ですから、双務契約において生じる問題です。たとえば、絵画の売買契約を締結したところ、絵画を引き渡す前に、隣家の火事に巻き込まれ、その絵画が焼失してしまった場合、絵画を引き渡す債務は履行できなくなったにもかかわらず、買主は購入代金を支払わなければならないのか、という問題です。

2. 危険負担

常識的に考えれば、支払う必要なんてない、そう思いますよね。ところが、改正前の民法には、債務者（この場合は、絵画の売主）の責任ではなく、目的物である絵画が焼失してしまった場合には、債権者（買主）がその危険を負担しなさい、つまり、絵画は手に入らないけれど、代金は支払いなさいと規定した条文があったのです（旧民法534条）。

しかし、これは買主にとって酷ですよね。もっと大切に保管しておけよと文句の一つも言いたくなるでしょう。そこで、実務上は、買主が目的物の「引渡し」を受けた、「登記」が買主に移転された等、買主が目的物を実質的に支配したといえる状況になった時に、買主に危険の負担責任が生じる（代金支払義務が生じる）とされ、上記条文の適用範囲は非常に制限されてきました。

3. 反対給付の履行拒絶

平成29年の改正民法では、旧534条は削除され、本件のような場合は、「債権者は、反対給付の履行を拒むことができる」と規定されました（536条1項）。絵画の買主の反対給付（代金支払債務）が当然に消滅するわけではなく、売主から支払請求が来ても、拒むことができると規定されたのです（履行拒絶権）。よって、確定的に自己の代金支払債務を消滅させたい債権者は、債務不履行による契約の解除をする必要があります。

ここまでの解説ですでに混乱している方はいらっしゃいますか。AB間の双務契約の場合、Aは、代金を支払うという債務においては債務者ですが、商品を引き渡す債務においては、債権者になります。Bはその反対で、代金支払債務においては債権者ですが、商品引渡債務においては債務者です。どちらの債務が履行不能になったかによって、反対給付の履行を拒むことができる債権者の主体が変わりますので、必ず図を書いて、確認するようにしましょう。

契約実務の現場から ―危険負担

契約実務においては、危険負担について以下のように規定します。

> **第○条**（危険負担）
> 商品の全部又は一部滅失、毀損、若しくは変質等により生じた一切の損害は、乙から甲への本商品の引渡し時までは、甲の責めに帰すべき場合を除き、乙の負担とし、引渡し後に生じた商品の全部又は一部滅失、毀損若しくは変質等により生じた一切の損害は、乙の責めに帰す場合を除き、甲の負担とする。

物の引渡しと同時に、危険も移転するのが原則、と考えるとわかりやすいでしょうか。ただし、これについても、いつを「引渡し」とするのか、という問題があります。

乙の工場から出荷された時なのか、甲の工場に到着した時なのか、甲の工場で検品をして合格と判断されたときなのかなど。よって契約書上は、以下のとおり、いつを引渡しとするかを明記しておくことも重要です。

> **第○条**（引渡しの完了）
> 乙が、前項の検査により本商品が注文内容に適合していることを確認したときに、当該商品の甲から乙への引渡しが完了するものとする。

Lesson 18 債務不履行とその効果

1. 債務不履行の種類

債務不履行とは、文字どおり、「債務」を「履行しない」ことです。債務を履行しないと一口にいっても、履行はできるのだけれど、履行期に間に合わない（履行遅滞）、全く履行の見込みがない（履行不能）、履行はしたのだけれど、一部に不具合がある（不完全履行）、という3つの類型があります。いずれにも共通していることは、「債務の本旨に沿った履行ができていない」ということです。

（履行期と履行遅滞）

第412条　債務の履行について確定期限があるときは、債務者は、その期限の到来した時から遅滞の責任を負う。

2　債務の履行について不確定期限があるときは、債務者は、その期限の到来した後に履行の請求を受けた時又はその期限の到来したことを知った時のいずれか早い時から遅滞の責任を負う。

3　債務の履行について期限を定めなかったときは、債務者は、履行の請求を受けた時から遅滞の責任を負う。

（履行遅滞中又は受領遅滞中の履行不能と帰責事由）

第413条の2　債務者がその債務について遅滞の責任を負っている間に当事者双方の責めに帰することができない事由によってその債務の履行が不能となったときは、その履行の不能は、債務者の責めに帰すべき事由によるものとみなす。

（債務不履行による損害賠償）

第415条　債務者がその債務の本旨に従った履行をしないとき又は債務の履行が不能であるときは、債権者は、これによって生じた損害の賠償を請求することができる。ただし、その債務の不履行が契約その他の債務の発生原因及び取引上の社会通念に照らして債務者の責めに帰することができない事由によるものであるときは、この限りでない。

（返還の時期）
第591条 当事者が返還の時期を定めなかったときは、貸主は、相当の期間を定めて返還の催告をすることができる。

2. 履行遅滞

履行遅滞とは、債務者が、履行期に履行が可能であるのに、履行をしない状態をいいます。履行期の特定の仕方によって、履行遅滞はさらに3つに分類することができます。

①まず「2020年5月1日」というように履行期が明確である場合、この履行期を確定期限といいます。確定期限付債務の場合は、その確定期限が到来した時から履行遅滞に陥ります。この場合でいえば2020年5月2日から履行遅滞となります。

②次に、その日が到来することは確実なのですが、それがいつになるかわからないという場合、たとえば「Aが死んだら」という場合、人間はいつかは死を迎えますが、それがいつなのかはわかりません。そういう意味では不確かな期限なので、これを不確定期限といいます。不確定期限付債務の場合は、債務者は、その期限の到来した後に履行の請求を受けた時またはその期限の到来したことを知った時のいずれか早い時から履行遅滞に陥ります（412条2項）。債権者から支払ってくださいと言われなくても、債務者自身がAが死亡したことを認識すれば、その時点から履行遅滞に陥るということです。

③では期限を定めなかった時はどうでしょう。民法は、この場合は債権者から履行の請求を受けた時から履行遅滞に陥ると規定しています（412条3項）。なお、お金の貸し借りに関する消費貸借契約においては、返済期限を定めなかった場合は、貸主（債権者）は相当の期間を定めて催告（履行の請求）をすることができます（591条1項）。お金を借りるということは、当面は自分でお金を工面できないということですから、すぐに返せ

と催告をされても債務者は対応できないですよね。債務者が借りたお金を返せる、準備できるくらいの相当期間を経た後に、債権者は「返してちょうだい」と履行を請求できるということです。そして、相当期間を定めて債権者から催告をされれば、上述のとおり、その履行の請求（催告）を受けてその相当期間が経過したときから債務者は履行遅滞となります。仮に相当の期間を定めずに債権者が催告をした場合は、催告時からではなく、その催告から相当期間を経過した後に、債務者は履行遅滞となります。

履行遅滞に陥った場合、債権者は遅滞によって生じた損害の賠償を債務者に求めることができます（415条1項）。本来の債務の履行を求めるとともに、遅れたことに対する賠償（遅延賠償）も請求できるということです。しかし、中には時期が遅れてしまえば、債務の本旨を果たせないという債務もあります。ウェディングドレスの制作に関する請負契約等はその典型例ですね。いくら、結婚式の1週間後に「完成しました」と言われても、すでに結婚式が終わってしまっている以上、債務者は「結婚式で着るウェディングドレスを制作する」という債務を履行することは不可能なのです。そこで、遅延後の債務の履行が債権者にとってほとんど意味がない場合は、債権者は本来の債務の履行に代えて、損害の賠償（填補賠償）と遅延賠償を請求できます。

また、債務者が履行遅滞に陥っている間に、当時者双方の責めに帰すことができない事由によってその債務の履行が不能となったときは、その履行の不能は、債務者の責めに帰すべき事由とみなされます（413条の2第1項）。上記の例でいえば、ウェディングドレスの引渡日が式の10日前であったところ、6日前にようやく完成をし、（すでに履行遅滞）、5日前に引渡しをしようとしていたところ、大きな台風に見舞われ店が床上浸水の被害を受け、ドレスが泥だらけになり破れてしまったというような場合です。台風の被害は債務者の責任ではありませんが、すでに履行遅滞に陥っていた際の不可抗力による損害については、債務者が負担をするということです（413条の2第1項）。

契約実務の現場から —履行遅滞

実務においては、以下のように履行遅滞の場合における損害金などを規定しておく場合もあります。

第○条（損害金）
1. 受注者の責めに帰する理由により、期間内に委託業務を完了することができない場合において、期間経過後相当の期間内に完了する見込があると認めたときは、発注者は、受注者から損害金を徴収して期間を延長することができる。
2. 前項の損害金の額は、頭書の業務委託料から既に完了した業務委託に相応する委託料を控除した額に対して、遅延日数に応じ、年5パーセントの割合を乗じて計算した金額とする。
3. 発注者の責めに帰すべき理由により、業務委託料の支払いが 遅れた場合においては、受注者は、遅延日数に応じ、年5パーセントの割合で計算した額の遅延利息の支払いを発注者に請求することができる。

（履行不能）
第412条の2　債務の履行が契約その他の債務の発生原因及び取引上の社会通念に照らして不能であるときは、債権者は、その債務の履行を請求することができない。
2　契約に基づく債務の履行がその契約の成立の時に不能であったことは、第415条の規定によりその履行の不能によって生じた損害の賠償を請求することを妨げない。

3. 履行不能

履行不能とは、契約成立後に、その債務の履行ができなくなってしまったという場合です。履行不能であるかどうかは、社会の取引観念に従って定めるとされています。たとえば、ゴッホの油絵の売買契約締結後、火事でその絵が燃えてしまったような場合です。物理的に売主の絵画の引渡債務は履行不能ですよね。この場合、債権者は、「ゴッホの絵を何としても引き渡せ！」と債務の履行を請求することはできません（412の2

第1項)。そこで本来の履行に代わる損害の賠償を請求することになります。こういった物理的不能に限らず、転貸借契約において、たとえば転貸人の債務不履行（賃金未払い等）により賃貸借契約が解除となり、賃貸人が転貸人に物件の明渡しを請求した場合も、転貸人の転借人に対する債務（家を貸すという債務）は履行不能になります（法律的不能)。

4. 不完全履行

不完全履行とは、一応債務の履行はされたが、その態様が不完全である、債務の本旨に沿った履行とはいえない、という場合です。たとえば、パソコンを100台注文したのに、70台納品され、30台が不足しているという場合です。債権者は、追加で30台を納品してくださいと請求することができますよね、これを追完履行請求権といいます。ただし、このパソコンが国際会議のために必要であったところ、その会議の日までに追加の30台が用意できないと言われたらどうでしょうか。この場合は、債務の本旨に沿った履行（国際会議で使用できるようにパソコンを100台納品する）ができていないということですから、債権者は30台分について、履行に代わる損害賠償を請求することができます。

5. 債務者の責めに帰すべき事由

上述のように債務不履行により債務者に損害賠償を請求するためには、そもそもその債務不履行が債務者の責めに帰すべき事由により引き起こされたことが必要です。条文上は、「債務者の責めに帰することができない事由によるものであるときは、この限りではない」(415条1項）とあります。債務者の責めに帰することができない事由とは、端的にいえば、①債権者の責めに帰すべき事由、②第三者の責めに帰すべき事由、③天災等の不可抗力です。これ以外の事由によって引き起こされた債務不履行は、債務者の責めに帰すべき事由といってもよいのではないでしょうか。

Lesson 19 債務者が免責される場合

（債務不履行による損害賠償）

第415条　債務者がその債務の本旨に従った履行をしないとき又は債務の履行が不能であるときは、債権者は、これによって生じた損害の賠償を請求することができる。ただし、その債務の不履行が契約その他の債務の発生原因及び取引上の社会通念に照らして債務者の責めに帰することができない事由によるものであるときは、この限りでない。

2　前項の規定により損害賠償の請求をすることができる場合において、債権者は、次に掲げるときは、債務の履行に代わる損害賠償の請求をすることができる。

一　債務の履行が不能であるとき。

二　債務者がその債務の履行を拒絶する意思を明確に表示したとき。

三　債務が契約によって生じたものである場合において、その契約が解除され、又は債務の不履行による契約の解除権が発生したとき。

1. 免責事由

民法は415条1項ただし書で、「その債務の不履行が契約その他の債務の発生原因及び取引上の社会通念に照らして債務者の責めに帰することができない事由によるものであるときは」、債務者は債務不履行による損害を賠償する責任を負わないとしています。これが免責事由ですね。債務者が自分で、この債務不履行は自分の責任ではない、ということを主張立証する必要があります。裏を返せば、債務の発生原因および取引上の社会通念に照らして、債務者の責めに帰すべき事由であると判断された場合には、債務者は債務不履行の賠償責任を負うということです。

自らの意思により契約を締結したのですから、それによって生じた結果については責任を負うのが私的自治の原則であり、債務者の責めに帰することができない場合のみ、債務者の免責が認められています。

2. 「債務の発生原因及び取引上の社会通念に照らして」

では、債務者が免責される事情とはどのようなものでしょうか。よくあげられる事由として、火事があります。売買契約を締結し、引渡日まで売主が目的物を倉庫で保管していたところ、その倉庫が隣の火事のもらい火で全焼してしまい、目的物がすべて焼失してしまったという場合です。出火場所が売主の倉庫で、火事の原因が売主の失火であれば、売主が免責されないのは当然ですね。売主の失火なのですから、売主は、損害を賠償する責任を負います。

対して、もらい火の場合、確実に売主は免責されるのでしょうか。売主も被害者であることは間違いありません。ただし、こういった場合、事例に応じて様々な判断がなされています。たとえば、ものすごく高価な絵画10枚が売買契約の目的物であった場合、引渡日まで、決して焼失などしないように、また、痛まないように、最善の注意をもって保管をしておくことが売主の義務であり、防火設備のない倉庫の一室にただ保管していたような場合、「高級絵画の売買」という取引上の社会通念に照らして、そのような保管場所を選択した売主（債務者）に責任の一端はあるのではないかという判断がなされる可能性があるということです。仮にこういった判断がなされれば、売主は損害賠償の責任を免れません。

これまでの裁判例で、「債務者の責めに帰すべき事由なし」とされたものとしては、①建物賃借人の返還義務が原因不明の出火による建物焼失のため不能となったが、債務者が善良な管理者の注意をもって建物を保存していた場合（大判昭和11年3月7日民集15巻376頁）、②売買契約後に目的物の取引を禁止する法律が発布された場合（大判明治39年10月29日民録12輯1358頁）としたものがあります。

不可抗力であったり、債権者または第三者の行為によって債務不履行となった場合には、「債務者の責めに帰することができない事由」であるとして、債務者は免責される傾向にあります。

契約実務の現場から ―不可抗力条項

契約書では不可抗力条項として、以下のように記載します。

第○条（不可抗力による債務不履行）
　天災地変、労働争議その他やむを得ない事由により乙が甲に対し商品を供給することができない場合は、これにより甲に損害が生じたとしても、乙は損害賠償の責は負わないものとする。

Lesson 20 時　効

1. 時効とは

時効とは、一定の事実状態が一定期間継続した場合に、真実の権利関係であるか否かを問わずにその事実状態を尊重し、権利の取得、喪失という法律効果を与える制度です。権利の取得が取得時効であり、喪失が消滅時効です。

（所有権の取得時効）
第162条　20年間、所有の意思をもって、平穏に、かつ、公然と他人の物を占有した者は、その所有権を取得する。
2　10年間、所有の意思をもって、平穏に、かつ、公然と他人の物を占有した者は、その占有の開始の時に、善意であり、かつ、過失がなかったときは、その所有権を取得する。
（所有権以外の財産権の取得時効）
第163条　所有権以外の財産権を、自己のためにする意思をもって、平穏に、かつ、公然と行使する者は、前条の区別に従い20年又は10年を経過した後、その権利を取得する。
（債権等の消滅時効）
第166条　債権は、次に掲げる場合には、時効によって消滅する。
一　債権者が権利を行使することができることを知った時から5年間行使しないとき。
二　権利を行使することができる時から10年間行使しないとき。
2　債権又は所有権以外の財産権は、権利を行使することができる時から20年間行使しないときは、時効によって消滅する。
（人の生命又は身体の侵害による損害賠償請求権の消滅時効）
第167条　人の生命又は身体の侵害による損害賠償請求権の消滅時効についての前条第1項第2号の規定の適用については、同号中「10年間」とあるのは、「20年間」とする。

2. 消滅時効

「法は権利の上に眠る者を保護しない」という法格言があります。消滅時効とは、権利を有する者が、その権利を一定期間行使しない場合に、その権利を消滅させる制度です。

消滅時効は一律何年と決められているものではなく、その権利の種類によって異なる期間が定められています。平成29年の民法改正で大きく変わった点なので、しっかり押さえておきましょう。

(1) 債権等の消滅時効

債権の消滅時効は、これまで「権利を行使することができる時」から進行し、その期間は10年とされていました。しかし、売買契約であれば、契約時点で、売主は代金請求権が発生していることを簡単に知ることができるのだから、その時効期間を10年間も認める必要はないとの指摘があり、平成29年改正で「権利行使をすることができることを知った時から5年」「権利を行使することができる時から10年」と規定されました。

この「知った時」と「できる時」の違いは、前者が主観的な時効の起算点であり、後者が客観的な時効の起算点であるということです。早く時効期限が到来した方で時効は完成しますから、売買契約であれば、契約日から5年経過してしまって、売主が買主に対して、代金請求をしたところで、買主は消滅時効を主張し、支払を拒むことができます。

(2) 債権または所有権以外の財産権の消滅時効

民法166条2項は「債権又は所有権以外の財産権」の消滅時効を20年と規定しました。「財産権」とは財産的内容を有する権利のことです。たとえば、地上権等の物権、取消権、解除権等も本項に該当します。

なお、所有権に消滅時効はありません。たとえば、ある土地の所有権を持ちながら、長年にわたり全く利用せず放置していたとしても、その土地の所有権自体が時効で消滅することはありません。

(3) 人の生命または身体の侵害による損害賠償請求権の消滅時効

改正民法167条で、「人の生命又は身体の侵害による損害賠償請求権」だけは、債権であっても消滅時効は20年と設定されました。これは被害者保護の観点から、他の債権と同様の10年間の時効期間では短すぎるとの意見を反映したものです。これまで債務不履行に基づく損害賠償請求は、時効期間が10年であり、不法行為に基づく損害賠償請求の時効期間が20年であることからすると、不利である等ということも言われていましたが、本改正によって、時効期間は統一されました。

（不法行為による損害賠償請求権の消滅時効）

第724条　不法行為による損害賠償の請求権は、次に掲げる場合には、時効によって消滅する。

一　被害者又はその法定代理人が損害及び加害者を知った時から3年間行使しないとき。

二　不法行為の時から20年間行使しないとき。

（人の生命又は身体を害する不法行為による損害賠償請求権の消滅時効）

第724条の2　人の生命又は身体を害する不法行為による損害賠償請求権の消滅時効についての前条第1号の規定の適用については、同号中「3年間」とあるのは、「5年間」とする。

(4) 不法行為による損害賠償請求権の消滅時効

改正前の不法行為に関する損害賠償請求の消滅時効期間の規定（旧民法724条）について、20年間は、除斥期間と考えられていました。除斥期間とは、当事者が主張する必要はなく、中断もなく、20年間という期間が過ぎれば、自動的に権利行使の機会が消滅するという期間をいいます。そして、この点も改正され、「不法行為の時から20年間行使しなければ損害賠償請求権は時効によって消滅する」と、この「20年」は除斥期間ではなく消滅時効期間であることが規定されました（724条2号）。消滅時効期間であれば、時効の中断（改正民法により「更新」

となります）があり、実質的に20年以上、権利主張ができる可能性があります。これも被害者保護の観点からの改正です。

また、不法行為においては、被害者またはその法定代理人が損害および加害者を知った時から3年間が時効期間として定められています（724条1号）。そして、不法行為の中でも、特に「人の生命又は身体を害する不法行為による損害賠償請求権」の場合は、消滅時効は5年間と新たに規定されました（724条の2）。

たとえば、2000年にひき逃げ事件が発生し、2018年に目撃者の証言等から加害者が特定できたとします。この場合、債権の主観的起算点は、事故発生から18年目の2018年ですから、被害者家族は2023年までに訴え提起をすれば、時効とはならないと思われます（724条の2）。しかし、事件発生は2000年ですから客観的起算点は2000年であり、2020年で時効を迎えてしまいます（724条2号）。よってこの場合は、被害者家族は2020年までに訴えを提起する必要があるのです。

3. 取得時効

取得時効とは、他人の物の占有者が、所有の意思をもって一定期間、その他人の物の占有を継続すれば、その物の所有権を取得することができることをいいます。先ほど、所有権に消滅時効はないといいました。自分が持っている土地を放置していても、それによってその所有者の所有権自体が消滅時効にかかるわけではないのですが、その間にその土地を自分の土地であると信じて、所有者としてふるまいながら占有している者がいた場合、10年ないし20年を経過したところで（162条）、その者がその土地の所有権を時効取得する効果として、本来の所有者が所有権を失うということはあり得ます。

（時効の効力）
第144条 時効の効力は、その起算日にさかのぼる。
（裁判上の請求等による時効の完成猶予及び更新）
第147条 次に掲げる事由がある場合には、その事由が終了する（確定判決又は確定判決と同一の効力を有するものによって権利が確定することなくその事由が終了した場合にあっては、その終了の時から六箇月を経過する）までの間は、時効は、完成しない。
一 裁判上の請求
二 支払督促
三 民事訴訟法第275条第1項の和解又は民事調停法（昭和26年法律第222号）若しくは家事事件手続法（平成23年法律第52号）による調停
四 破産手続参加、再生手続参加又は更生手続参加
2 前項の場合において、確定判決又は確定判決と同一の効力を有するものによって権利が確定したときは、時効は、同項各号に掲げる事由が終了した時から新たにその進行を始める。
（承認による時効の更新）
第152条 時効は、権利の承認があったときは、その時から新たにその進行を始める。
2 前項の承認をするには、相手方の権利についての処分につき行為能力の制限を受けていないこと又は権限があることを要しない。

4. 時効完成の効果

時効の効果はその起算日にさかのぼって生じます（144条）。これを「時効の遡及効」といいます。たとえば、AB間で平成20年10月1日に同日を代金の支払期限としてパソコンの売買契約を締結した場合、A（売主）の債権の消滅時効の起算点は同年10月2日となります。5年間にわたりAがBに対して支払請求等をせず、時効期間平成25年10月1日が経過した場合、遡及効が認められる結果、平成20年10月1日にさかのぼって、この売買代金債権が消滅しますので、Aはこの5年間に生じていた利息債権すら請求することができなくなってしまいます。

5. 時効の完成猶予と更新

①裁判上の請求、②支払督促、③裁判上の和解・民事調停等、④破産手続参加等は、時効の完成を猶予させる事由とされています。こういった時効の完成猶予事由が発生しても時効期間の進行自体は止まりませんが、本来の時効期間の満了日を過ぎても、所定の時期を経過するまでは時効が完成しないという効果があります（147条等）。

一方、ある事由の発生により、これまで進行していた時効期間の経過がゼロとなり、新たに一から進行を始めるということがあります。これを「時効の更新」といいます。

たとえば、上記①ないし④の場合で、確定判決または確定判決と同一の効力を有するものによって権利が確定したとき（147条2項）や、「権利の承認」は時効の更新事由です（152条）。

Lesson 21 損害賠償

（損害賠償の範囲）

第416条　債務の不履行に対する損害賠償の請求は、これによって通常生ずべき損害の賠償をさせることをその目的とする。

2　特別の事情によって生じた損害であっても、当事者がその事情を予見すべきであったときは、債権者は、その賠償を請求することができる。

1. 損害賠償の範囲

賠償請求できる損害には、通常損害と特別損害があります。通常損害とは、債務不履行によって現実に生じた損害のうち、そのような債務不履行があれば一般的に生じるであろうと認められる、いわゆる債務不履行と「相当の因果関係に立つ損害」です（416条1項）。これに対し、特別損害とは、相当因果関係の範囲に入らない、債権者個人に関する特別の事情による損害や、債務不履行後の経済状況の激変等の客観的事情による損害等をいいます（416条2項）。

平成29年の改正では416条2項の特別損害に関する規定が改定されました。特別損害であっても、「当事者がその事情を予見し、又は予見することができたとき」は、債権者はこの特別損害についても賠償請求をすることができる、とされていたところを、「当事者がその事情を予見すべきであったときは」と変更されました。当事者の予見が可能であったかどうか、予見していたのか否かではなく、「予見すべきであった」と評価される事情があれば、債権者は特別損害を請求できるというものです。改正前も採用されていた解釈ですが、改正後は、様々な事情を総合して、「予見すべきである」との評価がなされれば、特別損害を請求できると明記されました。

なお、この「損害」は既存の財産が焼失したといった財産上の積極損害（実際に被害者がお金を支払わなければならなくなった損害）に限りません。精神上の損害や、本来は得られるはずだったのに得られなくなってしまった収入（消極損害）も含まれます。

2. 損害額の算定方法

(1) 判　例

損害額の算定方法については条文上規定はありませんが、判例によれば、

① 物の引渡しを目的とする債務の履行不能による塡補賠償については、原則として、履行不能時の目的物の時価による（最判昭和35年12月15日民集14巻14号3060頁）。

② 物の引渡しを目的とする債務の履行遅滞により解除した場合の塡補賠償については、解除時を基準とする（最判昭和28年10月15日民集7巻10号1093頁）。

③ 物の引渡しを目的とする債務の不履行につき、債権者が強制執行を請求しつつ、執行不能の場合に備えて、予備的に塡補賠償をも請求した場合は、口頭弁論終結時を基準とする（最判昭和30年1月21日民集9巻1号22頁）。

とされています。ただし、②については履行期を基準とするという考え方もあります。

(2) 中間騰貴

また、物の引渡しを目的とする債務の不履行後に目的物の価格が高騰した場合における塡補賠償の損害額の算定ルールは、以下のように判例法理が確立しています。

① 目的物の価格が騰貴しつつあるという特別の事情があり、かつ、債務者が債務を履行不能とした際、その特別の事情を知っていたかまたは知り得た場合は、騰貴した価格を基準とする。

② 目的物の価格がいったん騰貴し、その後下落した場合において、騰貴した価格で賠償請求するには、騰貴した時に転売その他の方法により騰貴価格による利益を確実に取得したであろうと予想されたことが必要である（最判昭和37年11月16日民集16巻11号2280頁）。

⑶ 転 売

債権者がすでに第三者への転売を確約していたような場合には、以下の判例法理が適用されます。

① 買主が第三者との間で転売契約を結んでいた場合において、売主の不履行により契約を解除したときは、原則として転売利益は通常損害となる（大判大正10年3月30日民録27輯603頁）。

② 買主が転売契約の相手方に損害賠償をした場合は、その損害賠償額が通常損害となる（大判明治38年11月28日民録11輯1607頁）。

③ 買主が目的物を自己使用目的で購入した場合において、買主が売買契約を解除してやむを得ず第三者から代替物を購入したときは、当初の売買代金と代替物購入代金の差額が通常損害となる（大判大正7年11月14日民録24輯2169頁）。

実務で問題が生じた場合は、上記判例法理に従った判断がされていますが、個々の事情による側面も大きいため、こういった損害額の算定基準、方法についての明文化は見送られました。

契約実務の現場から ―損害賠償請求

民法では、416条に損害賠償の規定がありますが、契約書には様々な損害賠償に関する契約条項を掲げます。

民法の規定に沿ったものとしては、下記のようになります。

> **第○条**（損害賠償）
> 甲又は乙は、本契約に違反して相手方に損害を与えた場合には、相手方に対し、その損害を賠償しなければならない。

一方で、民法の規定を修正し、あらかじめ損害の範囲を限定している場合もあります。つまり、「風が吹けば桶屋が儲かる」といったように、債務を履行しなかった→債権者は別の会社に支払いができなかった→手形が不渡りになった→倒産した、となると会社が倒産した損害まで負わなければならないのか、といったように後々トラブルになる可能性があるのです（実際には裁判ではほとんど認められませんが、損害賠償金を吊り上げられる可能性はあります）。そこで、損害の範囲を限定したり、あらかじめ損害賠償額を予定した規定を設けるのが一般的です。

> **第○条**（損害賠償）
> 甲又は乙は、本契約に違反して相手方に損害を与えた場合には、現実かつ直接に生じた通常損害に限って、相手方に対し、その損害を賠償しなければならない。ただし、その損害賠償額は、本契約にかかる年間委託料を上限とする。

Chapter 4

契約の解除時の問題について学ぼう

本章では、契約の解除について学びます。契約書を結ぶときから、解除するときのことを考えるなんて縁起でもない、と思いますか？ しかし、契約書は当事者間の関係性がうまくいかなくなったときにこそ見返すもの。どういった場合に解除できるのか、契約を解除した場合の効果についても、きちんと押さえたうえで、自己に有利な契約書作成を心がけましょう。

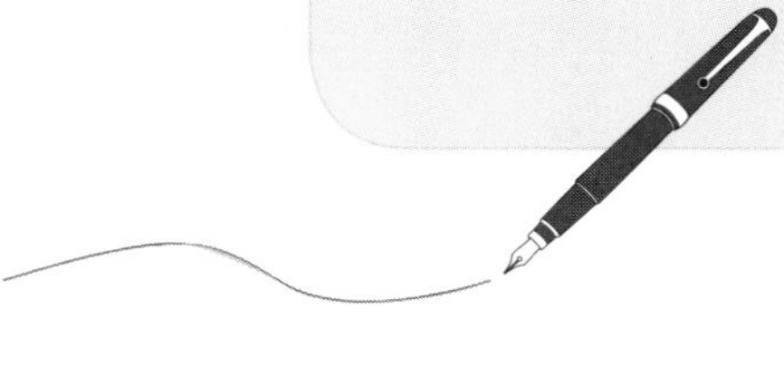

Lesson 22 契約の解除

（解除権の行使）
第540条 契約又は法律の規定により当事者の一方が解除権を有するときは、その解除は、相手方に対する意思表示によってする。
2 前項の意思表示は、撤回することができない。

1. 契約の解除

契約の解除とは当事者の一方の意思表示で既存の契約の効力を消滅させることです。両当事者の合意によって当該契約を解除すれば、それは合意解除です。しかし、契約当事者の一方が、相手が債務を履行しない、約束を守らないとして、契約を解除したいと思ったときはどうすればよいでしょうか。

民法540条には、契約の解除は「相手方に対する意思表示によってする」とあります。意思表示とは一定の法律効果を欲する意思を表示するということですから、契約を解除したいと思う当事者は、その旨を相手方に伝えることによって、契約を解除することができます。

2. 解除権者

誰でも契約を解除することができるのでしょうか。契約は内容の制定は自由ですから、当事者間でこういう場合には解除できるという規定を設けておけば、それに従って解除権者、解除事由、解除できる場合が決定されます。また、契約書に解除に関する規定がなかったとしても、民法には債務不履行を理由とする解除、売主の担保責任を理由とする解除、賃貸借契約における解除等が規定されていますので、「法律の規定」に従って、契約を解除することも可能です。

3. 解除権

契約を解除するということは、契約締結という状態を消滅させるもの。こういった自分の意思に基づいて、新しい法律関係をつくり出すものを形成権といいます。自分の意思に基づいて、消滅という状態をつくっておきながら、それをまた撤回することはできるでしょうか。民法540条2項は「撤回することができない」としています。

解除権を行使するということは、必ずそこには解除される相手方の存在があります。解除権者の意思一つで、「解除する。あ、やっぱりやめた。んーやっぱり解除」と二転三転されては、法的関係が安定しないですし、相手方に与える不利益も大きいですよね。そこで、いったん解除権を行使するとした以上、任意の撤回は許さないと規定されているのです。

ただし、これはあくまで相手方の不利益に配慮をした規定ですから、そもそも解除権の行使が詐欺、脅迫によるものであったとか、解除権者が制限行為能力者であった等という場合にまで、取消しを認めないということではありません。

Lesson 23 契約書の解除事由

1. 契約時は蜜月の関係

契約業務の経験があまりない会社や、互いの信頼関係でこれまで仕事をしてきて、それを契約書に落とし込むというスタイルをとってこなかった方からご相談を受けると、「契約書に解除事由なんて入れなくても大丈夫」、または、「解除事由を記載することは、相手方に失礼なのではないでしょうか」というご相談を受けることがあります。

確かに契約を締結するときは、両者が新しいビジネスを行うために、前向きに協力をしましょうと合意した瞬間ですから、万が一であっても関係がこじれた場合なんて想像もしたくないかもしれません。しかし、契約書は何度もいうように、契約当事者間の関係性がうまくいっているときにはむしろ不要であり、トラブルが起こったときに、そのトラブルを迅速に解決するためのツールなのです。保険のようなものといえばわかりやすいでしょうか。だからこそ､解除事由を記載することも大切なことです。

2. なぜ解除事由を記載するのか

民法は債務不履行を理由とする解除、売主の担保責任を理由とする解除等が規定されていますから、わざわざ契約書に記載する必要はないと思いますか。しかし、債務不履行であるかどうかというところで、相手方が争ってきた場合には、裁判で、そもそも債務不履行があるのか、債務不履行といえる状態なのかというところの判断をする必要があり、最終的に解除できるとしても、そこまでにかなりの時間と費用を要することになります。その間に、数多くのビジネスチャンスを失ってしまうかもしれません。

契約をすることで契約当事者は、その契約内容に従って自らの債務を履行する義務を負います。しかし、相手がその約束を果たしてくれないのであれば、一刻も早くこの契約を解除して、別の会社（人）と新たな契約を締結したいですよね。契約書に解除条項を記載しておけば、無用な時間をかけることなく、その契約の拘束力から解放されることにつながるのです。またトラブルが発生したときに契約条項に従って淡々と処理することで、契約の相手方との決定的な決裂を避けることができるのではないでしょうか。

3. 解除事由の記載の仕方

契約自由の原則ですから、法令等で制限されていない限りどのような場合に解除ができると記載しても構いません。当事者が合意している限り、その内容は原則として有効です。

相手方が契約書のドラフトを提示してきたときは、解除権者が誰なのか、どういう場合に解除ができると記載されているのか、その場合損害賠償請求権はどうなるのかといった点に注意をして、チェックをしましょう。「甲と乙の契約書を甲がドラフトしてきましたのでチェックしてください」と、乙に頼まれて当該契約書をチェックすると、甲だけに解除権が認められているという内容の契約書であったということがありました。

相手方との力関係もあり、あまり強いことを言えないという部分もあるのでしょうが、契約書のドラフトをする方は、一般的に、自分たちに有利な内容でまずは契約書を作成し、相手方に提示します。ですから、受け取った方は、すべて了解しなければいけない等と思わずに、「ここはどうにかなりませんか」、「この場合の解除権者は『甲及び乙』にしていただけませんか」等と交渉をすることが必要です。最終的な落としどころは、その後に考えればよいのです。まずは交渉、まずはこちらの要望を主張してみる、という積極的な姿勢も必要です。一方的な内容を押し付けられるだけであれば、そもそも契約書を締結する意味合いも半減してしまいますよね。

Lesson 24 帰責事由がある場合の解除

（催告による解除）

第541条 当事者の一方がその債務を履行しない場合において、相手方が相当の期間を定めてその履行の催告をし、その期間内に履行がないときは、相手方は、契約の解除をすることができる。ただし、その期間を経過した時における債務の不履行がその契約及び取引上の社会通念に照らして軽微であるときは、この限りでない。

（催告によらない解除）

第542条 次に掲げる場合には、債権者は、前条の催告をすることなく、直ちに契約の解除をすることができる。

一 債務の全部の履行が不能であるとき。

二 債務者がその債務の全部の履行を拒絶する意思を明確に表示したとき。

三 債務の一部の履行が不能である場合又は債務者がその債務の一部の履行を拒絶する意思を明確に表示した場合において、残存する部分のみでは契約をした目的を達することができないとき。

四 契約の性質又は当事者の意思表示により、特定の日時又は一定の期間内に履行をしなければ契約をした目的を達することができない場合において、債務者が履行をしないでその時期を経過したとき。

五 前各号に掲げる場合のほか、債務者がその債務の履行をせず、債権者が前条の催告をしても契約をした目的を達するのに足りる履行がされる見込みがないことが明らかであるとき。

1. 催告解除

民法541条は債務不履行のうち、履行遅滞における解除について規定をしています。改正前に必要とされた履行遅滞に対する債務者の帰責性は不要となり、債務不履行の程度が、解除の可否に影響を与えるということはすでにお話をしました。

2. 無催告解除

民法542条は催告をすることなく契約解除ができる無催告解除について規定しています。この条文は定期行為（履行期が遅れたのでは債権者にとって無意味になってしまう契約：ウェディングドレス制作の請負契約等）の履行遅滞による解除と履行不能による解除の条文をそれぞれ盛り込み、平成29年改正で新設されました。

なぜ解除する場合に催告が必要なのでしょうか、そして542条に列記してある場合については、なぜ催告が不要なのでしょうか。「催告」とは、債務者に対して履行を請求する債権者の意思の通知です。そして催告は債務者に履行をする機会を与え、契約関係を維持する利益を保護するために規定されています。履行遅滞ということは、債務者次第で履行の見込みがあるという状態です。こういった場合にまで、無催告での解除を認めてしまっては、契約関係が希薄化してしまいます。あと少しで履行までたどり着けるというところで一方的に解除される債務者の損害も、履行を受けられると思って準備をしていた債権者の損害もそれなりにあるでしょうから、催告をすることによって債務者の動向を把握する、債務者も現状を知らせて履行に向けた努力を行う、せっかく契約を締結した当事者の関係性がいとも簡単に壊れてしまうことのないように、催告という手続を踏んでいるのです。

対して、無催告解除が認められる場合は、①履行不能、②債務者が債務の履行をしないことを確定的に意思表示した、③一部不能または一部の履行を拒絶する意思を確定的に表示した場合であって、残部だけでは契約目的を達成できない、④定期行為、⑤催告をしても債務者が履行をする見込みがないことが明らかな場合です。すなわち、催告をしたところで、債務者の努力ではいかんともしがたい①③④、債務者自身に履行意思がないことが明確な②⑤の場合、これらの場合は、契約関係を維持する利益はないですよね。催告をしても、債務者の履行が叶わないことが明白であるのなら、一刻も早く、この契約の拘束力から債権者を解放してあげることが必要だということで、こういった場合には無催告解除が認められているのです。ただし③については、残存部分だけでは本当に契約の主目的を達成できないのか否かという点について、当事者間で争いは起こりそうですね。

（債務者の危険負担等）
第536条　（略）
2　債権者の責めに帰すべき事由によって債務を履行することができなくなったときは、債権者は、反対給付の履行を拒むことができない。この場合において、債務者は、自己の債務を免れたことによって利益を得たときは、これを債権者に償還しなければならない。
（債権者の責めに帰すべき事由による場合）
第543条　債務の不履行が債権者の責めに帰すべき事由によるものであるときは、債権者は、前二条の規定による契約の解除をすることができない。

3. 債権者の帰責性がある場合

民法543条は、債務不履行について、債権者に帰責事由がある場合は、債権者は催告解除（541条）も、無催告解除（542条）もできないと規定しています。

債務不履行があれば、債務者の帰責性を問うことなく債権者を契約の拘束力から解放するために解除を認めるが、債権者自身に帰責性があるときにまで、解除を認めることは相当ではないということですね。536条2項には債権者の責めに帰すべき事由で債務不履行になった場合、「債権者は反対給付の履行を拒むことはできない」と規定されています。これはすなわち、債権者は自身の債務を負担しなければならないということであり、その契約を債務不履行を理由に解除することはできないということも示しています。

Lesson 25 契約解除の効果

(解除の効果)

第545条 当事者の一方がその解除権を行使したときは、各当事者は、その相手方を原状に復させる義務を負う。ただし、第三者の権利を害することはできない。

2 前項本文の場合において、金銭を返還するときは、その受領の時から利息を付さなければならない。

3 第1項本文の場合において、金銭以外の物を返還するときは、その受領の時以後に生じた果実をも返還しなければならない。

4 解除権の行使は、損害賠償の請求を妨げない。

1. 原状回復

契約を解除することによって、原則として契約は最初から存在しなかったことになり、契約から生じた効果は遡及的に消滅します。その結果、その時点で履行されていない債務は消滅し、債務者の履行義務はなくなります。花瓶の売買契約において、目的物の納品が終わったが、売買代金の一部しか支払われていなかった場合、買主は売買代金を支払う債務を免れるということです。

一方、すでに履行された債務は法律上の原因を失うため、不当利得となります。上記の例でいけば、買主は花瓶を取得する法律上の原因（売買契約）を失ったのですから、その花瓶を持っているということは、その花瓶を不当に利得したという状態になりますので、速やかにその花瓶を売主に返還する必要があります。

売買契約を解除したときに、その目的物がいまだ買主の下にあれば、このように簡単に原状回復ができますが、たとえばガソリンの売買契約のように、契約成立後解除前に買主が費消してしまって、返還すべき物が存在しない場合にはどうしたらよいでしょうか。こういった場合は、その価格を返還することになります。

また、自動車の売買契約のように、解除をして当該目的物を返還はできるけれども、(受領時から解除時まで走行しているので)契約前の状態で返還することはできない場合は、解除時までにこの車を使用したことによる利益(使用利益)を、買主は売主に返還する義務を負います。この契約が成立していなければ、売主はその車を利用することができたわけです。契約時にさかのぼって走行距離を元に戻すことはできませんから、同一の財産状態を回復させるために、買主は使用利益を金銭に換算して返還する必要があるのです。

債務の履行として金銭を受領していた場合には、受領時から返還時までの利息を付して返還をする必要があります(545条2項)。そして金銭債務以外の物を返還するときには、受領時から返還時までに生じた果実を返還する必要があります(同条3項)。たとえば、リンゴの木の売買契約を締結した場合、解除時までにリンゴの実を買主が収穫していれば、これを売主に返還する義務があるということです。すでに費消していれば金銭換算して返還することになります。

2. 第三者の保護

解除権が行使されると、その契約は遡及的に消滅しますから、その契約があるものとして関与をしてきた「第三者」を保護する必要があります。たとえば売主Aが買主Bに土地を売却したところ、Bが売買代金を支払わないためにこの契約を解除したとします。しかし、Bは契約締結と同時にこの土地をCに転売していました。この場合AはCに対し、これは自分の土地だから返せ、ということができるのでしょうか。Cにしてみたら、自分はきちんと代金を支払って取得したのに、たまったものではないですよね。すでにCが住居を建て始めていたらどうでしょう。更地にして、原状回復をした状態でAに返還しなければならないのでしょうか。

民法は545条1項で原状回復義務を規定し、「ただし、第三者の権利を害することはできない。」としています。つまり、解除の効果は第三者の権利に影響を与えないということです。ただし、この「第三者」とは、解除「前」に出現した第三者に限られるというのが判例の考えです。解除「後」であれば、すでに当該契約は遡及的に消滅し、土地の所有権はAに戻っているわけですから、その後に無権利者のBから土地を購入したCを、Aを犠牲にしてまで無条件で保護する必要はないからです。ただし解除「前」であっても、「第三者」として保護されるためには、Cは登記を具備する必要があります。

しかし、AB間の契約解除「後」であっても、いまだ登記がBの元にあり、それを信じてCがBとの間で売買契約を締結した場合はどうでしょう。Cは解除「後」の第三者ですから、一切保護されないのでしょうか。判例は、この場合はBからA、BからCへの二重譲渡の関係にあるとして、AとCのいずれか先に登記を具備した方が、相手方に対抗できるとしています。

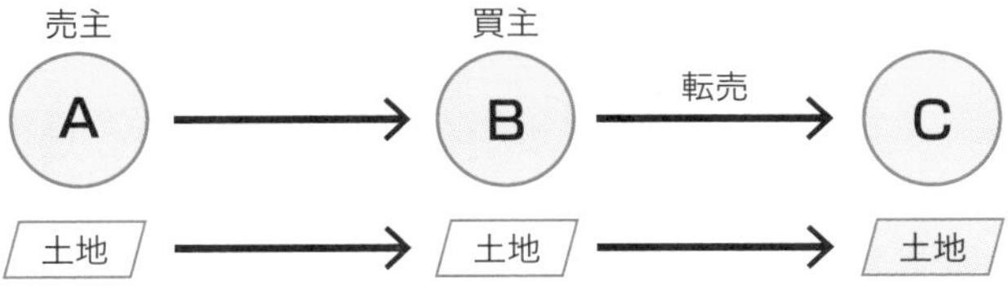

Lesson 26 解除権の消滅

（解除権者の故意による目的物の損傷等による解除権の消滅）
第548条　解除権を有する者が故意若しくは過失によって契約の目的物を著しく損傷し、若しくは返還することができなくなったとき、又は加工若しくは改造によってこれを他の種類の物に変えたときは、解除権は、消滅する。ただし、解除権を有する者がその解除権を有することを知らなかったときは、この限りでない。

1. 解除権の消滅

改正前の民法548条は、解除権者が自己の行為または過失によって契約の目的物を著しく損傷し、もしくは返還することができなくなったとき、加工もしくは改造により、目的物を他の種類の物に変えてしまった場合には、解除権は消滅すると規定していました。目的物を損傷し、返還不能状態にした者に契約解除権を認めることは、当事者の公平を害すること、また、加工、改造するということは、当該目的物を契約の目的物として受け入れたということであるから、同時に契約解除権は黙示に放棄したと解釈できるからということでした。これは、解除権者が自らに解除権があることを知っているか否かにかかわらず適用される条文でした。

しかし、売買の目的物に瑕疵があった場合、買主は、解除権があることを知っていたならば解除をして返品をしたけれど、知らなかったから自ら契約の目的に沿うように当該目的物を加工、改造したという場合にまで、解除権を消滅させることは妥当ではないという意見がありました。そこで改正後は、解除権者が解除権を行使できることを知らなかったときは、解除権は消滅しないということを明文化しました（548条ただし書）。

なお、解除権者の故意または過失によらずに、契約の目的物が損傷、返還不能等になった場合、解除権者の解除権は当然消滅しません。この場合、解除権者は、目的物が滅失してしまったら、当該目的物の返還義務は免れ、損傷の場合は、損傷した物を契約解除の際に返還すればよく、他方、相手方に対しては、自らが支払った対価（代金や物）の返還を請求することができます。

2. 消滅する範囲

損傷、目的物における返還不能の部分が僅少であれば、そもそも解除権は消滅しません。また、目的物が可分の場合は、損傷、返還不能、または加工、改造された部分についてのみ解除権が消滅します。

Chapter 5

いろいろなパターンの契約について学ぼう

本章では、いろいろなパターンの契約について学びます。法改正によって今まで解釈に争いがあった点が明確になっていますので、条文をじっくり読んでみてください。民法の規定を実務でどのように契約文言に落とし込むかといった点を意識し、条項案も記載しています。皆さんが普段チェックしている契約条項の根拠条文がわかると、なぜこういった文言を使っているのかがさらに明確になり、契約書チェックのポイントがつかめてきますよ。

Lesson 27 売買契約の特徴

（売買）
第555条 売買は、当事者の一方がある財産権を相手方に移転することを約し、相手方がこれに対してその代金を支払うことを約することによって、その効力を生ずる。

（手付）
第557条 買主が売主に手付を交付したときは、買主はその手付を放棄し、売主はその倍額を現実に提供して、契約の解除をすることができる。ただし、その相手方が契約の履行に着手した後は、この限りでない。

1. 売買契約とは

売買契約とは、当事者の一方が財産権を移転することを約し、他方当事者がその財産権に対して代金を支払うことを約束する契約です。当時者の意思の合致のみで契約が成立する諾成契約です。また、当事者は互いに債務を負担（財産権移転債務、代金支払債務）しますから、双務契約ですね。

売買契約は特段要式を必要としませんので、「売るよ」「買うよ」という当事者の意思の合致だけでも契約は成立となります。

2. 手　付

手付とは、契約締結の際に、当事者の一方から相手方に対して交付される金銭等です。両当事者の解除権を留保する意味で交付される解約手付について改正民法557条は、従来の判例法理を明文化しました。

すなわち、買主が売主に手付を交付したときは、買主はその手付を放棄し、売主はその倍額を現実に提供することで、その契約を解除することができます。売主Ａと買主Ｂとの間で、アンティークの時計（500万円）の売買契約が締結され、手付金としてＢがＡに100万円を支払ったとします。この場合、Ｂは手付金100万円を放棄することで契約を解除できますし、Aは倍額の200万円をBに現実に提供をすることで、契約を解除することができるのです。

ただし、すでにBが、残額400万円を支払うために、第三者から借り入れをしていた場合はどうでしょうか。この場合、相手方であるBは契約の履行に着手したといえるため、売主Aはたとえ200万円を用意したとしても、契約を解除することはできません。B自身は自分が履行に着手していたとしても、Aが履行に着手するまでは手付解除ができます。履行に着手した者が不測の損害を被ることを防止するという趣旨のため、履行に着手した者自身の解除権を制限する必要はないからです。

「履行に着手」したといえるのは、客観的に外部から認識できるような形で履行行為の一部を行う、または履行の提供のために欠くことのできない前提行為をしたような場合です。たとえば、ABの売買契約の目的物がクラシックカーだった場合、売買契約が成立した段階では、買主Bは手付放棄で契約解除ができますが、Aが地方に保管されているクラシックカーの輸送の手配をし、現に輸送している場合は、Aが履行に着手したといえますから、この段階でBから契約を解除することはできません。

契約実務の現場から　—手付解除

実務においては、民法の条文に沿って以下のような条項を設けることがあります。上述したように、「履行の着手」がいつなのかという点に疑義が生じる場合に備え、当事者双方で具体的な日時を決め、その日以降は解除ができないと規定することもできます。

第○条（手付解除）

1. 売主は、買主に受領済の手付金の倍額を支払い、又買主は、売主に支払済の手付金を放棄して、それぞれこの契約を解除することができる。
2. 前項による解除は、下記の事項のいずれかが早く到来したとき以降はできないものとする。
   ①　相手方がこの契約の履行に着手したとき
   ②　標記の期限（20○○年○月○日）を経過したとき

（買戻しの特約）

第579条　不動産の売主は、売買契約と同時にした買戻しの特約により、買主が支払った代金（別段の合意をした場合にあっては、その合意により定めた金額。第583条第1項において同じ。）及び契約の費用を返還して、売買の解除をすることができる。この場合において、当事者が別段の意思を表示しなかったときは、不動産の果実と代金の利息とは相殺したものとみなす。

（買戻しの特約の対抗力）

第581条　売買契約と同時に買戻しの特約を登記したときは、買戻しは、第三者に対抗することができる。

2　前項の登記がされた後に第605条の2第1項に規定する対抗要件を備えた賃借人の権利は、その残存期間中1年を超えない期間に限り、売主に対抗することができる。ただし、売主を害する目的で賃貸借をしたときは、この限りでない。

3. 買戻し特約

不動産の売買については、買戻し特約の規定があります（579条）。買戻しとは、売主がいったん買主に売却したものを、文字どおり買い戻す（取り戻す）という制度です。財産は持っているけれどもすぐに現金が欲しいという場合、いったん手持ちの不動産等を売却して現金化し、返済額がたまったところで、買い戻すという利用の仕方が一般的です。

⑴　買戻し特約の同時性

買戻し特約は売買契約と同時に締結されなければなりません

⑵　買戻し金額

平成29年の民法改正前は当初の売買代金と買戻し代金は同額でなくてはならないとされてきましたが、民法の改正により、当事者が別段の合意をした場合はその金額を買戻し金額とすることが認められました（579条）。

⑶　対抗要件

買戻し特約を知らずに、買主から当該不動産を購入してしまったCはどうすればよいでしょうか。改正民法581条では、買戻しの対抗力について定めています。

① 売買契約と同時に買戻しの特約を登記したときは、買戻しを第三者に対抗できます。よってこの場合、AはCに当該不動産の明渡しを求めることができます。

② 買戻し特約の登記がなされた後に、当該不動産の引渡しを受け、対抗要件を備える賃借人となった者は、その賃借期間の残存期間中1年を超えない期間に限り売主に対抗することができます（1年までは、賃借人が優位であり、いくら買戻し特約があっても、Aは賃借人に当該不動産の明渡しを求めることはできません）。ただし、CがAを害する目的で、当該不動産を賃借していた場合には、賃借人Cは売主Aに対抗することはできません。

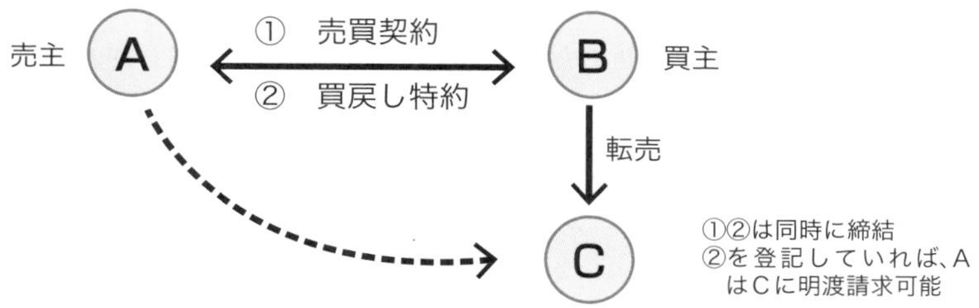

契約実務の現場から ―買戻し

実務上は、不動産の売買契約書の中で、買戻し、及びその登記についてまで規定をしておきます。登記費用は、買戻し特約を付けたい側（売主）が負担することが通常です。

第1条 甲は乙に対し、本件不動産を金○○円で売渡し、乙はこれを買い受ける。

第2条 乙は甲に対し、前条の売買代金を、20○○年○月○日限り、支払う。

第3条 甲は前条に基づき、代金全額の支払いを受けるのと引き換えに、乙に対し、本件不動産の所有権及び占有を移転し、所有権移転登記手続をする。

第4条　甲は、20〇〇年〇月〇日までの間に、乙に対し、第1条の売買代金及び本契約において乙が負担した費用を乙に返還し、本件不動産を買い戻すことができる。

2　乙は、前条の所有権移転登記手続を受けると同時に前項の買戻しの登記をする。

3　前項の登記費用は甲の負担とする。

第5条　甲が前条の買戻し権を行使し、第1条に定める金額の提供を行ったときは、その提供と同時に本件不動産の所有権及び占有は、乙から甲に移転し、乙は甲に対し、所有権移転登記手続をする。

2　前項の移転登記費用は甲の負担とする。

（買主の追完請求権）

第562条　引き渡された目的物が種類、品質又は数量に関して契約の内容に適合しないものであるときは、買主は、売主に対し、目的物の修補、代替物の引渡し又は不足分の引渡しによる履行の追完を請求することができる。ただし、売主は、買主に不相当な負担を課するものでないときは、買主が請求した方法と異なる方法による履行の追完をすることができる。

2　前項の不適合が買主の責めに帰すべき事由によるものであるときは、買主は、同項の規定による履行の追完の請求をすることができない。

（買主の代金減額請求権）

第563条　前条第1項本文に規定する場合において、買主が相当の期間を定めて履行の追完の催告をし、その期間内に履行の追完がないときは、買主は、その不適合の程度に応じて代金の減額を請求することができる。

2　前項の規定にかかわらず、次に掲げる場合には、買主は、同項の催告をすることなく、直ちに代金の減額を請求することができる。

一　履行の追完が不能であるとき。

二　売主が履行の追完を拒絶する意思を明確に表示したとき。

三　契約の性質又は当事者の意思表示により、特定の日時又は一定の期間内に履行をしなければ契約をした目的を達することができない場合において、売主が履行の追完をしないでその時期を経過したとき。

四　前三号に掲げる場合のほか、買主が前項の催告をしても履行の追完を受ける見込みがないことが明らかであるとき。
3　第1項の不適合が買主の責めに帰すべき事由によるものであるときは、買主は、前二項の規定による代金の減額の請求をすることができない。
（目的物の種類又は品質に関する担保責任の期間の制限）
第566条　売主が種類又は品質に関して契約の内容に適合しない目的物を買主に引き渡した場合において、買主がその不適合を知った時から1年以内にその旨を売主に通知しないときは、買主は、その不適合を理由として、履行の追完の請求、代金の減額の請求、損害賠償の請求及び契約の解除をすることができない。ただし、売主が引渡しの時にその不適合を知り、又は重大な過失によって知らなかったときは、この限りでない。

4. 債務不履行時の対応

(1) 追完請求権

引き渡された目的物が種類、品質または数量に関して契約の内容に適合しないものであるときは、買主は、売主に対して目的物の修補、代替物の引渡しまたは不足分の引渡しを請求することができます。売主には、契約の目的に沿った物を引き渡す契約上の債務があるので、それに満たない物に対しては、買主は追完を請求することができます（562条1項）。ただし、不適合の理由が買主側にあるときは、当然買主から売主に対して追完を請求することはできません（同条2項）。

また追完方法について、売主と買主の意見の相違があったときは、売主の選択が買主に不相当な負担を課するものでない限り、売主の選択に従って追完をすることができます（562条1項ただし書）。たとえば、買主が代替物の引渡しを請求したが、売主が修補を主張したような場合です。修補が問題なく行える場合は、売主の選択が買主に不相当な負担を課す、とはなりませんよね。

⑵　代金減額請求権

上記のように買主が履行の追完の催告をしたにもかかわらず、相当の期間が経過しても履行の追完がなされないときは、買主はその不適合の程度に応じて代金の減額請求ができます（563条1項）。また、①履行の追完をすることが不可能であるとき（例：売買の目的物であるクラシックカーの性能に問題があったが、代替できる部品がない）、②売主が履行の追完を明確に拒絶したとき、③特定の日時または一定の期間内に履行をしなければ契約の目的を達しえないときに、売主が履行の追完をしないまま、その期日が過ぎてしまったとき（例：披露宴で引き出物として配る写真立てのデザインが違った）、④①～③以外で、買主が催告をしても履行の追完を受ける見込みがないことが明らかなとき（例：目的物の不具合の原因となっている部品のパーツ会社が倒産した）、については、買主は催告をすることなく、直ちに代金減額請求ができます（563条2項）。これらの場合は、売主に履行の追完の機会を与える必要がないからです。

⑴と同様、買主に帰責事由がある場合は、代金減額請求はできません。また、目的物の不具合につき、売主の帰責性を問わないという点が特徴的です（帰責性を問う場合に行使するのが損害賠償請求）。売主の責めに帰すべき事情があろうがなかろうが、目的物に不具合があるのであれば、せめて代金減額はしてほしいという買主の要望が反映された形です。

⑶　損害賠償請求権

目的物の不具合につき、売主の責めに帰すべき事情があった場合、買主は売主に対し、損害賠償請求ができます（564条）。

⑷　解除権

解除の一般原則に従い、追完されない場合に、契約を解除することもできます（564条）。

⑸　期間制限

買主が売主に対して、目的物の種類または品質に関する担保責任を追求できるのは、買主が売買の目的物の不適合を知った時から1年以内です。それまでに売主に不適合の旨を通知する必要があります（566条）。目的物の不適合を知った時から1年で、売主に対する担保責任追求権は消滅してしまいますから、引渡し時の検収をしっかり行う必要があります。

なお、売主が引渡し時点で目的物の不適合を知っていた、または知らなかったことについて重大な過失があった場合には、この1年の期間制限は適用されません。買主はたとえ1年を過ぎていたとしても、売主に対し担保責任を追求できます（566条）。

契約実務の現場から ―瑕疵担保責任

実務においては、検収の内容、および検収後に発覚した瑕疵について、以下のような規定を置くことがあります。

> **第○条**（契約内容に不適合があった場合）
> 1. 甲は商品の引取に際して、速やかに検収を行い、商品に数量不足、品違い、破損、汚損等の瑕疵があった場合には、直ちに乙に通知するものとし、乙は乙の選択により不足品若しくは代品納入又はこれらに代わる必要な措置を執るものとする。
> 2. 前項の検収後、商品に隠れた瑕疵が発見された場合には、商品の引渡後6か月以内に限り、甲は乙に対して、当該瑕疵の修補、良品との交換、代替品の納入又は代金の減額のいずれかを請求することができる。

Lesson 28 贈与契約の特徴

（贈与）
第549条　贈与は、当事者の一方がある財産を無償で相手方に与える意思を表示し、相手方が受諾をすることによって、その効力を生ずる。
（書面によらない贈与の解除）
第550条　書面によらない贈与は、各当事者が解除をすることができる。ただし、履行の終わった部分については、この限りでない。
（贈与者の引渡義務等）
第551条　贈与者は、贈与の目的である物又は権利を、贈与の目的として特定した時の状態で引き渡し、又は移転することを約したものと推定する。
2　負担付贈与については、贈与者は、その負担の限度において、売主と同じく担保の責任を負う。

1. 諾成、片務契約

贈与という言葉は日常生活でもよく聞く、私たちにとってなじみのある言葉ですね。ただし、これも民法に規定された典型契約の一つです。贈与契約において、財産を与える側を贈与者、受け取る側を受贈者といいます。

贈与契約は「あげる」「ありがとう」という意思表示の合致で成立しますから、諾成契約です。また、受贈者は、贈与者から物を受け取るだけで、格別負担する債務はありませんから（負担付贈与は別）、贈与者にのみ、物を与える債務が発生します。契約当事者の一方だけが債務を負担しますから、片務契約です。

贈与する物は、贈与者が現に所有している財産に限りません。契約時点で第三者が所有権を持っているものでも贈与契約の対象とすることができます。当然この場合、贈与者には、その目的物を取得して相手方に移転する債務が生じます。

2. 撤回

書面によらない贈与は撤回することができます（550条）。単なる口約束に法的拘束力をもたせることは、適当ではないからです。ただし、過去の判例では、書面で贈与の意思表示がされた場合にも、これに即座に法律的効力を与えることが不当であるとされた判例もあります。「カフェー丸玉事件」という有名な判例です（大判昭和10年4月25日法律新聞3835号5頁）。

昭和初期、大阪道頓堀にあった「カフェー丸玉」の女給A（ホステス）と親しい間柄になったB（客）は、Aの気を惹くために、店からの独立資金として400円を贈与する約束をし、その後その旨の書面を作成しました。ところがBが一向に金を渡さないので、Aが訴えたという内容です。1審・2審はAの勝訴、大審院（今の最高裁）は、「2人の間柄を念頭に置いてみると、BはAの気を惹きたい一心で贈与の約束をしたのであって、こういう場合Bが進んで履行すれば有効な債務の弁済となるが、Aが履行を強制することのできない特殊の債務関係というべきである」と判示しました。これは自然債務（債権の効力として履行を求める力（訴求力）と債権の内容を裁判所に強制的に実現させる力（実行力）のない債権債務）の判例としても有名です。

3. 担保責任

贈与契約において贈与者には原則として担保責任はありません。贈与は無償が基本です。無償であげるのに、その物についてケチをつけられたらたまらないでしょうし、特定の物を贈与するという約束をしたときは、その物を現状のままで交付するという気持ちでいることが通常であると考えられるからです。

ただし、負担付贈与では異なります。負担付贈与とは、贈与に対して受贈者も一定の債務を負担するというものです。たとえば、父親が全財産を長男に贈与する代わりに、長男には、自分が死ぬまで同居して介護をしてもらうという約束をした、といったケースです。負担付贈与においては、贈与者は、その負担の限度において売主と同じく担保責任を負います。よって、不動産を贈与するとしても土壌汚染がひどくて利用できないような土地であれば、負担の限度において汚染対策をとる必要があります。また、先の例であれば、贈与を受けた長男が、しばらく同居した後に、父を老人ホームに入居させてしまった場合、父としては、長男の負担義務違反を理由に、この負担付贈与契約を解除することができます。解除により、父は長男に贈与した財産の返還を求めることができますが、同居期間、介護の程度によって、いくらか返還金額が減額される可能性もあります。

契約実務の現場から —負担付贈与

負担付贈与においては、受贈者の義務（負担）を明確にし、負担を履行しないときには直ちに本契約を解除できると規定しておくことが通常です。たとえば上述のとおり、介護をする代わりに不動産を贈与するという契約を締結した場合は以下のようになります。

第○条（負担付贈与）

1. 乙は、本件不動産の贈与を受けた負担として、甲をその生存中扶養しなければならない。
2. 乙が前条の義務を履行しないときは、甲は本契約を解除することができる。
3. 前項により、本契約が解除された場合は、乙は、直ちに本件不動産を甲に引き渡し、かつ、所有権移転登記手続をしなければならない。この場合において、所有権移転登記手続に伴う一切の費用は乙の負担とする。

Lesson 29 消費貸借契約の特徴

（消費貸借）

第587条　消費貸借は、当事者の一方が種類、品質及び数量の同じ物をもって返還をすることを約して相手方から金銭その他の物を受け取ることによって、その効力を生ずる。

（書面でする消費貸借等）

第587条の2　前条の規定にかかわらず、書面でする消費貸借は、当事者の一方が金銭その他の物を引き渡すことを約し、相手方がその受け取った物と種類、品質及び数量の同じ物をもって返還をすることを約することによって、その効力を生ずる。

2　書面でする消費貸借の借主は、貸主から金銭その他の物を受け取るまで、契約の解除をすることができる。この場合において、貸主は、その契約の解除によって損害を受けたときは、借主に対し、その賠償を請求することができる。

1. 要物契約

契約とは、「申込み」と「承諾」という意思表示の合致で成立する法律行為です。しかし、契約の中には、意思表示の合致だけではなく、実際に物の引渡し等がなければ成立しないと規定されている契約もあります。「物」が「要る」ので、要物契約といいます。これに対し、物の引渡し等を必要とせず、当事者の意思表示の合致だけで成立する契約を諾成契約といいます。

消費貸借契約とは、たとえばお金を借りたい人と貸したい人が締結する契約です。この場合、「お金を貸してほしいのだけれど」「いいよ」だけでは契約は成立しません。口約束で契約が成立した場合、当事者が負担する責任が大きすぎるからです。民法では、「相手方から金銭その他の物を受け取ることによって」契約が成立すると規定されています。よって、消費貸借契約は原則要物契約なのです。

2. 諾成的消費貸借契約

原則要物契約といいました。平成29年の改正で、諾成的消費貸借契約が認められることになりました。条文では規定がなかったのですが、従来から実務の世界では諾成的消費貸借契約が認められてきました。諾成契約そのものではないので、「諾成的な」という書きぶりになっています。それが587条の2で新設されました。ポイントは、意思表示の合致だけではなく、書面による契約書の作成を求めている点です。その場の雰囲気で、安易に「いいよ。貸してあげるよ」等と応諾した後、家に帰ってから、一晩寝てから、家族と話してから、「やっぱり無理だな、断ろうかな」と思うことは誰にでもあることです。その応諾の段階で契約成立としてしまったら、あまりに酷ですよね。書面を作成するとなれば、いくら貸すのか、返済期限、利息等についても、当事者で話し合ったうえで行うでしょうから、その場合は、たとえ、実際の金銭等の引渡しがなくても、当事者の意思の合致が明らかなので、契約の成立を認めましょうということです。

3. 解　除

諾成的消費貸借契約では、契約成立時と物の引渡し時にタイムラグが生じる可能性があります。よって平成29年の改正民法では、諾成的消費貸借契約においては、借主は、契約締結後、貸主から金銭その他の物を受け取るまで、金銭等を借り受ける必要がなくなった場合等には、契約の解除をすることができると規定しました。もっとも、この解除によって貸主に損害が生じた場合は、借主に賠償義務が生じます。

（利息）
第589条　貸主は、特約がなければ、借主に対して利息を請求することができない。
2　前項の特約があるときは、貸主は、借主が金銭その他の物を受け取った日以後の利息を請求することができる。
（貸主の引渡義務等）
第590条　第551条の規定は、前条第1項の特約のない消費貸借について準用する。
2　前条第1項の特約の有無にかかわらず、貸主から引き渡された物が種類又は品質に関して契約の内容に適合しないものであるときは、借主は、その物の価額を返還することができる。
（返還の時期）
第591条　当事者が返還の時期を定めなかったときは、貸主は、相当の期間を定めて返還の催告をすることができる。
2　借主は、返還の時期の定めの有無にかかわらず、いつでも返還をすることができる。
3　当事者が返還の時期を定めた場合において、貸主は、借主がその時期の前に返還をしたことによって損害を受けたときは、借主に対し、その賠償を請求することができる。

4. 利　息

消費貸借契約は原則無利息です。ですから、利息は○％という当事者間の合意がなければ、利息を請求することはできません。また、利息の発生日は借主が金銭その他の物を受け取った日と規定されました。ただし、当事者間で物の引渡し日より後の日を利息発生日とするという合意がなされれば、その日を利息計算の起算日とすることもできます。

5. 貸主の担保責任（590条）

有利息の消費貸借契約において引き渡された目的物が契約内容に適合しない場合、貸主は借主に対し、代替物の引渡義務、損害賠償責任等の担保責任を負います。

ただし、無利息の消費貸借契約については、贈与の規定を準用し、貸主は原則、契約時など目的物が特定した時の状態で目的物を引き渡せば足ります（590条1項）。

また消費貸借において、借主には、借りた物と同等の物を返還する義務がありますが、貸主から引き渡された物が種類または品質に関して契約の内容に適合しないものであった場合、それと同等の物をみつけることは至難の技であるため、この場合、借主は、その物の価額を返還することができます（590条2項）。

6. 返還時期

お金を借りた方としては、早く返してすっきりしたいと思われる方も多いでしょう。契約書に「返済期限：平成30年○月○日」等と記載されていても、大きな金額が手元に入れば、早めに返済したいと思うかもしれません。そこで民法は、借主は、返済期限に関係なく、いつでも返したい時に返せると規定しました（591条2項）。

貸主が返済期限より前に「早く返してください」と請求するのは、借主にとってあまりに不意打ちで認めがたいことはわかりますよね。一方、借主が早く返してくれるなら、貸主にとってもいいことだと思うかもしれませんが、利息付消費貸借については、貸主は返済期限までの利息を得る権利があったところ、繰り上げ弁済によりその権利を奪われてしまいますから、これを損害として借主に請求してくることが考えられます。借主の立場からすれば、あらかじめ契約書作成時点で、繰り上げ弁済の場合にも、借主は貸主に対し、何ら損害の賠償を負わない旨の一文を入れておくとよいですね。

契約実務の現場から ―繰り上げ弁済と損害賠償

繰り上げ弁済の場合、借主が貸主に対し、損害賠償責任を負わない旨の規定として、以下に例をあげます。

第○条（繰上返済）
　乙は、返済期日が到来する以前に、借入金額の全部又は一部を返済することができる。なお、上記繰上返済に際し、乙は甲に対し、何ら損害賠償責任を負わない。

Lesson 30 賃貸借契約の特徴

（賃貸借）
第601条　賃貸借は、当事者の一方がある物の使用及び収益を相手方にさせることを約し、相手方がこれに対してその賃料を支払うことを約することによって、その効力を生ずる。
（賃貸借の存続期間）
第604条　賃貸借の存続期間は、50年を超えることができない。契約でこれより長い期間を定めたときであっても、その期間は、50年とする。
2　賃貸借の存続期間は、更新することができる。ただし、その期間は、更新の時から50年を超えることができない。
（不動産の賃借人による妨害の停止の請求等）
第605条の4　不動産の賃借人は、第605条の2第1項に規定する対抗要件を備えた場合において、次の各号に掲げるときは、それぞれ当該各号に定める請求をすることができる。
一　その不動産の占有を第三者が妨害しているとき　その第三者に対する妨害の停止の請求
二　その不動産を第三者が占有しているとき　その第三者に対する返還の請求

1. 賃貸借契約とは

賃貸借契約とは、当事者の一方（貸す人）が、相手方（借りる人）に対し、ある物（マンションの一室等）を使用および収益（使わせるということ）させることを約束し、相手方がそれに対して賃料を支払うこと、契約が終了した時点で借りた物を返還することを約束することで成立する契約です。一般的に不動産の賃貸借契約においては契約書を作成しますが、法律上は書面作成は求められていませんから、口頭の約束でも成立する諾成、不要式の契約であり、双方に債務がありますから（貸す人：目的物を使用収益させる債務／借りる人：賃料支払債務および目的物返還債務)、双務契約ですね。

2. 特　徴

(1) 存続期間

賃貸借の存続期間は50年を超えることができず、これより長い期間を定めたとしても、その期間は50年となります（604条1項）。

平成29年の民法改正前はあまり長期の賃貸借を認めると、貸借物の劣化の手当てがされない可能性があり、好ましくないとの懸念から、20年とされていました。しかし、借地借家法において、建物の所有を目的とする土地の賃借権については存続期間が30年または当事者の意思の合致があればこれより長い期間を定めることも可能とされており(借地借家法3条)、建物の賃貸借においても、従来の20年規定（604条）の適用が除外されていたこと（借地借家法29条2項)、また、民法制定時と異なり、現代では技術の進歩により賃借物を長期間維持することも可能になりました。また、契約上も長期の賃貸借期間を必要とする（20年では元がとれない）くらい多額の費用をかける大型プロジェクト等も存在することから、現代の社会情勢に適合するように、50年と改正されました。

(2) 賃借権が不当に妨害されたら

賃貸借契約を締結し、いざその物件に入居しようとしたところ、知らない第三者がその物件に居座っていたとしたら、どうすればよいでしょうか。この場合、対抗要件を備えた賃借人（賃貸借を登記済、借地上の建物を登記済、対象不動産の引渡しを受けた等）は、賃借権に基づいて、賃借人自身が、返還請求権、妨害排除請求権といった妨害の停止を要求することができます（605条の4)。上記の場合、第三者の占有により、賃借人の賃借権が妨害されているのですから、第三者に対し、当該物件を自分に返還する（明け渡す）ように請求することができます。

「当たり前じゃないか！」と思うかもしれませんが、改正前の民法では、原則賃借人にこういった権利を認めるという条文はありませんでした。賃借人はあくまで賃借人であって、その物件を所有しているのは、賃貸人ですから、賃貸人が自己の所有権に基づき、第三者に妨害排除請求ができるという考えだったのです。しかし、判例では、従来から、対抗要件を備えた賃借人は、賃借権に基づき妨害排除請求等ができるとされており、平成29年の改正でこの点が明文化されました。

（不動産の賃貸人たる地位の移転）
第605条の2　前条、借地借家法（平成3年法律第90号）第10条又は第31条その他の法令の規定による賃貸借の対抗要件を備えた場合において、その不動産が譲渡されたときは、その不動産の賃貸人たる地位は、その譲受人に移転する。
2　前項の規定にかかわらず、不動産の譲渡人及び譲受人が、賃貸人たる地位を譲渡人に留保する旨及びその不動産を譲受人が譲渡人に賃貸する旨の合意をしたときは、賃貸人たる地位は、譲受人に移転しない。この場合において、譲渡人と譲受人又はその承継人との間の賃貸借が終了したときは、譲渡人に留保されていた賃貸人たる地位は、譲受人又はその承継人に移転する。
3　第1項又は前項後段の規定による賃貸人たる地位の移転は、賃貸物である不動産について所有権の移転の登記をしなければ、賃借人に対抗することができない。
4　第1項又は第2項後段の規定により賃貸人たる地位が譲受人又はその承継人に移転したときは、第608条の規定による費用の償還に係る債務及び第622条の2第1項の規定による同項に規定する敷金の返還に係る債務は、譲受人又はその承継人が承継する。

3. 注意すべき点

(1) 賃貸物件が譲渡された場合

賃貸借の目的物である不動産の所有権が移転した場合、その不動産にかかる賃貸借が対抗要件を備えている場合には、賃借人Aと旧賃貸人B（譲渡人）との間の賃貸借関係は、新しい所有者（譲受人）Cとの間に当然承継され、旧所有者Bは、賃貸借関係から離脱します（605条の2

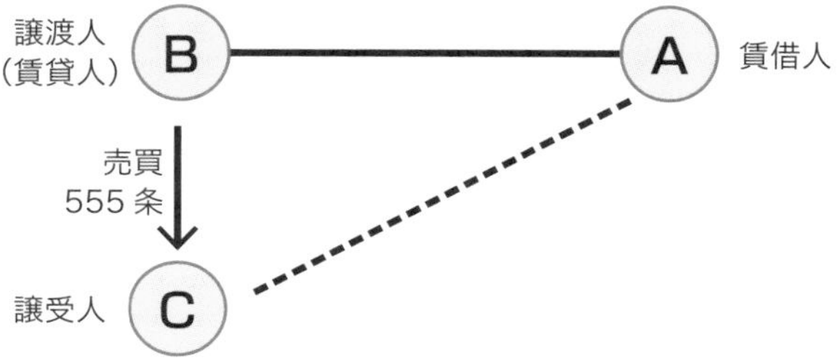

第1項)。対抗要件とは、当事者間（ＡとＢ）で効力の生じた法律関係（賃貸借）を第三者（Ｃ）に主張するための要件です。建物賃借権の対抗要件は賃借権の登記または建物の引渡しを受けていることです。

すなわち、不動産をＢがＣに売却した際、もともとＢからこの不動産を賃借していたＡは、賃借権の登記または、この不動産の引渡しを受け、実際に使用していれば、新所有者Ｃに対しても賃借権を主張し、従前どおりこの不動産を利用し続けることができるということです。

ただし、譲渡人Ｂと譲受人Ｃで、不動産は譲渡するけれど、賃貸借契約における賃貸人の地位はそのまま譲渡人に留めておきましょうという合意をし、譲受人Ｃが賃貸人となって、譲渡人Ｂにこの不動産を賃貸するという賃貸借契約を締結した場合は、もともとの賃貸人の地位は新しい所有者（譲受人）Ｃには移転せず、譲渡人Ｂがそのまま賃貸人となります（もともとの賃借人Ａは、転借人になるということです)。そして、譲渡人Ｂと譲受人Ｃの間の賃貸借契約が終了すれば、その時点でようやく、賃貸人の地位が譲受人Ｃに移転します（605条の2第2項)。Ｂは譲受人であるＣとの関係では賃借人ですが、Ａとの関係では、賃貸人としての地位に変更はないという状態です。この場合、Ｃが賃貸人、Ｂは賃借人、Ａは転借人となります。

そして、新しい所有者Ｃは、自分が新しい賃貸人である（から、「自分に賃料を支払ってください｣）と、賃借人Ａに対抗するためには、所有権の移転登記をする必要があります（605条の２第３項）。賃貸人の地位の移転に関しては、賃借人の同意は不要ですから、賃借人の知らない間に賃貸人が交替していることも考えられるところ、いきなり知らない人から、「今月から私が賃貸人です」と言われても、本当にこの人に賃料を支払っていいのか不安になりますよね。よって、所有権の移転登記が必要とされています。

所有権の移転に伴い、賃貸人としての地位が移転した場合、敷金返還債務も、新しい所有者に移転します（605条の２第４項）。

（賃借人の原状回復義務）

第621条　賃借人は、賃借物を受け取った後にこれに生じた損傷（通常の使用及び収益によって生じた賃借物の損耗並びに賃借物の経年変化を除く。以下この条において同じ。）がある場合において、賃貸借が終了したときは、その損傷を原状に復する義務を負う。ただし、その損傷が賃借人の責めに帰することができない事由によるものであるときは、この限りでない。

（敷金）

第622条の２　賃貸人は、敷金（いかなる名目によるかを問わず、賃料債務その他の賃貸借に基づいて生ずる賃借人の賃貸人に対する金銭の給付を目的とする債務を担保する目的で、賃借人が賃貸人に交付する金銭をいう。以下この条において同じ。）を受け取っている場合において、次に掲げるときは、賃借人に対し、その受け取った敷金の額から賃貸借に基づいて生じた賃借人の賃貸人に対する金銭の給付を目的とする債務の額を控除した残額を返還しなければならない。

一　賃貸借が終了し、かつ、賃貸物の返還を受けたとき。

二　賃借人が適法に賃借権を譲り渡したとき。

2　賃貸人は、賃借人が賃貸借に基づいて生じた金銭の給付を目的とする債務を履行しないときは、敷金をその債務の弁済に充てることができる。この場合において、賃借人は、賃貸人に対し、敷金をその債務の弁済に充てることを請求することができない。

(2) 敷金返還

敷金については平成29年の改正民法で初めて規定がされました(622条の2)。敷金の定義は、622条の2のかっこ書のとおりです。これに該当するものであれば、「保証金」という名目であっても、「敷金」に関する規定が適用されます。敷金返還債務の発生時期は、賃貸借契約が終了し、賃貸物が返還された時です。賃貸人は、賃貸物の返還を受けた場合、もともと受け取っていた敷金の額から、この賃貸借契約から生じた賃借人の賃貸人に対する債務額を控除した残額を返還しなければなりません。

また賃貸人は、賃借人が賃貸借契約に基づく債務を履行しない（賃料を支払わない）場合に、敷金をその債務の弁済に充当することができます。ただし、賃借人の方から、敷金で未払い債務に充当してほしいと要求することはできません。

(3) 原状回復義務

上記敷金の返還とも関わってきますが、皆さんもご経験上、預け入れた敷金が満額返ってきたということはないのではないでしょうか。賃貸物件を返却する際に、不動産屋さんが物件のチェックに来て、「ここに傷がある、ここがはがれている、汚れている」等々言われ、原状回復にかかる費用を控除された残額が戻ってくることが通常であろうと思われます。

この原状回復について、どこまでを賃借人が負担すべきかということについて、これまで民法では規定されていませんでした。改正民法621条では、この点が規定され、通常の使用収益によって生じた賃借物の損耗や賃借物の経年変化については、賃借人が負担する原状回復には含まれない、とされました。今までも、判例上は、通常損耗は原状回復に含まれないとされてきましたが、それが明文化されたということです。通常の損耗とは、たとえば、天井にシーリングライトを設置していたことで、天井の壁紙の色が変色した、絨毯が毛羽立った、壁にポスターを貼っていたので、壁紙が変色した等です。これらは通常の生活で起こり得ることですから、賃借人の原状回復費用には含まれないことになると思います。仮に、こういった通常の損耗についても賃借人の負担とする場合には、あらかじめ賃貸借契約書にその旨を具体的に記載するなど、別途当事者間で合意があったことが明確にわかることが必要となります。

よって、賃借物件を返還する際に、不動産屋さんに言われるがままに原状回復費用を負担するのではなく、これは通常損耗ではないかと思うのであれば、きちんと交渉をした方がよいでしょう。

契約実務の現場から―賃貸借契約における原状回復

賃貸借契約書の原状回復条項は以下のように定められていることが一般的です。

第○条（現状回復）
1. 賃借人の故意・過失、善管注意義務違反、その他通常の使用方法を超えるような使用による損耗等については、賃借人が費用を負担し、原状回復するものとする。
2. 建物・設備等の自然的な劣化・損耗等（経年変化）及び賃借人の通常の使用により生ずる損耗等（通常損耗）については、賃貸人が費用を負担するものとする。

ただし、何が通常損耗にあたり、何が「通常の使用方法を超えるような使用」にあたるかについてまで、契約書に詳細に規定することはあまり一般的ではありません。この点に関して賃貸人と賃借人で争いが生じた場合は、国土交通省の「原状回復をめぐるトラブルとガイドライン」に示されている基準に沿って、問題を解決することになります。何が通常損耗にあたるかということも規定されていますので、賃貸人から要求された原状回復に納得がいかない場合は、こういったものを調べてみるとよいと思います。

Lesson 31 請負契約の特徴

（請負）
第632条 請負は、当事者の一方がある仕事を完成することを約し、相手方がその仕事の結果に対してその報酬を支払うことを約することによって、その効力を生ずる。
（注文者が受ける利益の割合に応じた報酬）
第634条 次に掲げる場合において、請負人が既にした仕事の結果のうち可分な部分の給付によって注文者が利益を受けるときは、その部分を仕事の完成とみなす。この場合において、請負人は、注文者が受ける利益の割合に応じて報酬を請求することができる。
一 注文者の責めに帰することができない事由によって仕事を完成することができなくなったとき。
二 請負が仕事の完成前に解除されたとき。
（請負人の担保責任の制限）
第636条 請負人が種類又は品質に関して契約の内容に適合しない仕事の目的物を注文者に引き渡したとき（その引渡しを要しない場合にあっては、仕事が終了した時に仕事の目的物が種類又は品質に関して契約の内容に適合しないとき）は、注文者は、注文者の供した材料の性質又は注文者の与えた指図によって生じた不適合を理由として、履行の追完の請求、報酬の減額の請求、損害賠償の請求及び契約の解除をすることができない。ただし、請負人がその材料又は指図が不適当であることを知りながら告げなかったときは、この限りでない。

1. 請負契約とは

請負契約とは、当事者の一方が仕事の完成を約束し、他方がその仕事に対して報酬を支払うことを約束することによって成立します。諾成、不要式、有償の契約です。典型的な請負契約は、建物の建築契約、肖像画を書いてもらう契約、運送契約等です。いずれも、仕事の完成に対して、報酬が支払われますよね。

上記からわかるように、請負契約においては、一方当事者の仕事完成義務と他方当事者の報酬支払義務が対価関係にあります。仕事を一所懸命履行したというその作業工程に対して報酬が支払われるのではなく、仕事の結果に対して報酬が支払われるので、一般的に、報酬支払請求権自体は、契約と同時に成立していても、仕事が完成して、その目的物の引渡しをしないと、報酬を支払ってくれと相手方に請求できないとされてきました。しかし、途中まで完成したけれども、最後まで履行できなかった場合に、一切報酬の請求ができないということは請負人にとっても酷ですよね。そこで改正前の民法でも、判例は、一定の場合には仕事が完成していなくても、すでに終えた作業部分に対しては、請負人が発注者に報酬請求をすることを認めていました。

2. 特　徴

改正民法では、この点を条文化しました。つまり、仕事が未完成であっても、請負人がすでにした仕事の結果から注文者が利益を受けるときは、その部分を仕事の完成とみなし、請負人は注文者に、その部分につき、報酬請求ができると規定されました（634条）。

ただし、これは①注文者の責めに帰することができない事由によって仕事を完成することができなくなったとき、または②請負が仕事の完成前に解除されたとき、のいずれかの場合に限られます。①の場合とは、天災など当事者双方の責めに帰することができない事由によって、または請負人の責めに帰すべき事由によってという意味です。では、注文者の責めに帰することができる事由で仕事が完成しなかった場合はどうなるのでしょうか。注文者の事情なのだから、請負人は、完成分だけではなく、もともとの契約に従って報酬全額を請求できるという考えや、完成していない分まで請求できるのはおかしいという考えがあり、この点は条文化されず、536条2項に委ねることになりました（「債権者の責めに帰すべき事由によって債務を履行することができなくなったときは、債務者は、反対給付を受ける権利を失わない。この場合において、自己の債務を免れたことによって利益を得たときは、これを債権者に償還しなければならない。」)。

また、仕事の結果が可分であることが要件ですので、不可分な場合には、一部請求はできず、従来どおり、仕事の完成後に報酬請求をするということになります。たとえば、絵画作成を頼んだ際、その作成途中の絵を渡されても、次に誰かが完成できるわけでもなく、作成途中の絵によって注文者が利益を受けたとはいえませんよね。こういった場合には、いくら①や②の場合であっても、報酬請求ができないと考えられます。

3. 注意点

(1) 修補請求等

改正民法では請負契約独自の担保責任の規定がほとんど削除されましたので、完成した目的物が種類または品質に関して契約の内容に適合しない場合には、売買契約の規定を準用します（559条）。よって、履行の追完として、修補請求、代替物引渡請求、不足分引渡請求（562条）や、代金減額請求が可能です（563条）。従前の「瑕疵」が「契約内容不適合」と言い替えられました。

ただし、契約内容不適合が、注文者の提供した材料の性質や注文者の指図によって生じたといえる場合には、注文者は上記請求をすることはできません（636条）。しかしこの場合でも、請負人の方が、「あ、でもこの材料ではうまくできないよな」とか、素人である注文者の指示がおかしい(そのとおりにやっては注文者の希望どおりの目的物ができない)ということを認識していたにもかかわらず、それを注文者に告げていなかったという場合には、注文者は上記請求ができます。

(2) 解　除

また、売買契約は、損害賠償や解除については、債務不履行の一般原則を採用することとなりますので（564条）、請負契約においても、債務不履行の一般原則に従って、損害賠償を請求すること（415条）や契約を解除（541条）することもできます。

これまでは、建物その他の土地の工作物を目的とする請負契約は解除ができないとされてきました（旧635条）。解除するとなると、請負人は工作物を撤去しなければならず、過大な負担となること、たとえ重大な問題があったとしても、その工作物には何らかの利用価値があるだろう、それにもかかわらず工作物を撤去することは社会経済的に大きな損失になると考えられていたためです。これは、民法制定当時、まだ大きな工作物が建設されることがめずらしい時代だったからこそ、納得感のある規定であったといえるでしょう。現代においては、重大な問題のある物件を押し付けられた注文者はたまったものではないという方が納得感がありますよね。

よって、平成29年の改正により、この条文は削除され、土地の工作物に関する建築契約であっても、解除が認められる場合があるということになりました。

契約実務の現場から ―建築契約における解除

実務では以下のような場合に解除を認めることがあります。

・乙（請負人）の責めに帰する事由により、工期内に工事を完成する見込みがないと明らかに認められる場合
・正当な事由がなく、着手期限を過ぎても請負人が工事に着手しない場合
・請負人が契約内容に反し、それにより契約の目的を達成することができない場合

そして解除後の処理として、下記のように取り決めることがあります。

第○条　上記理由により契約を解除した場合において、工事の既済部分のうち検査に合格したものは甲の所有とし、甲は乙に対し、当該部分に対する請負代金相当額を支払わなければならない。

（目的物の種類又は品質に関する担保責任の期間の制限）

第637条 前条本文に規定する場合において、注文者がその不適合を知った時から１年以内にその旨を請負人に通知しないときは、注文者は、その不適合を理由として、履行の追完の請求、報酬の減額の請求、損害賠償の請求及び契約の解除をすることができない。

2 前項の規定は、仕事の目的物を注文者に引き渡した時（その引渡しを要しない場合にあっては、仕事が終了した時）において、請負人が同項の不適合を知り、又は重大な過失によって知らなかったときは、適用しない。

⑶ 期間制限

注文者の権利行使については、「注文者がその不適合を知った時から1年以内にその旨を請負人に通知」しなければならないと規定されました（637条1項）。「不適合を知った時」とは、注文者が請負人に対し、担保責任を追求できる程度に確実な事実（不適合）を知った時ということです。しかし、請負人が、仕事の目的物を注文者に引き渡した時に、仕事の目的物の不適合を知っていた（悪意）または重大な過失によって知らなかった（重過失）場合は、注文者の権利行使の期間は制限されません（637条2項）。

Lesson 32 委任契約の特徴

（委任）
第643条 委任は、当事者の一方が法律行為をすることを相手方に委託し、相手方がこれを承諾することによって、その効力を生ずる。
（受任者の注意義務）
第644条 受任者は、委任の本旨に従い、善良な管理者の注意をもって、委任事務を処理する義務を負う。

1. 法的性質

委任とは、当事者の一方が相手方に法律行為をすることを委託し、相手方がそれを承諾することで成立します。委託する内容は法律行為ですが、一般的には法律行為以外の事務を委託することも多いですよね。この場合は準委任といいます。両者の違いは委任する行為が法律行為か否かだけですから、条文の構造、考え方に違いはありません。

2. 成立要件

委任契約は諾成契約です。報酬の支払が契約の成立要件にはなっていませんから、受任者が一方的に委任事項をとり行う債務を負担する片務契約です。ただし、実際上はほとんどの場合、事務を委任する対価として報酬の支払が規定されますから、その場合は双務契約となります。

3. 当事者の義務

(1) 受任者の義務

ア 善管注意義務

受任者は委任事項の内容に従い、善良な管理者の注意をもって委任事務にあたらなければなりません。善管注意義務とは、自分の能力に応じた程度という主観的なものではなく、その者が置かれている階層、職業等において一般的に要求される注意を払うという義務です。委任は当事者の信頼関係を基礎に置いているためです。「私なりに頑張ったので」という言い訳は通用せず、委任者がなぜ受任者にその仕事を委任したのかという観点から、その信頼に見合った活動をしたかということが善管注意義務を果たしたか否かとして評価されるということです。

ただし、無償の場合にまでこの義務を課すのは受任者にとって酷ではないかとして、無償の場合は注意義務を軽減するべきであるという見解があります。もっとも、医師、弁護士、公認会計士、宅地建物取引業者等専門的知識を有する職業の場合、求められる注意義務の程度は一般的に高くなりますから、無償だからといっても注意義務が軽減されることにはなりにくいようです。

イ 自己執行義務

委任は委任者と受任者の信頼関係の上に成り立つ契約ですから、原則委任を受けた受任者が委任事務を処理しなければなりません。ただし、委任者が承諾をした場合、また、やむを得ない事情がある場合にのみ、受任者は自分の代わりに委任事務を行ってくれる第三者（復受任者）を選任することができます。

復受任者が選任された場合、委任者と復受任者には、委任者と受任者の間と同様の法律関係が生じます。つまり復受任者も善管注意義務を負

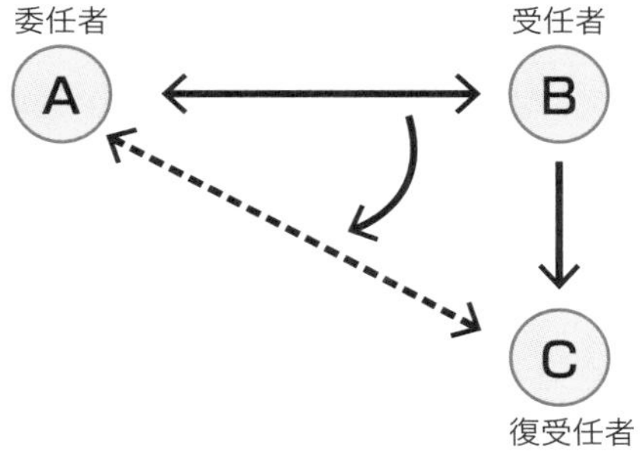

い、有償の委任契約であれば、直接委任者に対し、報酬を請求することができます。

⑵ 委任者の義務

民法に規定されている委任は無償委任が原則ですが、一般的には有償委任がほとんどです。よって、委任者には受任者に対する報酬支払義務が生じます。

（受任者の報酬）
第648条 受任者は、特約がなければ、委任者に対して報酬を請求することができない。
2 受任者は、報酬を受けるべき場合には、委任事務を履行した後でなければ、これを請求することができない。ただし、期間によって報酬を定めたときは、第624条第2項の規定を準用する。
3 受任者は、次に掲げる場合には、既にした履行の割合に応じて報酬を請求することができる。
一 委任者の責めに帰することができない事由によって委任事務の履行をすることができなくなったとき。
二 委任が履行の中途で終了したとき。
（成果等に対する報酬）
第648条の2 委任事務の履行により得られる成果に対して報酬を支払うことを約した場合において、その成果が引渡しを要するときは、報酬は、その成果の引渡しと同時に、支払わなければならない。

4. 報　酬

委任は請負と違って、仕事の完成が報酬請求の要件とはならず、事務処理それ自体に対して報酬が支払われるという契約ですから、これまでは委任事務を終えれば、報酬請求ができるとされてきました。

しかし平成29年の改正で、委任契約でありながら、事務処理の一定の成果に対して報酬を支払うという成果報酬型についての規定が加わりました（648条の2）。請負契約に近い考え方です。ただし、これは契約書の中に「委任事務の処理により得られた成果に対して報酬を支払う」ことを明記した場合で、委任事務の履行により得られる成果が引渡しを要する場合は、達成された成果の引渡しと報酬の支払が同時履行の関係となります（54頁参照）。よって、成果が引渡しを要しないものであれば従来の委任契約どおり、報酬請求は事務処理終了後、期間によって報酬を定めた場合には、その期間を経過した後に、報酬を請求できることになります（648条2項ただし書、624条2項）。

また、委任契約が解除された等で、委任事務を途中で履行できなくなった場合、受任者は履行できなくなった責任があるなしにかかわらず、すでに行った作業に応じた報酬を請求することができます（648条3項）。

（委任の解除）
第651条　委任は、各当事者がいつでもその解除をすることができる。
2　前項の規定により委任の解除をした者は、次に掲げる場合には、相手方の損害を賠償しなければならない。ただし、やむを得ない事由があったときは、この限りでない。
一　相手方に不利な時期に委任を解除したとき。
二　委任者が受任者の利益（専ら報酬を得ることによるものを除く。）をも目的とする委任を解除したとき。

5. 委任の終了

各当事者は、いつでも自由に委任契約を解除できます（651条）。信頼関係を根拠に成り立っている契約関係ですから、信頼関係が崩壊したとどちらかが感じた場合には、契約を解除し、仮に損害が発生したのであれば、金銭的賠償によって損害を填補した方が望ましいという考えです。

賠償義務が発生する場合とは、やむを得ない事由がなく①相手方に不利な時期に解除した場合、②委任者が受任者の利益をも目的とする委任を解除した場合です。ただし②は、受任者の利益がもっぱら報酬を得ることである場合は除かれます。

契約実務の現場から―委任の解除

平成29年の法改正により、委任者に広範な解除権が認められることとなりました。よって、たとえ損害を賠償されたとしても、委任者の都合で契約を解除されては困るという場合は、契約書において、以下のように651条1項・2項の適用を除外することを明記しておくとよいでしょう。

第○条（契約解除の制限）
委託者及び受託者は、本契約に明示的に定める場合を除いて、本契約を解除することはできない。

Lesson 33 その他の契約

（使用貸借）
第593条 使用貸借は、当事者の一方がある物を引き渡すことを約し、相手方がその受け取った物について無償で使用及び収益をして契約が終了したときに返還をすることを約することによって、その効力を生ずる。

（借用物受取り前の貸主による使用貸借の解除）
第593条の2 貸主は、借主が借用物を受け取るまで、契約の解除をすることができる。ただし、書面による使用貸借については、この限りでない。

（期間満了等による使用貸借の終了）
第597条 当事者が使用貸借の期間を定めたときは、使用貸借は、その期間が満了することによって終了する。

2 当事者が使用貸借の期間を定めなかった場合において、使用及び収益の目的を定めたときは、使用貸借は、借主がその目的に従い使用及び収益を終えることによって終了する。

3 使用貸借は、借主の死亡によって終了する。

（借主による収去等）
第599条 借主は、借用物を受け取った後にこれに附属させた物がある場合において、使用貸借が終了したときは、その附属させた物を収去する義務を負う。ただし、借用物から分離することができない物又は分離するのに過分の費用を要する物については、この限りでない。

2 借主は、借用物を受け取った後にこれに附属させた物を収去することができる。

3 借主は、借用物を受け取った後にこれに生じた損傷がある場合において、使用貸借が終了したときは、その損傷を原状に復する義務を負う。ただし、その損傷が借主の責めに帰することができない事由によるものであるときは、この限りでない。

（損害賠償及び費用の償還の請求権についての期間の制限）
第600条 契約の本旨に反する使用又は収益によって生じた損害の賠償及び借主が支出した費用の償還は、貸主が返還を受けた時から１年以内に請求しなければならない。

2 前項の損害賠償の請求権については、貸主が返還を受けた時から１年を経過するまでの間は、時効は、完成しない。

1. 使用貸借

使用貸借とは、当事者の一方がある物を引き渡すことを約束し、相手方がその引渡しを受けた物について無償で使用収益をし、契約が終了した時に返還することを約束することによって成立する契約です。

互いが負担する債務の内容を確認し、申込みと承諾で成立する契約ですから、諾成契約ですね。口約束でも契約が成立となりますが、書面による場合を除き、貸主は、借主が借用物を受け取るまでは、契約解除をすることができます（593条の2）。

使用貸借契約は、契約期間が満了したとき、期間を定めず使用収益の目的を定めたときは、その目的が達成されれば終了します（597条）。使用貸借の対象物を返却するに際し、借主には原則として原状回復義務があります。ただし、借用物を受け取った後に使用する過程で附属させたものを取り除くのに過大な費用がかかる、そもそも収去ができないという場合は、借主は借用物をそのままの状態で返却すれば足ります（599条）。ただし、附属物を収去義務できないことで、借用物の客観的な価値が低下した場合で借主に責任があるときは、貸主は借主に対して、損害賠償請求ができると解されています（412条の2第2項参照）。

また、賃貸借契約と異なり、通常損耗等について、借主は原状回復義務を負わない、との規定はありません。無償で借りる以上は、借主が通常損耗等も含めてすべての原状回復を行うという趣旨で使用貸借契約を締結する場合も想定されるため、借主にすべての原状回復を求めるか否かは、個々の契約に委ねられました。

なお、借主に用法違反があった場合、貸主は損害賠償を請求することができます。目的物の返還を受けた時から1年を経過するまでは、この損害賠償請求権の時効は完成しません（600条）。

契約実務の現場から —使用貸借

実務においては、使用貸借の対象物の原状を変更する可能性がある場合は、その旨、および契約終了時の原状回復について、以下のように規定をすることがあります。

第○条（契約終了時の原状回復）
1. 乙は、本物品の原状を変更しようとするときは、予め甲の書面による承諾を得るものとする。
2. 前項に係る原状の変更は、乙の責任において行い、その原状の変更に要する費用及び原状の変更に付帯して発生する費用は、乙の負担とする。
3. 本契約終了時に本物品を返還するにあたっては、乙は、本物品の原状を変更している場合は、乙の費用負担において本物品を原状に復するものとする。但し、甲が乙に対し原状回復をしないよう求めた部分については、この限りでない。

（雇用）
第623条　雇用は、当事者の一方が相手方に対して労働に従事することを約し、相手方がこれに対してその報酬を与えることを約することによって、その効力を生ずる。
（履行の割合に応じた報酬）
第624条の2　労働者は、次に掲げる場合には、既にした履行の割合に応じて報酬を請求することができる。
一　使用者の責めに帰することができない事由によって労働に従事することができなくなったとき。
二　雇用が履行の中途で終了したとき。
（期間の定めのある雇用の解除）
第626条　雇用の期間が5年を超え、又はその終期が不確定であるときは、当事者の一方は、5年を経過した後、いつでも契約の解除をすることができる。
2　前項の規定により契約の解除をしようとする者は、それが使用者であるときは3箇月前、労働者であるときは2週間前に、その予告をしなければならない。

2. 雇　用

雇用契約において、使用者の責めに帰することができない事由によって労働者が途中で労働に従事することができなくなった場合、労働者はすでに履行した割合に応じて、報酬を請求することができます。「使用者の責めに帰することができない」場合とは、「労働者の責めに帰する場合」と、「当事者双方の責めに帰することができない場合」です。また、労働者の死亡のように、雇用が履行の途中で終了してしまった場合も同様です(624条の2)。

雇用期間が5年を超えた場合、またはその終期が不確定の場合は、当事者の一方は5年を経過した後はいつでも契約を解除することができます。ただし、契約を解除するにあたっては、使用者は3か月前に、労働者は2週間前に、相手方にその旨を伝えなければなりません。労働者保護の観点から、予告期間に差異が設けられています（626条)。

もっとも、一般的な企業と労働者の労使関係については、労働基準法14条1項が適用されるため、626条が適用される場面は、家事使用人等限定的です。

〈労働基準法14条1項〉

労働契約は期間の定めのないものを除き、一定の事業の完了に必要な期間を定めるもののほかは、3年（次の各号のいずれかに該当する労働契約にあっては、5年）を超える期間について締結してはならない。

〔以下省略〕

（寄託）
第657条　寄託は、当事者の一方がある物を保管することを相手方に委託し、相手方がこれを承諾することによって、その効力を生ずる。
（寄託物受取り前の寄託者による寄託の解除等）
第657条の2　寄託者は、受寄者が寄託物を受け取るまで、契約の解除をすることができる。この場合において、受寄者は、その契約の解除によって損害を受けたときは、寄託者に対し、その賠償を請求することができる。
2　無報酬の受寄者は、寄託物を受け取るまで、契約の解除をすることができる。ただし、書面による寄託については、この限りでない。
3　受寄者（無報酬で寄託を受けた場合にあっては、書面による寄託の受寄者に限る。）は、寄託物を受け取るべき時期を経過したにもかかわらず、寄託者が寄託物を引き渡さない場合において、相当の期間を定めてその引渡しの催告をし、その期間内に引渡しがないときは、契約の解除をすることができる。
（寄託者による返還請求等）
第662条　当事者が寄託物の返還の時期を定めたときであっても、寄託者は、いつでもその返還を請求することができる。
2　前項に規定する場合において、受寄者は、寄託者がその時期の前に返還を請求したことによって損害を受けたときは、寄託者に対し、その賠償を請求することができる。

3. 寄　託

寄託契約とは当事者の一方が相手方のためにある物を保管することを約束し、相手方がこれを承諾することによって成立する諾成契約です。有償と無償があります。預ける人が寄託者、保管する人が受寄者です（657条）。

寄託者は、受寄者が寄託物を受け取るまで契約の解除をすることができますが、この契約解除によって受寄者に損害が発生した場合、受寄者は損害賠償を請求することができます（657条の2第1項）。無償の場合、受寄者は寄託物を受け取るまではいつでも契約を解除することができますが、書面によって契約を締結した場合には、この限りではありません

(同条2項)。贈与契約と似ていますよね。

報酬を得る受寄者や書面による無償寄託の受寄者は、寄託物を受け取る前に契約を当然に解除することはできませんが、寄託物を受け取るべき時期が経過したにもかかわらず寄託者が寄託物を引き渡さない場合に、相当の期間を定めて引渡しの催告をし、それでも引渡しがないときは契約を解除することができます(657条の2第3項)。

また、寄託者は返還時期を定めていたとしても、いつでも受寄者に対して寄託物の返還を請求することができます。仮に返還時期よりも前に返還することで、受寄者に損害が生じた場合には、受寄者はその損害を賠償するよう寄託者に請求することができます(662条2項)。

契約実務の現場から 一寄　託

なお、平成29年民法改正により、寄託契約は要物契約ではなく諾成契約となりました。当事者の意思の合致のみで契約が成立するということです。この場合、契約成立時期と物の保管開始時期がずれることが想定されますので、契約書においては、保管開始時およびその日から保管料が発生する(有償の場合)ことを明記しておいた方がいいでしょう。

Chapter 6

契約にまつわる重要事項について学ぼう

本章では、債権者代位、詐害行為取消請求、連帯債務、保証債務、債権譲渡等、債権者と債務者以外の当事者が登場する場面について学びます。実務ではこういった場面の方が多いのではないでしょうか。文字をただ読んでいると混乱してくると思いますので、図を見ながら読み進めてください。その後に該当条文に目を通していただくと理解が深まると思います。民法改正で変更になった点が数多くあるチャプターですので、しっかりゆっくり学びましょう。

Lesson 34 法定利率

（法定利率）
第404条 利息を生ずべき債権について別段の意思表示がないときは、その利率は、その利息が生じた最初の時点における法定利率による。
2 法定利率は、年3パーセントとする。
3 前項の規定にかかわらず、法定利率は、法務省令で定めるところにより、3年を1期とし、1期ごとに、次項の規定により変動するものとする。
4 各期における法定利率は、この項の規定により法定利率に変動があった期のうち直近のもの（以下この項において「直近変動期」という。）における基準割合と当期における基準割合との差に相当する割合（その割合に1パーセント未満の端数があるときは、これを切り捨てる。）を直近変動期における法定利率に加算し、又は減算した割合とする。
5 前項に規定する「基準割合」とは、法務省令で定めるところにより、各期の初日の属する年の6年前の年の1月から前々年の12月までの各月における短期貸付けの平均利率（当該各月において銀行が新たに行った貸付け（貸付期間が1年未満のものに限る。）に係る利率の平均をいう。）の合計を60で除して計算した割合（その割合に0.1パーセント未満の端数があるときは、これを切り捨てる。）として法務大臣が告示するものをいう。

法定利率とは何でしょうか。どうして固定制から変動制になったのでしょう。

1. 利　息

利息とは、元本の額とその使用期間に応じて発生する、いわば元本による収益です。典型的なところではお金の貸し借り（消費貸借契約）ですね。借りたお金と同じ金額を返すのはもちろん、借りていた間、貸し手はこの金額が使えない状態でいたのですから、（借り手はもちろん借りたことによって新たな経済活動ができたわけですから）、その分の使用料は支払いましょうという発想です。

利息には法定利息と約定利息があります。法定利息とは法律の定めによって発生する利息、約定利息は当事者同士の合意に基づいて発生する利息です。よって、「……の場合は利息が発生する」と民法で規定されている場合は、当事者の合意の有無に関係なく、利息は発生します（法定利息）。たとえば、解除に基づく金銭返還債務（545条2項）や、悪意の受益者による不当利得返還債務（704条）について、法定利息が規定されています。

約定利息は当事者の合意により発生するものです。典型的なところでは消費貸借契約に基づく貸金債務です。条文上利息が定められていませんので、当事者間で利息の合意がなければ（約定利息）、利息は発生しません。

2. 利　率

そしてこの利息を算定するための割合を「利率」といいます。

約定利息の場合は、利率自体も、当事者同士が自由に決めることができます（消費貸借契約については利息制限法による制限あり）。これを約定利率といいます。

これに対し、法律で定められた利率のことを法定利率といいます。また、約定利息において、利息が発生することは当事者間で合意したけれども、その利率をどうするかについて合意をするのを忘れた、しなかったという場合には法定利率が使われます。なお、法定利率が定められている債務について、別途約定利率を定めた場合は、約定利率が優先されます。

これまで民法では、この法定利率は5％と定められていました。これは、民法制定当初（明治29年！）頃の約定利率やドイツ法を参考にして決定されたといわれています。

3. 利率の変更（5%→3%）

平成29年の改正で、この法定利率が5%から3%に変更となりました（404条2項）。確かに銀行の預金債権の利率も1%を切っているような中、実社会の経済活動とあまりに乖離のある数字ですよね。それでも、大幅に下げなかったのは、市場の混乱が生じないように、ということのようです。

また、これまで商事法定利率は6%と定められていたのですが、平成29年の改正で商事法定利率自体が廃止となり、すべて法定利率は3%となりました。

4. 変動金利

しかもこの3%は固定ではなく3年ごとに見直されるということで、固定制から変動制に変わりました（404条3項）。世の中の動きにできるだけ即した利率を設定したいといっても、そのたびに民法を改正することは大変ですから、最初から見直し規定を入れたということです。見直しに際しては、6年前の年の1月を始期として国内銀行の短期貸付の貸出約定平均金利の過去60か月の平均値を用いるということになりました。約定金利には、その時代の経済状況が反映されますから、それを参考に法定金利も時代に即したものにしていくということです。

5. 適用利率の考え方

法定利率が変動するということは、自分の債権債務に対して、いくらの利率がかかってくるのか、今まで以上に意識をする必要があります。

元本債権から生じる利息の法定利率は、当該利息が生じた最初の時点における法定利率で固定されます（最初が3%であれば、3年後の見直しで法定利率が2%になっても4%になっても、ずっと3%ということ）。

金銭債務の不履行があった時の損害賠償の額は、債務者が遅滞責任を負った時点の法定利率によります。ただし、約定利率を別途定めていて、それが法定利率を上回るときは、約定利率が適用されます。

将来取得すべき利益についての計算において（交通事故における逸失利益の算定など）、中間利息を控除するときは（10年後にもらえる1000万円を今もらえるのであれば、その間の利息を控除しましょうという考え）、損害賠償の請求権が生じた時点の法定利率によります。この損害賠償の請求権が生じた時点がいつになるのかは、特段定められていないので、事故時なのか、症状固定時なのかについては、今後の裁判の動向に注目する必要があります。

契約実務の現場から ―利息と利率

法定利率が変動すると、どの利率を適用するかで当事者間で争いが生じないとも限りません。

約定利息の合意をするときに、利率も明記しておいた方が、後々のトラブルの回避になりますね。

Lesson 35 債権者代位権

（債権者代位権の要件）
第423条 債権者は、自己の債権を保全するため必要があるときは、債務者に属する権利（以下「被代位権利」という。）を行使することができる。ただし、債務者の一身に専属する権利及び差押えを禁じられた権利は、この限りでない。
2 債権者は、その債権の期限が到来しない間は、被代位権利を行使することができない。ただし、保存行為は、この限りでない。
3 債権者は、その債権が強制執行により実現することのできないものであるときは、被代位権利を行使することができない。
（債務者の取立てその他の処分の権限等）
第423条の5 債権者が被代位権利を行使した場合であっても、債務者は、被代位権利について、自ら取立てその他の処分をすることを妨げられない。この場合においては、相手方も、被代位権利について、債務者に対して履行をすることを妨げられない。
（被代位権利の行使に係る訴えを提起した場合の訴訟告知）
第423条の6 債権者は、被代位権利の行使に係る訴えを提起したときは、遅滞なく、債務者に対し、訴訟告知をしなければならない。

1. 債権者代位権とは

AがBに100万円を貸したところ、返済期日を過ぎてもBが返済をしてくれません。Aは、BがCに対して300万円の貸金債権を持っていることを知り、その金銭債権を代位して、自己の債権の回収を図ろうと考えました。そこで自己の債権を保全するため、Bに代わってBのCに対する債権を行使しました。

これが債権者代位権です。文字どおり、Bの債権者の地位をAが代位するのです。自己の債権の満足を得られないAが、その債権を保全するため、債務者Bの第三債務者Cに対する債権をBに代わって行使するという制度です。

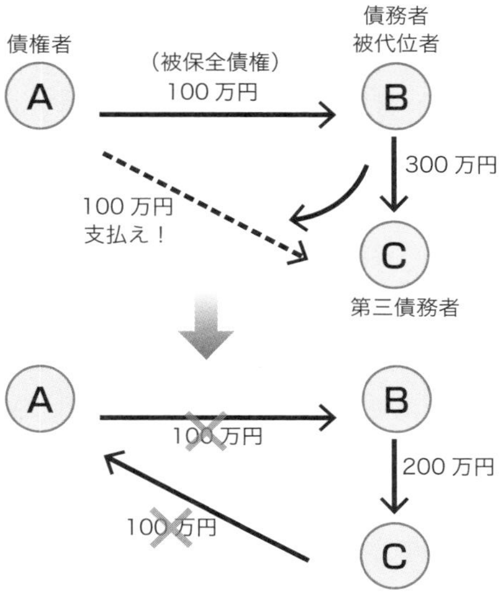

2. 要　件

(1) 被保全債権の存在

上述のように債権者代位権は自己の債権を保全するために認められる制度ですから、まず①債権者（A）に被代位者（B）に対する債権が存在することが必要です。

(2) 被保全債権が履行期にあること

履行期前であるならば、わざわざ代位権を認める必要はないですよね。Bにしてみても、履行期に支払う準備をしていたのに、突然債権者Aから自己の債権を代位されてはたまったものではありません。よって債権者代位権が認められるためには、被保全債権が履行期にある必要があります。

(3) 債務者が無資力であること

債務者に資力があれば、債務者に返済を求めればいいところ、その債務者に資力がないために、債務者の権利を行使することを認めたのが、債権者代位権です。債務者に財産があるのであれば、本来は、債務名義（判決等）をもらって強制執行をすることになります。債権者代位権は裁判所を介さずに、債務者の債権の代位行使を認める制度ですから、極めて例外的に運用される必要があります。よって、どうしようもない最後の手段、という点から、債務者の無資力要件が付されるのです。条文上は、「無資力であること」と規定されていませんが、「自己の債権を保全するため必要があるときは」という文言に、この無資力要件が表れていると解釈されています。

(4) 代位の目的たる債権が一身専属的権利および差押えを禁じられた権利ではない、強制執行により実現することのできる債権であること

一身に専属する権利とは、たとえば遺留分減殺請求権や慰謝料請求権等です。これらは行使するか否かの判断が行使者（前頁の図でいえばB）に委ねられている債権ですから、債権者がそれを代位することは適当ではないと考えられています。また、そもそも差押えが禁じられた権利は代位行使をすることができませんし、強制執行により実現することのできない債権であれば代位行使をする意味がありませんから、Bの持つ債権がそういった種類の債権であれば代位行使の対象とはなりません。

(5) 債務者が権利を行使していないこと

債務者Bがすでに第三債務者Cに対し、権利を行使した後に、Aが重ねて債権を代位行使することはできません。この場合は、Aは債権者取消権を行使することになります。

3. 効　果

(1) 直接の引渡し

債権者Aは第三債務者Cに対し、直接金銭を支払うよう要求することができます。債権者が被代位権利の目的物を自分に直接引き渡すように請求することができるということです。ただし、代位できるのは被代位権利の目的が可分であるときはあくまで自己の債権の範囲に限られますから、前頁の図では、BのCに対する債権300万円全額を代位するのではなく、Aは、100万円についてのみ代位することになります。物の引渡請求権のように分割できないものが被代位債権の目的物であった場合には、その目的物全体に対して、代位行使をすることになります。

また、CがAの請求に応じて直接引渡しをしたときは、それによってCのBに対する債務のうち100万円分については消滅します。また、AとBとの関係においては、本来債務者Bに対して代わりに受け取った100万円を返還する債務とBに対する100万円の金銭債権を相殺することで、Aは債権回収を図るということになり、AのBに対する債権も消滅します。

⑵ 債務者の取立て

債権者AがいったんBを代位して、BのCに対する債権の代位行使に着手をしたとしても、債務者BはCに対して自らの権利の取立権限を失いません（423条の5）。債権者Aが代位行使に着手した後でも、債務者Bが自ら権利行使するのであれば、それによって「債務者の責任財産の保全」という目的を達成することができます。

また、第三債務者Cが、債権者Aが債権者代位の要件を満たしているかを判断しなければならないということも、Cにとっては面倒ですよね。AとB、両方から請求を受けたCはどちらの請求に応じても構いません。

⑶ 訴訟告知

訴えにより債権者Aが代位行使をしたときは、その旨を債務者Bに告知しなければなりません（423条の6）。CはBに対する抗弁をAに対しても主張することができます。たとえば、BC間でパソコン10台の売買契約を締結し、BのCに対する債権が売掛金債権だったとしましょう。Cは、Bがまだパソコンを納品してくれないから、その代金を払っていないだけだと主張していたとしたら、Cは、Bにだけではなく、同じことをAに対しても主張できるということです。その結果、仮にAが敗訴した場合、Aが代位行使した結果は、当然被代位者のBにも及びますから、Bに訴訟告知をしなければ、Bが知らない間に、Bの債権が否定されるという結論にもなりかねません。これではあまりにBにとって酷ですから、Bにも債権者代位訴訟に関与する機会が与えられるべきだとの考えられたのです。

Lesson 36 詐害行為取消請求

（詐害行為取消請求）

第424条 債権者は、債務者が債権者を害することを知ってした行為の取消しを裁判所に請求することができる。ただし、その行為によって利益を受けた者（以下この款において「受益者」という。）がその行為の時において債権者を害することを知らなかったときは、この限りでない。

2 前項の規定は、財産権を目的としない行為については、適用しない。

3 債権者は、その債権が第1項に規定する行為の前の原因に基づいて生じたものである場合に限り、同項の規定による請求（以下「詐害行為取消請求」という。）をすることができる。

4 債権者は、その債権が強制執行により実現することのできないものであるときは、詐害行為取消請求をすることができない。

1. 詐害行為取消請求とは

詐害行為取消請求とは、債務者Ａが債権者Ｂを害することを知りながら、自己の財産を第三者Ｃに処分した場合に、債権者がその債務者の行為の効力を取り消し、処分された財産を受益者であるＣから債務者Ａの一般財産として取り戻す制度です（424条）。

債務者が自己の財産を処分する権利を否定する制度であることから、詐害行為取消請求は裁判を通じて厳格に判断されます。

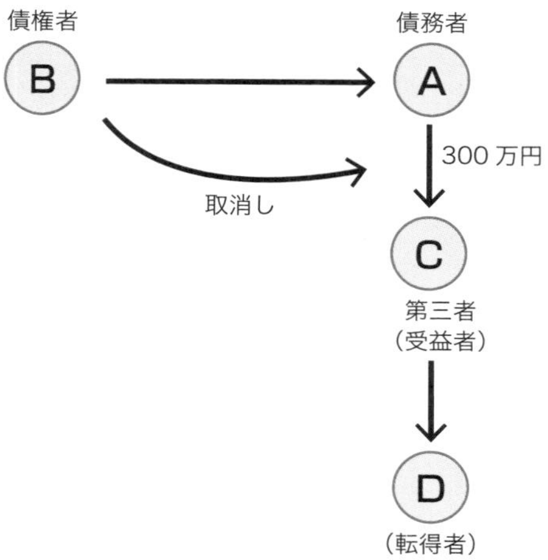

2. 要　件

(1) 客観的要件

債務者が財産権を目的とした債権者を害する行為をすることが要件です。債権者を害するとは、債務者の行為によって、債務者の財産が外部に流出し、債権者を完全な弁済を受けられない状態に陥らせるということです。債務者の資力判定時期は、詐害行為時です。ただし、その後に資力が回復して、詐害行為取消請求時に債務者の無資力要件が解消されていれば、債権者は、詐害行為の取消しを請求することはできません。

また債権者は、その債権が債務者の当該行為の前の原因に基づいて生じたものである場合に限り、その行為について詐害行為取消請求をすることができます（424条3項）。

（相当の対価を得てした財産の処分行為の特則）
第424条の2　債務者が、その有する財産を処分する行為をした場合において、受益者から相当の対価を取得しているときは、債権者は、次に掲げる要件のいずれにも該当する場合に限り、その行為について、詐害行為取消請求をすることができる。

一　その行為が、不動産の金銭への換価その他の当該処分による財産の種類の変更により、債務者において隠匿、無償の供与その他の債権者を害することとなる処分（以下この条において「隠匿等の処分」という。）をするおそれを現に生じさせるものであること。
二　債務者が、その行為の当時、対価として取得した金銭その他の財産について、隠匿等の処分をする意思を有していたこと。
三　受益者が、その行為の当時、債務者が隠匿等の処分をする意思を有していたことを知っていたこと。

（特定の債権者に対する担保の供与等の特則）

第424条の3　債務者がした既存の債務についての担保の供与又は債務の消滅に関する行為について、債権者は、次に掲げる要件のいずれにも該当する場合に限り、詐害行為取消請求をすることができる。
一　その行為が、債務者が支払不能（債務者が、支払能力を欠くために、その債務のうち弁済期にあるものにつき、一般的かつ継続的に弁済することができない状態をいう。次項第1号において同じ。）の時に行われたものであること。
二　その行為が、債務者と受益者とが通謀して他の債権者を害する意図をもって行われたものであること。

2　前項に規定する行為が、債務者の義務に属せず、又はその時期が債務者の義務に属しないものである場合において、次に掲げる要件のいずれにも該当するときは、債権者は、同項の規定にかかわらず、その行為について、詐害行為取消請求をすることができる。
一　その行為が、債務者が支払不能になる前三十日以内に行われたものであること。
二　その行為が、債務者と受益者とが通謀して他の債権者を害する意図をもって行われたものであること。

（過大な代物弁済等の特則）

第424条の4　債務者がした債務の消滅に関する行為であって、受益者の受けた給付の価額がその行為によって消滅した債務の額より過大であるものについて、第424条に規定する要件に該当するときは、債権者は、前条第1項の規定にかかわらず、その消滅した債務の額に相当する部分以外の部分については、詐害行為取消請求をすることができる。

（転得者に対する詐害行為取消請求）

第424条の5 債権者は、受益者に対して詐害行為取消請求をすることができる場合において、受益者に移転した財産を転得した者があるときは、次の各号に掲げる区分に応じ、それぞれ当該各号に定める場合に限り、その転得者に対しても、詐害行為取消請求をすることができる。

一 その転得者が受益者から転得した者である場合その転得者が、転得の当時、債務者がした行為が債権者を害することを知っていたとき。

二 その転得者が他の転得者から転得した者である場合その転得者及びその前に転得した全ての転得者が、それぞれの転得の当時、債務者がした行為が債権者を害することを知っていたとき。

⑵ 主観的要件

債務者Ａが、債権者Ｂを害することを知っていたこと（詐害意思）および受益者Ｃが、行為時に、その行為が債権者Ｂを害する結果になることを認識していたこと（悪意）が必要となります。

また、以下の行為については、それぞれ以下の要件が満たされた場合に詐害行為取消しを請求することが認められます。

ア 相当対価を得てした財産の処分行為（424条の2）

① 不動産を売却して金銭に変えることなどにより、債務者において隠匿等債権者を害するおそれを現に生じさせるものであること

② 債務者が、財産の処分行為時に、対価の金銭などの財産を隠匿する意思を有していたこと

③ 受益者が、②を知っていたこと

イ 特定の債権者に対する担保の供与等（424条の3）

(A) 既存の債務についてされた担保の供与または債務の消滅に関する行為

① 債務者が支払不能時に行われたものであること

② その行為が債務者と受益者の通謀により、他の債権者を害する意図で行われたこと

(B) 債務者の義務に属さず、または時期が義務でない行為

① 支払不能になる30日以内に行われたものであること

② その行為が、債務者と受益者の通謀により、他の債権者を害する意図で行われたこと

ウ 過大な代物弁済（424条の4）

① 債務者がした債務の消滅に関する行為であって、受益者の受けた給付の価額が当該行為によって消滅した債務の額より過大である

② 424条の要件に該当する行為である

上記①②の場合には、消滅した債務の額に相当する分以外の部分について、詐害行為取消請求が可能となります。

なお、受益者Cが財産をさらに転得者Dへ処分していた場合、Dに対して詐害行為取消請求をするためには、C、Dの全員が、債務者のした行為が債権者を害することを知っていたことが必要となります（424条の5）。

仮にCが善意（Aの行為がBを害することになることを知らない）の場合にまで、Dが悪意（Aの行為がBを害することを知っている）だからといって詐害行為取消請求を認めてしまうと、DがCに対し、失った財産の対価として金員の返還を請求する等して、善意であるCの取引の安全が害されるおそれがあるからです。

（財産の返還又は価額の償還の請求）

第424条の6 債権者は、受益者に対する詐害行為取消請求において、債務者がした行為の取消しとともに、その行為によって受益者に移転した財産の返還を請求することができる。受益者がその財産の返還をすることが困難であるときは、債権者は、その価額の償還を請求することができる。

2 債権者は、転得者に対する詐害行為取消請求において、債務者がした行為の取消しとともに、転得者が転得した財産の返還を請求することができる。転得者がその財産の返還をすることが困難であるときは、債権者は、その価額の償還を請求することができる。

（被告及び訴訟告知）
第424条の7　詐害行為取消請求に係る訴えについては、次の各号に掲げる区分に応じ、それぞれ当該各号に定める者を被告とする。
一　受益者に対する詐害行為取消請求に係る訴え　受益者
二　転得者に対する詐害行為取消請求に係る訴え　その詐害行為取消請求の相手方である転得者
2　債権者は、詐害行為取消請求に係る訴えを提起したときは、遅滞なく、債務者に対し、訴訟告知をしなければならない。
（詐害行為の取消しの範囲）
第424条の8　債権者は、詐害行為取消請求をする場合において、債務者がした行為の目的が可分であるときは、自己の債権の額の限度においてのみ、その行為の取消しを請求することができる。
2　債権者が第424条の6第1項後段又は第2項後段の規定により価額の償還を請求する場合についても、前項と同様とする。
（債権者への支払又は引渡し）
第424条の9　債権者は、第424条の6第1項前段又は第2項前段の規定により受益者又は転得者に対して財産の返還を請求する場合において、その返還の請求が金銭の支払又は動産の引渡しを求めるものであるときは、受益者に対してその支払又は引渡しを、転得者に対してその引渡しを、自己に対してすることを求めることができる。この場合において、受益者又は転得者は、債権者に対してその支払又は引渡しをしたときは、債務者に対してその支払又は引渡しをすることを要しない。
2　債権者が第424条の6第1項後段又は第2項後段の規定により受益者又は転得者に対して価額の償還を請求する場合についても、前項と同様とする。
（認容判決の効力が及ぶ者の範囲）
第425条　詐害行為取消請求を認容する確定判決は、債務者及びその全ての債権者に対してもその効力を有する。

3. 行使の方法

(1) 訴訟告知

詐害行為取消請求は、受益者または転得者を被告として行い、同請求を行使するときは、債権者は必ず債務者に訴訟告知をしなければなりません（424条の7第2項）。これは、詐害行為取消請求の判決の効果が、他の債権者や債務者にも及ぶ（425条）ため、債務者に訴訟に参加する機会を与える必要があるからです。

⑵　財産の償還請求

債権者は、受益者に対しても、転得者に対しても、詐害行為取消請求する際、債務者がした行為を取り消すとともに、それによって受益者ないし転得者に移転した財産を返還するよう請求することができ（424条の6）、現物返還が難しいときは、価額による償還を請求できます。返還請求をした財産が金銭の支払いまたは動産であった場合、債権者は受益者や転得者に、債権者自身に直接支払いまたは引渡しを求めることができます（424条の9）。この場合、受益者や転得者は、債権者に支払いまたは引渡しをしたことを債務者に対抗することができます。

⑶　範　囲

債務者がした行為の目的が可分であるときは、債権者は自己の債権の額を限度としてその行為の取消しを請求できます（424条の8）。よって、債務者Aが債権者Bに対する500万円の債務の弁済を行った点につき、別債権の債権者Cが詐害行為取消しを請求する場合は、自己のAに対する債権が100万円であれば、100万円を限度として取消しを請求することができます。

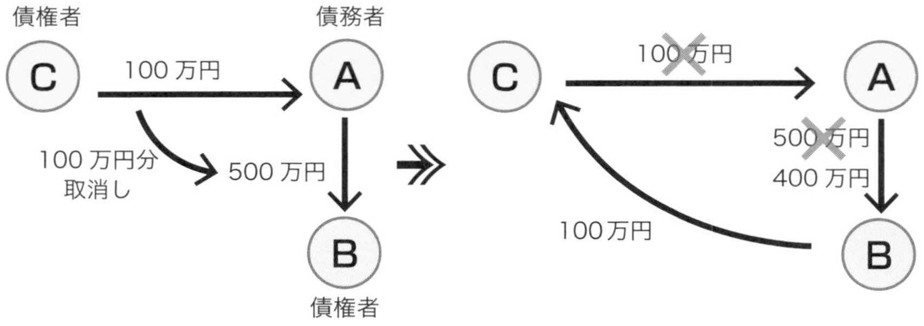

（債務者の受けた反対給付に関する受益者の権利）
第425条の2　債務者がした財産の処分に関する行為（債務の消滅に関する行為を除く。）が取り消されたときは、受益者は、債務者に対し、その財産を取得するためにした反対給付の返還を請求することができる。債務者がその反対給付の返還をすることが困難であるときは、受益者は、その価額の償還を請求することができる。

（受益者の債権の回復）
第425条の3　債務者がした債務の消滅に関する行為が取り消された場合（第424条の4の規定により取り消された場合を除く。）において、受益者が債務者から受けた給付を返還し、又はその価額を償還したときは、受益者の債務者に対する債権は、これによって原状に復する。

（詐害行為取消請求を受けた転得者の権利）
第425条の4　債務者がした行為が転得者に対する詐害行為取消請求によって取り消されたときは、その転得者は、次の各号に掲げる区分に応じ、それぞれ当該各号に定める権利を行使することができる。ただし、その転得者がその前者から財産を取得するためにした反対給付又はその前者から財産を取得することによって消滅した債権の価額を限度とする。

一　第425条の2に規定する行為が取り消された場合　その行為が受益者に対する詐害行為取消請求によって取り消されたとすれば同条の規定により生ずべき受益者の債務者に対する反対給付の返還請求権又はその価額の償還請求権

二　前条に規定する行為が取り消された場合（第424条の4の規定により取り消された場合を除く。）　その行為が受益者に対する詐害行為取消請求によって取り消されたとすれば前条の規定により回復すべき受益者の債務者に対する債権

4. 効　果

(1)　受益者に与える影響

債務者の財産処分行為が詐害行為取消請求により取り消された場合、受益者は、債務者に対し、当該財産を取得するためにした反対給付の返還請求をすることができます。債務者がその反対給付の返還をすること

が困難な場合には、価格の償還を要求できます（425条の2）。

また、債務者がした債務の消滅に関する行為が取り消され、受益者が債務者から受けた給付を返還した場合には、受益者の債務者に対する債権は回復します（425条の3）。

⑵ 転得者に与える影響（425条の4）

詐害行為取消請求により、債務者の財産処分行為が取り消された場合は、転得者は、自らが受益者に支払った価額を上限として、受益者の債務者に対する反対給付の返還請求またはその価額の償還請求ができます。

また、債務者が受益者にした債務の消滅に関する行為が取り消された場合には、転得者は、その行為が受益者に対する詐害行為取消請求によって取り消されたとすれば回復すべき受益者の債務者に対する債権を行使することができます。ただし、これも転得者がその財産を前者から取得したことで消滅した債権の価額が限度となります。

第426条 詐害行為取消請求に係る訴えは、債務者が債権者を害することを知って行為をしたことを債権者が知った時から2年を経過したときは、提起することができない。行為の時から10年を経過したときも、同様とする。

5. 期間制限（426条）

詐害行為取消請求は、①債務者が債権者を害することを知って行為をしたことを債権者が知った時から2年を経過した時、または②行為の時から10年を経過したときは、できません。

Lesson 37 連帯債務

(不可分債務)

第430条　第4款(連帯債務)の規定(第440条の規定を除く。)は、債務の目的がその性質上不可分である場合において、数人の債務者があるときについて準用する。

(連帯債務者に対する履行の請求)

第436条　債務の目的がその性質上可分である場合において、法令の規定又は当事者の意思表示によって数人が連帯して債務を負担するときは、債権者は、その連帯債務者の1人に対し、又は同時に若しくは順次に全ての連帯債務者に対し、全部又は一部の履行を請求することができる。

1. 連帯債務とは

連帯債務とは、「債務」を「連帯」するということです。たとえば、3人で900万円の借金をしたとしましょう。按分すれば、1人当たり300万円を負担するということになりますが、連帯債務の場合は、1人1人が全部を給付する、つまり900万円の債務を負うということです。3人のうちの誰か1人が900万円を返済すれば、債権者との関係においては、債務は消滅します。

なぜこのように「債務」を「連帯」するかといえば、その方が債権者にとっては、安心だからです。たとえば、DがA、B、Cに900万円を貸したとしましょう。1人から均等に300万円を返してもらうということであれば、Aが仮に破産した、夜逃げしてしまって行方知れずになった、という場合、DはAからの返済が見込めなくなってしまいます。その分をB、Cに「支払って」と言うことはできないからです。しかし、連帯債務にしておけば、たとえAがいなくなろうが、BかCがいれば、そこから900万円を回収することができますよね。その後B、CがAを

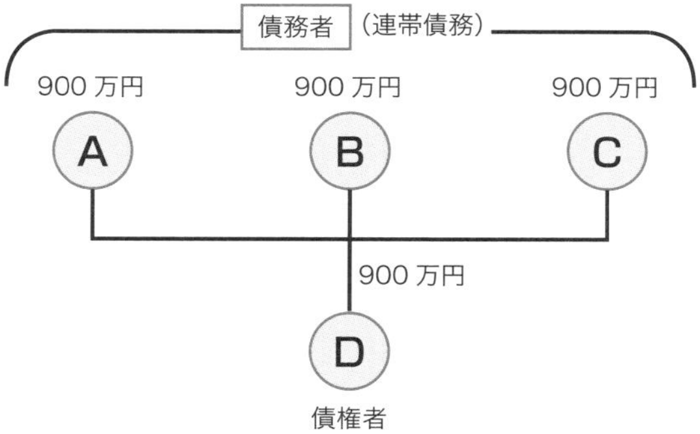

探して、Ａの負担部分を求償するかしないかは債務者間の問題であって、債権者であるＤにとっては関係のないことなのです。ちなみに、この場合に、Ａ、Ｂ、Ｃに均等に300万円を負担させる場合は「分割債務」といいます。

債権者Ｄは、Ａ、Ｂ、Ｃ全員に対して、同時に900万円の弁済を請求することもできますし、Ｂ→Ｃ→Ａ、Ｃ→Ｂ→Ａなど、順番に弁済を請求することもできます。順次の場合は、順序も、各々にいくら請求するかも債権者の自由です（436条）。

一方、債務の性質上、可分でないものもあります。これを不可分債務といいます。たとえば、数人で建物を賃借していた場合の、賃料支払債務は不可分債務です。賃料自体は金銭債務ですから、分割できるように思えますが、共同賃借人は、各自が建物全体を賃貸するという不可分な

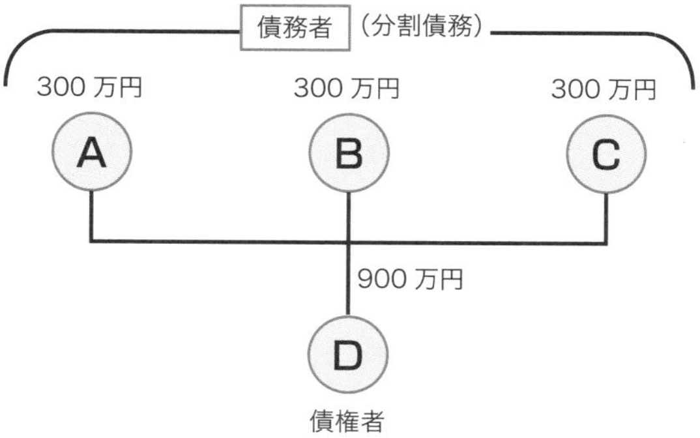

利益を受けているため、この場合は不可分債務となるのです。不可分債務についても改正民法は連帯債務の規定を準用するとしました（430条）。

2. どういう場合に連帯債務になるか

3人で900万円を借りた場合、900万円の債務が生じますね。これを分割債務として、DがA、B、Cに対し、それぞれ300万円の債権を持つということも可能です。900万円の債務は分割することができますよね。こういった分割できる債務の場合、当事者が特段の意思表示をしなければ、原則として分割債務となることが推定されます。

つまり連帯債務とする場合には、当事者の意思表示が必要になります。また法令が、「連帯」責任を規定している場合もあります。たとえば、共同不法行為者の連帯賠償義務（719条1項「数人が共同の不法行為によって他人に損害を加えたときは、各自が連帯してその損害を賠償する責任を負う。」）、日常家事に関する夫婦の連帯債務（761条「夫婦の一方が日常の家事に関して第三者と法律行為をしたときは、他の一方は、これによって生じた債務について、連帯してその責任を負う。」）は法律で連帯責任が規定されている一例です。

（連帯債務者の一人との間の更改）
第438条　連帯債務者の一人と債権者との間に更改があったときは、債権は、全ての連帯債務者の利益のために消滅する。
（連帯債務者の一人による相殺等）
第439条　連帯債務者の一人が債権者に対して債権を有する場合において、その連帯債務者が相殺を援用したときは、債権は、全ての連帯債務者の利益のために消滅する。
2　前項の債権を有する連帯債務者が相殺を援用しない間は、その連帯債務者の負担部分の限度において、他の連帯債務者は、債権者に対して債務の履行を拒むことができる。

（連帯債務者の一人との間の混同）
第440条　連帯債務者の一人と債権者との間に混同があったときは、その連帯債務者は、弁済をしたものとみなす。
（相対的効力の原則）
第441条　第438条、第439条第１項及び前条に規定する場合を除き、連帯債務者の一人について生じた事由は、他の連帯債務者に対してその効力を生じない。ただし、債権者及び他の連帯債務者の一人が別段の意思を表示したときは、当該他の連帯債務者に対する効力は、その意思に従う。

3. 連帯債務者の１人について生じた事由の効力

⑴　更　改（438条）

連帯債務者の１人と債権者との間で、債務の内容を変更する更改があったときは、債権は、すべての債務者に対して消滅します。たとえば、Bが900万円の金銭債務の代わりに、自己の所有する車を取得させるという契約をDとした場合、BD間においてのみならず、CD間、AD間においても、900万円の債務は消滅します。

ただし、Bの気持ちが変わって「やっぱり車を渡したくない」と言い出すことも考えられます。その場合、更改は絶対的効力ですから、DはB以外のAとCに対し、今さら900万円を弁済しろということはできません。よって、こういった場合に備え、当事者間の合意で、更改を相対的効力とする旨の合意をすることは可能です。この場合、Bは車を引き渡す債務を負い、ACは900万円を弁済する債務を負うことになります（441条）。

⑵　相　殺

連帯債務者の１人が債権者に対して債権を有しており、自己の債権を自働債権として相殺した場合、その効力は他の債務者にも及びます。BがDに対して200万円の債権を持っており、相殺をすれば、ABC全員のDに対する各々の債務が700万円になるということです（439条１項）。

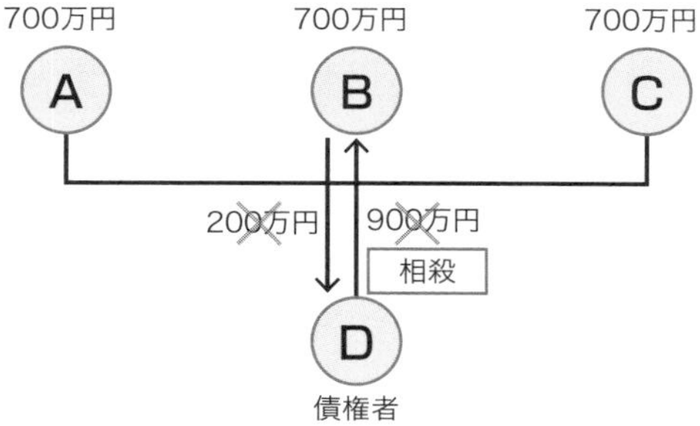

また、債権者に対して債権を有している債務者が相殺を援用しない場合、他の連帯債務者は、その債権を有する連帯債務者の負担部分の限度において、債権者に対して債務の履行を拒むことができます。

たとえば、BがDに対して500万円の債権を有しているにもかかわらず相殺を援用しない場合、ACはDに対し、Bの負担部分である300万円については履行を拒むことができます。よって債権者のDがACに請求できるのは、600万円ということになります（439条2項）。

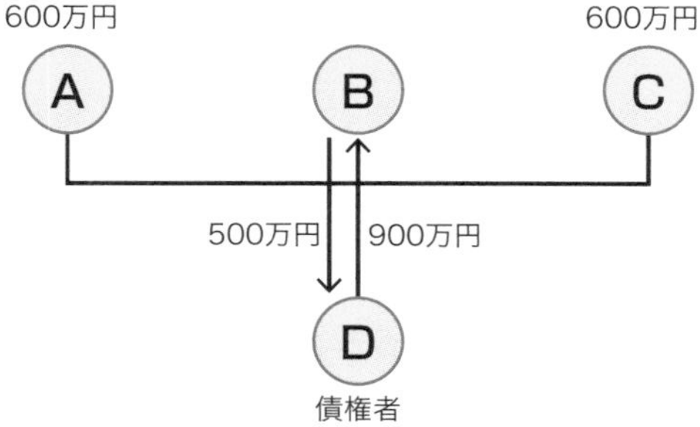

(3) 混　同

連帯債務者の1人と債権者との間に混同が生じた場合、その債務者は弁済したものとみなされます。よって債務全体が消滅します。たとえば、BがDの地位を相続した、Dから当該債権を譲り受けたような場合です。Bが全額弁済したとみなされるということですから、BはACに対し、それぞれの負担割合である300万円ずつを求償することができます（440条）。

(4) その他

上記以外については、当事者間に特段の合意がない限り、連帯債務者の1人について生じた事由は、相対的効力のみを有し、他の債務者には影響が及びません（441条）。ただし、債権者と他の連帯債務者の合意によって、本来は相対的効力である事由について、当該他の連帯債務者に効力が及ぶと変更することはできます。改正前民法においては絶対的効力とされていた「履行の請求」「免除」「時効の完成」が、相対的効力となりましたので、注意が必要です。

（連帯債務者間の求償権）

第442条 連帯債務者の一人が弁済をし、その他自己の財産をもって共同の免責を得たときは、その連帯債務者は、その免責を得た額が自己の負担部分を超えるかどうかにかかわらず、他の連帯債務者に対し、その免責を得るために支出した財産の額（その財産の額が共同の免責を得た額を超える場合にあっては、その免責を得た額）のうち各自の負担部分に応じた額の求償権を有する。

（通知を怠った連帯債務者の求償の制限）

第443条 他の連帯債務者があることを知りながら、連帯債務者の一人が共同の免責を得ることを他の連帯債務者に通知しないで弁済をし、その他自己の財産をもって共同の免責を得た場合において、他の連帯債務者は、債権者に対抗することができる事由を有していたときは、その負担部分について、その事由をもってその免責を得た連帯債務者に対抗することができる。この場合において、相殺をもってその免責を得た連帯債務者に対抗したときは、その連帯債務者は、債権者に対し、相殺によって消滅すべきであった債務の履行を請求することができる。

2 弁済をし、その他自己の財産をもって共同の免責を得た連帯債務者が、他の連帯債務者があることを知りながらその免責を得たことを他の連帯債務者に通知することを怠ったため、他の連帯債務者が善意で弁済その他自己の財産をもって免責を得るための行為をしたときは、当該他の連帯債務者は、その免責を得るための行為を有効であったものとみなすことができる。

（償還をする資力のない者の負担部分の分担）

第444条　連帯債務者の中に償還をする資力のない者があるときは、その償還をすることができない部分は、求償者及び他の資力のある者の間で、各自の負担部分に応じて分割して負担する。

2　前項に規定する場合において、求償者及び他の資力のある者がいずれも負担部分を有しない者であるときは、その償還をすることができない部分は、求償者及び他の資力のある者の間で、等しい割合で分割して負担する。

3　前２項の規定にかかわらず、償還を受けることができないことについて求償者に過失があるときは、他の連帯債務者に対して分担を請求することができない。

（連帯債務者の一人との間の免除等と求償権）

第445条　連帯債務者の一人に対して債務の免除がされ、又は連帯債務者の一人のために時効が完成した場合においても、他の連帯債務者は、その一人の連帯債務者に対し、第442条第１項の求償権を行使することができる。

4. 連帯債務者間の求償（442条）

(1)　連帯債務者間の求償の範囲

連帯債務者の１人が自己の財産をもって共同の免責を受けたときは、その連帯債務者は、その免責を得た額が自己の負担部分を超えるか否かにかかわらず、その免責を得るために支出した財産の額のうち、各自の負担部分に応じた額につき求償ができます。

たとえば、ＢがＤに対し180万円弁済したときは、ＢはＡＣに対し、

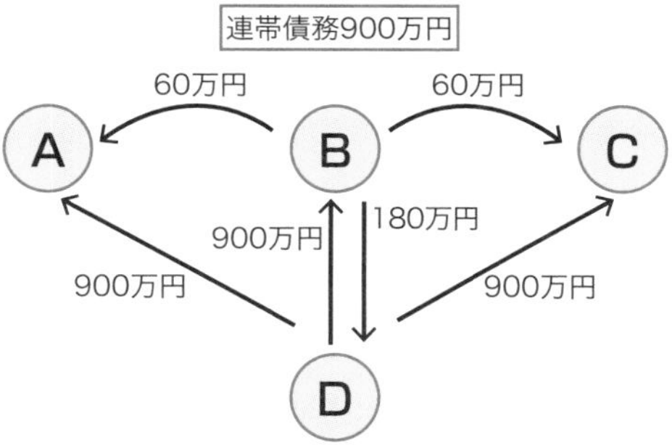

60万円ずつ求償することができます。また逆に、BがDに1200万円の土地を引き渡すことで債務を弁済した場合でも、免責を得た額を基準に求償をすることになりますので、1200万円を3等分した400万円ずつではなく、連帯債務900万円を3等分した300万円ずつを、ACに対して求償することができます。

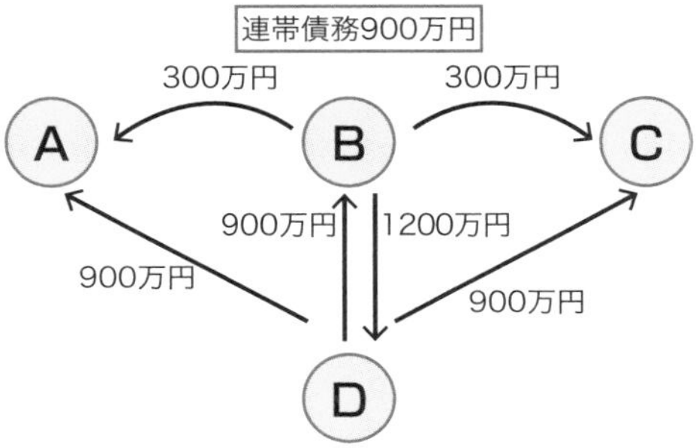

⑵ 事前の通知（443条1項）

BがACに何も言わずに、Dに900万円を支払った後、BはACに対して、それぞれの負担部分300万円を求償しました。しかし、CはDに対して1000万円の反対債権があったので、この反対債権で相殺したかったという場合、CはBからの求償に対し、300万円を支払わなければならないでしょうか。

答えはNOです。BがACの存在を知らなければ、伝えようがないですからしょうがないのですが、ACの存在を知っていた場合、事前に他の債務者であるACに通知をしないでBが弁済をした場合、残りの債務者ACが債権者Dに対し、対抗できる事由（反対債権）を有している場合は、その負担部分について、Bに対抗することができます。すなわち、Cは自己の負担部分の300万円についてはBに対して対抗できますので、Bからの求償に対し相殺をもって対抗することができます。CのDに対する債権が300万円分だけBに移動したという形になりますので、Bはこの300万円については、債権者Dから回収することになります。

⑶ 事後の通知（443条2項）

事後の通知を怠った場合はどうでしょうか。Bが900万円を支払ったことをACに伝えなかったため、CがABに事前に通知をしたうえで、Dに対する1000万円の反対債権と相殺をしたときは、Cは自己の相殺による弁済を有効とみなすことができます。

⑷ 連帯債務者の中に無資力者がいた場合（444条）

BがDに対し900万円を弁済すれば、BはACに対し、300万円ずつを請求できます。しかし、Cが無資力だった場合、このCの無資力についてはABで負担することになります。よって、BはAに対しCの負担分の2分の1にあたる150万円を加えた450万円を請求できます（444条1項）。

また、求償者AおよびBが負担部分を有せず、Cが900万円の負担を有する場合（連帯債務者間の負担割合は、債務者の中で自由に決めることができるので、このような場合も想定されます）でCが無資力者である場合はどうなるでしょうか。この場合も公平の観点から、Cの無資力についてはABで平等に負担することになります。よって、BはAに450万円を求償できます（444条2項）。ただし、BがCから償還を受けることができないことについてBに過失がある場合は（早めに償還請求をしていれば回収できたのに、そのまま放っておいたらCが破産した等）、他の債務者Aに求償ができません。

⑸ 債務の免除および時効（445条）

連帯債務者Bが債権者Dから債務の免除を受けたとしましょう。しかし債務の免除はBD間だけに効力がある、相対的効力ですから、Bは他の連帯債務者に対して免除を対抗することはできません。よって、その後Cが900万円を弁済した場合、CはAとBに対して、それぞれ300万円を求償することができます。

時効についても相対的効力ですから、上記同様、Dとの関係ではBは時効の完成を主張できても、AやCがその後Dに対して弁済をした場合、Bはそれに対する求償を拒むことはできません。

Lesson 38 保証債務

1. 保証債務とは

保証とは、主たる債務が履行されない場合に、債務者に代わって保証人が債務を履行する責任を負うという制度です。債権者A、主たる債務者B、保証人Cにおいて、AC間でBのAに対する債務を保証する旨の保証契約を締結するということになります。

（公正証書の作成と保証の効力）
第465条の6　事業のために負担した貸金等債務を主たる債務とする保証契約又は主たる債務の範囲に事業のために負担する貸金等債務が含まれる根保証契約は、その契約の締結に先立ち、その締結の日前1箇月以内に作成された公正証書で保証人になろうとする者が保証債務を履行する意思を表示していなければ、その効力を生じない。
2　前項の公正証書を作成するには、次に掲げる方式に従わなければならない。
一　保証人になろうとする者が、次のイ又はロに掲げる契約の区分に応じ、それぞれ当該イ又はロに定める事項を公証人に口授すること。
イ　保証契約（ロに掲げるものを除く。）〔略〕
ロ　根保証契約　〔略〕
二　公証人が、保証人になろうとする者の口述を筆記し、これを保証人になろうとする者に読み聞かせ、又は閲覧させること。
三　保証人になろうとする者が、筆記の正確なことを承認した後、署名し、印を押すこと。ただし、保証人になろうとする者が署名することができない場合は、公証人がその事由を付記して、署名に代えることができる。
四　公証人が、その証書は前三号に掲げる方式に従って作ったものである旨を付記して、これに署名し、印を押すこと。
3　前二項の規定は、保証人になろうとする者が法人である場合には、適用しない。
（公正証書の作成と保証の効力に関する規定の適用除外）
第465条の9　前3条の規定は、保証人になろうとする者が次に掲げる者である保証契約については、適用しない。
一　主たる債務者が法人である場合のその理事、取締役、執行役又はこれらに準ずる者
二　主たる債務者が法人である場合の次に掲げる者
　イ　主たる債務者の総株主の議決権（株主総会において決議をすることができる事項の全部につき議決権を行使することができない株式についての議決権を除く。以下この号において同じ。）の過半数を有する者
　ロ　主たる債務者の総株主の議決権の過半数を他の株式会社が有する場合における当該他の株式会社の総株主の議決権の過半数を有する者
　ハ　主たる債務者の総株主の議決権の過半数を他の株式会社及び当該他の株式会社の総株主の議決権の過半数を有する者が有する場合における当該他の株式会社の総株主の議決権の過半数を有する者
　ニ　株式会社以外の法人が主たる債務者である場合におけるイ、ロ又はハに掲げる者に準ずる者
三　主たる債務者（法人であるものを除く。以下この号において同じ。）と共同して事業を行う者又は主たる債務者が行う事業に現に従事している主たる債務者の配偶者

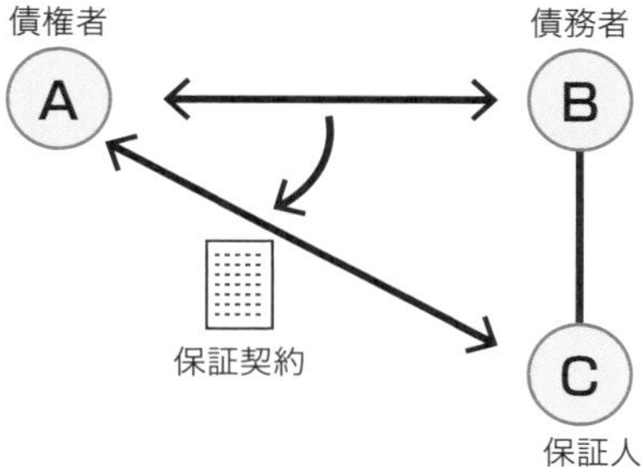

2. 成立要件

保証債務は担保として物を差し出すのではなく、自分の全財産をかけて第三者の債務を保証するというものですから、保証人となることには相当慎重でなければなりません。友人や家族に頼まれて安易に保証人になったことで、莫大な負債を抱えさせられたという話を聞いたことはあ

りませんか。

そこで改正民法では、個人で保証人になる場合、その保証人を保護する趣旨から、個人が事業資金などの借入れを保証する場合には、公正証書の作成を義務づけました（465条の6第1項）。

公正証書を作成するに際して、保証人になろうとする人は、①主たる債務の債権者および債務者、②主たる債務の元本、主たる債務に関する利息、違約金、損害賠償等の有無およびその内容、③主たる債務が履行されない場合に、当該債務全額を履行する意思を、公証人の面前で口頭で伝えなければなりません。これは、保証人になろうとする人が、当該保証契約により自分が負担するかもしれない債務等のリスクを十分に理解したうえで、契約を締結する意思を有しているかを確認するためです。書面だけでは、きちんと読まずにサインをしてしまうケースも考えられるところ、自分の口で説明をしながら、そういうつもりはなかったと、自己の意思に反して保証債務を負担することになることは考えにくいことから、あえて口頭での説明を要求する形式にしたのでしょう。

また、口頭での説明を聞いた公証人はその内容をまとめた公正証書を作成し、再度保証人となろうとする人に読み聞かせるか、当該書面の閲覧をさせ、再度本人の意思を確認する必要があります。そして、最終的には保証人となろうとする人が、当該書面の内容が正確なものであることを承認した後に、署名押印をし、それを確認した旨の公証人の署名押印がなされることで、公正証書は完成となります。ただし、保証人となろうとする人が署名をすることができない場合は、その旨を公証人が付記することで、署名の代替とすることができます。

なお、保証人となろうとする人が言葉を発することができない場合は、口述の代わりに、通訳による申述または自書により代替することができます。

ただし、主たる債務者が法人である場合、保証人となろうとする人が、その経営者、大株主、主債務者（法人を除く）の共同経営者や配偶者の場合は、保証契約締結に際し、上記公正証書の作成は不要です（465条の9）。

（主たる債務の履行状況に関する情報の提供義務）
第458条の2 保証人が主たる債務者の委託を受けて保証をした場合において、保証人の請求があったときは、債権者は、保証人に対し、遅滞なく、主たる債務の元本及び主たる債務に関する利息、違約金、損害賠償その他その債務に従たる全てのものについての不履行の有無並びにこれらの残額及びそのうち弁済期が到来しているものの額に関する情報を提供しなければならない。
（主たる債務者が期限の利益を喪失した場合における情報の提供義務）
第458条の3 主たる債務者が期限の利益を有する場合において、その利益を喪失したときは、債権者は、保証人に対し、その利益の喪失を知った時から2箇月以内に、その旨を通知しなければならない。
2 前項の期間内に同項の通知をしなかったときは、債権者は、保証人に対し、主たる債務者が期限の利益を喪失した時から同項の通知を現にするまでに生じた遅延損害金（期限の利益を喪失しなかったとしても生ずべきものを除く。）に係る保証債務の履行を請求することができない。
3 前2項の規定は、保証人が法人である場合には、適用しない。
（契約締結時の情報の提供義務）
第465条の10 主たる債務者は、事業のために負担する債務を主たる債務とする保証又は主たる債務の範囲に事業のために負担する債務が含まれる根保証の委託をするときは、委託を受ける者に対し、次に掲げる事項に関する情報を提供しなければならない。
一 財産及び収支の状況
二 主たる債務以外に負担している債務の有無並びにその額及び履行状況
三 主たる債務の担保として他に提供し、又は提供しようとするものがあるときは、その旨及びその内容
2 主たる債務者が前項各号に掲げる事項に関して情報を提供せず、又は事実と異なる情報を提供したために委託を受けた者がその事項について誤認をし、それによって保証契約の申込み又はその承諾の意思表示をした場合において、主たる債務者がその事項に関して情報を提供せず又は事実と異なる情報を提供したことを債権者が知り又は知ることができたときは、保証人は、保証契約を取り消すことができる。

3. 情報提供義務

保証人に対する保護を手厚くするという観点から、保証人に対する情報提供義務も新たに規定されました。

⑴ 契約締結時（465条の10）

事業のために負担する債務を主債務とする保証を保証人に委託する際は、主債務者は、個人で保証人になろうとする人に対し、財産および収支の状況、主債務以外に負担している債務の有無並びにその額および履行状況、主債務の担保として他に提供し、または提供しようとするものがあるときは、その旨およびその内容についての情報を提供することが義務付けられました。

主債務者がこの情報提供を怠ったり､間違った情報を提供したことで、保証人となろうとする人が誤認をしたうえで、保証契約を締結した場合で、債権者が主債務者が情報を提供せずまたは間違った情報を提供したことを知り、または知ることができたときは、保証人は当該保証契約を取り消すことができます。

⑵ 主たる債務の履行状況に関する情報提供（458条の2）

債権者は、保証人が個人であるか法人であるかを問わず、主たる債務者より委任を受けた保証人から請求があったときは、遅滞なく、主たる債務の元本、主たる債務に関する利息、違約金、損害賠償等についての不履行の有無並びにこれらの残額およびそのうち弁済期が到来しているものの額に関して情報を提供しなくてはなりません。保証人にしてみれば、もっと早く知らせてくれれば、利息がふくらむ前に履行することができた、または債務者にきちんと支払うよう促すことができた等、金額がふくれ上がる前に打てる対策はいろいろあるはずです。よって、保証人が、きちんと債務者が債務の履行を行っているかの途中経過を聞いてきた際には、債権者は速やかに履行状況について保証人に情報提供する義務があるとされました。

ただし、あくまで保証人から請求があった時、という条件付きであって、債権者が積極的に情報開示する義務はありません。

ですから、保証人になった場合は、自ら定期的に債権者に連絡をとり、返済状況を確認することも必要ですね。

⑶ 主たる債務者が期限の利益を喪失した場合（458条の3）

債権者は、主債務者が期限の利益を喪失したときは、個人の保証人に対し、期限の利益を喪失したことを知ってから2か月以内に、その旨を通知しなければなりません。通知を怠った場合、債権者は当該保証人に対し、期限の利益喪失から通知までの遅延損害金を請求することができません。ただし、これは保証人が法人である場合には適用されません。

Lesson 39 連帯保証

（催告の抗弁）
第452条　債権者が保証人に債務の履行を請求したときは、保証人は、まず主たる債務者に催告をすべき旨を請求することができる。ただし、主たる債務者が破産手続開始の決定を受けたとき、又はその行方が知れないときは、この限りでない。
（検索の抗弁）
第453条　債権者が前条の規定に従い主たる債務者に催告をした後であっても、保証人が主たる債務者に弁済をする資力があり、かつ、執行が容易であることを証明したときは、債権者は、まず主たる債務者の財産について執行をしなければならない。
（連帯保証の場合の特則）
第454条　保証人は、主たる債務者と連帯して債務を負担したときは、前二条の権利を有しない。

1. 連帯保証とは

連帯保証とは主たる債務者の債務につき、保証人が主たる債務者と連帯して保証債務を負担することです。

(1) 保証債務との違い

保証契約は、あくまで主たる債務を補充するものですから、主たる債務者に弁済できる資力があれば、保証人が保証の責任を負う必要はありません。よって、保証人は、債権者から履行の請求を受けたときに、まず主たる債務者に催告（履行の請求）をしてくださいと請求することができます。これを催告の抗弁権といいます。また、債権者がいったん主たる債務者に対して履行請求をしたのだけれど支払ってくれないからといって、保証人に債務の履行を請求してきた場合、保証人が、主たる債務者に弁済の資力があり、かつ、それに対する執行が容易であることを証明したときは、債権者はまず主たる債務者の財産に執行をしなければなりません。これを検索の抗弁権といいます。これらはあくまで保証契約は主たる債務を補充するもの、保証人はあくまで主たる債務者をフォローするもの、という保証契約の性質からくるものです。

一方、連帯保証は、「連帯」して保証しますから、主たる債務者と保証人がメイン、フォローといった関係ではなく、対等になります。よって、債権者に対し、保証人は催告の抗弁権や検索の抗弁権で対抗することはできません。「支払ってください」と言われれば、支払わなければなりません。

⑵ 連帯債務との違い

ただし、あくまで保証債務ですから、保証契約の性質である附従性はあります。すなわち、主たる債務が成立しなければ連帯保証も成立せず（成立に関する附従性）、主たる債務の内容が変更されれば、連帯保証の内容も変更となり（内容に関する附従性）、主たる債務が消滅すれば、連帯保証も消滅します（消滅に関する附従性）。

（相対的効力の原則）
第441条　第438条、第439条第１項及び前条に規定する場合を除き、連帯債務者の一人について生じた事由は、他の連帯債務者に対してその効力を生じない。ただし、債権者及び他の連帯債務者の一人が別段の意思を表示したときは、当該他の連帯債務者に対する効力は、その意思に従う。

（連帯保証人について生じた事由の効力）
第458条　第438条、第439条第１項、第440条及び第441条の規定は、主たる債務者と連帯して債務を負担する保証人について生じた事由について準用する。

2. 連帯保証の効力

⑴ 主たる債務者に生じた事由

保証債務の性質である附従性から、すべて連帯保証人に影響を及ぼします。

(2) 連帯保証人に生じた事由（458条、441条）

更改、相殺、混同は絶対的効力を有し、主たる債務者、連帯保証人が複数いた場合には、その他の連帯保証人にも効果を及ぼしますが、その他、たとえば、履行の請求、免除、時効の完成は、相対的効力しか有しません。よって、連帯保証人に履行の請求をしたとしても、主たる債務者に時効中断（更新）や履行遅滞といった効果を及ぼすことはできません。

ただし、債権者および主債務者が別段の意思表示をしていた場合には、連帯保証人に生じた事由（履行の請求等）の主債務者に対する効力はその意思表示に従うとされています。

契約実務の現場から ―連帯保証

連帯保証の場合の契約文言の一例としては以下のものがあります。

第○条（連帯保証）
丙と乙は、甲が乙に対して有する下記債務について、丙が甲と連帯して保証することに合意した。

記

令和○年○月○日付金銭消費貸借契約に基づく貸金返還債務
元金残額　○円
利　　息　年○パーセント（日割）
弁 済 期　令和○年○月○日付金銭消費貸借契約書のとおり

第○条（主張制限）
丙は、以下の事由をもって、前条の保証債務の履行を拒絶することはできない。
(1) 乙が甲に対して、履行の催告を行っていないこと
(2) 甲が、資産を有し、かつ、同資産への執行が容易であるのに、乙が同資産の執行を行っていないこと

Lesson 40 根保証契約

（個人根保証契約の保証人の責任等）

第465条の2 一定の範囲に属する不特定の債務を主たる債務とする保証契約（以下「根保証契約」という。）であって保証人が法人でないもの（以下「個人根保証契約」という。）の保証人は、主たる債務の元本、主たる債務に関する利息、違約金、損害賠償その他その債務に従たる全てのもの及びその保証債務について約定された違約金又は損害賠償の額について、その全部に係る極度額を限度として、その履行をする責任を負う。

2 個人根保証契約は、前項に規定する極度額を定めなければ、その効力を生じない。

1. 根保証契約とは

根保証とは、すでに発生しているある特定の債務を担保するのではなく、継続的取引から将来発生するであろう不特定債務を包括的に保証する契約です。すでに発生している債務か、将来的に発生する債務か、債務が特定されているか否かが、一般的な保証契約との違いです。根保証人には、法人もなることができます。個人が根保証人となる場合を、個人根保証契約といいます。

（個人貸金等根保証契約の元本確定期日）

第465条の3 個人根保証契約であってその主たる債務の範囲に金銭の貸渡し又は手形の割引を受けることによって負担する債務（以下「貸金等債務」という。）が含まれるもの（以下「個人貸金等根保証契約」という。）において主たる債務の元本の確定すべき期日（以下「元本確定期日」という。）の定めがある場合において、その元本確定期日がその個人貸金等根保証契約の締結の日から５年を経過する日より後の日と定められているときは、その元本確定期日の定めは、その効力を生じない。

2　個人貸金等根保証契約において元本確定期日の定めがない場合（前項の規定により元本確定期日の定めがその効力を生じない場合を含む。）には、その元本確定期日は、その個人貸金等根保証契約の締結の日から3年を経過する日とする。
3　個人貸金等根保証契約における元本確定期日の変更をする場合において、変更後の元本確定期日がその変更をした日から5年を経過する日より後の日となるときは、その元本確定期日の変更は、その効力を生じない。ただし、元本確定期日の前2箇月以内に元本確定期日の変更をする場合において、変更後の元本確定期日が変更前の元本確定期日から5年以内の日となるときは、この限りでない。
（個人根保証契約の元本の確定事由）
第465条の4　次に掲げる場合には、個人貸金等根保証契約における主たる債務の元本は、確定する。ただし、第1号に掲げる場合にあっては、強制執行又は担保権の実行の手続の開始があったときに限る。
一　債権者が、保証人の財産について、金銭の支払を目的とする債権についての強制執行又は担保権の実行を申し立てたとき。
二　保証人が破産手続開始の決定を受けたとき。
三　主たる債務者又は保証人が死亡したとき。
2　前項に規定する場合のほか、個人貸金等根保証契約における主たる債務の元本は、次に掲げる場合にも確定する。ただし、第1号に掲げる場合にあっては、強制執行又は担保権の実行の手続の開始があったときに限る。
一　債権者が、主たる債務者の財産について、金銭の支払を目的とする債権についての強制執行又は担保権の実行を申し立てたとき。
二　主たる債務者が破産手続開始の決定を受けたとき。
（保証人が法人である根保証契約の求償権）
第465条の5　保証人が法人である根保証契約において、第465条の2第1項に規定する極度額の定めがないときは、その根保証契約の保証人の主たる債務者に対する求償権に係る債務を主たる債務とする保証契約は、その効力を生じない。
2　保証人が法人である根保証契約であってその主たる債務の範囲に貸金等債務が含まれるものにおいて、元本確定期日の定めがないとき、又は元本確定期日の定め若しくはその変更が第465条の3第1項若しくは第3項の規定を適用するとすればその効力を生じないものであるときは、その根保証契約の保証人の主たる債務者に対する求償権に係る債務を主たる債務とする保証契約は、その効力を生じない。主たる債務の範囲にその求償権に係る債務が含まれる根保証契約も、同様とする。

（公正証書の作成と保証の効力）

第465条の6　事業のために負担した貸金等債務を主たる債務とする保証契約又は主たる債務の範囲に事業のために負担する貸金等債務が含まれる根保証契約は、その契約の締結に先立ち、その締結の日前1箇月以内に作成された公正証書で保証人になろうとする者が保証債務を履行する意思を表示していなければ、その効力を生じない。

2　前項の公正証書を作成するには、次に掲げる方式に従わなければならない。

一　保証人になろうとする者が、次のイ又はロに掲げる契約の区分に応じ、それぞれ当該イ又はロに定める事項を公証人に口授すること。

イ　保証契約（ロに掲げるものを除く。）〔略〕

ロ　根保証契約〔略〕

二　公証人が、保証人になろうとする者の口述を筆記し、これを保証人になろうとする者に読み聞かせ、又は閲覧させること。

3　前2項の規定は、保証人になろうとする者が法人である場合には適用しない。

2. 注意点

(1) 公正証書の作成等

根保証契約においても、個人が事業資金の借入れ等の保証人となる場合に公正証書の作成、その際に公証人に対する保証人となろうとする者の口述が必要となります（465条の6第1項・2項）。

(2) 極度額の定め

個人が根保証人となるすべての根保証契約において、極度額の定めが必要です。際限なく保証金額がふくらみ、個人の根保証人が当初の想定をはるかに超える債務を負担しなければならないような事態を避けるためです（465条の2第2項）。この極度額は保証契約の締結の時点で確定的な金額である必要があり、「賃料の○ヶ月分」という定め方では極度額の定めがないとして、個人根保証契約が無効となるおそれもあります。

⑶ 元本確定期日

個人根保証契約のうち、主たる債務が金銭の貸渡しまたは手形の割引を受けることによって負担する債務が含まれるものを個人貸金等根保証契約といいます。この場合、元本確定期日は、その個人貸金等根保証契約締結の日から５年以内でなければなりません。また、元本確定期日の定めがない場合は、契約締結日から３年を経過する日が元本確定期日となります。また、仮に元本確定期日を変更する際は、変更をした日から５年以内の日を設定する必要があります（465条の3）。

⑷ 元本確定事由

個人根保証契約において、主たる債務の元本は、以下の事由が生じたときに確定します（465条の4）。

① 債権者が主たる債務者または保証人の財産について、強制執行等の手続を開始したとき
② 主たる債務者または保証人が破産手続開始の決定を受けたとき
③ 主たる債務者または保証人が死亡したとき

⑸ 法人が根保証人である場合

根保証人が法人である場合、上記規定は適用されません。あくまで個人が保証人となることにより過大な負担を背負わないようにとの趣旨で規定されているからです。しかし、根保証人が法人であったとしても、当該法人の主たる債務者Ａに対する「求償権」を個人であるＢが保証する場合には、主債務についての根保証人と同じように保護しないと、個人保証人を保護するという法の趣旨が達成されません。すなわち、債権者Ｘから債務者Ａへの貸金債権につき、法人Ｐが根保証したとします。仮にＰがＡに変わってＸに貸金を返済すれば、当該金額について、ＰはＡに求償しますよね。その際、Ａの無資力を担保するために、個人であるＢが保証人となっているような場合を想定してください。

根保証契約において、極度額を定める、元本確定期日を定めるといっ

たことは個人根保証契約の場合に要求されていることですので、仮に上記ケースで、Pは法人であり個人根保証ではないから、と極度額や元本確定期日を定めないと、結果的にBが負担する保証債務が莫大になる可能性があります。

よって、上記の例では、主債務の保証人が法人であっても、求償権についての保証人が個人の場合は、主債務についての保証契約に極度額や元本確定期日の定めが必要とされています（465条の5）。

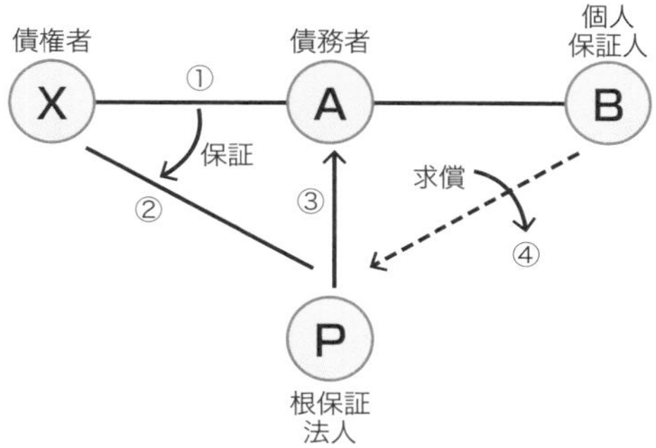

契約実務の現場から ―個人根保証①

個人根保証については、極度額を定めることも、平成29年の改正で規定されましたので、個人が保証人になる場合の契約文言は以下のようになります。

第○条（保証）

1. 丙（保証人）は、甲（売主）に対し、乙（買主）が本契約上負担する一切の債務を極度額○○○万円の限度で保証する。
2. 乙は、丙に対して、本契約に先立ち、下記の項目について、情報の提供を行い、丙は情報の提供を受けたことを確認する。
   ⑴ 乙の財産及び収支の状況
   ⑵ 乙が主債務以外に負担している債務の有無並びにその額及び履行状況
   ⑶ 乙が主債務について甲に担保を提供していない事実
3. 乙は、甲及び丙に対し、丙に提供した前項の情報が真実かつ正確であることを表明し、保証する。

契約実務の現場から ―個人根保証②

個人根保証は賃貸借契約の際に使われることも多いと思います。

法務省は、「①改正法の施行後である2020年4月1日以降に賃貸借契約が合意更新され、②この更新契約書に連帯保証人が署名押印したことにより新たな保証契約が締結されたと評価される場合には、改正民法が適用され、更新契約では連帯保証人の極度額を定めなければならない。」という見解をとっています。

この見解によれば、民法改正前に賃貸借契約及び連帯保証契約を締結し、保証契約において、「丙（連帯保証人）は、甲（売主）に対し、乙（買主）が本契約上負担する一切の債務を連帯して保証する。」等と規定していた場合、賃貸借契約の合意更新がなされ、更新契約書に連帯保証人が署名押印したにもかかわらず、従前どおり「一切の債務」として極度額を定めないと、連帯保証の条項が改正民法により無効となり、更新後に滞納家賃が生じても、賃貸人は保証人に請求ができなくなりますので、注意が必要です。

Lesson 41 債権譲渡

（債権の譲渡の対抗要件）

第467条 債権の譲渡（現に発生していない債権の譲渡を含む。）は、譲渡人が債務者に通知をし、又は債務者が承諾をしなければ、債務者その他の第三者に対抗することができない。

（債権の譲渡における債務者の抗弁）

第468条 債務者は、対抗要件具備時までに譲渡人に対して生じた事由をもって譲受人に対抗することができる。

1. 債権譲渡とは

債権譲渡とは、譲渡人（債権者）Ａが、Ｂに対する債権を譲受人Ｃに譲渡し、Ｃが新たにＢの債権者になるというのが典型例です。債権の同一性を維持しながら、譲渡人と譲受人の合意によって、債権を移転することを債権譲渡といいます。Ａがすぐに現金が入用なときに、Ｂに対する100万円の債権をＣに対して90万円で譲渡することで、債権を現金化することができるというように、債権譲渡は投下資本の回収の一手段となります。

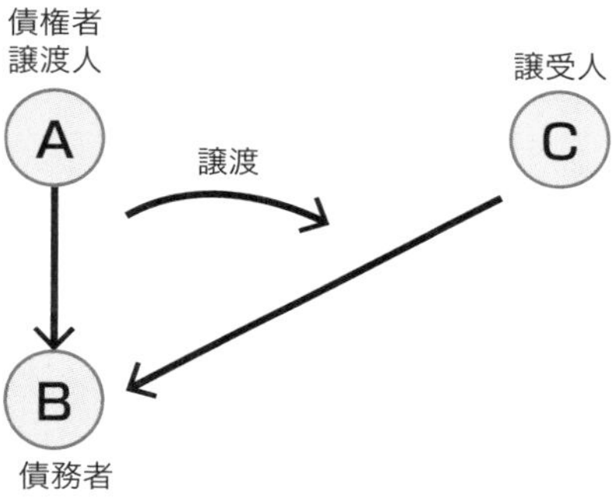

債権譲渡を債務者その他の第三者に対抗するためには、譲渡人が債務者に通知をし、または債務者が承諾をする（これらを対抗要件といいます）必要があります（467条）。将来債権についても同様です。

一方、債務者は、対抗要件具備時までに譲渡人に対して生じた事由をもって、譲受人に対抗することができます（468条1項）。

（債権の譲渡性）

第466条 〔略〕

2　当事者が債権の譲渡を禁止し、又は制限する旨の意思表示（以下「譲渡制限の意思表示」という。）をしたときであっても、債権の譲渡は、その効力を妨げられない。

3　前項に規定する場合には、譲渡制限の意思表示がされたことを知り、又は重大な過失によって知らなかった譲受人その他の第三者に対しては、債務者は、その債務の履行を拒むことができ、かつ、譲渡人に対する弁済その他の債務を消滅させる事由をもってその第三者に対抗することができる。

4　前項の規定は、債務者が債務を履行しない場合において、同項に規定する第三者が相当の期間を定めて譲渡人への履行の催告をし、その期間内に履行がないときは、その債務者については、適用しない。

（譲渡制限の意思表示がされた債権に係る債務者の供託）

第466条の2　債務者は、譲渡制限の意思表示がされた金銭の給付を目的とする債権が譲渡されたときは、その債権の全額に相当する金銭を債務の履行地（債務の履行地が債権者の現在の住所により定まる場合にあっては、譲渡人の現在の住所を含む。次条において同じ。）の供託所に供託することができる。

2　前項の規定により供託をした債務者は、遅滞なく、譲渡人及び譲受人に供託の通知をしなければならない。

3　第1項の規定により供託をした金銭は、譲受人に限り、還付を請求することができる。

第466条の3　前条第1項に規定する場合において、譲渡人について破産手続開始の決定があったときは、譲受人（同項の債権の全額を譲り受けた者であって、その債権の譲渡を債務者その他の第三者に対抗することができるものに限る。）は、譲渡制限の意思表示がされたことを知り、又は重大な過失によって知らなかったときであっても、債務者にその債権の全額に相当する金銭を債務の履行地の供託所に供託させることができる。この場合においては、同条第２項及び第３項の規定を準用する。
（譲渡制限の意思表示がされた債権の差押え）
第466条の４ 第466条第３項の規定は、譲渡制限の意思表示がされた債権に対する強制執行をした差押債権者に対しては、適用しない。
２ 前項の規定にかかわらず、譲受人その他の第三者が譲渡制限の意思表示がされたことを知り、又は重大な過失によって知らなかった場合において、その債権者が同項の債権に対する強制執行をしたときは、債務者は、その債務の履行を拒むことができ、かつ、譲渡人に対する弁済その他の債務を消滅させる事由をもって差押債権者に対抗することができる。

2. 譲渡制限の意思表示がされた場合

⑴ 原則有効

債権者と債務者が、債権の譲渡を禁止し、または制限するという合意をしていたとしても、その債権が譲渡された場合、債権譲渡自体の効力は妨げられません（466条２項）。譲渡により、債権者は譲受人となりますので、債務者は譲受人に対して、債務を履行することになります。

⑵ 譲渡制限の意思表示

ただし、譲渡制限の意思表示につき、悪意または重過失のある譲受人その他の第三者に対しては、債務者は、その債務の履行を拒むことができ、かつ、譲渡人に対する弁済その他の債務を消滅させる事由をもって、その第三者に対抗することができます（466条３項）。

⑶ 債権の差押え

しかし、その債権を差し押さえた債権者に対しては、債務者は対抗することはできず、支払を拒むことができません（466条の４第１項）。私人間の合意により差押禁止財産を作出することは認められないという判例を明文化したものです。もっとも、譲渡制限特約につき、悪意または重過失のある譲受人の債権者が差押えをしてきたときは、債務者は、悪意または重過失のある譲受人に対する場合と同様、債務の履行を拒むことができ、かつ、譲渡人に対する弁済その他の債務を消滅させる事由をもって、その差押債権者に対抗することができます（466条の4第2項）。

⑷　譲受人が悪意の場合

譲受人が悪意であるからと、債務の履行を拒んだ債務者が、譲渡人に対しても弁済をしなかったら、どうすればよいでしょうか。譲渡禁止特約が付いていたとしても、債権譲渡自体は有効ですから、債権者は譲受人になっていますね。譲渡人は債権者ではないので、債務者に履行の請求ができず、譲受人も譲渡制限特約につき悪意であれば、466条3項により、債務者に対して履行請求ができないという事態が生じてしまいます。そこで、466条4項は、譲受人が相当の期間を定めて、債務者に対し、譲渡人への履行の催告をしたにもかかわらず、履行がされないときは、466条3項は適用せず、原則どおり、譲受人が債権者として債務者に履行を請求でき、それを債務者は拒むことができないと規定しました。

⑸　供　託

譲渡制限特約の付いた金銭債権が譲渡されたときは、債務者は、その債権の全額に相当する金銭を供託することができます（466条の2第1項）。譲渡制限特約が付いた債権の譲渡も有効である一方、第三者や譲受人の主観によって、債務者が履行拒絶できるか否かが決まるため、債務者が誰に弁済すればよいのかわからなくなるおそれがあることから、新たな供託原因が創設されました。

債務者は供託をした場合には、遅滞なく、譲渡人と譲受人に供託したことを通知しなければなりません（466条の2第2項）。また、供託所から供託金の還付を受けられるのは、譲受人だけです（同条3項）。債権譲渡自体は有効で、債権者の地位はすでに譲受人に移転しているからです。

⑹ 譲渡人が破産手続開始決定を受けた場合

譲渡制限の意思表示がされた金銭債権が譲渡された場合、譲渡人が破産手続開始決定を受けたときは、譲受人は譲渡制限特約についての悪意、重過失の有無にかかわらず、債務者に対し、その債権の全額に相当する金銭を供託させることができます（466条の3)。この状態で債務者が譲渡人に債務の履行をしてしまうと、その金銭は破産財団に組み込まれ、譲受人が、その金銭を回収することが困難になってしまうからです。繰り返しになりますが、債権譲渡自体は有効なため、新しい債権者である譲受人を保護する必要があることから、このような規定が設けられました。

（預金債権又は貯金債権に係る譲渡制限の意思表示の効力）

第466条の5 預金口座又は貯金口座に係る預金又は貯金に係る債権（以下「預貯金債権」という。）について当事者がした譲渡制限の意思表示は、第466条第2項の規定にかかわらず、その譲渡制限の意思表示がされたことを知り、又は重大な過失によって知らなかった譲受人その他の第三者に対抗することができる。

2　前項の規定は、譲渡制限の意思表示がされた預貯金債権に対する強制執行をした差押債権者に対しては、適用しない。

3. 預貯金債権

預貯金債権については、当事者がした譲渡制限の意思表示は、悪意または重過失のある譲受人に対抗することができると定められています。預貯金債権については、入金、出金が頻繁に行われ、また、膨大な数の契約があることから、債務者である金融機関としては弁済の相手方を固定する必要性が高いこと、また、金融機関は預貯金債権と貸付債権との相殺を前提として貸付を行っており、債権譲渡によって相殺ができなくなる可能性を防止する必要性があるため、譲渡制限特約が付されていることが通常です。この預貯金債権についてまで、改正民法466条2項の規定を適用し、債権譲渡自体は有効であるとしてしまうと、預貯金債権は譲受人に帰属することになり、銀行など金融機関の取扱いが煩雑になり、日常業務に大きな支障が出ることが指摘されました。そこで、預貯金債権については、譲渡を認めないとする特約がある場合は、債務者は譲受人に対し、譲渡の無効（預貯金債権が口座名義人（譲渡人）に帰属していること）を主張できると規定されました（466条の5）。預貯金債権に譲渡制限が付されていることは一般的なので、仮に譲渡がされた場合には、すべてその譲受人は悪意または重過失ありとなり、結局債務者は、常に債権譲渡の無効を主張できることになります。

もっとも、預貯金債権であっても当事者の合意によって差押禁止財産を作出できないことは一般の債権と同様ですから、強制執行をした差押債権者に対しては、債務者は支払を拒むことはできません（466条の5第2項）。

（将来債権の譲渡性）

第466条の6　債権の譲渡は、その意思表示の時に債権が現に発生していることを要しない。

2　債権が譲渡された場合において、その意思表示の時に債権が現に発生していないときは、譲受人は、発生した債権を当然に取得する。

3　前項に規定する場合において、譲渡人が次条の規定による通知をし、又は債務者が同条の規定による承諾をした時（以下「対抗要件具備時」という。）までに譲渡制限の意思表示がされたときは、譲受人その他の第三者がそのことを知っていたものとみなして、第466条第3項（譲渡制限の意思表示がされた債権が預貯金債権の場合にあっては、前条第1項）の規定を適用する。

4. 将来債権

将来債権の譲渡も可能です。この場合、将来債権が発生したときに、譲受人がこれを取得することになります。また、将来債権が譲渡され、対抗要件（譲渡人が通知をし、または債務者が承諾をする）具備時までに、譲渡制限の意思表示がされたときは、譲受人その他の第三者はそのことを知っていたものとみなして（悪意とみなして）、改正民法466条3項が適用されます（466条の6）。

（債権の譲渡における相殺権）
第469条　債務者は、対抗要件具備時より前に取得した譲渡人に対する債権による相殺をもって譲受人に対抗することができる。
2　債務者が対抗要件具備時より後に取得した譲渡人に対する債権であっても、その債権が次に掲げるものであるときは、前項と同様とする。ただし、債務者が対抗要件具備時より後に他人の債権を取得したときは、この限りでない。
一　対抗要件具備時より前の原因に基づいて生じた債権
二　前号に掲げるもののほか、譲受人の取得した債権の発生原因である契約に基づいて生じた債権

5. 相　殺

債務者は対抗要件具備時より前に取得した譲渡人に対する債権による相殺を譲受人に対抗することができます。また、仮に対抗要件具備後であっても、①対抗要件具備時より前の原因に基づいて生じた債権、または②譲受人の取得した債権の発生原因である契約に基づいて生じた債権については、相殺の抗弁を主張できます。ただし、対抗要件具備後に他人の債権を取得した場合は、それをもって相殺の抗弁を主張することはできません（469条）。

Lesson 42 弁　済

（弁済）
第473条　債務者が債権者に対して債務の弁済をしたときは、その債権は、消滅する。
（第三者の弁済）
第474条　債務の弁済は、第三者もすることができる。
2　弁済をするについて正当な利益を有する者でない第三者は、債務者の意思に反して弁済をすることができない。ただし、債務者の意思に反することを債権者が知らなかったときは、この限りでない。
3　前項に規定する第三者は、債権者の意思に反して弁済をすることができない。ただし、その第三者が債務者の委託を受けて弁済をする場合において、そのことを債権者が知っていたときは、この限りでない。
4　前三項の規定は、その債務の性質が第三者の弁済を許さないとき、又は当事者が第三者の弁済を禁止し、若しくは制限する旨の意思表示をしたときは、適用しない。
（同種の給付を目的とする数個の債務がある場合の充当）
第488条　債務者が同一の債権者に対して同種の給付を目的とする数個の債務を負担する場合において、弁済として提供した給付が全ての債務を消滅させるのに足りないとき（次条第1項に規定する場合を除く。）は、弁済をする者は、給付の時に、その弁済を充当すべき債務を指定することができる。
2　弁済をする者が前項の規定による指定をしないときは、弁済を受領する者は、その受領の時に、その弁済を充当すべき債務を指定することができる。ただし、弁済をする者がその充当に対して直ちに異議を述べたときは、この限りでない。
3　〔略〕
4　弁済をする者及び弁済を受領する者がいずれも第1項又は第2項の規定による指定をしないときは、次の各号の定めるところに従い、その弁済を充当する。
一　債務の中に弁済期にあるものと弁済期にないものとがあるときは、弁済期にあるものに先に充当する。

二　全ての債務が弁済期にあるとき、又は弁済期にないときは、債務者のために弁済の利益が多いものに先に充当する。

三　債務者のために弁済の利益が相等しいときは、弁済期が先に到来したもの又は先に到来すべきものに先に充当する。

四　前二号に掲げる事項が相等しい債務の弁済は、各債務の額に応じて充当する。

（元本、利息及び費用を支払うべき場合の充当）

第489条　債務者が一個又は数個の債務について元本のほか利息及び費用を支払うべき場合（債務者が数個の債務を負担する場合にあっては、同一の債権者に対して同種の給付を目的とする数個の債務を負担するときに限る。）において、弁済をする者がその債務の全部を消滅させるのに足りない給付をしたときは、これを順次に費用、利息及び元本に充当しなければならない。

2　前条の規定は、前項の場合において、費用、利息又は元本のいずれかの全てを消滅させるのに足りない給付をしたときについて準用する。

（合意による弁済の充当）

第490条　前二条の規定にかかわらず、弁済をする者と弁済を受領する者との間に弁済の充当の順序に関する合意があるときは、その順序に従い、その弁済を充当する。

（弁済の提供の効果）

第492条　債務者は、弁済の提供の時から、債務の不履行によって生ずべき一切の責任を免れる。

（供託）

第494条　弁済者は、次に掲げる場合には、債権者のために弁済の目的物を供託することができる。この場合においては、弁済者が供託をした時に、その債権は、消滅する。

一　弁済の提供をした場合において、債権者がその受領を拒んだとき。

二　債権者が弁済を受領することができないとき。

2　弁済者が債権者を確知することができないときも、前項と同様とする。ただし、弁済者に過失があるときは、この限りでない。

（供託物の還付請求等）

第498条　弁済の目的物又は前条の代金が供託された場合には、債権者は、供託物の還付を請求することができる。
2　債務者が債権者の給付に対して弁済をすべき場合には、債権者は、その給付をしなければ、供託物を受け取ることができない。

1. 弁済とは

弁済とは、債務者により、その債務の本旨に従った履行がされることをいいます。「本旨」とは、内容と考えるとわかりやすいかもしれません。金銭債務の「債務の本旨」であれば、借りた金額と同額のお金を返すことですし、物を借りていたのであれば、借りた物を返すことです。債務の本旨に従った弁済がなされれば、当然その債務は消滅します。弁済は債務の消滅原因の１つです（473条）。

お金を借りた場合に、借りた相手に直接金銭を返還すれば、弁済となり、その債務は消滅します。しかし、借りた相手（債権者）が意図的に金銭を受け取ってくれなかったり、行方不明になってしまったような場合、債務者はどうしたらよいでしょうか。しようがないな、とそのままにしていては、債権者から損害賠償等といった債務不履行の責めを負う可能性もあります。そこで、債務者側でできうる準備はすべてしたうえで、債権者の受領を求めるという状態にすれば債務は消滅しませんが、たとえ実際の弁済ができないとしても、少なくとも、債務を履行しないことによって生ずべき責任を免れることができます。これを弁済の提供といいます（492条）。

契約実務の現場から　—弁　済

債務弁済契約書においては、どの債務に対する弁済なのか、現時点でいくらまで弁済が済んでいるのか（弁済途中の場合）が明らかになるように、記載する必要があります。

> **第○条**　乙は、金100万円を、年利5%、弁済期限令和○年○月○日の条件で、甲より借り受ける金銭消費貸借契約を令和○年○月○日に締結し、以下の弁済を行った。
>
> 令和○年○月○日　　金10万円
> 令和○年○月○日　　金10万円
>
> 甲及び乙は、令和○年○月○日時点で、本契約に基づく甲に対する債務残高が、金80万円であることを確認する。
>
> **第○条**　乙は、前条記載の債務残高を次のとおり弁済することを約し、甲はこれを承諾した。
>
> ⑴　元金に対する利息：年6%
> ⑵　元金及び利息の弁済期限：令和○年○月○日
> ⑶　乙は、弁済期限より前に、繰り上げ弁済できる。弁済額は利息に対して優先的に充当し、残余分を元金に充当する。

2. 第三者弁済

弁済は、債務者だけではなく、第三者も行うことができます。AがBに借りた100万円を返せずに困っているのをみて、CがAの代わりにBに対して100万円を支払うことができます。これを第三者弁済といいます。

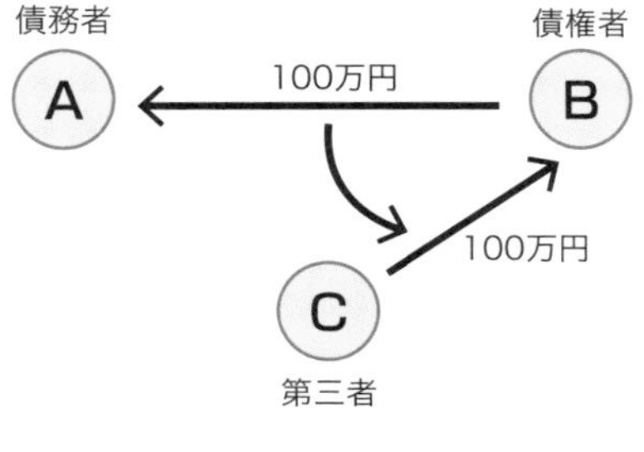

ただし、第三者弁済ができる第三者は、弁済をすることについて正当な利益を有する者である必要があり、そうでない場合は、弁済をすることについて、債務者の同意が必要になります。なお、債権者を保護するため、たとえ弁済をするについて正当な利益を有する者でない者による弁済が債務者の意思に反する場合であっても、債務者の意思に反する弁済であるということを債権者が知らなければ、その弁済は有効になります（474条2項）。

また、弁済をすることについて正当な利益を有さない者による弁済を債権者が望まない場合には、債権者の意思を尊重し、そのような者の弁済は、原則認められません。ただし、その第三者が債務者の委託を受けて弁済をすること、そしてそれを債権者が知っている場合には、たとえ債権者の意思に反したとしても、この第三者による弁済は認められます（474条3項）。

「弁済をするについて正当な利益を有する者」とは、弁済の効果（債務の消滅）に法律上の利害関係をもつ者です。たとえば、物上保証人、担保不動産の第三取得者、同一不動産の後順位抵当権者等がそれにあたります。債務者の窮状をみかねて、その両親が、債務の肩代わりを申し出るといった場合、債務者の両親は、法律上の利害関係を有する第三者にはあたりませんので、原則は債務者の意思に反して弁済はできないということになります。

なお、絵を描く債務のように、他の人が代わりに履行することができないような債務（一身専属的な債務）や、当事者間で第三者弁済を禁止もしくは制限するとしていた場合には、第三者弁済をすることはできません（474条4項）。

3. 弁済の充当

弁済の充当とは、債務者が同じ債権者に対して、同種の給付を目的とする数個の債務を有している場合等に、弁済者の給付が不足していることにより、その債務の全部を消滅させることができない場合、この給付を、どの債務の弁済に充てるかを定めることです。

たとえば、BがAに対して、①令和1年12月31日弁済期の100万円、②令和2年1月3日弁済期の100万円、③令和2年2月1日弁済期の50万円という3つの債務を負っているとします。AはBに対して総額250万円の債権を有しているということになりますね。

令和2年1月10日にBが100万円をAに対して弁済しました。250万円には満たないので、全部の債務を消滅させることはできません。どの債務の弁済に充てればよいでしょうか。

まず、弁済をする側と受領側で弁済の充当について合意があれば、その順序に従って、充当されます（490条）。そして、弁済の充当について合意がない場合には、原則として、弁済をする者は給付時に、どの債務に充当させるかを指定することができます。また、弁済する側が指定しない場合は、受領側が受領時に、その弁済を充当すべき債務を指定することもできます（ただし、弁済をする者がその充当に対して直ちに異議を述べればその指定は効力を失います。488条）。

よって、Bが②と指定すれば、②の債務が消滅しますし、Bが指定せずに、Aが①と指定して、Bがそれに異議を述べなければ、①の債務が消滅します。

AB共に、充当する債務を指定しなかった場合は、488条4項に規定された順序に従って充当されます。

また、債務者が1個または数個の債務について元本のほか利息および費用を支払うべき場合において、弁済をする者の給付が、その債務のすべてを消滅させるに足りない場合は、①費用→②利息→③元本の順序で充当されます（489条）。

契約実務の現場から ―弁済の充当

弁済の充当については、当事者間で以下のように自由に指定することができます。

> **第○条**（弁済の充当）
> 弁済額は利息に対して優先的に充当し、残余分を元金に充当する。

> **第○条**（弁済の充当）
> 返済金額が、乙の債務の全部を消滅させるに足りないときには、甲は甲が適当と認める順序方法により充当することができる。

4. 弁済供託

弁済がなされるためには、債権者の受領が必要な場合がほとんどです。そこで、債権者が受領をしない場合等に、債務者を債務から解放し、目的物を国が保管することで債権者にも不利益を生じさせない制度が設けられています。それが弁済供託です。弁済供託とは、弁済者が債務の目的物を債権者のために供託所に供託して債務を消滅させる制度です（494条）。

供託ができる場合は、①債務者が弁済の提供をしたが、債権者がその受領を拒んだとき、②債権者が弁済を受領することができないとき、③債権者が誰だかわからないとき（債権者が死亡してその債権が相続されたが、相続人が不明である、債権が二重譲渡されたが通知の先後が不明で、優先する譲受人がわからない等）のいずれかです。

弁済者が供託をした時に、その債権は消滅します（494条）。そして、弁済の目的物が供託された場合、債権者は供託物の還付を請求することができます（498条）。

Lesson 43 相　殺

（相殺の要件等）

第505条　二人が互いに同種の目的を有する債務を負担する場合において、双方の債務が弁済期にあるときは、各債務者は、その対当額について相殺によってその債務を免れることができる。ただし、債務の性質がこれを許さないときは、この限りでない。

2　前項の規定にかかわらず、当事者が相殺を禁止し、又は制限する旨の意思表示をした場合には、その意思表示は、第三者がこれを知り、又は重大な過失によって知らなかったときに限り、その第三者に対抗することができる。

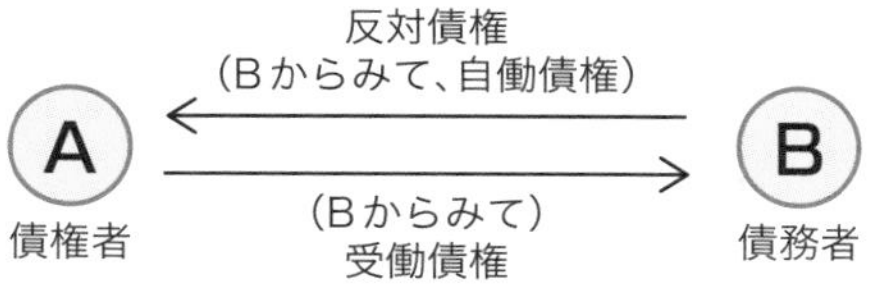

1. 相殺とは

相殺とは、債権者と債務者が互いに同種の債権を有する場合に、その債権債務を対当額で消滅させる一方的な意思表示です。たとえば、債務者Ｂが、債権者Ａに対して別途債権を有する場合（反対債権）、この反対債権を自働債権として、ＡのＢに対する債権（受働債権）と対当額で消滅させるということです。

相殺にAB当事者の合意は不要です。一方的な意思表示があればよいとされています。相殺は債務者に与えられた権利であるという考えに基づいています。相殺の意思表示をする者が相手方に対して有する債権を「自働債権」、相手方が意思表示者に対して有する債権を「受働債権」といいます。誰を主体に考えるかによって、「自働」「受働」の言葉が変わりますから、注意しましょう。

2. 要　件

以下は、相殺の効果が発生するために必要な要件であり、これらが揃った状態は相殺に適した状態であるといえ、これを相殺適状といいます。

⑴　両債権の対立

自働債権と受働債権は互いに相殺者と被相殺者が相手方に対して有する債権でなければなりません。ＡのＢに対する債権とＢのＣに対する債権を相殺することはできないということです。また、両債権とも相殺をするうえで有効な債権でなければならず、一方の債権が存在しない場合や債権の発生原因である契約が無効の場合には、相殺はできません。

⑵　両債権が同種の目的を有する

金銭交付を目的とする債権か、金銭以外の物の交付を目的とする債権か等です。

⑶　両債権が弁済期にあること

自働債権が弁済期になければ、そもそも債務者に対して支払を請求できないですから、自働債権が弁済期を迎えている必要があることは当然ですね。受働債権については、必ずしも弁済期を迎えていることは要しないというのが判例の考え方です。たとえ受働債権の弁済期が来ていなくても、自身の期限の利益を放棄して、先に支払をするということができますから、自働債権の弁済期が来て、受働債権の弁済期はまだ、という状況であっても、相殺の意思表示は有効となります。

⑷　債務の性質上相殺が許されること

債務の性質上、相殺が許されないものがあるということです。たとえば、肖像画を描く等の「なす債務」といわれるものです。

3. 効　果

⑴　債権の対当額消滅

債務者が債権者に対して同種の債権を有する場合、相殺の意思表示によって、自己の債務と対当額の債権を消滅させることができます。

たとえばAがBに100万円の債権を有し、BがAに30万円の債権を有しているとき、両債権が弁済期にあれば、B（またはA）は、30万円について一方的意思表示によって双方の債務を消滅させることができます。その結果、AのBに対する70万円の債権が残る、ということになりますね。

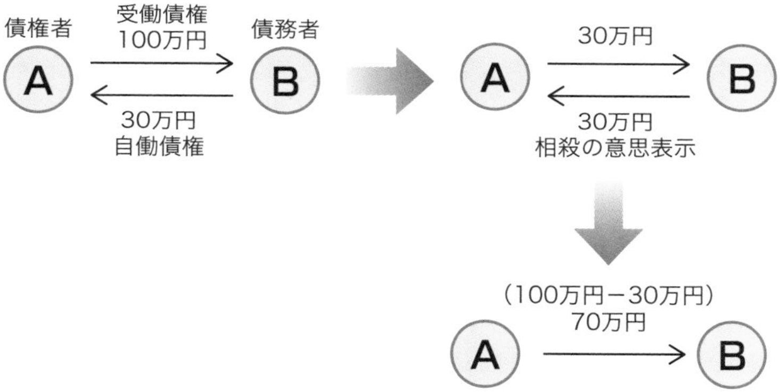

⑵　遡及効

相殺の意思表示は相殺適状が生じた最初にさかのぼって効力を生じます。よって両債権が対当額で消滅するのは、相殺の意思表示をした時点ではなく、相殺適状が生じた時点です。よって、相殺適状後は、相殺によって消滅する債権につき、約定利息は発生しません。

ただし、相殺は意思表示によって発生するものですから、相殺適状後、相殺の意思表示前に弁済、解除等によりどちらか一方の債権が消滅していれば、相殺はできません。

（不法行為等により生じた債権を受働債権とする相殺の禁止）
第509条 次に掲げる債務の債務者は、相殺をもって債権者に対抗することができない。ただし、その債権者がその債務に係る債権を他人から譲り受けたときは、この限りでない。
一 悪意による不法行為に基づく損害賠償の債務
二 人の生命又は身体の侵害による損害賠償の債務（前号に掲げるものを除く。）

4. 相殺が禁止される場合

⑴ 意思表示（505条2項）

契約によって発生する債権については、当事者は合意により相殺を禁止することができます。ただし、この禁止特約を善意無重過失の第三者に対抗することはできません。

⑵ 不法行為等により生じた債権（509条）

ア 悪意による不法行為に基づく損害賠償の債務（1号）

不法行為の加害者Ａ （債務者）は、被害者Ｂ（債権者）から損害賠償請求を受けたときは、自己のＢに対する他の債権を自働債権として相殺をすることはできません。これを認めると、自己の債権の支払がなされないことの腹いせに、Ａのような債務者が不法行為を起こす可能性があるため、その防止のためにこの規定が置かれたといわれています。よって、悪意ではなく過失によって不法行為を起こしてしまった場合は、ＡはＢに対し、上記債権に基づき、相殺を主張することができます。

イ 人の生命または身体の侵害による損害賠償の債務（2号）

この場合は被害者救済という政策目的から、相殺が認められていません。生命、身体の侵害を受ければ、治療費、生活費等のお金が必要になりますよね。それを加害者に負担させるという意味合いもあって、損害賠償請求が認められているにもかかわらず、もともとの別途金銭債権債務で相殺を主張されてしまったら、被害者にとってあまりに酷であるということです。ただし、被害者の方が、損害賠償債権を自働債権として、加害者に対する他の債権を受働債権として相殺をすることは、上記目的を逸脱するものではない（被害者の自由意思）ので許されます。

ウ　アやイの債権を他人から譲り受けたとき

アやイの債権を他人から譲り受けたときは、そのような債権を受働債権とする相殺は禁止されていません。

被害者本人でない者が損害賠償債権を有しており、相殺を禁止する趣旨があてはまらないからです。

（差押えを受けた債権を受働債権とする相殺の禁止）

第511条　差押えを受けた債権の第三債務者は、差押え後に取得した債権による相殺をもって差押債権者に対抗することはできないが、差押え前に取得した債権による相殺をもって対抗することができる。

2　前項の規定にかかわらず、差押え後に取得した債権が差押え前の原因に基づいて生じたものであるときは、その第三債務者は、その債権による相殺をもって差押債権者に対抗することができる。ただし、第三債務者が差押え後に他人の債権を取得したときは、この限りでない。

5. 差押えと相殺

債権者Ａの債務者Ｂに対する債権を、Ｃが差し押さえ、Ｂに対して債務の履行を請求してきました（ＡはＣの債務者ということになります）。ＢはＡに対して別途債権を有していたところ、Ａに対するその反対債権による相殺を主張し差押債権者Ｃに対抗することはできるでしょうか。

改正民法511条は、差押えを受けた債権の第三債務者は（この場合はB)、差押え後に取得した債権による相殺をもって差押債権者（この場合はC）に対抗することはできないが、差押え前に取得した債権による相殺をもって対抗することができる、と規定しています。よって、ＢのＡに対する債権が、Ｃの差押えより前に取得したものであれば、Ｂは相殺をもってＣに対抗することができます。

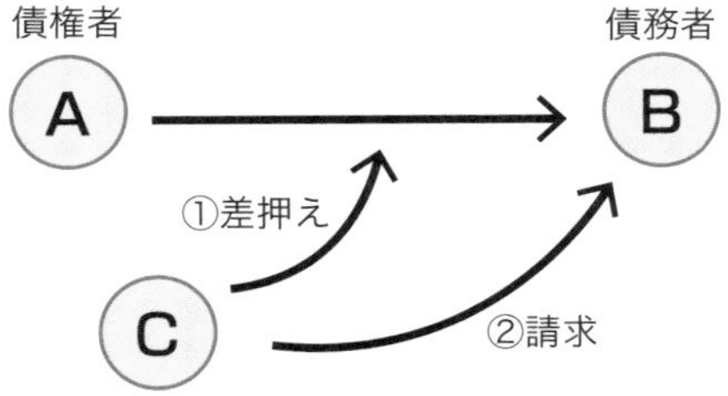

また、仮に差押え後に取得した債権であっても、その発生原因が差押え前であった場合には、第三債務者（B）は差押債権者（C）に対して相殺をもって対抗することができます（511条2項）。たとえば、BがAの保証人になり、保証債務を履行したような場合です。

A（債権者）から100万円を借りていたB（債務者）は、Aに頼まれて、AのCに対する100万円の債務の保証人となりました。その後、DがAのBに対する債権を差し押さえ、Bに対し、支払を請求してきたところ、Cから保証契約に基づき、AのCに対する債務の履行を要求されたため、BはCに対し100万円を支払いました。よってこの時点で、BはAに対し100万円の求償権を有しています。

Bが相殺をしようと思う自働債権は、Aの代わりにCに支払った100万円の求償権ですね。そしてこれは差押債権者DがAのBに対する債権を差し押さえた時期より後に発生した債権ですね。よって511条1項によれば、こういった場合Bの相殺は認められないのですが、BがAの保証人になったのは、Dの差押えより前の時期であり、この債権の発生原因は差押えより前に生じていたということになりますから、こういった場合には511条2項に基づき、Bは相殺をもってDに対抗することが認められるということです。

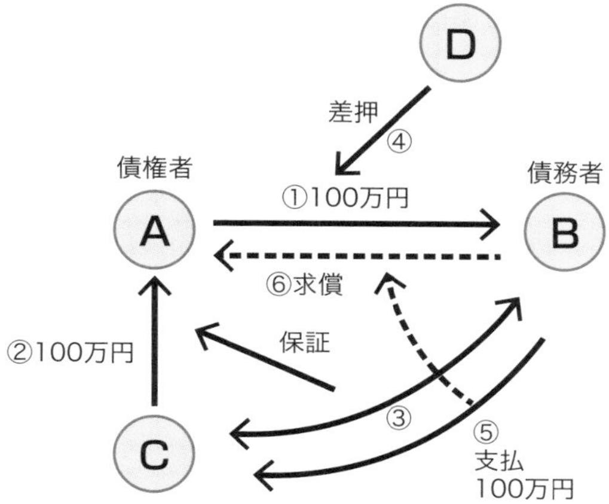

ただし、当該債権の発生原因が差押え前であったとしても、差押え後に第三債務者が他人から当該債権を取得したような場合には、第三債務者の相殺に対する合理的期待を保護する必要はないので、相殺は認められません。

契約実務の現場から ―相　殺

相殺は、前述のとおり、条文上は、両債権が弁済期にあることが要件となります。受働債権は、自ら期限の利益を放棄すればよいのですが、自働債権は相手方に期限の利益を付与しているのが通常です。そこで、相手方の信用不安を根拠づける事情を契約書に列挙し、そのような事情が発生した場合には、自働債権について当然に相手方に付与した期限の利益を喪失させて、相殺を自由に行うことができるように手当てすることがあります。

第○条（期限の利益の喪失等）

1. 甲又は乙は、次の各号のいずれかに該当した場合、相手方からの通知・催告なしに相手方に対する全ての債務について、当然に期限の利益を失うものとする。この場合、甲又は乙は期限後の全ての債務について、年○%の割合による遅延損害金を支払うものとする。

⑴　振り出し又は引き受けた手形あるいは小切手が不渡りとなったとき。

⑵　裏書き又は保証した手形あるいは小切手が不渡りとなり、不渡り後遅滞なくこれに代わる支払をしないとき。

⑶　差押・仮差押・仮処分・強制執行・競売・破産・民事再生・会社更生・手続等の申立てがあったとき、又は滞納処分を受けたとき。

⑷　監督行政庁より営業停止又は営業免許若しくは営業登録の取消処分を受けたとき。

⑸　合併によらないで解散したとき。

2.　甲又は乙は、前項の各号のいずれかに相手方が該当した場合、相手方に対する債権・債務のうち、自己の任意選択する債権・債務について対当額にて相殺することができ、これについて相手方は異議を述べないものとする。

Chapter 7

ビジネスシーンでのその他の問題について学ぼう

本章では、コンプライアンス、守秘義務、名誉毀損、内部告発等について学びます。企業の不祥事のニュース等でよく耳にする言葉ですよね。これらに関する違反の影響は、１本の契約にとどまらず、会社の存続を危うくさせることにもなりかねません。「何となく知っている」は危険です。どれだけ契約書で手当てをしても、完全ということはありませんが（最後は運用する人次第）、具体的に契約書にどのように落とし込むかをみていきましょう。

Lesson 44 汚職のリスク

1. 贈収賄

企業の経済犯罪として著名なものは贈収賄です。収賄罪は公務員や公務員になろうとする者が職務に関し賄賂を受け取ったり、要求した場合に成立します。よって収賄罪の主体は公務員です。一方、贈賄罪は、公務員に賄賂を渡した、受け取ってくれるように申込みをした側が主体となります。

相手が受け取らなかったとしても、申込みをしただけで処罰対象となります。

もっとも公務員だけが収賄罪に問われるわけではありません。企業の幹部などが①その職務に関し、不正の請託を受け、②財産上の利益を収受し、またはその要求もしくは約束をしたときは、会社取締役の収賄罪（会社法967条）に問われます。この「不正の請託」とは、依頼を受けた者がもつ権限事項に関し、違法もしくは甚だしく不当な行為を行ったり、当然なすべきことを行わないように依頼することをいいます。

2. 摘発しにくい犯罪

賄賂の収受は、通常密室で行われますし、それを口外することもありませんよね。受け取る側と渡す側が黙っていれば、誰にも気づかれないわけですから、摘発が難しい犯罪であるといえます。

3. 贈収賄の認識

たとえば、企業が政治家や政党に一定の寄付をすることは政治資金規正法に則り認められていますが、これも自社に有利な政策を展開してほしい等という陳情を伴った場合には、職務上不正な行為を行うように「請託」したとして、政治献金が賄賂とみなされてしまう可能性があります。

お中元、お歳暮は、日ごろの感謝の意を表す日本の風習ですが、これも社交的儀礼の範囲を超えていれば、賄賂とみなされます。この社交的儀礼の範囲が難しいですよね。ドラマに出てくるような、もなかの下に100万円というような場合に、アウトなのは明らかです。

図書券1万円分、ビール券1万円分、こういったものが賄賂と判断される可能性はあるのでしょうか。いくらまではセーフでいくら以上はアウトという明確な線引きはありません。

昨日まで社交的儀礼の範囲としてOKだったものが、明日は賄賂と認定されることもありうるのです。「業界では常識だった。うちだけではなくA社もB社もやっている」と言ったところで、自社の行為が免責されるわけではありません。「皆がやっていたからいいと思った」という弁解は通用しないのです。自社の判断として、誤解を招きかねないような贈答品の送付、金銭や金券の供与は控えるということは徹底した方がいいですね。

刑法に定められた公務員の収賄罪に比べて、会社法に定められている会社取締役の収賄罪は、法定刑が軽く、罰金刑も規定されています。これは、税金で生活が保障されている公務員と私企業の役職員に求められる、職務の公正さに対する社会の期待度の違いからくるものかとも思いますが、現在は企業においても、コンプライアンス、インテグリティと、企業の社会的責任が強く問われる時代です。法令順守は言わずもがな、株主や投資家、消費者、従業員、あらゆるステークホルダーから信頼を勝ち得る会社のみが、この先長く生き残っていけるということを肝に銘じる必要があります。

Lesson 45 コンプライアンス

1. コンプライアンスとは

コンプライアンスは「法令順守」と訳されることが多いのですが、法律さえ守っていればいいというものではありません。社会的規範や企業倫理を守ることもコンプライアンスには含まれると解されています。

企業が世の中から求められていることは、法規範に則ることだけではありません。法の目をかいくぐって、規制がないことをいいことに、フェアでない行動をとる企業は、世間から非難されることでしょう。自社の預かり知らないところで、自社の製品が改造され、事故が発生しているような状況で、事故の事実を認識しているにもかかわらず、「知らぬ存ぜぬ」を通すことは、許されるでしょうか。国の規制はクリアしているからと、顧客に開示している安全検査の結果を改ざんしたとしても、法律違反ではないからと、顧客は許してくれるでしょうか。答えはNOです。法律だけ守っていればよいという考えでは、およそコンプライアンスを語ることはできないのです。コンプライアンスは「法律順守等」といわれますが、この「等」が大切なのです。

2. コンプライアンスの重要性

コンプライアンスという言葉が世の中に浸透し、かなりの年月が経っています。それでも、毎年、びっくりするような企業の不祥事が、次々と起こります。製品検査結果の改ざん、賞味期限の改ざん、原材料の改ざん、枚挙にいとまがありません。なぜ、これほどまでにコンプライアンス違反事例が続くのでしょうか。

大きな不祥事では、昨今は第三者委員会が立ち上げられ、不祥事の起こった背景、原因、再発防止策等が記載された報告書が作成されます。

こういった報告書を読むと、結構な確率で、次の言葉を発見することができます。「社内ではずっと前からやっていて、常態化していました。特に悪いという意識はありませんでした」。若い社員の方の聴取りでは、「入社したときからやっていたから、そういうものだと思っていました」というものもあります。おかしいことをおかしいといえない風土、会社の中で、なあなあにやり過ごしてきているもの、それらは、あくまで社内ルールであり、一歩会社の外からみたら、全く通用しないルールであることに、気づかない、気づこうとしないという姿勢が、コンプライアンス違反を生み出すのだと思います。

コンプライアンス違反をすれば、マスコミにも大々的に報道されます。営業停止に追い込まれたり、業績に影響が出ることも避けられないでしょう。自分たちの先輩から続いている慣習を、自分の代で終わらせるのは、怖い、そんな責任はとりたくない、または自分が責任あるポジションにいる間さえやり過ごせればと、問題解決を先送りする、こういった思考では、問題は大きくなる一方で、対外的に明るみになったときには、手遅れの状態にならないとも限りません。

3. コンプライアンス違反は起こるもの

隠す、報告しない、やり過ごすという状況が続いてしまう背景には、「こんなことが外にばれたら大変だ！」という思いがあるのかもしれません。確かに、大変です。でも、だからといって、内にしまっておいても、何の解決にもなりません。借金と同じで、ある日目が覚めたら、すべて完済していたなどということはなく、日々刻々と利息がたまっていく一方です。

人は誰でも失敗をします。企業だって同じです。失敗することはどの企業にも起こり得ます。いいときばかり続くわけがありません。失敗を恐れるのではなく、失敗はあって当然と、頭を切り替えることが大事です。失敗をしたら、「なんで失敗したんだ！」と、ただ頭ごなしに叱るだけでは、部下は上司に失敗の報告をしなくなるでしょう。そうではなくて、失敗という事実をまず受け入れる、原因を分析し、当面の対処をする、次に同じ失敗を繰り返さないために、何が必要かを考える、それを関係部署にフィードバックする。失敗を隠すのではなく、大きく成長するよい機会だと思って、なるべく多くの部署と共有をする、そういう企業文化があれば、大きなコンプライアンス違反は起きないのではないでしょうか。

4. 隠さない、決断する、説明する

コンプライアンス違反が発覚した場合、知っているのは数人だからと、内々で隠そうとしても隠し通せるものではありません。SNSが発達している現在、内部告発等により、外部にコンプライアンス違反が報告される可能性は十分にあります。

自らこういった違反があったと開示をする会社と、外部の指摘を受けて会見を開く会社では、それだけでも、社会の見る目は異なります。また、自主的に公表をする会社であれば、内部調査の結果を自分たちのタイミングで公表することができるため、十分な準備をもって公表にのぞめるにもかかわらず、隠すという決断をした企業にとっては、外部からの指摘は寝耳に水ですから、そこから慌てて調査を開始し、とりあえず会見を開いて、記者等から手厳しい指摘を受け、よりダメージを受けるというパターンに陥りがちです。自分で情報の開示をコントロールできるということも大事だと思います。

最終的な決断はもちろん経営層にあります。ただし、経営層が最適な決断をするためには、現場から正確な情報が迅速に報告される必要があります。その流れがどこかで滞ってしまっては、最適な決断はできません。会社が一丸となって、不祥事と向き合う、真摯に反省し、乗り越える、こういった姿勢の会社か否かは、最初の公表の段階をみていれば、わかるような気がします。

契約実務の現場から —コンプライアンス

コンプライアンスは、企業の姿勢を示すものですので、わざわざ契約書にコンプライアンス条項を入れるということは少ないと思います。どこの企業のホームページをみても、昨今はコンプライアンスやコーポレートガバナンス、ESGやSDGsに関する記載が多くみられます。それらを整備して終わりではなく、絵に描いた餅にせずに、きちんと行動で示すことが重要ですね。

Lesson 46 守秘義務とインサイダー取引

1. インサイダー取引の具体例

皆さんがA社との契約担当者だったとします。契約交渉の段階で、A社の担当者から、「今、B社との業務提携について大詰めで、こちらの契約書チェックが少し遅れていてすみません」と言われました。B社は、最近勢いのある会社で、B社とA社が提携すれば面白いサービスができるに違いない、そう確信したあなたは、これから仕事仲間になるA社を応援する気持ちもあり、A社の株を買うことに決めました。また、つき合っている彼女に対して、普段から仕事の話を何でもするあなたは、A社との契約交渉の話をし、担当者の話をしたところ、あなたの彼女も、「では、私もA社を応援するわ」と、A社の株を買うことに決め、2人は翌日、ネット証券でA社の株を購入しました。これはインサイダーにあたるでしょうか。

答えはYESです。あなただけではなく、彼女についてもインサイダー取引に該当する可能性が高いといえます。

2. 守秘義務

契約とは、当事者の意思の合致で成立するものですね。個人間の契約ではなく、会社と会社の契約である場合、そこには両社のビジネスに対する思惑、つまりもっと儲かるビジネスをしようという気持ちが働いています。不利益が生じるとわかっていて、進んでそのような契約を締結する会社はまずないですよね。皆、利益を上げるために、ビジネスをさらに展開するために、契約を締結していくのです。そして、上場会社の場合、市場がその契約に基づくビジネスに好反応を示せば、株価上昇という形で、株主の支持が表明されます。つまり、新しいビジネスを始める、新商品を発表する、企業買収をする、等という情報は、会社の株価に直結する大事な企業情報なのです。企業がそれらの発表のタイミングを探るのはそのためです。

よって、契約担当者であるあなたには、その仕事に関わるものとして、守秘義務が生じるのです。

3. インサイダー取引

上述のように、企業の重要情報は、上場会社の株価に影響を与えます。投資家は、企業情報をみながら、普段から、どこの会社の株価が今後上がりそうかなと考えながら投資をするものです。そのような中で、あなたが仕事を通じて、たまたま上場会社の重要な事実を、発表前に知ることができたとしたら、公表前にその会社の株を買うという行為は、一種抜け駆けのようなものですよね。公表されてからであれば株価は上昇するところ、確実に上昇するとわかった段階で、まだ情報が発表される前、株価が安い段階で株を買うのですから、これはフェアではありません。よって、金融商品取引法では、内部者等が上場会社等の業務などに関する重要事実を知った場合に、その事実が公表される前に、その上場会社等の株式等の取引を行うことをインサイダー取引として規制しているのです。

契約担当者のあなたが、仕事を通して知ったＡ社の企業情報を、「ここだけの話だけどさ」と、居酒屋や電車といった誰が聞いているかわからないところで、ペラペラ話していたらどうなるでしょうか。もちろん、あなたが話していることが真実であるとの保証はありませんが、それを聞いた人が、Ａ社に興味をもってＡ社の株を買ったとしたら、その人がまた誰かに「ここだけの話」として話をしたらどうなるでしょうか。フェアではない形で株を買う人が増えれば、株式市場に対する信用は揺らぎます。その会社に近い人だけが儲けられるような仕組みでは、一般株主は企業に投資をしようとは思わなくなりますよね。

あなたはＡ社を応援しようと思って株式を買ったのだとしても、結果的にはＡ社にも多大な迷惑をかけることになるのです。

皆さんが企業の中で取り扱う情報には、企業秘密がたくさんあります。毎日扱っているあなたにとっては、当たり前すぎて大した情報ではないと思うものでも、投資家にとっては、株主にとっては、株価の行方を占う大事な情報である可能性があります。よって、情報を取り扱う担当者として、守秘義務を守らなければならないこと、たとえ家族や彼女等親しい人であっても、こういった情報を伝えることは控えなければならないことをしっかり心得ておきましょう。

フェアでない取引は、アウトです。

契約実務の現場から ―守秘義務

契約書上は、以下のように規定します。

> **第○条** 甲及び乙は、本契約の内容及び本契約を履行するにあたり知り得た相手方の業務上の機密を、本契約終了の前後を問わず、第三者に開示、漏えいしてはならない。

また、重要な情報を共有する場合には、基本契約書とは別に秘密保持契約書（Non-disclosure Agreement）を締結することもあります（略してNDA契約書ということもあります）。NDAにおいては、秘密情報や秘密保持期間を規定したうえで、以下のような規定を入れることが通常です。

> **第○条**（秘密保持）
> 1. 秘密保持期間中、甲及び乙は、相手方から受領した秘密情報を、厳に秘密として扱い、相手方の書面による事前の承諾なくして第三者に開示、漏洩せず、また、開示目的以外に使用しないものとする。ただし、官公庁より開示を要求された場合で、法令上の開示義務がある場合には、当該官公庁に秘密情報を開示することができるものとする。
> 2. 甲及び乙は、前項に定める義務を履行するために、相手方から受領した秘密情報を以下の各号に従い取り扱うものとする。
>   ① 秘密保持期間中、開示目的を遂行するために接する必要のある自己の役員及び従業員並びに自己と委任契約のある弁護士、公認会計士、税理士、相手方から開示の承諾を得た業務委託先以外の者が接することのな

いように保管し、また、当該秘密情報に接する自己の役員及び従業員並びに弁護士、公認会計士、税理士、相手方から開示の承諾を得た業務委託先に本契約に定める秘密保持義務の内容を知らしめ、遵守させる。

② 秘密保持期間中、相手方の書面による事前の承諾なくして相手方から受領した資料を複写、複製しない。

③ 秘密保持期間中、相手方から要請があった場合は、相手方の指示に従い、相手方から受領した資料をその複写、複製物を含め、速やかに返却又は破棄する。

④ 秘密保持期間中、相手方から受領した資料をリバースエンジニアリングその他の方法により解析しない。

⑤ 秘密保持期間中及び秘密保持期間終了後も、相手方から受領した資料をもとに産業財産権を登録出願し又は著作権登録申請しないものとする。

3. なお、本条第1項及び第2項の規定にもかかわらず、乙は開示目的を遂行するために必要がある場合、以下の者に対し、秘密情報を開示することができるものとする。

会社名：株式会社 ○○○○

第○条（秘密保持の例外）

前条の規定にもかかわらず、甲及び乙は、次の各号のいずれかに該当することを証明できる秘密情報については、同条に定めるいずれの義務を負わないものとする。

① 開示時に既に公知となっている情報。

② 開示時に既に受領者が知っていた情報。

③ 開示後に受領者の責めに帰すべからざる事由により公知となった情報。

④ 開示後に受領者が第三者より守秘義務を負うことなく合法的に入手した情報。

⑤ 開示された情報に一切アクセスせず、それと無関係に受領者が開発、創作した情報。

第○条（違反の場合の措置）

甲又は乙が本契約に違反した場合、相手方は、損害賠償（弁護士費用及び訴訟費用を含む。）、違反行為の差止請求その他あらゆる法的措置を執ることができるものとする。

Lesson 47 名誉毀損

1. 名誉毀損とは

名誉毀損とは、文字どおり、「人」の「名誉」を「毀損」することです。「人」には、いわゆる人だけではなく、法人＝会社も含まれます。「名誉」とは「人が、その品性、徳行、名声、信用等の人格的価値について社会から受ける客観的評価」のことをいいます。「毀損」とは、「人の社会的評価を低下させる行為」です。ある個人に対してある者の名誉を毀損するような言葉を発したとしても、その人の社会的評価まで低下はしませんよね。社会的評価が低下するためには、名誉毀損の事実がある一定の範囲に伝播することが必要です。そしてこの場合、実際に一定の範囲に名誉毀損の事実が伝播することは必要ではありません。その可能性があるような状況（伝播可能性）で、名誉を毀損するような行為をすることが処罰対象となります。

2. 刑事と民事

名誉毀損は刑法に規定があり、民法では不法行為の1つとして規定されています。刑事事件の場合は、名誉毀損を行った者に対して刑罰を下すことを目的とし、民事事件の場合は、原則、名誉が毀損されたことにより生じた損害を賠償するよう請求することになります。もちろん刑事、民事の両方で、責任を追及することもできます。

3. 名誉毀損の線引き

(1) 名誉毀損が成立しない場合

事実を摘示しての名誉毀損にあっては、その行為が公共の利益に関する事実に係り、かつ、その目的がもっぱら公益を図ることにあった場合に、摘示された事実がその重要な部分について真実であることの証明があったときには、上記行為には違法性がなく、仮に上記証明がないときにも、行為者において上記事実の重要な部分を真実と信ずるについて相当の理由があれば、その故意または過失は否定されます（最判昭和41年6月23日判時453号29頁）。

外形的には名誉毀損の成立要件を満たしたとしても、①公共性、②公益性、③真実性の証明の３点セットが揃えば、違法性が阻却され、また、①公共性、②公益性、③相当性の３セットが揃えば、故意または過失が否定され、いずれの場合も名誉毀損は成立しません。

⑵ 事実の公共性

公共性とは、不特定多数の人の利害に関する事実であるということです。たとえば、犯罪情報、国政に関する情報は、国民の権利、安全に関わる情報ですから、公共性があるといえます。

この点裁判例は「当該事実が多数一般の利害に関係するところから右事実に関心を寄せることが正当と認められるもの」を公共の利害に関する事実とするとしています。よって、著名人の恋愛問題のような個人の私生活に関する事実の適示は、いくら世間の関心事が高くとも、一般人の利害には関係しませんから、犯罪情報等と比べれば名誉毀損にあたる可能性は高くなります。ただし、政治家や企業の代表取締役など、いわゆる公人については、その地位にふさわしい人物か否かを一般国民が判断するにおいて、私生活の動向（不倫等）は、個人の恋愛問題とはいえ有用な情報であるため、公共性は認められやすい傾向にあります。

⑶ 目的の公益性

目的の公益性とは、表現行為の主たる目的が、公共の利益を図ることであるということです。公共の利益とは、社会を構成する個人や集団の私的利益ではなく、 その社会の全構成員に関わる共通の利益をいいます。簡単にいえば、皆のために公表した、といえればよいが、個人的にあいつを貶めてやろうといった目的による表現行為はダメですよ、ということです。よって、個人的な恨み、私怨を晴らすためとか、私利私欲を追求するためということが主要な目的であった場合には、公益性は否定されます。

⑷ 事実の真実性

摘示事実すべてではなく、重要な部分につき、それが真実であることの証明がなされれば、真実性はありとされます。また、真実性の判断の時期につき、最高裁は、表現行為を行う際ではなく、事実審の口頭弁論終結時において判断することも許されると述べ（最判平成14年1月29日判時1778号49頁）、事後的な立証でも構わないとしました。

⑸ 真実と信じたことの相当性

相当性とは、名誉毀損行為を行った者が、公表した事実を真実であると信じるについて相当の理由があることをいいます。

公表した事実が真実であることの証明ができれば、名誉毀損の違法性が阻却されますが、たとえその証明ができなかったとしても、真実であると信じてもしようがないよね、と思われる状況であった場合には、「事実を真実と信ずるについて相当の理由がある」として、やはり名誉毀損とはならないのです。

いかなる場合が、相当性ありと判断されているのでしょうか。

最高裁は「確実な資料、根拠に照らし相当の理由があるとき」は名誉毀損の故意がなく、名誉毀損罪は成立しない（最判昭和44年6月25日刑集23巻7号975頁）としています。「ＡさんがＢという事実を摘示したことが名誉毀損にあたる！」とＣさんが訴えた場合、この資料を読めば、皆、Ｂという事実が真実だと思ってしまった（だから公表した）としても、しようがないよねと思えるくらい、その根拠となる資料が確実なものであれば、相当性はありと判断されるということです。資料の確実性は、その入手経路や作成方法により判断されます。第三者のブログに掲載されていただけのような内容は、確実な資料とはいえません。また、新聞や雑誌にたくさん書かれていたからといっても、それが確実な資料とされるとは限りません。

また、この相当性の判断時期は、真実性と異なり、名誉毀損行為当時です。行為当時に、真実であると信じてもしようがない、と思われるような確実性の高い資料があったからこそ、表現行為を行ったわけですから、相当性は、表現行為が行われた当時の資料に基づき判断されます。

契約実務の現場から—名誉毀損

契約実務においては、名誉毀損に関しては和解条項の中に入れることが多いです。訴訟当事者として争っていたとしても、ここで和解をするのだから、以後は互いに相手を誹謗中傷することはやめましょう、という規定です。

第○条 原告及び被告は、本和解成立後、本件に関し、相手方を誹謗中傷する等、相手方の名誉・信用等を損なう行為をしないものとする。

Lesson 48 内部告発

1. 内部通報と内部告発

皆さんの会社には、「ホットライン」「ヘルプライン」等、企業の中で法令違反や不正な行為をみつけた場合に、従業員からの通報を受ける制度がありませんか。これを内部通報制度といいます。電話の相手先は、外部の弁護士事務所であったり、社内においても総務や人事ではなく、特別の部署であることが多いようです。

似たような言葉で「内部告発」があります。これは、従業員が、勤務先が指定している窓口に通報する（内部通報）のではなく、行政機関やマスコミなど、外部に通報することです。こういった内部通報や内部告発については、公益通報者保護法という法律に規定されています。

2. 公益通報とは

公益通報者保護法では、内部通報は公益通報と定義されています。同法で保護される公益通報とは、①正当な目的（不正な利益を得る目的、他人に損害を与える目的その他不正の目的ではない）で、②㋐労働者を自ら使用する事業者、㋑通報者が派遣労働者である場合には労務提供先、㋒取引先等について、③通報対象事実が生じ、またはまさに生じようとしていることを、④㋐当該労務提供先もしくはあらかじめ当該労務提供先が定めた者、㋑行政機関、㋒マスコミなど外部の者に、⑤通報することです。主体は労働者です。

④㋐が内部通報であり、④㋑㋒が内部告発ですね。

社内に窓口があるにもかかわらず、外部に内部告発することを従業員が選ぶということは、いったん内部通報したのだけれど、会社が全く対処しなかった、社内の内部通報に対する信頼がない（もみ消される、通報者が不利益を被るなど）といった理由が考えられます。しかし、いったんマスコミなどに内部告発がされると、会社内部だけで処理することは不可能となり、会社のレピュテーションが低下することも避けられません。

会社をよくしよう、不正を正そうという義憤に駆られて、内部告発をするのですから、その告発者が告発をしたことによって不利益を受けることはないようにしなければなりません。そのために公益通報者保護法が制定されたのですが、同法によって通報者が保護されるためには、以下の要件を満たすことが要求されます。

3. 公益通報者保護法で保護されるためには

(1) 告発内容の真実性

嘘であることはもちろん、噂話レベルや不確実な根拠によって内部告発がなされた場合、企業が受けるダメージは相当なものがありますから、公益通報者保護法では告発者が、当該事実がたとえ真実でなかったとしても、真実であると信じるに足る相当な理由があることを要求しています。そして相当な理由があったと通報者が主張するためには、手元に何らかの証拠があることが有用です。

しかし、企業の不祥事を立証するような証拠というものは、たいていはどの社員でもアクセスできるものではなかったり、持ち出し禁止のものも多いでしょう。それを無断で持ち出したということで、会社から懲戒解雇処分を受けたという例もあります。裁判例では、企業秘密を許可なく外部に流出させ、内部告発を行うことは形式的には窃盗罪に該当し、当該行為が会社の就業規則上の懲戒解雇事由にあたるとしても、その行為の目的や手段に正当性があり、また、相当な手段による場合には、その違法性が阻却される（懲戒解雇は無効）と判断したものがあります。

ただし、会社からはこういった訴えを起こされる可能性があるということは想定しておいた方がよいでしょう。

⑵ 目的の正当性

事業者の保有する営業秘密を、不正の競業その他不正の利益を得る目的でまたは保有者に損害を加える目的で、使用または開示する行為は、不正競争防止法違反となり、民事上の責任を負います。さらに、不正競争防止法は営業秘密の不正な取得、使用、開示行為のうち、悪質な行為については刑事罰の対象ともしています。

企業の法令違反や不正を正すという目的の内部告発は、不正競争防止法の規定する目的にはあたりませんが、こういった正当な目的ではなく、誰かを貶めてやろう等という意図で営業秘密を取得した場合等は、上記リスクが生じます。

裁判においては、告発者側がこの目的の正当性を立証するのではなく、事業者側が、不正目的を立証する責任を負います。

4. その他のリスク

公益通報者保護法では、不正な目的でない限り、公益通報をしたことをもって通報者に不利益を与えてはいけないとされています。しかし実際は、自宅待機、解雇、不当な配置転換など事実上の制裁がなされるケースは少なくないようです。公益通報を理由とした解雇は裁判で争えば、解雇無効となるでしょうが、公益通報を理由とした解雇であるということを通報者である従業員側が立証するのは一苦労ですし、時間も労力もかかります。

内部通報においては、たいていの企業で匿名性が保たれています。しかし調査を進めていく段階において、通報者が特定されていく可能性は高くなります。匿名性が最後まで確保されないリスクがあることは、理解しておいた方がよいでしょう。また、そもそも内部告発の場合、公益通報者保護法では、匿名による通報が保護の対象とならないため、実名を公表せざるを得ません。

会社から不利益処分（自宅待機、配置転換）を受けるだけではなく、無断資料の持ち出しを理由として、上述のように不正競争防止法違反で訴えられるリスク、手段が悪質だと判断されれば、刑事告訴されるリスクもあることも承知しておいた方がよいです。

5. まとめ

このように書くと、内部告発なんてやらない方がいい、不正はやり過ごした方がいいという考えに傾いてしまうかもしれません。ただそうやって個人個人が目をつぶってきた結果が、数年後に企業の大不祥事となって、取り返しのつかないような事態を引き起こしていることも事実です。結局のところは、内部通報制度が実効性のあるものになるか否かは、個々の企業のトップの心持ちにかかっているということです。目先の利益ばかりを負わずに、問題の先送りをせずに、現実を受け止め、反省して、さらに前に進むために、一歩後退する勇気をもてるかどうかなのだと思います。

契約実務の現場から ―内部告発

実効的な内部通報制度をつくるために必要なことは、内部通報をしても不利益な取扱いをしないということを企業が明確に打ち出すことです。そして通報を受けた担当者が適切な行動をとるよう（そうしなければ内部告発へと発展する可能性があります）規定をします。

第○条（通報及び相談）

不正行為等として次に掲げる事項が生じ、又は生じる恐れがあり、これについて社員等が通常の業務遂行上の手段・方法によって改善することが不可能又は困難である場合、社員等は本規程に定めるところにより通報及び相談をすることができ、通報者は本規程による保護の対象となる。

① 法令に違反する行為

② 社員等、取引先、その他利害関係者の安全、健康に対して危険な行

為又は危険を及ぼす恐れのある行為
③　前記若しくはこれらの行為の隠蔽、証拠隠滅、情報漏洩により会社の名誉又は社会的信用を侵害する恐れのある行為
④　就業規則、その他規程に違反する行為

第○条（通報者の保護）

1. 会社は、通報者が通報又は相談したことを理由として、通報者に対して解雇その他いかなる不利益な取扱いも行ってはならない。
2. 会社は通報者が通報したことを理由として、通報者の職場環境が悪化することのないように適切な措置を執らなければならない。また、通報者に不利益な取扱いや嫌がらせを行った者がいた場合には、就業規則に従って処分を課すことができる。
3. 調査協力を行った者の保護についても、前二項を適用する。

第○条（不正の目的）

通報者は、虚偽の通報や他人を誹謗中傷する通報その他の不正の目的の通報を行ってはならない。会社は、そのような通報を行った者に対し、就業規則に従って処分を課すことができる。

第○条（事後対策）

会社は、通報等の処理が終了した後、法令違反等が再発していないか、通報者や調査協力者に対する不利益な取扱いや嫌がらせが行われていないか、是正措置及び再発防止策が十分に機能しているかを確認しなければならない。

第○条（通報又は相談を受けた者の責務）

通報処理担当者に限らず、通報又は相談を受けた者（通報者の管理者、同僚等）は、本規程に準じて誠実に対応するよう努めなければならない。

著者略歴

菊間　千乃（きくま　ゆきの）

弁護士（第二東京弁護士会・弁護士法人松尾綜合法律事務所）

〈学歴・職歴〉

1995年3月	早稲田大学法学部卒業
1995年4月	株式会社フジテレビジョン入社　アナウンス室配属
2005年4月	大宮法科大学院大学入学（夜間主）
2007年12月	株式会社フジテレビジョン退社
2009年3月	大宮法科大学院大学修了
2010年9月	司法試験合格
2010年11月	司法修習生採用（新64期）
2011年12月	弁護士登録（第二東京弁護士会）
2012年1月	弁護士法人松尾綜合法律事務所入所
2013年7月	米国（ダラス）The Center for American and International Lawにおける夏期講座修了
2019年3月	早稲田大学大学院法学研究科　先端法学専攻　知的財産法LL.M.

〈委員会・役職〉

日本弁護士連合会法科大学院センター幹事（2014年6月～）／第二東京弁護士会法教育の普及・推進に関する委員会委員（2013年5月～）／第二東京弁護士会子どもの権利に関する委員会幹事（2015年5月～）／特定非営利活動法人全国万引犯罪防止機構理事・広報委員長（2015年1月～）／株式会社ノエビアホールディングス社外取締役（2014年12月～ 2017年12月）／公益財団法人日本バレーボール協会評議員（2018年6月～）／株式会社コーセー社外取締役（2018年6月～）／株式会社J－WAVE放送番組審議会委員（2019年4月～）／一般財団法人全日本大学バレーボール連盟評議員（2019年4月～）／文部科学省中央教育審議会法科大学院特別委員会専門委員（2019年4月～）

〈主な業務分野〉

紛争解決（各種訴訟・非訟・保全事件）、企業法務（労働、ガバナンス、危機管理、不祥事対応）、エンターテインメント、家事、刑事（少年事件含）

〈著書〉

『私が弁護士になるまで』（文芸春秋社、2012年）、『外国人をめぐる法律相談』（共著。新日本法規、2012年）、『知識ゼロからの人を動かす「聞く力」』（共著。幻冬舎、2014年）、『ロースクール講義』（共著。日経BP社、2016年）

菊間弁護士と学ぶ！
契約のキホンのキホン

令和２年４月１日　第１刷発行

著　者　菊間　千乃

発　行　株式会社 ぎょうせい

〒136-8575　東京都江東区新木場１-18-11
電話　編集　03-6892-6508
営業　03-6892-6666
フリーコール　0120-953-431

URL：https://gyosei.jp

〈検印省略〉

印刷　ぎょうせいデジタル㈱

※乱丁・落丁本はお取り替えいたします。

ISBN978-4-324-10800-0
(5108599-00-000)
〔略号：契約のキホン〕

実務が変わる!

Q&A 民事裁判手続IT化

東京弁護士会法友会［編］

ぎょうせい

推薦の言葉

国内の民事訴訟件数は減少しており、世界的にも日本の裁判システムは低位に評価され（第1章Q4・18頁）、このままでは、市民から紛争解決機能としての裁判手続が見放されていくのではないかという危機感を、とりわけ裁判所を仕事場とする法律実務家が共有しなければなりません。裁判のIT化は、このような文脈の中で捉える必要があります。

IT化に向けての民事訴訟法の改正について、現在法制審議会で調査・議論中である一方、2020年2月から各地方裁判所において順次ウェブ会議等のITツールを活用した争点整理等が実施され、今日のコロナ禍にあって、ウェブ会議等の利便性が実感されつつあります。このような状況下にあって、本書が刊行されることは以下のとおり誠に意義深く、まさに待望の書です。

第1に、本書は今後のプラクティスにとって欠かせない情報源となるからです。法律の改正に際し「改正された後で施行までに勉強すればよい」と、とかくありがちなスタンスは通用しません。何故なら裁判のIT化は、順次実践を伴いながら進行していく（2021年度にはフェーズ3の先行実施が予定）からであります。

第2に、見えない姿に怯え、漠とした消極的否定的なスタンスを転換する契機となるでしょう。本書は私の知る限り、最新の議論状況を余すことなく把握され、詳細に伝えており、IT化の全容をかなり正確に描いています。その中味を知り、正確な理解があってこそ、改革の提言もよく成し得るものです。

第3に、現在における「裁判のIT化」の到達点を、共通の理解としてまとめておくことの重要性です。それぞれが異なった理解をしていると、共通言語がない為、議論が深まらず、改革の方向性は迷走してしまいます。

本書は、主に弁護士を念頭に書かれていますが、勿論それにとどまらず、本人サポートの担い手とされている司法書士など隣接士業の方々、企業などの法務に携わっている実務担当者、そして裁判手続を主宰する裁判官の皆様にも、是非一読して戴くことを期待して、本書を推薦致します。

2021年（令和3年）3月

前日本弁護士連合会会長

菊地　裕太郎

発刊にあたって

2020年2月から一部の裁判所において「ウェブ会議等を活用した争点整理」の運用が開始されていたところ、折しも新型コロナウイルス（COVID-19）の対応策としての期待も高まりその運用は注目されていました。

しかしながら、実務家にとっては必ずしも現場運用がどのようになるのか明らかではなく、手探りを繰り返しながら経験者を探し当てて確認したり裁判所に確認したりしており、戸惑う実務家も少なくなかったと思われます。裁判手続のIT化はまだ緒についたばかりで、「争点整理」はIT化のごく一部でしかなく、今後は①主張・証拠や手数料の提出のほかに、②裁判期日のオンライン調整等の案件管理や③Web会議の導入や口頭弁論期日の見直し等法廷のあり方に関するものも検討していかなければなりません。

その水先案内人となるべく本書は編まれました。いち早く取り組んで丁寧な解説をしている点に特徴があり充実した内容になっています。編集者、執筆者はいずれも法友会の気鋭の会員です。文字どおり手弁当で調査、編集、執筆にと短期間の間に献身的に取り組んでくれました。法友会は東京弁護士会の一つの会派であり、1946年12月14日に創立され現在は約2800人の会員によって構成されています。法友会綱領の中には「新憲法の精神に則り、裁判の公正に協力し、あまねく基本的人権を擁護する。」と定めています。法友会は裁判手続のIT化が裁判の公正に資するものであるように不断の検討、検証を重ねて行く所存です。

民事訴訟において本人訴訟の比率も決して少なくはありません。裁判手続のIT化の波に不慣れだという理由で憲法32条等によって保障されている「裁判を受ける権利」が損なわれてはいけません。本書が実務家のための最新の水先案内にとどまらず、全ての市民が「裁判を受ける権利」を保障されるために用いられるならば望外の喜びです。

本書を作成するにあたって、迅速な出版のために多大なご尽力を戴きました出版社関係各位、またご協力いただいた編集者、執筆者とその努力を見守りながら必要なアドバイスを戴いた法友会会員各位に心から感謝申し上げます。

2021年（令和3年）3月

COVID-19による緊急事態宣言下で

2020年度（令和2年度）法友会

幹事長　松田　純一

はしがき

本書は、2020年度の法友会業務改革委員会において企画し、出版部会を設置して執筆者を募り、複数回の編集会議を経て、発刊されたものです。

裁判手続IT化の議論は、2017年6月に「未来投資戦略2017」の閣議決定がなされ、内閣官房の下に「裁判手続等のIT化検討会」が発足して議論が加速しました。その後、2018年7月に公益社団法人商事法務研究会内に設置された「民事裁判手続等IT化研究会」において論点が整理され、現在は、2020年6月から始まった法務省法制審議会民事訴訟法（IT化関係）部会において、民事訴訟法の改正に向けた議論が進んでいます。本書は、法務省が公開済みの、中間試案及びその補足説明の内容までを盛り込んでいます。

裁判所の実務においては、2020年2月から東京地裁を含む一部の裁判所において「ウェブ会議等を活用した争点整理」の運用が開始され、同年12月には全国の地裁本庁（50庁）で運用されており、今後は、2021年度中に地裁支部（203庁）でも順次運用が開始されます。2021年度中に民事訴訟規則を改正し、一部の裁判所において準備書面等の電子提出の運用開始を目指しています。

さらには、2022年中に民事訴訟法が改正され、早ければ2023年度に非対面での口頭弁論期日の運用が開始され、2025年度には当事者等によるオンライン申立て等の本格的な利用開始を目指しています。これから僅か4年間で、民事裁判が本格的にIT化されることが想定されているのです。また、今回の改正作業で議論の俎上に置かれながらも導入が見送られる制度についても、将来において導入される可能性は残されているでしょう。

本書は、民事訴訟の最大ユーザーである弁護士が、現在進行中の議論を整理し、運用が始まったばかりの「ウェブ会議等を活用した争点整理」を実際に体験し、それらを踏まえた上での、4年後に始まる本格的な民事裁判IT化に向けた提言集を含む解説書です。

法務省や最高裁判所における現在進行中の議論に本書が参考にされることを期待し、また法曹関係者のみならず、多くの皆さまにとって民事裁判IT化の現状と近未来の民事訴訟を理解していただく一助になれば幸いです。

2021年（令和3年）3月

2020年度（令和2年度）法友会
業務改革委員長　浜本　匠

凡　例

1　法令名略語

本文中の法令名は基本的に正式名称で記したが、本文（　）内の法令名は次に掲げる略語を用いた。

民訴法	民事訴訟法
民訴規	民事訴訟規則
費用法	民事訴訟費用等に関する法律
電子署名法	電子署名及び認証業務に関する法律
民執法	民事執行法
民保法	民事保全法

2　法制審議会、その他関係する研究会等の略語

法制審部会	法制審議会民事訴訟法（IT化関係）部会
法制審第○回会議部会資料○	法制審議会民事訴訟法（IT化関係）部会第○回会議部会資料○
中間試案	「民事訴訟法（IT化関係）等の改正に関する中間試案」（令和3年2月19日、法制審議会民事訴訟法（IT化関係）部会）
補足説明	「民事訴訟法（IT化関係）等の改正に関する中間試案の補足説明」（令和3年2月、法務省民事局参事官室）
IT化検討会	裁判手続等のIT化検討会（日本経済再生本部）
検討会報告書	「裁判手続等のIT化に向けた取りまとめ―「3つのe」の実現に向けて―」（平成30年3月30日裁判手続等のIT化検討会）

IT化研究会	民事裁判手続等IT化研究会（公益社団法人商事法務研究会）
研究会報告書	「民事裁判手続等IT化研究会報告書―民事裁判手続のIT化の実現に向けて―」（令和元年12月、公益社団法人商事法務研究会）
主要先進国IT化調査報告書	「主要先進国における民事裁判手続等のIT化に関する調査研究業務報告書」（令和3年3月、公益社団法人商事法務研究会）
倒産手続IT化研究会	倒産手続のIT化研究会（事業再生研究機構）
倒産手続研究会報告書	「倒産手続のIT化に向けた中間取りまとめ」(2019年9月1日)
法務研究財団PT	公益財団法人日弁連法務研究財団 民事判決のオープンデータ化検討プロジェクトチーム（PT）
日弁連意見書	日本弁護士連合会「民事裁判手続等IT化研究会報告書―民事裁判手続のIT化の実現に向けて―」に対する意見書（2020年6月18日）

3　裁判例

裁判例を示す場合、「判決」→「判」、「決定」→「決」と略した。また、裁判所の表示・判例の出典については、次のア、イに掲げる略語を用いた。

ア　裁判所名略語

大　審	大審院
最（最大）	最高裁判所（最高裁判所大法廷）
○○高	○○高等裁判所
○○地	○○地方裁判所

イ　判例集出典略語

民　集	大審院民事判例集／最高裁判所民事判例集
判　時	判例時報
判　タ	判例タイムズ
LEX/DB	LEX/DBインターネット（TKCローライブラリー）

本書掲載上の用語の定義

申立て等	申立てその他の申述（証拠となるべきものの写しの提出を含む。）
電子情報処理組織	裁判所の使用に係る電子計算機（入出力装置を含む。）と申立て等をする者の使用に係る電子計算機とを電気通信回線で接続した電子情報処理組織をいう。
電磁的記録	電子的方式、磁気的方式その他人の知覚によっては認識することができない方式で作られる記録であって、電子計算機による情報処理の用に供されるものをいう。
システム送達	電子情報処理組織を利用した送達方法
電子メール	特定の者に対し通信文その他の情報をその使用する電子計算機の映像面に表示されるようにすることにより伝達するための電気通信であって、最高裁判所規則で定める通信方式を用いるものをいう。
電気通信	有線、無線その他の電磁的方式により、符号、音又は影像を送り、伝え、又は受けることをいう。
電子メールアドレス	電子メールの利用者を識別するための文字、番号、記号その他の符号をいう。
通知アドレス	①電子メールアドレス、②①のほか、その受信をする者を特定して情報を伝達するために用いられる電気通信の利用者を識別するための文字、番号、記号その他の符号であって、最高裁判所規則で定めるもの
当事者等	当事者、法定代理人又は訴訟代理人
書面等	書面、書類、文書、謄本、抄本、正本、副本、複本その他文字、図形等人の知覚によって認識することができる情報が記載された紙その他の有体物をいう。
ウェブ会議等	インターネット接続環境下の任意の場所において、ウェブ会議用ソフトウェアを利用して、ビデオ通話を行う方法及び裁判所庁舎において、裁判所のテレビ会議システムを利用して、ビデオ通話を行う方法をいう。
和解の期日	和解を試みるための期日

目　次

第4章　弁論準備手続のIT化
（準備書面の提出、ウェブ会議）

第６章　判決・和解手続のIT化（判決の電子データによる作成・電子署名、判決のシステム送達、ウェブ会議による和解）

第1章

民事裁判手続の
IT化の概要

1 裁判手続のIT化の内容

Q1 民事訴訟のIT化では、裁判をどのようにすることを目指しているのですか。

ポイント

1 裁判手続のIT化では、民事訴訟手続等の裁判手続にインターネットなどの情報通信技術（Information Technology）を導入・活用することを目指しています。

2 具体的には、①e提出（e-Filing)、②e法廷（e-Court)、③e事件管理（e-Case Management）があります。

A 1 裁判手続のIT化の具体的内容

裁判手続のIT化とは、民事訴訟手続等の裁判手続をインターネットなどの情報通信技術を導入・活用して実施することであると理解されます。その具体的内容は、利用者のニーズと諸外国の先例に照らすと、①e提出（e-Filing)、②e法廷（e-Court)、③e事件管理（e-Case Management）の3つの要素からなると理解されます。裁判手続のIT化は国民の司法アクセス向上や裁判手続の迅速化・充実化、費用や労力の削減等を目的とします（本章**Q3**参照)。そのため、「利用者目線に立った上で、訴訟記録の全面的な電子化を前提とする『裁判手続等の全面IT化』を目指すべきである」（検討会報告書5頁）という基本的方向性が示されています。また、裁判手続のIT化の実現にあたっては、まずは民事訴訟一般を念頭に置いた骨太な検討と制度設計を行うことが相当とされています（検討会報告書6頁)。

(1) e提出（e-Filing)

e提出（e-Filing）とは、主張・証拠をオンライン提出すること、手数料の電子納付・電子決済、訴訟記録を電子記録に一本化することを主な内容とします。現在は、訴訟記録は紙媒体で裁判所に提出されていますが、これを24時間365日利用可能なオンライン提出に一本化することが望ましいとされています（検討会報告書8頁参照）。

⑵　e法廷（e-Court）

e法廷（e-Court）とは、ウェブ会議・テレビ会議の導入・拡大、口頭弁論期日（第1回期日等）の見直し、争点整理段階におけるITツールの活用を主な内容とします。これにより、当事者・訴訟代理人等は裁判所へ実際に行って期日に出廷するか、ウェブ会議・テレビ会議によるe法廷への出廷かを選択することができるようになります。

⑶　e事件管理（e-Case Management）

e事件管理（e-Case Management）とは、主張・証拠への随時オンラインアクセス、裁判期日をオンラインで調整、本人・訴訟代理人が期日の進捗・進行計画を確認することを主な内容とします。

裁判手続等のIT化の主な内容

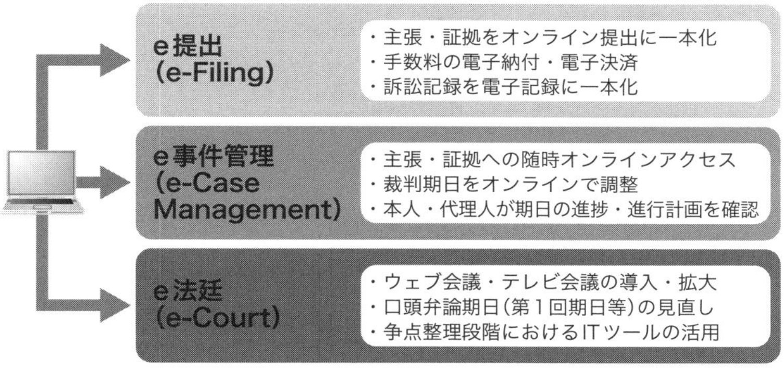

出典：検討会報告書18頁

2 裁判手続のIT化のメリット

裁判手続のIT化はフェーズ1、フェーズ2、フェーズ3と段階的に実現することが予定されています（**本章Q4**参照）。2020年2月から知的財産高等裁判所及び各高等裁判所所在地の地方裁判所本庁では、フェーズ1としてウェブ会議・テレビ会議を活用した争点整理手続の運用が開始され、同年12月には全国の地方裁判所本庁（50庁）において運用が開始されました。

e法廷の実現といわれると、裁判所への実際の出頭ができなくなるのではないかと理解されるかもしれません。

しかし、フェーズ1がe法廷の実施から始まったのは、現行法の下で法改正を要することなく、また、IT機器の整備といった比較的容易な環境整備によって実現可能であるためです。

また、我が国よりも早い時期に裁判手続のIT化を実現しているアメリカのニュージャージー州に関する2017年の調査によると、口頭弁論期日におけるビデオ会議システムの利用が可能である場合であっても、ほとんどの訴訟において、弁護士は実際に出頭して対面での議論審理をしているというのが現状のようです（周藤崇久「米国ニュージャージー州裁判所におけるE-Courtシステムの導入の経緯及びその実情について」判タ1457号39頁）。このような状況は、弁護士も裁判官も対面による議論と審理を重視しているからであると考えられます。

これらのことからすると、e法廷は、期日への出頭の有無を選択できる制度であると捉えることができ、実現されても裁判所への出頭ができなくなるものではありません。

他方、e提出は、裁判手続のIT化の重要な要素といえます。このことは、訴訟記録の提出を電子情報によるオンライン提出に極力移行して一本化していき、いずれかの段階では紙媒体を併存させないことを想定していることからもうかがえます（検討会報告書8頁）。

また、e提出がe事件管理に資するものであることからしてe事件管理も裁判手続のIT化の重要な要素であると考えられます。両者はいずれも訴訟記録が紙媒体であることに起因する費用、時間、労力の削減のメリットを有します（**本章Q3**参照）。

この点、2020年3月に行われたドイツにおける法律事務所、裁判所、連邦司法・消費者保護省等を対象とする調査では、訴訟記録の電子化の意義・利点と訴訟記録の電子化が裁判官や弁護士の職務の仕方を変えるかという質問に対し、訴訟記録の電子化によって記録の保存・管理が容易になり、裁判官も弁護士もともに時間や場所にとらわれることなく仕事ができる、同時に複数人が記録にアクセスできるためチームでの仕事ができるようになる、裁判官が記録を自宅に持ち帰っても、他の裁判官あるいは司法補助官も記録を見ることができるとの回答が得られています（主要先進国IT化調査報告書）。これらの変化は、迅速な訴訟手続の進行、訴訟期間の短縮につながるものです。

このように、e提出とe事件管理が裁判手続のIT化の重要な要素であることから、オンライン申立ての義務化の範囲は広くなると考えられます。なぜなら、電子情報による訴訟記録の提出が少ない場合には、e提出、e事件管理ができる訴訟の割合も減ることとなり、裁判手続のIT化の意義自体が減殺されてしまうからです。もちろん、オンライン申立ての義務化の範囲の拡大は、利用者が訴訟提起の機会を逸することとならないよう段階的な導入が求められています（**第2章Q1**参照）。

（藤原　奈美）

2　諸外国における裁判手続のIT化について

Q2　裁判手続のIT化は外国ではどのようになっているのでしょうか。

ポイント

諸外国では、裁判手続のIT化が大きく進行しています。「3つのe」（本章**Q1**）の実施状況やオンライン申立て義務の有無、本人訴訟サポート体制の内容は各国毎に様々ですが、いずれにせよ日本は裁判手続IT化の面において、大きく遅れを取っています。

A　1　はじめに

日本では、1996年に成立した現行民事訴訟法で、電話会議システムやテレビ会議システムといった通信技術を取り入れるなど、早期に民事裁判手続のIT化が開始されていました。もっとも、未だ訴えの提起や準備書面のオンライン提出等ができない状況にあり、IT化は停滞していました。他方で、諸外国では、裁判手続のIT化が拡大しています。以下では、その中でもすでに裁判手続のIT化が進行したアメリカ、シンガポール、韓国及びドイツの4か国について紹介します。

2　アメリカについて

(1)　裁判手続IT化の取組み

アメリカでは、1980年代から各倒産裁判所で事件一覧表を電子化し、PACER（Public Access to Court Electronic Records、連邦地方裁判所の裁判記録にアクセスができるシステム）が構築されました。更に、1990年代前半にe提出への取組みが開始されます。1996年からはCM/ECF（Case Management/Electronic Case Files system）の本格的な構築が開始されました。これは、連邦地方裁判所に対する事件の申立て及び書面の提供を電子的に行うシステムです。CM/ECFは、1997年後半に、ニューヨーク州東部地区地方裁判所及びミズーリ州西部地区地方裁判所にて試験的に導入が開始されました。その後、CM/ECFは2001年には倒産裁判所、2002年には地方裁判所、2004年には控訴裁判所で利用が開始され、加速度的に導入されていきました（杉本純子「シンガポール・アメリカにおける裁判手続等のIT化」11頁、IT化検討会第2回資料5（2017年12月1日））。これに対し、州裁判所では、州ごとにシステムも対象事件も異なり、すべての裁判手続においてIT化がなされているわけではありません。以下では、連邦裁判所とイリノイ州を一例として実施状況等を説明します。

⑵　「3つのe」の実施状況

e提出については、連邦裁判所では、上記CM/ECFが利用されています。各裁判所でトレーニングを受講すると、ログインアカウントが作成できるようになっています。なお、CM/ECFの利用は、2004年から弁護士に強制されています。イリノイ州においては、2018年4月から、本人訴訟を含めたすべての民事訴訟手続において、e提出が強制され、例外的に、コンピュータを使用できない人が、宣誓書を添付して、紙による訴訟手続をできるように措置がとられています（日本弁護士連合会「第21回弁護士業務改革シンポジウム」54頁、2019年9月7日）。

e事件管理については、連邦内や州裁判所毎に異なるものの、裁判官ごとのヒアリングスケジュールを公表し、PACERを利用した事件記録の管理が行われています。また、記録の提出忘れや追完について、メールでの連絡が可能となっています（杉本・前掲資料16頁）。

e法廷については、連邦裁判所では、期日ないしカンファレンスいずれも、ビデオ会議が可能となってはいますが、2020年3月時点ではその利用は多くないという報告があります（主要先進国IT化調査報告書39～40、45頁）。イリノイ州でも、ビデオ会議や、Skypeの利用等による会議が可能です（日本弁護士連合会・前掲資料59頁）。もっとも、シカゴ弁護士会によれば、意思疎通の面での有用性を考え、法廷への出頭が好まれているようです（日本弁護士連合会・前掲資料56頁）。

⑶　オンライン申立て義務化の範囲、本人訴訟サポート体制について

連邦裁判所では、2004年よりCM/ECFの利用が弁護士に強制されており、その意味でオンライン申立てが義務化されています。イリノイ州においては、2018年4月から、本人訴訟を含めた全ての民事訴訟手続においてオンライン申立てが義務化されました。

本人訴訟サポート体制としては、イリノイ州では、日本での法テラスに類似したイリノイリーガルエイドという組織や、弁護士会のプロボノ組織等民間団体が法的支援を行っています。もっとも、2019年3月に日弁連の調査グループとイリノイ州の本人訴訟団体との間で行われた意見交換会では、裁判所が紙媒体の訴訟記録を電子化するサービスを行っておらずサポートが十分でないこと、裁判所ではローライブラリによるサポートが受けられるが、実際に裁判所に行く必要があり、オンライン提出のメリットが活かされず、オンライン提出のメリットを活かすにはオンラインや電話でのサポートが望ましいとの意見がありました。また、e提出を強制するにあたって、ユーザーを交えてのテストを行うべきであったとの意見もありました（日本弁護士連合会・前掲資料55頁、59頁）。

3　シンガポールについて

⑴　裁判手続のIT化の取組み

アジアの中では、シンガポールが先進的です。1998年から、ペーパーレス化を図るため、EFS（Electronic Filing System）が導入・構築されました。このEFSにより、書面の準備、申立て、受領等すべてが電子化され、訴訟事件に関する情報を統合的に管理することができるようになりました。その後、2013年から、eLit（Electronic Litigation System）が構築され、現在も使用されています（杉本・前掲資料2～4頁）。

⑵　「3つのe」の実施状況

現在導入されているeLitは、裁判所と弁護士間でメールの連絡ができ、e提出及びe事件管理やビデオ会議等、「3つのe」の様々な機能を兼ね備えています（杉本・前掲資料4～7頁）。

具体的には、e提出の機能の流れとしては、個人又は法人で与えられたパスを利用してログインした上、申立て内容ごとにフォームに入力を行い、PDF化した添付書面をアップロードします。相手方代理人は、法律事務所一覧からプルダウンで選択することができます。申立て・手続費用は、申立代理人の登録された銀行口座から引き落としがされます。更に、事件ごとの手続費用が一覧で確認できます。

e事件管理の機能については、事件記録の一括管理及び共有、スケジュール管理、ヒアリング期日のオンライン申込み等が可能となっています。

e-Courtについては、法廷での自動録音や、テレビ会議システムを使用したヒアリングが可能となっています。加えて、モニター・スクリーン等が完備されたIT法廷が実現されており、開廷表も電子化されています。

⑶ オンライン申立て義務化及び本人訴訟サポート体制について

シンガポールでは、2000年3月から民事訴訟についてオンライン申立てが義務付けられています（日野修男「司法のIT化（電子裁判手続）について」4～5頁（知財管理2014年1月号〔知的財産協会発行〕)。

本人訴訟サポートの体制としては、Service Bureau（サービス事務局）の存在があります。本人訴訟で民事裁判を行う場合には、地方裁判所のサービス事務局に書面を持参すると、費用を負担して電子化してもらうことができますが、裁判所は弁護士の選任を推奨しているようです（杉本・前掲資料8頁）。

4 韓国について

⑴ 裁判手続のIT化の取組み

韓国では、裁判所が運営する電子訴訟システムを利用した電子訴訟が、2010年4月に特許訴訟で開始されたのち、翌年5月には対象範囲を民事へと拡大しました。その後、範囲が更に拡大され、2019年3月時点では刑事事件を除くすべての事件が電子訴訟に対応しています（日下部真治「韓国における裁判手続のIT化の現状について」16頁、NIBEN Frontier 2019年3月号)。

⑵ 「3つのe」の実施状況

e提出の状況としては、電子訴訟システムにユーザー登録をした当事者が同意をすると、訴訟書類の電子的提出が義務付けられます。具体的には、書面や証拠を裁判所サイトにアップロードし、送達は電子メールや電話番号へのテキストメッセージの送信により行われます（日下部・前掲16頁）。

e事件管理についても、e提出と同様に、電子訴訟システムにより実施されています。ポータルサイト形式で、提起した事件の一覧や、進行状況、送達文書など、自分が関連する事件の情報を確認することができ、訴訟記録をいつでも電子的に閲覧・ダウンロードすることができます（日下部・前掲17頁及び平岡敦「韓国における裁判手続等のIT化進展状況」4頁、6頁、IT化検討会第2回資料4（2017年12月1日））。

e法廷については、一部法廷において、PCが各当事者等の席上に置かれることで、電子訴訟システムを利用できる形態になっています。また、口頭弁論等については、2019年3月時点ではウェブ会議やテレビ会議による手続は実施されていませんでした（日下部・前掲17頁）。

⑶ オンライン申立て義務化の範囲、本人訴訟サポート体制について

韓国では、政府や地方自治体を除き、同意がない限りは電子訴訟を強制されない仕組みとなっており、オンライン申立ては義務化されていません。本人訴訟のサポートについては、法務士（日本で言う司法書士と言えるでしょう。）が担っています。

5 ドイツについて

⑴ ドイツでの裁判手続のIT化の取組み

ドイツは、EUの中では裁判手続のIT化への取組みが遅れていましたが、2001年6月に送達法改正法の制定を皮切りに、続々と民事訴訟法が改正されていきます（主要先進国IT化調査報告書74頁及び笠原毅彦「欧州における裁判のIT化」2～3頁、IT化検討会第2回資料6（2017年12月1日））。ドイツは、OECD加盟国の中では、日本に匹敵するIT化後進国でしたが、ここ数年で一気に制度改革が進んでいます。また、日本はドイツの民事訴訟

法にならい、民事訴訟法を制定、改正してきた歴史があるため、日本のIT化にあたり、ドイツのIT化は非常に参考になると思われます。2001年7月に制定された「私法の方式規定の現代法律行為取引への適合化法」は、書面を電子文書により提出することを可能にしました（ZPO130a条）。更に、2005年の「私法への電子情報形態の利用に関する法律」により、包括的な電子情報交換（e提出）等が可能になりました（ZPO298条a）。そして、2013年に制定された「裁判所との間の電子的やり取りの促進に関する法律」により、上記ZPO130a条1項が改正され、施行日となる2018年1月1日以降裁判所が電子文書の送受信を利用可能なものにしなければならないことが決定されました。加えて、同法によるZPO130d条新設により、2022年には弁護士、公官庁などの裁判所への申立て等の手続は、原則として、電気通信手段によってのみ認められるようになることが予定されています（笠原・前掲8頁及び福田剛久『民事訴訟のIT化』46頁（法曹会、2019年））。

⑵ 「3つのe」の実施状況

ドイツにおけるe提出には、適格電子署名やbeA（besondere elektoronische Anwaltspostfach）が使用されています。適格電子署名とは、電子署名法により定められた一定の安全性を有する電子署名です。また、beAとは、連邦弁護士会が運用する電子文書の送受信ネットワークにおいて、各弁護士に提供される専用のメールボックスです。

e事件管理については、複数の州で、電子記録の管理システムの共同開発が進行しています（主要先進国IT化調査報告書76頁）。

e法廷については、ビデオ会議による弁論が可能となっていますが、2020年3月時点ではほぼ活用されていないという報告があります（主要先進国IT化調査報告書107頁）。

⑶ オンライン申立て義務化の範囲、本人訴訟サポート体制について

本人訴訟のサポート体制の問題については、ドイツでは、地方裁判所以上では、弁護士代理強制原則が採用されているため問題は生じていないようです。

（黒須　祐希）

3　裁判手続のIT化によるメリット及び懸念点について

Q3　裁判手続のIT化のメリットはどのようなものですか。また、懸念点はないのでしょうか。

ポイント

民事裁判手続のIT化により、費用や時間、労力といったコストの大幅な削減等、生じるメリットは計り知れないものです。一方で、IT化された裁判手続に対し、容易にアクセスすることが困難な市民への権利保障はどうすべきか等、様々な懸念点も生じえます。

A　1　メリットについて

裁判手続のIT化が行われた場合、以下の4点が主要なメリットとして挙げられます。

(1)　紙媒体を持参又は郵送する費用、労力等の削減

現在の民事裁判では、審理のために紙媒体の書面と証拠を作成し、これを裁判所と相手方に持参、郵送、またはFAX送信しなければならず、多くの手間や費用がかかります。しかし、書面と証拠を電子化し、インターネットを介したやりとりを通じて審理が可能となれば、上記コストが削減され、民事司法の利便性が向上します。

たとえば、紙媒体での管理は、保管スペースを圧迫し、印刷費用も軽視できません。しかし、電子化を行い、保存期間を設定した上一定時間で自動消去できるようにすれば、効率的に書類を管理でき、コスト削減が期待できます。また、資料保管のための物理的なスペースを用意する必要が圧倒的に減少します（主要先進国IT化調査報告書81～83頁、87～88頁、92～93頁、96頁、100～102頁）。

更に、訴状の送達や、移送や上訴等により事件の係属裁判所が変更する

場合等、裁判記録の運搬に必要な時間・労力も大幅に短縮されるでしょう。

⑵ 社会全体のIT化への対応の必要性

また、我が国における2019年の個人のインターネット利用率は89.8%であり、1年前と比較して約10%も上昇しているなど、社会全体においてIT化が進行し、ペーパーレス化による業務効率化が進んでいます。近年、業務のテレワーク導入が推奨されていることも、IT化に拍車をかけていると考えられます。2020年6月19日に内閣府・法務省・経済産業省により公表された「押印に関するQ&A」内の電子署名や電子認証サービスを文書の成立の真正を証明する手段として活用することが考えられる旨の見解は、このような社会状況を踏まえて示されたものだと言えるでしょう。更に、昨今の新型コロナウイルス感染症への対策という観点からも、もはやIT化は避けられない流れにあります。

民事裁判において、書面、証拠を紙媒体で管理し続け、郵送、FAX等による情報交換での審理を行い続けることは、こうした時代の変化に対応するものではなく、むしろ時代に逆行する可能性があります。

たとえば、電子情報として管理されているものを、裁判のためわざわざ印刷して紙媒体にするといった不合理が生じ、民事司法が日本社会のみならず世界でも取り残される危険があります。

⑶ 市民の弁護士へのアクセスの改善

そして、日本における民事裁判では、一般的に代理人は裁判所に出頭することを原則としており、業務の効率化のために法律事務所が裁判所への交通アクセスが容易な地域に集中する傾向があります。この法律事務所の偏在が市民の弁護士へのアクセスの妨げになっていることは否定しがたい事実です。裁判手続のIT化によりe法廷が実現すれば、代理人が出頭するか否かを選択できるようになるため、法律事務所の偏在を解消でき、市民の弁護士へのアクセスの改善が期待できます。

⑷ 裁判記録の管理効率化

裁判記録を紙媒体で管理するより電子情報で管理するほうが、スペースを不要とし、効率的であることは先に述べたとおりです。更に、複数のハードディスクで電子情報をバックアップすれば、火事、自然災害などによる毀損のおそれも少なく、紙媒体よりも安全に記録を保管することが出来ます。

そして、一元的な管理が行われ、データベース化されることで、複数人が、場所や時間の制約なく裁判記録にアクセスし、閲覧やダウンロードをすることができます。検索機能を使用して、迅速かつ容易に目的の資料にたどり着くことも可能となります。システムの開発が進めば、電子化された争点整理案などを使用して、双方当事者が裁判所と議論をしながら即座に同案を修正するといった画期的な争点整理が想定でき、弁護士や裁判所の職務活動に大きな変化をもたらすでしょう。また、電子化された判決書を裁判所間でデータ連携することで、将来的には強制執行の申立ての際に要求されていた判決書の正本の添付を省略することができれば、強制執行手続の簡易化、迅速化も期待できます。

加えて、裁判記録へのアクセス権限を設定すれば、紙媒体で保存する場合より秘密性を保つことができるとも考えられます。

2　懸念点について

もっとも、裁判手続のIT化は、上記メリットばかりではなく、実現にあたって検討しなければならない課題があるのではないかと指摘されています。想定できる主要な懸念点としては、以下の3点が挙げられます。

(1)　国民の裁判を受ける権利が害されるおそれ

我が国においては、総務省「令和元年通信利用動向調査報告書（世帯編）」（22～23頁）によれば、高齢者のITの利用が低い傾向が認められます。

加えて、IT化に対応するためには、ITシステムを利用・活用できる環境が必要不可欠となるところ、パソコン等の機器購入や、恒常的なインターネット接続環境維持のための月々の通信費を支払うことが出来ない経済的困窮者の存在も無視できません。経済的困窮者のIT利用率が低いことも、上記の総務省の「令和元年通信利用動向調査報告書（世帯編）」のとおりです。

また、刑事施設被収容者については、インターネット環境から強制的に隔離されています（研究会報告書10頁）。

そして、令和元年度司法統計によれば、地方裁判所において、原告・被告の双方又は一方に代理人が選任されておらず、本人自らが訴訟遂行する事件の割合は約53％と高い割合となっています。

この状況を鑑みれば、民事裁判手続のIT化は、IT化へ対応が困難な国民、そして本人訴訟を行う者に不便を強いることになり、国民の裁判を受ける権利を害する危険性があります（仙台弁護士会「民事裁判手続のIT化に関する意見書」3～4頁及び札幌弁護士会「裁判手続等のIT化について、憲法の原則を踏まえ、社会的・経済的弱者や司法過疎地を切り捨てることなく、十分な検討を求める意見書」）。上記国民に対し、民事裁判へのアクセスをどう保証するのかという懸念も存在するところです。

(2) 裁判所支部・出張所等の機能縮小のおそれ

また、民事裁判がIT化され、訴訟当事者・代理人の出頭を要しない手続を大幅に拡充した場合、裁判所支部や支部管内の簡易裁判所・出張所等においては、裁判官の常駐や定期的な補填が不要となりかねず、将来的に裁判所機能が東京・大阪をはじめとする大規模庁に集約され、支部の統廃合に繋がりかねないことも懸念されています。更に、大規模庁に裁判所機能が集約されることで、地域に法律事務所を設ける意義が乏しくなり、弁護士の偏在が一層加速する恐れもあります。地域司法の衰退が加速し、司法過疎地域の地域住民の裁判を受ける権利にも影響を与えかねません（仙台弁護士会・前掲5頁及び札幌弁護士会・前掲）。

なお、これらの対応策については本章**Q6**で紹介します。

(3) 非弁護士の裁判手続への関与を容易にし、非弁活動が行われるおそれ

更に、IT化に伴い、ウェブ会議やウェブによる期日間の調整などが導入され、広くその利用が許されるとなると、裁判官や訴訟関係者は直接当該当事者と対面することがなくなることもあり、裁判所による当事者や訴訟関係者のチェックは限定的となるでしょう。結果として、裁判所や相手方当事者等のチェックが行われない状況で、訴訟手続支援を名目とした書面作成・提出代行、期日進行代行、尋問指導など、非弁護士による訴訟手続への関与が可能となりえます(仙台弁護士会・前掲6頁)。たとえば、ネットワーク上で期日等を開催することになれば、事前に当事者がIDを裁判所に届け出ることが想定されます。他方、裁判官が、数万人いる弁護士の顔を当然に認識し、声を記憶しているという状況は想定しづらく、訴状や答弁書に記載された弁護士がウェブ画面上に映った人間と同一であるとの確認は現状困難だと思われます。このような運用を前提とすると、期日上は形式的には当事者が顔を出すものの、顔を表示せずとも行えるネットワーク上の期日間の進行や争点整理のやりとり等については、非弁護士にそのIDを教えることで、なりすましが行われることも想定できます。更には、ウェブ画面から確認できない方法で非弁護士が弁護士を指示し、傀儡として利用するといった事態も懸念されるところです。

なお、こちらの対応策については、**第3章Q4**で紹介します。

(4) システム障害が生じたときの対応策の必要性

裁判手続等のIT化が実現されたときは、裁判所のシステム障害によって電子情報で書面、証拠が提出できなかったときの対応策が必要になります。これについては、システム障害の間に訴状が書面等によって提出されたときに一旦受付をするとする考え方を採り、書面等で提出された訴状についてインターネットを用いてする申立て等による補正がされたときは、書面等で提出された訴状の提出を基準として時効の完成猶予効を認めるものとする。さらに、前記の考え方を採ったうえで、期間の満了の時に当たり、裁判所のシステムの故障により裁判上の請求などの手続を行うことができないときは、その事由が消滅した時から1週間を経過するまでの間は、時効は、完成しない旨の規定を設けるとする対応策が提案されています(中間試案2頁)。

(黒須　祐希)

4 裁判手続のIT化の進行予定

Q4 最近になって我が国でも裁判のIT化が進み始めたのはなぜですか。

ポイント

1 世界銀行の2017年版Doing Businessの「裁判手続の自動化（IT化）」という項目において、我が国に対し厳しい評価がされたことが裁判手続等のIT化促進へのきっかけとなり、裁判の利便性を高め、日本の国際競争力を高めることにも資することから、IT化が始まりました。

2 裁判のIT化について《フェーズ1》から《フェーズ3》まで、3つのフェーズで段階的に進行していくことが予定されています。2020年12月には《フェーズ1》として、全ての地方裁判所本庁にて、ウェブ会議等のITツールによる運用が開始されています。その後、IT化のための民事訴訟法改正により《フェーズ2》の段階になり、専用の事件管理システムが導入されると《フェーズ3》になります。

A 1 裁判手続のIT化へのきっかけ

我が国の民事司法は、裁判手続のIT化に関して、国際的にみて大きく遅れた状態にありました。支払督促について、督促手続オンラインシステム（督オンシステム）として、2006年9月1日から、オンラインによる督促が全国展開していました。平成20年度司法統計によると2006年～2008年の支払督促の件数とこれに対するオンラインシステム利用率は2006年で44万0392件（25.2%）、2007年で36万4665件（32.0%）、2008年で38万8230件（38.9%）となっています。また、会計検査院の報告書によると2008年には46.7%がオンライン申立てとなっています（会計検査院「会計検査院法第30条の2の規定に基づく報告書」22頁表2参照）。しかし、それ以外の裁判手続のIT化は進んでいませんでした。

そのため、世界銀行の2017年版Doing Businessの「裁判手続の自動化（IT化）」についての我が国の評価は低く、これを考慮要素とする「契約の執行」には厳しい評価がなされています。

我が国の国際的競争力に関わるこの厳しい国際的評価を契機として、日本政府は「未来投資戦略2017」（平成29年6月9日閣議決定）において「迅速かつ効率的な裁判の実現を図るため、諸外国の状況も踏まえ、裁判における手続保障や情報セキュリティ面を含む総合的な観点から、関係機関等の協力を得て利用者目線で裁判に係る手続等のIT化を推進する方策について速やかに検討し、本年度中に結論を得る」（日本経済再生本部「未来投資戦略2017―Society 5.0の実現に向けた改革―」29頁）との方針を定めました。

2 裁判手続等IT化のプロセス

(1) 裁判手続等のIT化検討会で示されたプロセス

我が国の裁判手続等のIT化は、2018年3月30日にはIT化検討会から「裁判手続等のIT化に向けた取りまとめ―「3つのe」の実現に向けて―」が発表されています。

検討会報告書は、日本の裁判手続等のIT化について大きな方針となるもので、基本的にこの検討会報告書にて示されている、法改正を必要とすることなく、ITツールを利用することにより運用される《フェーズ1》、IT化のための民事訴訟法改正が実現した状況での《フェーズ2》、IT化のための民事訴訟法改正を前提とした専用の事件管理システムを利用する《フェーズ3》までの3つのフェーズによって段階的に日本の裁判のIT化を進めていくという指針が示されています。

3 《フェーズ2》民事訴訟法改正に向けたプロセス

(1) 《フェーズ2》の概要

《フェーズ2》では、関係法令の改正により、初めて実現可能になる裁判手続等のIT化のために所要の法整備を行って制度的実現を図っていきます。

⑵ 《フェーズ2》の歩み

2020年6月19日に設置された、法制審部会において、2022年中の民事訴訟法改正に向けて、制度の見直しに取り組んでいます。

この改正民事訴訟法が施行されると現行法ではできなかったIT化された裁判手続が法的に可能となります。

4 裁判手続等のIT化《フェーズ3》

そして、《フェーズ3》では、民事訴訟法の改正を前提にして、最高裁判所が新たに構築する事件管理のシステムの下で、オンライン申立てが実現されることになります。

つまりe提出とe事件管理が実施されるようになります。

（藤間　崇史）

5 本人訴訟サポートの必要性

Q5 裁判手続のIT化がITに不慣れな市民にとって裁判を受ける権利の行使の障害にならないように、どのような対策が必要とされますか。

ポイント

利用者の利便性に資する裁判手続のIT化が、IT機器を有していない者やITに習熟していない者の裁判を受ける権利を害しないために、本人訴訟のサポート体制の充実化が必須です。

A 1 我が国における本人訴訟の現状及びIT機器の普及状況

我が国では、弁護士強制主義をとっておらず、民事訴訟における本人訴訟の割合は、諸外国に比べ高いといわれています。令和元年度司法統計によれば、地方裁判所における本人訴訟（原告被告のいずれかあるいは原告被告双方に代理人が選任されていない事件）の割合は、約53%と過半数を占めます。特に「金銭を目的とする訴え」、「建物を目的とする訴え」、「土地を目的とする訴え」は、既済件数の増加に合わせて本人訴訟率が増加しています（菅原郁夫「戦後以降の本人訴訟当事者像変遷の素描」河野正憲先生古稀記念論文集『民事手続法の比較法的・歴史的研究会』（慈学出版社、2014年））。

また、総務省「令和2年度情報通信白書」によると、2019年における世帯のIT機器の保有状況は、モバイル端末全体の96.1%の内スマートフォンの保有率が83.4%と8割を超えたものの、パソコンについては69.1%にとどまっており、全ての世帯にIT機器が普及しているわけではありません。

2 本人訴訟サポートの重要性

このような状況において、裁判手続のIT化を実現しようとすると、IT

機器を保有しない、あるいはIT機器に不慣れな市民の裁判を受ける権利を害する危険があります。裁判を受ける権利は憲法上保障された権利です。また、そもそも裁判手続のIT化は司法アクセスの向上といった利用者に利便性をもたらすために推進されるべきものですから、その裁判手続のIT化が市民の司法アクセスを後退させるものであってはいけません。そのために、裁判手続のIT化には、本人訴訟サポート制度の充実化が欠かせないものとなります。

この本人訴訟サポートは、オンライン申立てが全面義務化された際には必須のものとなりますが、その場合に限るものではありません（オンライン申立ての義務化の範囲・導入方法については第2章参照）。オンライン申立てと紙媒体での申立てを選択制とする場合であっても、弁護士等による申立てに限ってオンライン申立てを義務化する場合であっても、本人訴訟サポートを充実させることは重要です。なぜなら、裁判手続のIT化による大きな利点は、訴訟記録の電子化にありますので（**本章Q1**参照）、訴訟記録の提出が紙媒体でなされると、裁判手続のIT化の意義が減殺されてしまうからです。

3　我が国の本人訴訟サポートの検討状況

検討会報告書において、「利用者目線に立った上で、訴訟記録の全面的な電子化を前提とする『裁判手続等の全面IT化』を目指すべきである。」との方向性とともに、その実現にあたっては、「適切な担い手による充実したIT面のサポート（ITリテラシー支援策）が必要であ」り、「その実施主体や内容等について、様々な方策やアプローチが考えられるところであり、今後、総合的な対策を、非弁活動の抑止等の観点にも留意しつつ、検討していく必要がある。」とされています。また、本人訴訟サポートの担い手として、「まずは、裁判上の代理人として関与する弁護士、司法書士等の法律専門士業者が、代理権等の範囲の中で、所属団体の対応枠組みを使うなどして、法的側面とともにIT面の支援をも行っていくことが考えられる。」として、弁護士、司法書士及びその各所属団体に期待を寄せています。

これを受けて、2019年9月12日、日弁連では、①裁判手続のIT化導入に向けて、本人訴訟でIT技術の利用が困難な当事者に対し、裁判を受ける権利を実質的に保障し、必要な法律サービスを提供するためにIT面についても必要なサポートを提供すること、②そのサポート内容は、他の機関との調整を図りつつ、IT化の実施時までに具体的に検討を進めること、③IT面のサポートを自ら提供するのみでなく、国に対して十全なサポート体制の構築、支援を求め、最高裁判所、法務省、法テラスなどの関係機関と緊密に連携協議していく、という民事裁判手続IT化における本人サポートに関する基本方針を示しました。

また、2019年9月17日、日本司法書士会連合会でも、本人訴訟のサポート体制の充実に司法書士が積極的に対応すべきと考えていること、司法書士会総合相談センターの窓口において、IT機器を設置して、本人訴訟の当事者にIT面のサービスの提供事業の開始や、司法書士事務所における司法書士によるIT面のサポートサービスの提供についても積極的に検討・対応したいと考えている旨の民事裁判手続のIT化における本人訴訟の支援に関する声明を出しています。

その後、研究会報告書においては、考えうるサポート内容として、「①裁判所による適切なウェブ上の利用システムの構築とその利用環境の整備、②適切な担い手による充実したサポート体制の構築」を挙げ、①については、簡易かつ分かりやすいシステムを構築すること、定型的な質問・疑問に対応するユーザーガイドの作成とそれ以外に対応する「人」によるサポートの具体的方策及び裁判所内におけるIT環境の整備等を検討する必要があること、②については、裁判所によるサポートは書類の電子化等の中立公平なものに限られ、その範囲を超えるサポートについては士業者団体等によるサポート体制が必要になるとの見解が示され、本人訴訟のサポート体制の在り方が模索されています。

4 フェーズ3に向けて

2019年3月に日弁連の調査グループとイリノイ州の本人訴訟団体との間で行われた意見交換会では、本人訴訟サポートについて示唆に富む意見が聴取されています（**本章Q2**参照）。我が国に先行して裁判手続のIT化を進めている諸外国の意見は、我が国におけるe提出の導入の参考になると思われます。

我が国においては、裁判手続のIT化がITに不慣れな市民の裁判を受ける権利を害さないようe提出の運用が始まるフェーズ3に向けて、使いやすい事件管理システムの構築とそれを前提とする本人訴訟サポートの構築が必須です。

（藤原　奈美）

6　裁判手続のIT化によって地域司法が受ける影響について

Q6　裁判手続のIT化によって地域司法の観点からどのような影響が懸念されているのでしょうか。

ポイント

1　弁護士会によっては、裁判手続のIT化によって、地方裁判所や本庁に裁判が集中して、支部や出張所の機能が縮小するのではないかという懸念が指摘されています。

2　裁判手続のIT化によっても民事訴訟法の管轄規定に改正の予定はなく、e法廷（本章**Q1**参照）が進むことで事件の迅速処理にも資する運用が可能になります。

3　弁護士にとっても、裁判所の物理的な所在地にこだわらずに事務所を開設でき、国民が弁護士にアクセスすることが容易化することが期待できます。

A　1　弁護士会から指摘されている懸念事項

民事裁判のIT化の進展に伴い、地方裁判所の本庁に裁判が集中されることになり、地方裁判所支部や支部管内の簡易裁判所・出張所の機能が縮小するのではないかという懸念が指摘されています。

(1)　弁護士会からの主張

弁護士会の中には、「民事裁判IT化により、訴訟当事者・代理人の出頭を要しない手続を大幅に拡充すれば、裁判所支部や支部管内の簡易裁判所・出張所等においては、裁判官の常駐ばかりか定期的な填補すらも不要となりかねず、将来的には、裁判所機能が、東京・大阪をはじめとする大規模庁に集約されることに繋がりかねない。そうなると、地域に法律事務所を設ける意義が乏しくなり、弁護士の偏在が一層加速するおそれがある。」（仙台弁護士会「民事裁判手続のIT化に関する意見書」）という指摘をする弁護士会もあります。

⑵ 各弁護士会が懸念する事項

このように弁護士会の中には、裁判手続のIT化が進むことによって、①裁判所の機能が都市部に集中することになり、②支部や出張所（併せて「支部等」といいます。）が形骸化するのではないかと指摘する弁護士会もあります。

2 土地管轄は変更されない方向で議論がされている

裁判手続等のIT化のための民事訴訟法改正がされても、民訴法4条以下に規定されている管轄に関する規定は変更されない方向で議論が進んでいます（中間試案24頁）。

したがって、現在の議論の方向性で、IT化のための民事訴訟法改正が実現すれば、従来どおり土地管轄での裁判所で審理されることになります。

また、裁判手続を実質的に見ても、土地管轄が変わらないのであれば、裁判所内部における事件の配点についても変更はないはずです。

なお、人証調べは法廷で行うのが原則であり、ウェブで行うのは例外的な場合に限られるというのが議論の方向性です（補足説明78頁）。そのため、審理の実質から考えても、仮に支部等の事件を都市部に集中させると、支部管轄内に住み暮らす当事者や証人が長距離の移動をして出頭しなければならないことになってしまいます。したがって、証人尋問手続を行う際のことを想定すると、支部等の周囲の事件については少なからず、支部等において審理されることになるはずです。

そのため、裁判のIT化の影響で事件が都市部に集中して、支部等が形骸化するなどという事態は想定しにくいと考えられます。

3 IT化により裁判官非常駐支部において審理が充実することが期待できる

裁判官の非常駐支部（特に離島）においては、裁判官がe法廷で期日に参加することで、審理が通常の裁判所と同程度開廷できることが期待できます。

裁判官が常駐していない離島などの支部で生じた民事紛争の場合、開廷日のみ裁判官が来るため、交通事情等から開廷日の間隔が長かったり、開廷予定の期日であっても天候等で中止になったりするという事情があります。たとえば、東京の離島に位置する新島簡易裁判所においては、2020年11月の時点では、仮に提訴した場合、裁判官と調整した上で期日を入れるものの、冬場は波が高く高速船が無いため通常のフェリーなどで片道10時間をかけて新島に赴く必要がある上、台風などの天候によって、船が欠航になってしまった場合、さらに1回分の期日が延期になってしまいます。

それが、e法廷によって裁判官が期日に参加することが可能になれば、審理の迅速化が図られ、利用者にとっても、民事訴訟の利便性が高まり、国民の裁判を受ける権利にも資することとなるのです。

4 代理人出頭の自由に変更はない

裁判手続のIT化が進んでも、当事者、訴訟代理人は自由に出頭できる予定です。

「裁判所は、相当と認めるときは、当事者の意見を聴いて、最高裁規則で定めるところにより、裁判所及び当事者双方が映像と音声の送受信により相互に認識しながら通話をすることができる方法によって、口頭弁論の期日における手続を行うことができるものとする。」（中間試案7頁）というのが議論の方向性として示されており、IT化によって、本人や代理人の出頭を制限することは予定されていません。

このように、出頭の有無は、当事者及び訴訟代理人に選択権があり、裁判期日に出頭するか否かは代理人の自由に任されています。

5　弁護士の活動範囲の拡大

弁護士にとっても裁判所の物理的所在に関係なく開業し易くなることで、司法の届く範囲は広がりを見せると考えられます。

現在、裁判所の周囲に法律事務所が多く存在していますが、これは、代理人が裁判所に出頭する際の便宜のためです。

今後、e法廷が進むことで、このような裁判所の周囲ではない場所に開業をしても、訴訟活動の利便性が低下しないため、自由な場所で開業することができます。

このように弁護士が開業場所を裁判所の物理的な所在地に縛られずに選択できることとなり、国民の弁護士へのアクセスも容易化することが期待できます。

我が国は、人口が減少していますが、裁判のIT化、特にe法廷によって、過疎地であっても国民が弁護士・裁判所にアクセスしやすくなることが期待できます。

（藤間　崇史）

7 裁判手続のIT化はどのような理念で進められるべきか

Q7 裁判手続のIT化はどのような理念で進められるべきなのでしょうか。

ポイント

新受件数の経年的な低下、国民による民事訴訟離れという傾向がみられており、裁判手続のIT化は、単に民事訴訟の手段を紙とFAX送信、郵送から電子情報、インターネットに置き換えればよいというものではなく、国民の裁判を受ける権利を充実させるという観点から考えていくべきです。

A 1 裁判手続のIT化を進めるにあたって求められる理念「攻めのIT化」

「攻めのIT化」という考え方は、法制審議会民事訴訟法（IT化関係）部会部会長の山本和彦教授（一橋大学法科大学院）の提唱している考え方で、裁判手続のIT化は、単に民事訴訟の手段を紙とFAX送信、郵送から電子情報、インターネットに置き換えればよいというものではなく、国民の裁判を受ける権利を充実させるという観点から考えていくべきであるというものです。

山本和彦教授は、「民事裁判のIT化」（ジュリスト1543号62頁）において次のように述べられています。「民事訴訟改革は、平成前半の『改革の時代』から平成後半の『停滞の時代』に移行したが、IT化を1つの契機として令和の時代に再び改革の時代へと移りつつある。言うまでもなく、IT化は目的ではなく、利用しやすい民事司法を実現する手段にすぎない。そのような観点から、既存の民事訴訟にIT化を単に組み込む（『守りのIT化』）のではなく、IT化を契機として利用しやすい民事裁判を積極的に実現する『攻めのIT化』の発想が不可欠であり、そのような観点から

今後の議論が進められることを期待したい。」(同書68頁)

2 なぜ、「攻めのIT化」が必要なのか・国民による民事訴訟離れがみられること

それでは、なぜ、「攻めのIT化」という考え方が必要とされるのでしょうか。それは、国民の民事訴訟離れという傾向がみられているからです。

地方裁判所の民事、行政事件の新受件数は、2010年では81万7065件でしたが、経年的な減少傾向がみられ、2019年には、59万6374件になっています。

新受事件が経年的な減少傾向にある原因や背景について、紛争解決のニーズ自体は大きいが、国民の民事訴訟離れという傾向が原因の一つになっている可能性は、高いものと考えられます。

このことは、司法制度改革審議会によって2000年に実施され、その後、民事訴訟制度研究会がこれを継続するかたちで2006年、2011年、2016年に実施してきた「民事訴訟利用者調査」の結果から推認されます。

「民事訴訟利用者調査」の結果について、民事訴訟制度研究会の代表である菅原郁夫教授（早稲田大学）による「民事司法改革シンポジウム　民事司法改革の新たな潮流」（主催　日弁連、共催　東京三会、関弁連、民事司法を利用しやすくする懇談会・2019年3月23日開催）における基調報告「我が国の民事司法の実状」では、以下のことが指摘されています。

2006年、2011年、2016年の調査結果を比較して状況の改善点として「訴訟代理率の増加」「低収入世帯・自然人被告の当事者代理率の底上げ」「法テラス利用割合の高まり」「インターネットによる情報の取得割合の高まり」「弁護士への相談時期の早期化傾向」「裁判利用の早期化傾向」が挙げられます。

しかし、他方において「日本の民事裁判制度は、紛争解決の役目を十分に果たしている」「日本の民事裁判制度は、国民にとって利用しやすい制度だ」「日本の民事裁判制度は、国民にとって満足のいくものだ」という制度評価に関する設問に対する5段階評価の回答については、平均値で全

体としてみれば、2006年、2011年、2016年で大きな変化はありません。

また、民事訴訟利用者の再利用意思についての設問である「将来、同じような問題状況にいたった場合、再び裁判で問題を解決しようと思う」、民事訴訟利用者の推奨意思についての設問である「法律問題で困っている知人がいたら、裁判で問題を解決するように勧めると思う」については、2006年、2011年、2016年で経時的に有意な低下が認められています。

「訴訟代理率の増加」「低収入世帯・自然人被告の当事者代理率の底上げ」「法テラス利用割合の高まり」などの改善点から、さまざまな司法制度改革の結果、民事訴訟を行う環境は以前よりも整備されつつあるとみられます。

しかし、利用者の民事裁判制度に対する評価は停滞しており、さらに利用者の再利用意思、推奨意思は有意に低下しています。これらのことが国民による民事訴訟離れという傾向を招き、新受事件が経年的な低下傾向にある原因の一つになっている可能性が高いと考えられるのです。

菅原郁夫教授は、この基調報告「我が国の民事司法の実状」のまとめとして司法制度改革審議会の報告書の「何より重要なことは、司法制度の利用者の意見・意識を十分汲み取り、それを制度の改革・改善に適切に反映させていくことであり、利用者の意見を実証的に検討していくために必要な調査等を定期的・継続的に実施し、国民の期待に応える制度等の改革・改善を行っていくべきである。」という言葉を引用して、市民にとっての利便性とは何かといった視点からの新たな改革の必要性を提言しています。

3 「攻めのIT化」で、国民の民事訴訟離れをくい止める必要がある

このように国民の民事訴訟離れ、これによる新受件数の傾向がみられることから、裁判手続のIT化の制度設計、運用は、IT化による省力化、迅速化によって裁判手続の利便性を高めて国民の裁判を受ける権利の充実を図るという観点からなされるべきであって、そのことによって、国民の民事訴訟離れをくい止める必要があります。

（髙梨　滋雄）

第2章

申立て・送達手続のIT化
（オンライン申立て、濫用的な訴え防止策、システム送達）

1 オンライン申立ての導入と義務化の是非

Q1 裁判手続のIT化により、訴え提起などの申立てはオンライン化されることが予定されています。オンライン申立てを義務とすることについて、どのような課題が指摘されているでしょうか。

ポイント

1 裁判手続のIT化により、訴え提起などの申立てについても、電子情報処理組織を用いた方法（以下「オンライン申立て」といいます。）が導入されることが目標とされています。

2 オンライン申立ての義務化については、オンライン申立てを原則義務化するという考え方（甲案）、弁護士などの士業者に限り義務化するという考え方（乙案）、オンライン申立てを任意とするという考え方（丙案）があります。

A 1 オンライン申立ての導入とその利点

電子情報処理組織を用いた申立て（以下「オンライン申立て」といいます。）は、「3つのe」のうち、「e提出」（主張証拠のデータによるオンライン提出等）の一環として、導入が検討されているものです。すなわち、訴えの提起、答弁書、上訴の提起、支払督促申立て（一部オンライン化済み）などについて、従前の書面による方法に代えて、オンラインによる方法の導入が検討されています。具体的な方法としては、訴状、申立書等のデータを事件管理システム（**本章Q3参照**）にアップロードする方法が想定されています。

このオンライン申立ては、電子情報処理組織による申立て等に関する現行の民訴法132条の10（平成16年改正により追加）の定める最高裁判所規則の制定により、法改正を要することなく導入が可能ですが、電子データ化された訴状等の提出・管理や手数料等の電子納付等を可能とするシステムの導入も検討されているため、フェーズ3の完全実施時に併せて実現することが予定されています。

「紙媒体の裁判書類を裁判所に持参・郵送等する現行の取扱いに代えて、24時間365日利用可能な、電子情報によるオンライン提出」（検討会報告書7～8頁）が可能になれば、申立ての場所や時間の制約が低減し、書面の印刷・提出・保管等のコストが削減でき、当事者にとっても裁判所にとっても、事務的負担や管理コストの低減など、申立ての迅速・効率化を図ることができます。

2　法制審部会における義務化に関する議論

このオンライン申立てについては、原則として義務化し、書面による申立てを排してオンライン申立てに一本化すべきかどうかという議論がなされています。

中間試案では、オンライン申立ての義務化について、オンライン申立てを原則として義務化するが、委任を受けた訴訟代理人以外の者による申立て（本人訴訟など）の場合は電子情報処理組織を使用できないやむを得ない事情があれば例外を認めるとする考え方（甲案）、訴訟代理人である弁護士や司法書士がいるときはオンライン申立てを義務化するという考え方（乙案）、士業者を含めてオンライン申立てを義務化せず、オンライン申立てと書面による申立てを任意に選択できるという考え方（丙案）を提示しています。ただし、乙案、丙案のいずれにおいても、一旦オンライン申立てを行った場合は、書面による申立てとオンライン申立てが同一事件の中で混在することは望ましくないため、当該事件が完結するまでは原則としてオンラインによらなければならない、とされています（中間試案1頁）。

また、甲案から丙案のいずれかの案によるとの考え方に加えて、国民におけるITの浸透度、本人サポートの充実度、裁判所のシステムの利用環境等の事情を考慮して、国民の司法アクセスが後退しないことを条件として甲案を実現することを目指しつつ、まずは、丙案の内容を実質的に実現して、その後段階的に（乙案を経て）甲案を実現するという考え方も示されています（中間試案1頁）。

3 義務化のメリット及び必要性

どの案を採用すべきかを検討する上で欠かせないのが、今後、訴訟記録をどの媒体で管理していくべきか、という視点です。現在は事件記録は書面で管理されていますが、オンライン申立てやその他のe提出が導入された場合、電磁的記録で提出されるものも出てきます。書面と電磁的記録を渾然一体として事件記録として管理するというのはあまりに非効率ですから、書面又は電磁的記録のいずれかに一本化させる必要があります。

この点、検討会報告書では、前述のように、事件記録の全面電子化を一つの目標としています（「3つのe」のうちの「e事件管理」）。すなわち、電磁的記録媒体で一本化させ、紙媒体を併存させない、ということです。

IT化は、紙媒体での管理を電子的方法による管理で代替することによって、迅速かつ効率的な争点整理への貢献、参照・検索・再利用・交換等の容易さによる利用者及び裁判所内部における業務効率化、障害者の訴訟記録利用の容易化、運搬・管理コストの低減を目指すものです。これに対して、書面による管理を併存させると、一括検索などのIT化のメリットを十分に享受できないこととなります。また、書面による申立て・提出を併存させつつe事件管理を実現する場合、書面で提出されたものを裁判所側において電子化しなければならない、という負担・非効率が生じます。

以上に鑑みれば、オンライン申立てを義務として、書面による申立てをできるだけ制限し、裁判所が申立てにかかる書面を電子化しなければならないという手間を排するのが効率化に適しているといえます。

上記の甲案及び乙案では、甲案の例外にあたる場合や乙案における本人訴訟の場合を除き、書面による申立ての方法をとらない、ということになります。これに対し、丙案においては、現行の書面による申立ての方法と新たなオンライン申立てによる方法を併存させる、ということになり、

IT化による効率化の恩恵はやや限定的となります。

4 義務化の例外

オンライン申立てを義務化するとしても、物理的・能力的にオンライン申立てが不可能である場合が存在するので、例外の検討も必要です。

上記の甲案では、本人訴訟等の場合に「電子情報処理組織を用いてすることができないやむを得ない事情」があるときに、例外的に書面による申立てを認めます。この例外には、パソコンやインターネットを利用していない者（経済的理由に基づく場合に限らず、刑事施設被収容者も含みます。）、ITに習熟していない者（高齢者や障害者など）などオンライン申立てに対応することが困難な場合が含まれます。

これに対し、甲案及び乙案では、訴訟代理人である士業者がオンライン申立てへの対応が困難であることを理由とした例外の場面は認めていません。士業者は、日常的に民事訴訟手続を利用し、書面を電子的に作成しており、一定の習熟期間は必要だとしてもオンライン申立てへの対応が困難とは想定し難いからです。

また、オンライン申立て義務化の例外に関連して、消滅時効に関し、時効期間の満了にあたり、システム障害等により事件管理システムが使用できない場合に、時効完成猶予効を認めるという特別の規定の創設も検討されています（**本章Q3**参照）。なお、災害等によって事件管理システムが使えない場合には、民法161条の時効完成猶予効により、障害が消滅した時から3か月内にオンライン申立てをすればよいとされています。

5 義務化に対する反対意見

オンライン申立てを義務化するということは、従来の書面による申立てを原則として否定する、ということになります。特段の支援策を講じることなく甲案の「やむを得ない事情」による例外を狭く解釈しすぎると、ITを利用しない者や習熟していない者にとって、民事裁判を利用する機会を奪われ司法へのアクセスを制限される、ひいては憲法上保障される裁判を受ける権利（憲法32条）を侵害される、ということにつながりかねません。

このような懸念を踏まえ、一部の弁護士会や団体等は、オンライン申立ての意義を超えて義務化の意義を認めることに懐疑的な意見を表明し、書面での提出を許さないというのは制約として過度である、などと指摘しています。

したがって、仮に義務化を進めていく場合は、これらの点に配慮した対策を十分にとった上で実現を目指す必要があります（この対策については**本章Q2**参照）。

とりわけ、日本においては、2019年において双方本人訴訟の割合が全体の8.5%、一方本人訴訟の割合は44.5%であるなど（令和元年度司法統計第23表参照）、本人訴訟の割合が諸外国よりも高くなっていることから、本人訴訟における技術サポートが不可欠と言えます。

この点、中間試案では、オンライン申立てが義務化されている場合において、訴状や答弁書が書面によって提出された場合、一旦受付をした上で、書面で申立てができる場合（オンライン申立て義務化の例外）にあたるかを訴状審査権に類する審査権に基づき裁判所が判断し、あたらない場合には補正の機会を与えるとの考え方が示されていますが（中間試案2頁、補足説明11頁）、これによれば、その際に裁判所が裁判所にあるパソコン等で申立てのサポートを行うことも期待されます。こうしたサポートや**本章Q2**で述べる対策が講じられる限り、オンライン申立てを行う際のハードルが決して高いとはいえません。

6　日弁連による意見

日弁連は、訴訟記録の電子化（e事件管理）の意義は大きいとし、それに資するオンライン申立てについても利用者に大きなメリットがあるとして、士業者について義務化することを支持するも、士業者にもITに習熟しない者や障害者がいることから、一定の期間をおいて、システムの使いやすさ・安定性・信頼性が確保されてから義務化すべきである、と提言しています（日弁連意見書3～6頁）。

7 まとめ

前述及び本章**Q2**で述べるように、国民全般にオンライン申立てを義務付けることには種々の課題があり、その対策を盛り込んだ制度づくりには今後十分な議論を尽くす必要があります。とはいえ、訴訟記録の電子化やオンライン申立てによる効率化はその便益に鑑み早急に実現していくべきですから、まずは士業者から義務化を進めていくべきと考えます。士業者は技術の専門家ではないとして乙案に反対する意見もありますが、オンライン申立てのシステムは誰でも使いやすいように構築されることが想定されており、裁判所及び弁護士会による士業者及び事務職員に対する研修が行われることを前提とすれば、国民の迅速かつ効率的な裁判の実現に資するために、司法の一角を担う専門家が、裁判所のシステムを使いこなす程度のIT技術を身につけるための努力を怠るべきではないでしょう。

それでも、IT技術がない、IT設備がない、又は障害があるなどの理由でオンライン申立てが困難な士業者については、一定の例外を認めることも考えられます。その場合、米国ニューヨーク州の例に倣い、たとえば、①事務所に必要なコンピュータハードウェアがないこと、②事務所にインターネット接続環境がないこと、③事務所に書面を電子化するスキャナー等の装置がないこと、④事務員も含めてオンライン申立てを行う技術を有しないこと、のいずれかの事情がある場合には、上申書を提出することによって、書面による申立てができる、とする方法がありえます（義務化の例外の緩和）。もちろん、この案については、緩和要件が広すぎて義務化の趣旨が骨抜きになるという懸念もありますので、要件・効果についてさらなる検討の余地があります。

また、義務化という方法に加えて、提訴に必要な郵券や印紙などの訴訟費用を書面による申立ての場合よりも安価にすることによって、オンライン申立ての利用を促進する、という方法を組み合わせることによって、依頼者の利益のためにオンライン申立てを行うインセンティブを付与するという方法も検討されるべきでしょう。

士業者に対して義務化の猶予期間を設けるべきかという問題は、上述のように比較的緩和された要件のもと上申書を提出することによって書面による申立てもできるものとすれば、あえて猶予期間を設ける必要はないと考えられます。IT化プロセスの「フェーズ3」において士業者に対してオンライン申立ての試験期間が設けられることも考慮すべきでしょう。「3　義務化のメリット及び必要性」において述べたように、オンライン申立てを義務化する意義は、できるだけ多くの事件につき、事件記録の電子化を容易にすることによって、国民の利便性、裁判所や司法関係者の業務効率などを図る点にあります。システムの使いやすさや浸透度を見て義務化の時期を決定するということになると、義務化が先延ばしされてこうした利点が阻害されるリスクがあります。仮に、試験期間の他に、義務化の猶予期間を設けるのであれば、IT化プロセスのフェーズ設定のように施行時期の見通しを予め決めておくべきと思われます。

（有本　真由）

2 オンライン申立ての義務化を実現するための対策

Q2 オンライン申立ての義務化を実現するために、どのような対策がなされるべきでしょうか 。

ポイント

1 オンライン申立ての義務化については、ITに習熟していない人々の司法アクセスを後退させる、ひいては憲法上保障される裁判を受ける権利（憲法32条）を侵害しうる、という問題があります（デジタルデバイドの問題）。また、申立代行業者による非弁行為が横行するおそれもあります。

2 デジタルデバイドの課題については、使いやすいシステムの構築、裁判所・日本司法支援センター（以下「法テラス」といいます。）・各弁護士会・各種法律相談センターにおけるオンライン申立ての支援及び機器（パソコン、スキャナー、インターネット接続）の設置、裁判所・弁護士会等による研修といった対策が考えられます。非弁行為については弁護士会による積極的な監視が期待されます。

A 1 オンライン申立ての義務化にあたっての課題

オンライン申立てが義務化された場合（**本章Q1**参照）、申立ての効率化が図られる一方で、経済的理由等によりIT機器やサービスの利用環境を有しない者やITに習熟していない者（高齢者や障害者など）（以下あわせて、「ITアクセス困難者」といいます。）にとっては、訴訟手続の利便性が低下し、事実上司法へのアクセスが否定され、ひいては裁判を受ける権利（憲法32条）が侵害されるのではないかとの懸念もあります。

具体的には、オンライン申立てのシステムを活用できる人と活用できない人との間で不均衡が生じないか、というデジタルデバイドの問題が挙げられます。特に、日本では訴訟において弁護士強制を採っておらず本人訴訟（当事者の一方が代理人をつけずに自ら訴訟を遂行する訴訟）の割合が諸外国に比べて高くなっていることに照らすと（**本章Q1**参照）、仮に甲案を採用するのであれば、本人へのITサポートが必要不可欠となります。

また、事件管理システムに障害が生じ、オンライン申立てが事実上できない、といったことも考えられます。その際、仮に時効の完成が迫った請求権が関わっている場合、代替手段その他の方策がないと時効が完成してしまい、申立人の権利を侵害するおそれもあります。

さらに、特にITアクセス困難者を対象に、オンライン手続を代行すると称して法的助言も行う非弁行為者が現れ、その不適切な助言等によって一般市民が害を被るといったことも予想されます。

2 オンライン申立ての義務化の課題に対する具体的対策

(1) 使いやすいオンライン申立システムの構築

司法アクセスの後退を防ぐには、ITに習熟していない者であっても、詳細なマニュアルを読まずに容易に操作することのできるシステムの構築が必須です。すなわち、事件管理システムの画面上の指示に従えばオンライン提訴を行えるようなユーザーインターフェースを備えた、ユーザビリティ（使いやすさ）が高く、かつ、動作の軽いものが望ましいと言えます。

また、利用者及び裁判所の事務負担を減らすために、システムにおいて必要書類の具備、必要事項の記載があるかのチェックができるようにすべきです。

米国ニューヨーク州裁判所のオンライン申立てシステムにあるように、マイナンバー等の不必要な個人情報が含まれることのないようにするためのアラート機能もあるとよいでしょう。

(2) サポート体制

ア 裁判所等における機器の設置

使いやすいシステムの構築はオンライン申立てを義務化するための前提ですが、それだけでは、IT環境がない者、ITを利用できない者へのサポートにはなりません。

そこで、ITアクセス困難者（士業者も含まれます。）については、裁判所や法テラス、弁護士会、法律相談センターに事件管理システムを搭載したパソコンやスキャナー等オンライン申立てを可能にする機器を設置してそれを利用してもらう、ということが考えられます。

この点、本人訴訟の場合には裁判所等から遠方に居住しているため裁判所等へのアクセス自体が困難という場合もありえます。その場合のために、各地の郵便局にオンライン申立てのアクセスポイントを設けるということも考えられます。

これらの場合、いずれも開庁時間・営業時間との関係で、オンライン申立ての利点の一つである365日24時間のアクセスを享受することはできません。その点に関し、いつでもアクセス可能なポイントを設けるようにするのか（コンビニエンスストアなど）、ITアクセス困難者については義務化の例外が設けられているため多少時間的制限が加わることは致し方ないと考えるかについては議論の余地があると思われます。

イ　裁判所等におけるIT機器の利用支援

加えて、ITアクセス困難者に対しては、上記の裁判所等における機器の設置だけでなく、裁判所等の職員がその利用の支援を行う、ということも考えられます。

こうした本人サポートには、「①IT機器の提供や利用方法の教示などの純粋な電子化支援サービス（ITリテラシー支援策）である形式サポートと、②①に加え法的助言などを伴う法律サービスとセットとなったサポート業務（実質サポート）」（日本弁護士連合会「民事裁判手続のIT化における本人サポートに関する基本方針」（2019年9月12日））があるとされています。このうち、実質サポートは弁護士・司法書士のみがなしうるものです（それ以外の者が行う場合には非弁行為となります。）。

そこで、裁判所においては、従来の窓口における手続教示に準じて、必要な形式サポートを提供することが期待されます。国の機関である法テラスにおいても、同様に、形式サポートの充実を図ることが期待されます。他方で、弁護士会、法律相談センター、各弁護士においては、形式サポートのみならず、実質サポート（事件の受任に至らないものも含みます。）も提供していくことが市民の利益に資するものと考えられます。

ウ　裁判所等における研修

業務としてオンライン申立てを取り扱う士業者及び法律事務所職員に対しては、裁判所や弁護士会等が研修を行うことが考えられます。参考例として、米国ニューヨーク州においては、毎週数回、裁判所の一室において、裁判所職員が、弁護士及び職員に対し、各自にパソコンを貸し出してオンライン申立ての方法を教えるという研修を2時間程度提供しており、履修者に対して修了証書を発行しています。

対して、業務としてオンライン申立てを繰り返し行うことが想定されていない一般人については、実地での研修までは必要なく、オンライン研修ビデオの公開や裁判所等における申立ての補助で足りるでしょう。

こうしたサポート体制が十分に運営され、国民すべてにオンライン申立ての方法が浸透するまでは、一定の届出をその都度提出することによりオンライン申立てからオプトアウトする方法を設けることも検討されてよいと考えます。

⑶　IT環境がない者の場合

身体拘束されている被疑者や被告人、受刑者といった刑事施設被収容者については、そもそもパソコンやインターネットの自由な使用が認められていません。そうした者が代理人をつけずに提訴をする場合には、**本章Q1**で紹介した甲案の義務化の例外である「電子情報処理組織を用いてすることができないやむを得ない事情があると認めるとき」（中間試案1頁）に該当するとして、従前のとおり書面による申立てを認める必要があります。

なお、上記例外には、パソコンやインターネットを利用していない者、ITに習熟していない者などオンライン申立てに対応することが困難な者も含まれるべきとの考え方もありますが、上記に述べた本人サポート体制の充実によってオンライン申立てへのハードルが相当程度低くなることに鑑みれば、経済的理由等によりIT環境がない者については、この例外はあまり広く解釈されるべきではないでしょう。

⑷ システム障害があった場合の対策

システム障害により事件管理システムを使用できない場合の対策としては、障害が消滅した時から1週間を経過するまで時効は完成しないものとするという時効完成猶予効を認める考え方が示されています（中間試案2頁）。詳細は、**本章Q3**に記載のとおりです。

なお、**本章Q1**で述べたように、災害等によって事件管理システムが使えない場合には、特段の規律がなくとも、民法161条の時効完成猶予効により、障害が消滅した時から3か月内にオンライン申立てをすればよいとされています（補足説明12頁）。

⑸ 非弁行為への対策

オンライン申立ての代理ないし代行については、当該行為が弁護士法72条の「法律事務」と解されるかとの関係で、非弁行為にあたるかを十分に検討すべきです。

上述の形式サポートに限られる場合には非弁行為にはなりませんが、法的助言を含む実質サポートに及ぶ場合には、弁護士でない者がそれを行えば非弁行為となります（他の士業において当該法的助言を行うことが法律上認められている場合は、当該士業者はこの限りではありません。）。

裁判手続のIT化においては、ITアクセス困難者を対象に、オンライン手続を代行すると称して、非弁護士による法的助言が横行することが予想されます。これに対しては、弁護士会による積極的な監視が期待されます。

3 結　語

上の各課題について、予め十分な対策を講じない限り、オンライン申立ての義務化は正当化されないと言えます。オンライン申立ての義務化には反対論が根強く、その主たる理由はITアクセス困難者の司法アクセスが後退するという懸念にあるため、義務化と充実したサポート体制の構築は両輪で検討し、制度設計をしていく必要があります。

（有本　真由）

3 事件管理システム

Q3 オンラインによる訴え提起は、最高裁判所が設計・開発した事件管理システムを通じて裁判所のコンピュータに電子訴状を記録する方法により提出して行うことが予定されていますが、システム開発をするにあたって弁護士として最高裁判所に対しどのようなことを求めるべきでしょうか。

また、時効期間の満了が近い時期に事件管理システムに障害が発生してオンラインによる訴え提起ができなくなる恐れが生じたときに備え、どのような救済制度を設けるべきでしょうか。

ポイント

1 事件管理システムは、弁護士等の士業のみならず裁判を受ける全ての人や会社に使用されるものなので、誰でも利用できる簡易で分かりやすいシステムであることが望まれます。

2 なりすましの危険やアカウントを長期間利用しないなどの可能性の少ない弁護士等の有資格者については、事件管理システムの個人アカウントの作成を認めることが、訴訟活動の便宜に資すると考えます。

3 事件管理システムに障害が発生した場合に時効完成の猶予を認める規定を設けるべきです。

A 1 事件管理システムの制度設計

(1) 事件管理システムとは

現行法上、訴え提起は訴状という書面を裁判所に提出することとされていますが（民訴法133条1項）、オンラインによる訴え提起は、インターネットに接続された裁判所の事件管理システムを通じて、裁判所の使用に係るコンピュータ（クラウドサーバも含む。）に電子データによる訴状を記録する方法により行うものとされています。

事件管理システムとは、当事者が外部からオンラインで接続することができ、裁判所に提出すべき書面等をアップロードする方法によって提出すること等を可能とするシステムであり、最高裁判所において開発が進められています。訴え提起のほか、電子化された訴訟記録の管理や、ウェブ会議等を利用した期日の実現等、民事裁判手続全体におけるIT化に関する様々な場面でこのシステムを利用することが予定されています。

一方、システムが複雑であると、IT機器の利用に慣れていない方々は裁判を利用することが困難になり、ひいては裁判を受ける権利を侵害することにもつながりかねません。そのため、年齢やIT機器の利用に習熟しているか否かを問わず国民の誰でも利用できる簡易で分かりやすいシステムが構築されるべきです。

⑵　事件管理システムの利用登録

ア　利用登録の概要

法制審部会では、訴訟係属後の利用登録制度として以下の内容が検討されています。

① 利用登録の際には、本人確認として、最高裁規則に定めるところにより氏名又は名称その他の事項を明らかにする措置を講ずる。

② 利用登録者に事件管理システムのIDとパスワードを発行する。利用登録者は、発行されたID及びパスワードで事件管理システムにログインし、訴訟活動を行う。

③ 利用登録者は、システム送達が行われた場合に通知を受ける電子メール等のアドレス（通知アドレス）を届け出る。

セキュリティの観点から、事件ごとに個別に本人確認を行い、ID及びパスワードが発行されると考えられます。

イ　事前登録制度の導入の是非

訴訟係属前でも個別事件の存否にかかわらず事件管理システムの利用登録ができる事前登録制度を導入するべきでしょうか。

法制審部会では、このような事前登録制度について、原告による被告のなりすましの危険や、長期間事前登録したアカウントを使用しなかったことにより通知アドレスの利用状況が変化して送達を受けるべきものにおいて通知の見落としが生じるおそれがあるとの指摘がされています。

もっとも、多数の訴訟案件を担当する弁護士や司法書士は、事件ごとに個別に利用登録するのではなく、代理人個人に紐づいた事件管理システムの個人アカウントを保有し、そのアカウントを通じて訴訟活動をするほうが便宜に資するといえます。また、弁護士等は、なりすましの危険は極めて少なく、多数の訴訟案件を日々取り扱っているためアカウントを長期間使用しなかったり裁判所の通知を見落とす危険も少ないことから、少なくとも弁護士等については事件管理システムの事前登録制度を設けるべきであると考えます。

(3) 本人確認方法

オンライン申立てを行う場合の本人確認については、現行法の下では、最高裁規則の定めるところにより、氏名及び名称を明らかにする措置を講ずることとされ（民訴法132条の10第4項）、その措置として電子文書の真正な成立を推定する電子署名（電子署名法2条1項、3項）が想定されていますが、裁判手続のIT化が実現された場合も同じように電子署名の方法で本人確認を行うべきでしょうか。

電子署名とは、文書等のデータの真正を証明するために付加される短い暗号データであり、作成者を証明し、改ざんやすり替えが行われていないことを保証するものです。電子署名の手続は、署名者が認証局に、オンライン上で本人確認できる電子証明書の発行を申請し、発行された電子証明書を電子データと電子データのハッシュ値を暗号化した電子署名と共に送付し、電子データの受領者が、電子署名から復元されたハッシュ値と送付された電子データから生成されたハッシュ値を比較すると共に、電子証明書の有効性を認証局に確認する方法によって行われます。このような何重にも及ぶ手続を経て電子データの真正が証明される仕組みとなっていますので、電子署名を利用する方法が最も厳格に本人確認できる手段といえます。しかし、手続が煩雑である等の理由から未だ広く普及しているものとはいえず、現段階で本人確認の方法として電子署名まで求めてしまうと、オンライン申立ての普及の妨げになると考えられます。

事件管理システムへの登録手続における本人確認も国民に利用しやすい方法とすべきことから、運転免許証の写しなどの本人確認書類をオンライン等で提出させることとし、この本人確認に基づいて事件管理システムを利用することができるIDとパスワードを発行し、これらを用いて事件管理システムにログインした上で、オンライン申立て等した場合には、本人によるものとして取り扱うのが相当であると考えられます。

⑷　事件管理システムに求めるもの

事件管理システムの設計について様々な検討がされていますが、前述のとおり、事件管理システムの設計次第で個人の裁判を受ける権利に支障をきたすおそれがあります。

したがって、設計されるべき事件管理システムは、①法改正後の手続について十分な処理能力を有すること、②文化や国籍、年齢、障害の有無、使用言語等を問わずあらゆる市民の利用を想定したユニバーサルデザインを基調とする利便性の高いインターフェースであること、③システム及び通信回路の情報セキュリティ対策のすべてを備えていること、④システム障害などシステムが利用できなくなった場合に備えたバックアップや代替手続が整備されていること、⑤機能改善のため法制度及びシステムの継続的見直しが図られるように設計・構築されること、そしてこれらを実行するのに十分な予算が確保されていることが求められます。

具体的には、㋐e提出の局面では、申立て・提出用の画面表示や操作方法が利用者に理解し易く、煩瑣な入力作業が不要であること、かつ、書面アップロード機能を利用するのに充分な通信速度及び処理能力が確保されていること、㋑e事件管理の局面では、当事者の手続上の諸権利を害さないよう、権利行使に必要な情報をシステム画面で容易かつ明確に確認し得ること、定型的な権利行使方法にチェックボックス等を利用するなど利用者に負担なく手続保障の実質化が図られること、また訴訟記録が適切にバックアップされ、情報セキュリティが確保されていること、(ウ)e法廷の局面では、プライバシーを保護しつつ、臨場と同等に取り扱い得る程度の通話が可能な通信速度及び処理能力が確保されることが必要不可欠であると考えます。

そして、事件管理システムの設計の影響を直接に受けるのが裁判を受ける権利であり、これを実行化する担い手が主として弁護士等であることに鑑みると、事件管理システムを設計・構築する際には、弁護士会等の意見を十分に反映すべきであると考えます。

2 システム障害と時効完成猶予効

(1) 事件管理システムの障害による救済制度の必要性

事件管理システムの障害、電気通信回線の故障等、申立人の責めに帰さない事由により障害が生じたために訴えの提起や申立て等をしようとする者が事件管理システムに一定期間アクセスできないということも想定されます。システム障害が生じている間に消滅時効の期間が満了してしまう場合はどのように取り扱われるのでしょうか。

民法161条では、天災その他避けることのできない事変のため民法147条1項各号又は民法148条1項各号に掲げる事由に係る手続を行うことができないときの時効の完成猶予について定められていますが、「天災その他避けることのできない事変」とは、一般的に自然災害や、戦争・テロなどが想定されており、単なるシステム障害が「天災その他避けることのできない事変」に該当すると解釈することは困難です。

しかし、システム障害という本人に関係のない事情により消滅時効が完成するという事態が生じることになれば、国民の裁判システムに対する信頼が失墜しかねず、救済の必要性は大きいものと考えられます。

そのため、民法161条とは異なる観点から時効の完成猶予に係る特別の規定を設けることを検討する必要があります。

⑵ 検討されている救済規定

法制審部会では、時効の期間の満了の時に当たり、事件管理システムの故障により裁判上の請求、支払督促及び訴え提起前の和解（民法147条1項1号～3号）に係る手続を行うことができないとき（天災その他避けることのできない事変によりこれらの手続を行うことができないときを除く。）は、その事由が消滅した時から1週間を経過するまでの間は時効は完成しないとの規定を設けるとの考え方が示されています（中間試案2頁）。

上記の時効の完成猶予に係る特別の規定を設けるか否か検討すべき場合として、①事件管理システムの障害、②電気通信回線（インターネット網）の故障、③インターネット網以外の配線の故障で申立人の責めに帰すことができないもの、④申立人が責任を負う配線・使用機器の故障が原因で時効完成前に申立てができないという場合が考えられます（補足説明12頁）。

補足説明（12～14頁）では、上記②ないし④の場合は、最寄りの裁判所でオンライン申立てをするなどの方法で訴え提起が可能であるとして救済の対象から除外し、①の場合にのみ時効完成猶予効を認めるべきとの考えが提示されています。

また、上記①ないし④の場合に特段規律を設けないという意見も出されました。これは、書面による申立てが可能であること前提に、事後的なオンラインでの補正を行えば書面受領の際に適式な申立てがあったと取り扱えば問題ないという考えに基づくものです。

しかし、完全なオンラインでの申立てに移行させるのであれば、システム障害の場合に何らかの手当が必要であると考えられますので、天災その他避けることのできない事変と同視できないことが明らかな④の場合を除き、①ないし③を救済する規定を設けることが望まれます。

（藤沼　光太）

4 電子訴状の改変防止、付属書類に関するバックオフィス連携の導入の是非

Q4 電子訴状は紙媒体の文書に比べて改変が容易な電子データであることから、裁判所が使用するサーバ内にある限り改変されないようにするためにどのような措置を講じるべきでしょうか。

また、電子訴状に添付しなければならない附属書類のうち、行政機関が交付するものについて、裁判所が行政機関の情報処理システムを通じて取得する方法（バックオフィス連携）を導入することにつき、どのような課題があるでしょうか。

ポイント

1 裁判所の使用するサーバ内にある電子訴状は原本なので、①サーバ内にある限り改変できないとするシステムとすること、②自ら提出した電子訴状とサーバ内にある訴状とが同一であることをチェックボックスを設けるなどして確認できる措置を講じることが検討されています。

2 バックオフィス連携が導入されれば、訴訟の利便性は向上するものと考えられますが、各行政庁のシステムと連携させるための技術的・費用的な課題、当事者の公平性に関する課題、三権分立への配慮の必要があり、導入するには慎重な検討が求められます。

A 1 電子訴状の改変を防止するための措置

(1) 改変を防止するための措置の必要性

現行法上、裁判所に提出すべき書面には、当事者又は代理人が記名押印することとされており（民訴規2条1項）、これによって書面の作成者が明らかになり、修正する場合には、押印した印鑑と同一の印鑑を使用して訂正印を押印しなければならないなど、作成者以外の者が改変することはできないものとなります。

また、現行法下における運用として、紙で提出された書面は、裁判所の記録ファイルのキャビネット等に物理的に保管されるため、基本的に外部の者が当該紙媒体の書面に接触して改変する余地はありません。

これに対し、事件管理システムを通じて提出され、裁判所の使用するサーバ内の個々の事件フォルダに保管される電子データは、いつでも外部からアクセス可能な状態にあるため、データそのものが容易に別の電子データと置き換えられたり、ワードやエクセルなど随時加筆修正が可能な形態のデータである場合は、事件管理システムのフォルダ内に保管された状態でデータに手を加えることが可能となるなど、紙と比較して第三者による改変が容易であるといえます。

そこで、事件管理システム及び電子データでの文書提出を導入するにあたっては、現行法上の作成者を明らかにする規律では足りず、文書を改変されないよう担保するための措置を講じる必要があります。

(2) 改変を防止するための措置

まず、事件管理システムを通じて提出され、裁判所の使用するサーバ内に格納された電子訴状は、訴訟記録の原本として扱われるため、データ自体の同一性を確保する必要があります。それ故、一度提出されたデータは削除することができず、同サーバ内にある限り改変できないようにすることが必要です。また、データ自体の同一性を担保するために、データが存在した日時を証明し、その後改変されたか確認するためにタイムスタンプを利用することも考えられます。タイムスタンプを利用することで、裁判所での受付日時や訴訟記録の原本性の公証をすることが可能となります。

次に、裁判所の使用するサーバ内に記録された電子訴状を改変できないとする以上、データ作成者とシステム利用者が同一であることや、自らが提出した訴状と裁判所のサーバに記録された訴状とが同一であるということを確認する措置をとる必要があります。具体的には、電子訴状の作成者と事件管理システムの利用認証を受けた利用者との同一性等についてチェックボックスを設けて、これにチェックをすればその情報が裁判所のサーバ内に記録される電子訴状に自動的に付属されるものとするなどの方法を採用することにより、自らの提出した訴状と裁判所のサーバ内に記録される訴状との同一性や、データ作成者とシステム利用者の同一性を担保するという措置を採ることが考えられます。

2 バックオフィス連携の導入の是非

⑴ バックオフィス連携について

現行法の下では、訴訟当事者となる者は、訴え提起等の際に、様々な添付資料を提出しなければなりませんが（民訴規15条、23条1項、55条等）、添付資料の収集に相当の労力を要することも少なくありません。

一方、添付資料のうち、不動産の登記事項証明書など、行政機関が交付する書類については、裁判所が行政機関の情報処理システムを通じて取得することができる、いわゆる「バックオフィス連携」が実現すれば、当事者の訴訟の利便性は大きく向上すると考えられます。

また、裁判所が直接行政機関から必要書類を入手することができることとなると、当事者による添付書類の提出間違いを防止できるという利点もあります。

⑵ バックオフィス連携の課題

一方で、バックオフィス連携を実現するにはいくつか課題もあります。

各行政機関が保有しているシステムは、行政機関ごとに開発・運営しているものが多く、裁判所と各行政機関が連携するためには、各行政機関のシステムと裁判所のシステムとを個別に接続する必要があるものと考えられます。そのため、各行政機関のシステムごとに、裁判所のシステムと接続できるか技術面からの検証作業が必要となり、また、多大な費用も必要となるものと考えられます。

また、本来であれば当事者又は代理人において取得すべき書面について、行政機関と連携して情報を取得することができるとするためには、当事者双方が利用できるようにするなど当事者間の公平の観点からも検討が必要となります。

さらには、日本国憲法では、国会・内閣（行政）・裁判所の3つの独立した機関が相互に抑制し合い、バランスを保つことによって権力の濫用を防ぎ、国民の権利と自由を保障する「三権分立」の原則を定めていますが、バックオフィス連携により協力関係ができてしまうと、権力が集中し、相互の抑制力が働かなくなるおそれが生じる可能性があると考えられます。バックオフィス連携をどのようにして導入するかについては、このような憲法の大原則にも配慮して検討をすることが必要です。

(3) バックオフィス連携の導入の是非

以上のような課題のあるバックオフィス連携を実現させる必要はあるのでしょうか。

たしかに、バックオフィス連携を実現するためには、上記のとおり技術的、費用的な課題、当事者間の公平の観点からの課題、「三権分立」の原則への配慮との課題があり、簡単に導入すべきであると即決することは困難ではありますが、実現されると、訴え提起の際の添付資料の収集の手間が省け、当事者の訴訟の利便性が向上すると考えられます。研究会報告書においても、上記の登記事項証明書等の資料のほか、登記手続請求の判決に基づき法務局に登記嘱託をする場面において、裁判所が行政機関と連携することにより、オンライン上で登記嘱託をすることが可能になれば、当事者にとっても裁判所にとっても利便性が高まるという意見や、バックオフィス連携の範囲を書証にまで広げようとの意見もあり、バックオフィス連携により利便性が向上する場面は多いものと思われます。

また、訴状提出段階に用意しなければならない、不動産の登記事項証明書、会社・法人の登記事項証明書、不動産の固定資産評価証明書、戸籍の全部事項証明書などであれば、定型的な書類であり、訴え提起段階で必要な書類であるため、これをバックオフィス連携により取得することとしても、当事者の公平や弁論主義への影響は小さいものと考えられます。特に、メガバンク等の登記事項証明書など、強制執行や保全手続の際に利用される頻度が多い書類であれば、当事者の公平性等の影響も極めて小さく、当事者の手続の便宜に資するものと考えられます。また、戸籍に関しては、弁護士など戸籍を取ることに慣れている者であれば比較的容易に取得できるものの、それでも相続人すべてを特定するまで戸籍を追うのに時間や労力がかかります。ましてや、相続人本人が代理人をつけていないのであれば、相続人を特定するまでのすべての戸籍を取得するのに相当な時間と労力がかかることは想像に難くありません。

したがって、訴訟の利便性を向上させるという観点から、当事者の公平性及び三権分立の原則の確保の観点や、国民の税金を支出して実現するほどに費用対効果があるのかどうかという検討結果も考慮しつつ、導入を積極的に検討すべきであると考えられます。

（藤沼　光太）

5 濫用的訴えの防止策

Q5 オンライン申立ての実現により濫用的な訴えが増加することが懸念されていますが、それはどういうことでしょうか。また、濫用的訴え防止の方策としてどのような規律を設けることが考えられるでしょうか。

ポイント

1 オンライン申立てが実現されれば、これまでよりも簡単に訴え提起や申立てができるため、これまで以上に濫用的に訴えが起こされるおそれも否定できず、その防止策を検討する必要があります。

2 中間試案では、濫用的訴え防止の方策として、訴え提起の際に一律にデポジットを支払うことや、訴え提起手数料が一定期間を経過しても納付されない場合、納付命令を経ずに命令により訴状を却下しなければならず、この命令には即時抗告ができないこととするなどの考え方が提示されています。

A 1 オンライン申立て実現と濫用的訴え増加との相関関係の有無

そもそも、オンライン申立てが実現すると濫用的訴えが増加するという関係にあるのでしょうか。

研究会報告書や法制審部会では、同一の当事者が勝訴の見込みがないにもかかわらず全く同じ訴状を一度に多数提出し、併せて訴訟救助の申立てをすることにより、手数料の負担をすることなく膨大な量の訴えを提起していたずらに裁判所の事務処理量を増やしているという濫用的訴えが少なからずなされていると紹介されています。この他にも、短期的に極めて多数の訴えを提起する例、特定の裁判官の下に事件が係属するまで訴えを繰り返す例、一つの請求を合理的な理由もなく何件も訴えを提起する例、訴状却下命令を受けた訴状と同じものを提出して訴訟救助申立てをするなどの事例があげられています。

現行法上、訴え提起の際に、費用法3条1項で定められた額の手数料を支払わなければならず、その手数料は、訴状等に収入印紙を貼って納めなければならないとされています（同法8条）。印紙での納付がない訴えは不適法の訴えとされ、訴状審査をする裁判長は相当の期間を定めてその期間内に手数料の額を特定してこれを納付すべきことを命じます（民訴法137条1項）。納付命令のある補正命令書が送達されたにもかかわらず、定められた期間内に原告が手数料を納付しないときは、裁判長は訴状を却下します（同条2項）。もっとも、訴訟準備及び追行に必要な費用を支払う資力がない者又はその支払いにより生活に著しい支障を生ずる者に対しては、裁判所は、申立てにより訴訟上の救助の決定をすることができるとされています（民訴法82条1項）。また、訴え提起とともに手数料についての訴訟上の救助の申立てがされた場合には、実務上その申立てに対する裁判がされるまでの間、手数料の納付を命ずる補正命令を発することを差し控えるという取り扱いがされています。

この訴訟救助の申立制度を悪用して勝訴の見込みがないにもかかわらず訴訟手数料を負担することなく多数の訴えを提起して裁判所の事務負担をいたずらに増やしているという濫用的訴えの実情が実際にあるとすると、オンライン申立てが実現されることにより、どの程度訴え提起が容易になるかどうかは今後のシステム設計や制度設計によるものの、少なくとも裁判所に訴状等を持参したり、郵送したりする必要がなくなり、訴え提起がこれまでよりも容易になるため、オンライン申立てが実現した場合に濫訴的な訴えが増加する可能性も否定できません。

2 現在検討されている濫用的訴えの防止策

中間試案では、訴訟救助制度を通じた防止策に代えて、訴訟救助の申立ての有無にかかわらず、訴えを提起するには一律に、たとえば数百円程度のデポジットの支払いを求める規律（デポジットは訴訟救助の申立てができないことが前提とされます。）や、訴え提起の手数料が一定期間を経過しても納付されない場合に納付命令を経ることなく命令により訴状を却下しなければならず、この命令に対しては即時抗告することができないという規律をするという考え方が提示されています（中間試案4頁）。

前者のデポジットの規律については、訴え提起手数料につき訴訟救助の決定があった場合には、納付したデポジット額相当額が還付され、訴訟救助の却下決定が確定した場合は、訴え提起手数料のうち納付したデポジット額は納めたことになるため、実務上の実情を考慮した上での濫用的訴えを防止する方策として、実質的な暫定的手数料の支払いを求めるものであると理解することができます（補足説明21～22頁）。

しかし、訴訟救助制度は、訴訟費用を納める資力が十分でない人についても訴訟制度の利用を困難なものにしないために設けられた、裁判を受ける権利を実質的に保障する重要な制度です。それ故、暫定的なものとはいえ、実質的に手数料の支払いを求めることは、その金額の多寡にかかわらず、訴訟救助制度の理念にそぐわないという批判が予想されます。また、仮に、これを肯定する場合であっても、僅少な金額では濫訴防止機能を十分果たしえないので、どれくらいの金額であれば、真に資力がないものが訴訟救助の決定までの間預けても差し支えないと考える金額であるかという点についても、濫用の実態等を踏まえつつ、慎重な検討が必要であると考えられます。

一方、後者の訴状却下命令及びこれに対する即時抗告を認めないとする規律については、濫訴防止の方策として有用性があると考えます。すなわち、現行法上、訴え提起手数料の不納付に対し納付命令が出たにもかかわらず裁判所が定めた相当期間内に納付しないときは訴状却下命令が出されますが、これに対し即時抗告や再抗告といった不服申立手続が繰り返されることがあります。後者の規律によれば、このような実態が解消され、裁判所の負担が軽減されることとなり、限られた司法資源の有効活用につながるといえます。この規律については、手数料の納付のためにどのくらいの期間を設けるべきか、また、不服申立てをを認めないことにつき他の法制度との整合性をどのように考えるかなど問題点は残りますが（補足説明22～23頁）、訴訟の進行を不必要に妨げる現行制度を見直すという観点からも引き続き検討することが望まれます。

（藤沼　光太）

6 訴え提起時のシステム送達の特則

Q6 現行法上の送達方法に加え、新たに導入が検討されている事件管理システムを利用した送達方法（システム送達）の内容と規律を教えてください。また、オンラインで申立てをしても、被告には原則として紙の副本を送達することが予定されていますが、そのような送達を、事件管理システムの導入に伴う新たな送達方法としてシステム送達に誘導するために、どのような方策が考えられていますか。

ポイント

1 システム送達により送達を受けるためには、事前に当事者の通知アドレスが登録されており、システムにアップロードされた書面を閲覧する必要があります。

2 訴え提起においては、被告の通知アドレスが事前に登録されていないことが大半だと思われるため、どのように訴え提起時においてシステム送達の利用価値を拡大するかにつき工夫が必要となります。

A 1 システム送達の内容

現行民訴法の下では、送達は、裁判所書記官が送達を受けるべき者に送達すべき書類を交付又は郵送（特別送達）する方法により行われています(民訴法98条1項～101条)。

このような送達方法は、一定の時間を要するほか、当事者に費用の負担が生ずるだけでなく（費用法2条2号、11条1項1号)、送達すべき書類を対面で受領することを原則としている点で、必ずしも時代に即した合理的な運用とはいえません。

このような観点から、ITを利用した簡易・迅速な方法による送達（システム送達）の導入が検討されています。

システム送達とは、裁判所のパソコンに送達すべき書類の電子データ(電子書類）をアップロードし、当事者、法定代理人又は訴訟代理人が事件管理システムを用いて電子書類の閲覧及び複製ができる状態に置き、届出された通知を受けるべき電子メール等のアドレス（通知アドレス）にその旨を通知する方法により送達する方法をいいます。そして、送達を受けるべき者は、事件管理システムにアクセスして閲覧又は複製（ダウンロード）することにより送達すべき書類を受領することが想定されています。

2 システム送達の規律

システム送達については、次のような規律が提案されています。

⑴ 通知アドレスの登録

ア 訴訟係属後

システム送達の利用を希望する者は、利用登録、通知アドレスの届出をすることによって、システム送達の方法により相手方の提出した準備書面等の送達を受けることが可能になります。

この方法は、特定の者に限定されず、通常一般にシステム送達の手続の導入に合わせて導入が予定されています。

イ 訴訟係属前

訴訟係属後と同様に、事件が係属していない段階においても、あらかじめシステムの利用登録をし、通知アドレスを裁判所に届出をすることにより、システム送達の方法により相手方の提出した電子訴状等の送達を受けることが可能になります。

⑵ システム送達の効力発生時期

システム送達は、通知アドレスの届出をした当事者等が、事件管理システムを用いて送達すべき電子書類の「閲覧又は複製をした時」に、その効力を生じるものとされることが想定されています（中間試案5頁）。ここでの「閲覧」は、現実の閲読までは必要なく、ブラウザ上に電子書類の内容が表示され、閲読可能な状態になったことで足りるとされています。

今後構築される裁判所のシステムの内容等にもよりますが、当事者等が使用するブラウザ上での電子書類の掲載されたウェブページの読み込み

（閲覧）や送達すべき電子書類のダウンロード作業の完了（複製）を裁判所のシステムが記録することにより、送達の効力が発生したこと及びその時期を公証することが可能になるものと思われます（補足説明26～27頁）。

⑶ 送達を受けるべき者が送達すべき電子書類を閲覧しない場合

システム送達の方法がとられた場合に、送達を受けるべき者が事件管理システムへのアクセスをせず電子書類を閲覧又は複製しないまま放置すると、送達の効力がいつまでも生じないことになります。

そこで、システム送達の通知の発出の日から1週間を経過する日までに閲覧又は複製しないときは、その日が経過した時に閲覧したものとみなすという「みなし閲覧の特則」の規律が提案されています（中間試案5頁、補足説明27頁）。

このみなし閲覧の規律を設けることにより、通知の見落とし、サーバの不具合等、送達を受けるべき者の責めに帰すことのできない事由による通知の不到達によって閲覧ができない場合にも送達の効力が生じてしまう等の懸念もあります。このような懸念に対して、みなし閲覧の例外を設けることや、例外を設けず訴訟行為の追完（民訴法97条）等により救済を図ることも検討されています。訴訟行為の追完によると、当事者等が送達すべき電子書類を閲覧しなかったことがその責めに帰することのできない事由によるものかどうかを裁判所が判断することとなりますが、そのような判断が技術的に可能かどうかは引き続き検討する必要があります。

また、みなし閲覧の規律を設けるとしても、送達を受ける者に対し繰り返し通知を送付したり、安定的に稼働するシステムを構築するなど、みなし閲覧が成立する場面を最小限度にとどめるための措置を講ずることが不可欠の前提になります。

⑷ 通知アドレスの届出をしていない者に対する書面による送達

システム送達は、送達を受けるべき者が通知アドレスの届出をしていることが要件となります。そのため、通知アドレスの届出をしていない当事者等については、電子書類を書面に出力して郵送する方法により送達する必要があります。

郵送の方法による送達に用いる書面については、①提出当事者が自ら電子書類の出力を行って裁判所に提出した書面によってするとの考え方、②一定の手数料を納付することにより裁判所が自ら書面への出力を行った上でこれを送達するとの考え方、③提出当事者がいずれの方法を用いるかを選択できるとする考え方があります（中間試案5頁）。電子書類と送達書面の同一性を担保するため、②が望ましいと考えます。

⑸　システム送達を受けるべき者の届出の制度

中間試案では、通知アドレスの届出をした者が複数いる場合に、原則として届出した者全員が送達を受けるべき者になるとしつつ、届出によりその一部の者のみを送達を受けるべき者にするとの考え方も示されています（中間試案5～6頁）。

当事者本人と訴訟代理人のいずれも届出をしているときに、訴訟代理人の意図しないところで当事者本人が電子書類を閲覧することで送達の効力が生じると、訴訟代理人の訴訟活動に支障を生じるおそれもあることから、規律の有用性はあります。しかし、システム送達の対象から外れた者も電子書類の閲覧は制限されないとすると、送達の効力を生じさせずに電子書類の内容を了知できてしまい不相当であるとの意見もあるため（補足説明30頁）、引き続き検討が必要と考えます。

3　訴え提起時におけるシステム送達の導入の是非

⑴　訴え提起時におけるシステム送達利用の問題点

事件管理システムを用いたシステム送達が導入されるとしても、訴え提起時の訴状の送達については特別の考慮が必要となります。

すなわち、前記**2**⑴のとおり、訴訟係属前に利用登録した者に対しては、システム送達の方法による訴状送達が可能となりますが、それ以外の者が被告となる場合には、訴状送達後に初めて事件管理システムに利用登録することになるため、訴状はシステム送達の対象にはならないことになります。ITを利用した迅速かつ効率的な裁判の実現のため、訴状の送達の場面においてもシステム送達の利用場面を広げることはできないでしょうか。

(2) 訴え提起時においてシステム送達の利用場面を拡大するための方策

研究会及び法制審部会においては、原告が訴え提起の際に裁判所書記官に被告の電子メール等のアドレスを提供してシステム送達の方法により被告に訴状の送達をすることを求める旨の申出ができることが提案、検討されました。しかし、この方法は、原告が虚偽のアドレスを提供し、原告又はその関係者が被告になりすまして事件管理システムの利用登録をして訴状の送達を受け、その後何ら応答せず欠席判決を受けることにより原告が不正に債務名義を得るという事態を招くおそれもあり、採用することは困難です（補足説明29頁）。

また、法制審部会では、被告が通知アドレスの届出をしていない場合において、訴状の送達前に通知アドレスの届出を促す簡易な通知（事件管理システムにアクセスするためのURLやQRコードが記載されたものを想定）を郵送し、システム送達の利用を促すことを法制化するか否かの意見も出されましたが（補足説明29頁）、法制化して訴状のシステム送達の利用場面を拡大することにより送達コストが削減されるなどの効果はあるものの、被告に対して訴状の送達に先行して通知を送付することが適切でない場合もあるため、実務上の運用に留めて事件ごとに柔軟な対応をすることが望ましいと考えます。

なお、訴状送達前に、被告において、原告が訴状を裁判所に提出したことを認識して事件管理システムに登録することは否定されていないので、その場合には訴状もシステム送達によることが可能となります。

（溝下　兼一郎）

7 IT化に伴う公示送達・国際送達の方法の見直し

Q7 システム送達の導入に併せて、公示送達方法や外国に居住する者に対する送達方法の見直しも検討されていますが、どのような課題が指摘されているでしょうか。

ポイント

1 公示送達の方法について、システム送達の導入に併せて、インターネット上において閲覧するという方法を導入することが検討されていますが、インターネットを利用していない者の送達を受ける機会の保障やプライバシー保護等の観点からの配慮が必要になります。

2 外国に居住する者に対するシステム送達は、主権や条約、相互主義等の観点からの問題があります。

A 1 公示送達の方法の見直し

(1) 現行法上の公示送達方法の問題点

現行法上、公示送達は、裁判所書記官が送達をすべき書類を保管し、いつでも送達を受けるべき者に交付すべき旨を裁判所の掲示場に掲示する方法で行われています（民訴法111条）。

しかし、実情は、裁判所の掲示場に多数の掲示書面が何枚も重ねて貼られるだけで、送達を受けるべき者が当該掲示を確認して書類を受領するために裁判所に出頭するということはほとんどなく、特に送達を受けるべき当事者が掲示のある裁判所から遠隔の地に居住している場合は公示の効果が極めて乏しいものとなっています。

(2) 新たな公示送達方法の提案

このような形骸化した公示送達方法を民事裁判手続のIT化に伴い見直すこととし、公示送達は、裁判所書記官が送達すべき電子書類を裁判所のパソコンに記録し、送達を受けるべき者がいつでも事件管理システムを通じて閲覧若しくは複製し、又は送達を受けるべき者に送達すべき電子書類の内容を出力した書面を交付するという方法によることが提案されています（中間試案6頁）。

このような公示送達方法を導入することにより、全国のどこに居住していても、裁判所のウェブサイトにアクセスすることによって公示送達の有無を確認することができることになるため、公示の効果が実質化し、当事者の利便性を向上させることが期待されます。

(3) 問題点及び対策

ア インターネットを利用しない人の送達を受ける機会の保障

現行法上の方法に代えてインターネットを利用した公示送達の方法を導入した場合、インターネットを利用していない者の送達を受ける機会を失わせてしまうことにもなりかねません。現行法上の公示送達の方法は日本国民の識字率が非常に高いことを前提として成り立っている制度であるところ、それと同様に一律に日本国民がインターネットを利用できることを前提にして制度を導入することには問題があるという批判も挙げられています。

しかしながら、現行法上の裁判所の掲示場に書面を掲示して行う公示送達においても、送達を受けるべき者が受訴裁判所から離れた地に所在する可能性もあり、また、そもそも送達を受けるべき者が掲示を見る可能性は乏しく、実際にも、掲示を見た送達を受けるべき者が送達すべき書類を受領するために裁判所に出頭するケースはほとんどないといわれています。しかも、現行法上の公示送達方法は、掲示場へアクセスできない者に対し特段の手当てを置いていません。

これに対し、裁判所のウェブサイト等に掲示する方法により公示送達をすることとした場合には、送達を受けるべき者は、自らインターネットを利用し、又は他の者を通じてこれを利用するなどして裁判所のウェブサイト等にアクセスすることにより、掲示場のある裁判所に実際に赴かなくても掲示の内容を確認することができるため、送達を受けるべき者が掲示を見る可能性は書面による掲示の場合と比べて高いと考えられます。また、裁判所に端末を設置して誰でも容易に公示送達の内容を閲覧できる体制を整えることで、インターネットを利用できない人への配慮も可能になります。

これらの点からすると、公示送達について、インターネットを利用する方法を導入した場合に、従来の書面を掲示する方法をあえて維持する必要はないと思われます。

イ　プライバシー保護

公示送達をインターネット上で行うことにより、現行法上の制度の運用においてはほとんどの人の目に留まらなかった情報を、より多くの第三者が容易に閲覧し得ることとなるため、記載内容によっては当事者、特に被告のプライバシーを侵害し、また、全く関係のない第三者が閲覧して情報を悪用するおそれもあります。そこで、新たな公示送達方法の導入にあたっては、掲示すべき情報の範囲の制限を検討する必要があります。

現行法上、公示送達の掲示内容については、裁判所書記官が送達すべき書類を保管し、いつでも送達を受けるべき者に交付することができること以外に特段の定めはなく（民訴法111条）、実務上、①事件番号、②事件名、③原告及び被告の氏名、④公示送達の年月日、⑤公示送達を行った裁判所書記官の所属及び氏名、⑥送達がされたものとみなされる日、⑦送達すべき書類の一覧（目録）とされています。このうち、掲示の必要性が高くないと思われる②事件名、⑦書類の名称などは掲示の対象から除外してよいと思われます。

また、厚生労働省の医師、歯科医師、薬剤師の資格確認検索システムのように、完全一致検索によって被告に該当する場合に限って情報が表示されるようにシステムを構築することも有用です。

2　外国に居住する者に対するシステム送達

(1)　国際送達の現状とITの利用の検討

外国に居住する者に対する送達（国際送達）については、送達も裁判権の行使、すなわち主権の行使にあたるため、他国の主権が及ぶ領域において国際送達を行うには国家間の合意が必要になります。この合意には、①民事訴訟手続に関する条約（民訴条約）、②民事又は商事に関する裁判上及び裁判外の文書の外国における送達及び告知に関する条約（送達条約）、③二国間条約、④個別の応諾等があります。国際送達は、これらの合意に基づき、外国の裁判所若しくはその他の管轄官庁等に嘱託若しくは要請する方法又は外国に駐在する我が国の大使等に嘱託する方法によって行われています。実際の運用においては、受託国側の事情もあり、早くても数箇月、遅いときは1年以上も要するのが現状です。

一方、外国に居住する当事者に対し、電子メール等のITを用いれば、即座に情報を伝達することが可能となり、送達に要する時間の著しい短縮が期待できます。そこで、裁判手続のIT化にあたり、国際送達に電子メール等のITを用いる可能性についても検討が加えられています。

しかしながら、送達は主権の行使であるため、ITの利用にあたっては、他国の主権を侵害しないかどうかを慎重に検討する必要があります。また、国際送達にITを利用する場合は、相互主義の観点からの配慮も必要になります。

⑵ 主権の問題

ア 国際送達にITを利用することは他国の主権を侵害するか

現行法の下では、送達は、原則として裁判所が職権で行い、郵便、執行官又は裁判所書記官によって実施され、原則として送達を受けるべき者に送達すべき書類を交付して行われるため（民訴法98条～101条）、国際送達においても我が国の裁判機関が外国において現実の法執行行為を行うことになるため、他国の主権侵害の問題が生じます。

しかし、システム送達は、我が国の裁判所による物理的な行為が外国の領域においてなされるものではなく、我が国の事件管理システムサーバーによる正常なデータ通信により、送達すべき書類がアップロードされた旨の通知を行うにすぎないため、主権侵害とまではいえず許されるべきです。

イ　外国に所在する者に対するITを利用した公示送達

現行法上、国際送達は公示送達の方法によりできるとされていますが（民訴法110条1項3号、4号）、ITを利用した公示送達方法を国際送達に導入することが他国の主権を侵害しないかも問題となります。

しかし、国内の公示送達は、送達を受けるべき者が掲示内容を確認した上で裁判所が保管する書類を受領するのに対し、外国に所在する者に対する公示送達の効力は我が国の裁判所で掲示を始めた日から6週間の経過によって生ずるとされており、送達を受けるべき者が内容を確認し、実際に送達を受けるべき書類を受領することまで要求されていません（民訴法112条2項）。このことは理論上、我が国の公示の効力が外国に及ぶにもかかわらず外国の主権を侵害しないことを前提とするものと考えられます。

⑶　送達条約第10条⒜との関係

我が国が加盟している送達条約の第10条⒜は、名宛国が拒否を宣言しない限り、外国にいる者に対して裁判上の文書を直接郵便により送付する権能を妨げないと規定しています。この送付に訴状の送達も含まれると解釈されているため、被告となる日本人又は日本企業は、送達を受ける前に原告との交渉や訴訟の準備のための十分な期間を取ることができなくなりますが、我が国は2018年12月21日に10条⒜の拒否宣言を行ったことにより上記懸念は払拭されています。

10条⒜は、電子メール等のITを利用した方法による送付を含まないとの理解が一般的ですが、ITを利用した送達方法は郵便の方法以上に送達までの期間が短くなり上記懸念があることから、ITを利用した国際送達の導入については、10条⒜の拒否宣言の観点からの考慮も必要になります。

⑷　相互主義との関係

ITを利用した方法により国際送達を行う場合には、相互主義の観点により、他国からITの方法により国際送達を受けた場合にこれを拒み得なくなります。

たとえば、他国が我が国に対して送達条約に基づく中央当局送達をする場合には、送達条約に取り決められた送達手続（条約に基づく書式の利用、翻訳文や翻訳証明の添付等）で行う必要がありますが、ITを利用した方法により国際送達を行う場合は、ITの利用が送達条約による規律の範囲外であることから、送達手続は当該他国の法律に委ねられることとなり、当該他国が採用する具体的な送達方法によっては、我が国の国民の当該他国において適正に裁判を受ける権利が損なわれるおそれもあります。

そこで、送達条約においてITを利用した送達についての規律ができるまでは、個別の国家間の合意により、ITを利用した送達方法の利用登録や具体的な送達方法についての取り決めが必要になります。

（溝下　兼一郎）

第3章

口頭弁論期日のIT化

（当事者の出頭、
新たな訴訟手続の創設）

1　ウェブ会議等による口頭弁論

Q1　IT化により口頭弁論期日はどのように進められることになるのでしょうか。口頭弁論期日のIT化の方向性、ウェブ会議等による口頭弁論のメリット、課題等について教えてください。

ポイント

1　口頭弁論期日のIT化により、第1回口頭弁論期日から当事者（双方）が裁判所に出頭せず、ウェブ会議等を利用することにより弁論を行えるようになることが考えられます。

2　ウェブ会議等による口頭弁論は、移動の負担の軽減、感染症等拡大により裁判所への出頭が困難となった場合の期日指定取消や期日の延期の回避というメリットが考えられます。

3　口頭弁論をウェブ会議等で実施可能とした場合、当事者や訴訟代理人の所在する場所をどこまで許容するか、法廷警察権や訴訟指揮権の及ぶ範囲をいかに考えるか等の課題が考えられます。

A　1　口頭弁論期日のIT化の方向性

現行法の下では、口頭弁論期日においては、一定の場合（擬制陳述が認められている場合（民訴法158条）及び簡易裁判所における手続の場合（民訴法277条））を除き、現実に裁判所に出頭しなければ弁論をすることができませんが、口頭弁論手続のIT化が進められた場合には、当事者の出頭について、「裁判所及び当事者双方が映像と音声の送受信により相手の状態を相互に認識しながら通話をすることができる方法によって、口頭弁論期日における手続を行」い、これをもって「その期日に出頭したものとみな」されるようになることが予定されています（中間試案7頁）。これはつまり、ウェブ会議等が認められた口頭弁論期日は、裁判所を構成する裁判官が実際の法廷に、当事者は訴訟代理人事務所等裁判所が認めた場所に所在して実施することが可能となるということです。

なお、このように当事者双方が不出頭のウェブ会議等を利用した口頭弁論期日を認めた場合、裁判所への出頭を希望する者の出頭が認められなくなるのではないか、という問題が指摘されることがありますが、当事者が裁判所への出頭を希望すれば、公開で行われる法廷に出頭することは当然可能であり、この点において当事者の意向が無視されたり、利益が害されたりすることはありません（研究会報告書63頁）。

2 ウェブ会議等のメリット

(1) 第1回口頭弁論期日の実質化

現在の民事訴訟の実務において、第1回口頭弁論期日については、原告と裁判所の都合のみで指定され、被告の都合は考慮されない運用となっています。そのため、第1回期日では形式的な答弁書が陳述されるに留まり、実質的な審理に至らない場合が多いのが現状です。

そこで、ウェブ会議等が認められることにより、たとえば、第1回期日前の早期の段階で被告の応訴態度等を確認・把握しながら、当事者双方と裁判所がオンラインで期日の進行予定を調整し（検討会報告書11頁）、第1回口頭弁論期日では、当事者双方が裁判所に出頭することなく、最寄りの裁判所又は訴訟代理人事務所等に所在しながら、訴状と、実質的な内容を含む答弁書の陳述がなされ、第1回目から実質的な審理をすることが可能となることが予想されます。

(2) 移動の負担の軽減

現在の民事訴訟においては、当事者又はその訴訟代理人は、裁判所に出頭することが原則となっています。そのため、特に遠方の裁判所で裁判が係属している場合には、移動の負担は多大となります。

そこで、ウェブ会議等が可能となれば、この移動に係る時間的・経済的負担が大幅に軽減され、利用者の利便性が向上すると考えられます。

(3) 期日指定取消や期日の延期の回避

新型コロナウイルスの感染拡大の影響で、2020年4月に新型インフルエンザ等対策特別措置法に基づく緊急事態宣言が発令されたことにより、各所で様々な対応が採られた中、東京地方裁判所では、民事保全事件、ドメスティックバイオレンス事件、人身保護事件、特に緊急性のある民事執行事件・倒産事件以外の期日指定が取り消されました。同年6月1日以降、順次期日等は再開されましたが、今後も再びこのような状況が発生する可能性があり、感染症対策を意識した訴訟運営が重要となります。

そこで、ウェブ会議等が可能となれば、裁判所への出頭が不要となるため、このような期日指定の取消しや期日の延期が回避され、裁判手続の停滞を防ぎ、裁判手続が円滑に進むことが期待されます。

3 ウェブ会議等の課題

(1) ウェブ会議等を利用する者の所在

ウェブ会議等を利用する者の所在すべき場所について、法制審部会では引き続き検討するとされていますが（中間試案7頁）、これが裁判所や訴訟代理人の事務所であれば特段問題はありません。しかし、それ以外の場所、たとえば、IT化検討会では、本人訴訟の場合等に自宅、あるいはネットカフェ等が可能か否か、コミュニティ単位で考えると、公民館、役所、消費生活センターの個室、あるいは小学校での開催が可能か、という問題が指摘されています。

この点については、今後IT技術がますます進歩する可能性を踏まえると、現段階で想定され得る全ての場所について懸念される事情の有無を網羅的に検討して要件を定めることは非現実的であることから、ウェブ会議等を利用する者の所在場所については、法令で限定することはせずに、個々の裁判所の判断に委ねるのが相当であると考えられています（研究会報告書61頁）。もっとも、最高裁規則によってウェブ会議の接続先の条件等必要な細則を定めるものとされており（同59頁）、完全に裁判所ごとの対応に任せるのではなく、ある程度の方向性が定められることが想定されています。

ウェブ会議等を利用可能にすることにより様々な点で利便性の向上が期待されますが、それが裁判所や訴訟代理人となる弁護士のみが享受できるものでは不十分です。諸外国と比して本人訴訟の割合が高いといわれている日本においては、裁判所や法律事務所だけでなく、当事者の自宅をはじめ、当事者により身近なところでウェブ会議等が可能とならなければ、裁判手続のIT化の効果を最大限発揮することはできません。裁判手続が適正に行われることが大前提ではありますが、様々な利用者のニーズに十分配慮し、地域の実情に合った柔軟な対応が望まれます。

⑵ 本人確認の在り方

口頭弁論期日をウェブ会議等で行うことが可能となった場合、本人ではない者が当事者になりすまして事件管理システムの利用登録をし、期日に関与する事態を避けるため、本人確認をどのようにすべきかを検討する必要があります（中間試案7頁）。

これについては、すでに実施されている他の手続の対策を参考にすることが考えられるほか、マイナンバーシステムとの連携、なりすました者に対する罰則を定めるなどの対策が考えられます。また、事件管理システムの利用登録後の悪用を防止するためのワンタイムパスワードの発行、新たな媒体でログインした際の本人確認等の対策も考えられます。

⑶ 法廷警察権、訴訟指揮権の及ぶ範囲

口頭弁論期日をウェブ会議等で実施する場合、接続先となり得る裁判所外の施設との関係では、法廷警察権や訴訟指揮権について、どのように考えるか問題になるのではないか、という指摘がなされています（研究会報告書63頁）。

法廷警察権については裁判所法72条、法廷等の秩序維持に関する法律2条に、訴訟指揮権については民訴法148条に規定があります。いずれの権限も裁判所外に及ぶことはそれほど問題がないように思われますが、法廷警察権については、施設管理者の権限との優劣も問題になると想定されま

す。これらは、当事者だけでなく第三者の権利義務に関わる問題であるため、法律で明確に規定すべきでしょう。

⑷ 無断録音・録画等の危険性

ウェブ会議等を利用して口頭弁論期日を実施する場合、法廷における期日と比べ、当事者等が無断で録音・録画していることの把握が困難であり、かつ許可なく録音・録画されていないことを保証することやそれを確認することが困難であることが指摘されています。また、それらの情報がインターネット上に流出する危険性も懸念されます（補足説明40頁）。

無断録音・録画については、システム上で録音・録画機能の使用を禁止することができますが、パソコンそのものの機能や外部機器の使用までは完全に排除できません。そこで、ウェブ会議等を利用する者が、裁判長の許可を得ないでした録音・録画又は放送等について制裁を設けることとされています（中間試案7頁）。

また、実際にインターネット上に録音・録画データがアップロードされた場合、訴訟当事者個人にデータの削除要請等の負担を負わせることは妥当ではないため、このような削除要請を裁判所において行えるようにすべきであると考えられます。

4 まとめ

裁判手続のIT化を進めることによって、口頭弁論手続においても、当事者双方が裁判所に出頭することなく期日に参加することができたり、第1回口頭弁論期日から実質的な審理が期待できたりするなど、様々な変化が生じることが想定されます。裁判所外で口頭弁論期日を行うことが可能となることに伴い、利用者の所在場所や裁判の秩序維持等、検討すべき点は残されていますが、IT技術の進歩を踏まえ、利用者の目線に立った柔軟な制度設計が望まれます。

（小沼　千夏）

2 ウェブ会議等による口頭弁論と民事訴訟法の諸原則との関係

Q2 口頭弁論においてウェブ会議等を利用することと、民事訴訟法の諸原則（公開原則、口頭主義、直接主義）とはどのように考えられていますか。

ポイント

1 ウェブ会議等による口頭弁論期日の出頭を認めると、当事者が現実に法廷に出頭しないことから、口頭弁論の諸原則（公開原則、口頭主義、直接主義）に抵触するかが問題となります。

2 ウェブ会議等を利用しても、現実には出頭しない当事者の様子が法廷内のモニター等に表示され、当該当事者と裁判所等とのやり取りが映像や音声で明らかになる仕組みであれば、誰でも口頭弁論期日の手続を傍聴することができるので公開原則には反しないと考えられています。

3 ウェブ会議等を利用することで、裁判所は出頭しない当事者の様子を表情なども含めてつぶさに把握した上で、当事者の発言をほぼリアルタイムで聴取しながら手続を進めることができるため、口頭主義及び直接主義の要請も満たすと考えられています。

A 1 問題の所在

口頭弁論においては、公開原則、口頭主義、直接主義という諸原則が認められており、口頭弁論期日においては、擬制陳述が認められる場合（民訴法158条）や、簡易裁判所における手続の場合（民訴法277条）を除いて、現実に裁判所に出頭しなければ口頭弁論期日において弁論することができません。

口頭弁論期日にウェブ会議等を認めた場合に、当事者双方が法廷に出頭する必要がないとすると、口頭弁論の審理方式に関する上記諸原則に反するおそれがあるのではないかという問題があります。

2 口頭弁論における審理方式に関する諸原則

⑴ 口頭弁論における審理方式に関する諸原則

公開原則とは、訴訟の審理及び裁判を誰でも傍聴できる状態で行うべき原則をいいます。口頭主義とは、弁論と証拠調べを口頭で行う原則をいいます。直接主義とは、判決をする裁判官が、自ら弁論の聴取や証拠調べを行う原則をいいます（民訴法249条1項）。

⑵ ウェブ会議等における問題点

仮にウェブ会議等を法廷ではなく、弁論準備手続期日のような非公開の方式で行ったり、公開の法廷で行ったとしても、傍聴席から見えるような形で審理を行わないと公開原則の要請を満たさないことから問題となります。

また、ウェブ会議等において、裁判所と当事者との間で、当事者の様子や発言の内容をリアルタイムで聴取しながら手続を進めることができないということになると、口頭主義、直接主義に反するのではないかが問題となります。

3 ウェブ会議と口頭弁論の諸原則との関係、留意点

⑴ e法廷と口頭弁論期日の審理の方式の諸原則との関係

ア はじめに

中間試案では、当事者が現実に出頭していなくとも、ウェブ会議等を利用することにより、出頭したものとみなす規律が提案されたことから、口頭弁論における公開原則、口頭主義、直接主義との関係が問題となります（7頁）。

イ 公開原則との関係

中間試案の内容では、裁判官が現実に法廷に所在することにより、当事者が現実に出頭することも可能であることや、法廷内のモニター等を利用して当事者の様子等が映し出されることにより、現行民訴法と同様に傍聴席において裁判を傍聴することが可能であることから、公開原則には反しないと考えられます。

これに対し、口頭弁論期日のウェブ中継を導入すれば、傍聴席の数などの物理的障害はなくなり、国民に広く傍聴の機会を与えることができることから、法廷での傍聴に加えて、テレビ中継やウェブ中継を行うべきであるという意見があります（日弁連意見書28頁）。日弁連意見書では、司法に対する国民の理解の増進、裁判に対する市民の監視及び最高裁判所裁判官の国民審査の実質化を図るため、訴訟関係者等のプライバシーや営業秘密に配慮しつつ（具体的には、両当事者が同意し、裁判所が相当と認める場合に実施する。もっとも、国や地方公共団体を被告とする訴訟においては国等の同意を原則不要とすべきである。）、下級審に先行して最高裁判所の口頭弁論期日をインターネット配信することから、まず検討を開始すべきであるとしています（日弁連意見書29頁）。

日弁連の意見書では、法廷のウェブ中継が提案されていますが、リアルタイムでウェブ中継をすることが可能となれば、プライバシーや営業秘密の侵害のおそれがあることから、両当事者がウェブ中継に同意することが想定し難いと考えられます。また、ウェブ中継の内容が複製される等して、SNS等で無許可で中継動画が配信される等して、名誉権・プライバシー権が侵害されてしまうリスクが懸念されます。特に海外サーバ等を経由して動画配信されていると、動画の配信者の特定や動画の削除が困難であり、被害回復が困難なのが現状であることから、現段階では法廷のウェブ中継までは許容すべきではないと考えられます。これは最高裁判所の口頭弁論期日であっても同様であると考えられます。

今後、情報通信技術とセキュリティの発達に伴い、ウェブ中継を認めても訴訟関係者に対するプライバシー権や名誉権侵害が生じないような環境が整備されるようになれば、ウェブ中継も検討されるべきと思われます。

また、中間試案8頁では口頭弁論の公開は現実の法廷において行うものとし、裁判所がインターネット中継等によって行うことを許容したりする規律は設けないものとされています。

さらに、中間試案7頁では、ウェブ会議等で行う口頭弁論期日の映像又は音声について裁判所の許可を得ないで写真の撮影、録音、録画又は放送等をしたときの制裁を設けることとされています。制裁の内容については、過料に処するものとすることや、ウェブ会議の今後の利用を禁止することが考えられています（補足説明41頁）。

ウェブ会議を行う場合、傍聴人がウェブ会議に同席することができるかという問題について、研究会報告書等では明らかにされていません。「傍聴」とは、現実の法廷内における傍聴をいうと考えると、ウェブ会議に同席させる方法による傍聴までは認めないと考えることもできます。しかしながら、訴訟当事者の親族や会社関係者などが口頭弁論期日を傍聴するためには、現実の法廷に出頭しなければならないとするのは、訴訟関係者に法廷への出頭の負担を課すのみならず、期日において訴訟当事者と訴訟関係者が円滑に協議を行うことも困難となることから、訴訟当事者の利益も害することになるでしょう。裁判所が訴訟当事者以外のウェブ会議参加者の有無をチェックして、事案の性質に応じて訴訟関係者の傍聴を許可する方法などによりウェブ会議による傍聴を認める方向で検討すべきと考えます。

ウ　口頭主義及び直接主義との関係

研究会では、「ウェブ会議等を利用することで、裁判所は出頭しない当事者の様子を表情なども含めてつぶさに把握した上で、当事者の発言をほぼリアルタイムで聴取しながら手続を進めることができるため、口頭主義及び直接主義の要請も満たす」と指摘されています（研究会報告書60頁）。

⑵　留意すべき点

ウェブ会議等による口頭弁論期日の出頭を認めた場合、ウェブ会議等システムが良好に機能していれば問題ありませんが、仮に音声・映像不良や、回線遮断等が発生した場合にも、裁判所がそのような事実を十分認識せずに期日を続行すると、口頭弁論期日における諸原則に反することになります。そのような問題が発生しないように、裁判官は、音声・映像や回線状況等を常に確認しながら、慎重に手続を進めるべきであるといえます。訴訟当事者も回線状況等に問題があるにもかかわらず期日が続行されるようなことがあれば、裁判所にその旨を伝えて、訴訟手続の進行が困難である等の意見を述べるべきと考えられます。

仮に期日がそのまま開催され、続行されることになってしまった場合には、上記口頭弁論の諸原則を満たしているとはいえません。当事者がそのまま異議を述べないとすると責問権の放棄・喪失（民訴法90条）となるかが問題となります。この点については、口頭弁論の諸原則のような訴訟制度の信用と能率にかかわる事項について定めた規定、いわゆる強行規定の違反があれば責問権の放棄・喪失は認められないと考えられています（民訴法90条ただし書の「放棄することができないもの」に該当すると考えられます。）。

口頭弁論期日におけるウェブ会議等の利用は当事者が現実に出頭する負担を軽減することになりますが、傍聴席から法廷内の様子を見られる状況にしたり、回線切断等のシステム上のトラブルに注意したりしながら、当事者の出頭の機会を確保する等の口頭弁論期日の諸原則に反しない形での運用が必要であると考えられます。

（安藤　博規）

3 口頭弁論におけるウェブ会議等の利用の在り方

Q3 ウェブ会議等による口頭弁論は、当事者が期日に現実に出頭したいと考える場合にも実施されるのでしょうか。

ポイント

1　ウェブ会議等によって口頭弁論期日における手続を行うか否かは、当事者の意見を聴いたうえで判断されることが予定されています。

2　現実の出頭を希望する当事者の利益は保護されるべきであり、期日に現実に出頭したいとの当事者の意見は、ウェブ会議等によって口頭弁論期日における手続を行うか否かの判断において考慮されることになります。

A　1　ウェブ会議等と現実の出頭を希望する当事者の利益

口頭弁論期日においては、口頭主義、直接主義の原則から、当事者等は、法廷において、直接裁判官と顔を合わせて、主張を述べたり、証拠調べを行ったりすることができます。

これに対し、ウェブ会議等を利用した口頭弁論期日であると、画面越しに当事者や裁判官の顔が写し出されて会話をしたり、証拠調べを行うことになります。映像だけでは目と目を合わせて話すわけではなく、パソコン等の画面を見ていることになりますし、直接顔を合わせる時よりも表情の変化がはっきりとわからない可能性があります。また、映像や音声による会話は、若干のタイムラグが生じたり、通信障害でうまく聞き取れない等のトラブルが生じることがあり、直接の対面によるコミュニケーションと比較して円滑なコミュニケーションができなくなる可能性があります。

たしかに、口頭弁論の期日において、当事者の一方又は双方が現実の出頭をせずに手続に関与することを許容することができることとすれば、当事者の利便性が大きく向上し、民事裁判手続がより利用しやすいものになるでしょう。

しかし、当事者にとっては、現実に出頭して、法廷で裁判官と直接顔を合わせて話をすることにより、円滑なコミュニケーション等が期待できるため、現実の出頭を希望する当事者の利益は保護されるべきです。

2 ウェブ会議等の方向性

(1) ウェブ会議等とIT機器の保有

本人訴訟において、ウェブ会議等による口頭弁論期日の出頭が義務付けられてしまうと、多数の主張書面、書証等が提出された場合に、たとえば本人のスマートフォン等の携帯端末で訴訟行為を行うことは困難であると考えられます。そもそもIT機器を保有しておらずウェブ会議等による参加ができない場合も考えられます。

総務省「令和2年度情報通信白書」336頁によると、2019年のパソコン世帯保有率は69.1%となっており、約7割の世帯がパソコンを保有しており、パソコンが家庭内において一定程度普及しているといえます。そして、情報化社会の進展に伴い、今後、パソコン世帯保有率やタブレット型端末保有率は上昇していくことが予想されます。IT機器の普及が進めば、裁判がより利用しやすくなる裁判のIT化も推進していくべきといえます。

もっとも、現段階ではIT機器の保有が100%までにはなっておらず、IT機器を保有していなければ、民事訴訟において口頭弁論期日の出頭ができないとすれば、国民の裁判を受ける権利を侵害することになってしまいます。

これは弁護士が訴訟代理人に就任している場合であっても同様の問題があり、全国全ての法律事務所がウェブ会議等による参加が可能なIT機器を保有しているとは限りません。

したがって、口頭弁論期日のIT化の方針は、国民の裁判を受ける権利を侵害するおそれとの関係でも慎重に検討しなければなりません。

⑵ ウェブ会議の口頭弁論期日の内容

ウェブ会議による口頭弁論期日において、訴状、答弁書の陳述を行うのみならず、書証の取調べを行うことができるのか問題となります。

書証の取調べについては、当事者双方が法廷に出頭する口頭弁論期日において原本を閲読することにより行うのが原則です。

もっとも、実務上、写しを原本の代用とする書証も認められています。そのため、原本の存在又は成立に争いがなかったり、相手方に異議がないような場合は、事件管理システムを通じて提出された文書の電子データを原本の代用とする書証と解して、ウェブ会議の口頭弁論期日においても当該データの取調べを行うことができると解すべきです。

また、原本の取調べ方法についても、原本の印影等が問題となるような場合には現実に当事者双方が法廷に出頭して原本を閲読する方法が望ましいですが、文書の種類によっては、ウェブ会議のカメラ画面を通して原本を確認する方法でも足りる場合もあるでしょう。ウェブ会議の口頭弁論期日であってもできる限り書証の取調べを行うことを許容する方向で検討がなされるべきです。

3 法制審部会での検討状況

ウェブ会議等を利用した口頭弁論の期日の手続について、次のような規律を設けることが提案されています（中間試案7頁）。

「裁判所は、相当と認めるときは、当事者の意見を聴いて、最高裁判所規則で定めるところにより、裁判所及び当事者双方が映像と音声の送受信により相手の状態を相互に認識しながら通話をすることができる方法によって、口頭弁論の期日における手続を行うことができるものとします。その期日に出頭しないで、その手続に関与した当事者は、その期日に出頭したものとみなすものとする。」

上記からも理解できるとおり、ウェブ会議等によって口頭弁論期日における手続を行うか否かについては、少なくとも当事者の意見を聴いたうえで判断されることが予定されています。

現実の出頭を希望する当事者の利益は保護されるべきであり、期日に現実に出頭したいとの当事者の意見は、ウェブ会議等によって口頭弁論期日における手続を行うか否かの判断において考慮されることになります。

（安藤　博規）

4 ウェブ会議等による口頭弁論の必要性と課題

Q4 ウェブ会議等により口頭弁論を行う場合、なりすまし等による非弁護士が不当に介入するおそれはありませんか。非弁護士の介入を防ぐためにはどのような対策が検討されていますか。

ポイント

1 ウェブ会議等により口頭弁論を行う場合、弁護士でないものが関与する可能性があります（なりすましの危険性）。この点については、システムの利用登録を厳格に行うことなどの対応が検討されています。

2 当事者の代理人である弁護士は、インターネット接続に関するネット環境の整備、具体的には、乗っ取り、スクリーンショットや録画データの流出を防ぐ必要があります。また、無断録画等に対する制裁も検討されているところです。

A

1 非弁護士が介入する可能性とその防止策

⑴ 非弁護士が介入する余地があるのか

仮に、ウェブ会議等による口頭弁論期日が実現された場合、裁判官は、当然数万人いる弁護士の顔を認識しているわけではなく、声も覚えているわけでもないため、訴状や答弁書に記載された弁護士が画面上に映った人間と同一であるとの確認をするのは現状難しいと思われます。そのため、非弁護士が弁護士になりすまして、期日に関与することが懸念されます（研究会報告書61頁）。

また、画面から見えない範囲で非弁護士が弁護士を指示し、傀儡、なりすましが発生する可能性についても考慮する必要があります（**第1章Q3**参照）。

そのため、何かしら非弁護士介入に対する防止策を取らなければ、弁護士法の遵守が揺らぐ状況にあります。以下、具体策を検討します。

⑵ 非弁護士介入の防止策を考える

ア ウェブ会議等を利用する場所を限定する

まず、非弁護士が出入りできないような場所でのウェブ会議等を行うことを訴訟代理人は求められることになります。口頭弁論は公開主義が原則ということになっていますが、訴訟代理人の一存で勝手に公開していいものではありません

たとえば、家族が映り込んでしまうようなスペース、カフェなどのオープンスペースは不適当であると考えられます（法律実務研究　第34号「裁判手続等のIT化」190頁）。

イ ウェブ会議等の共有（スクリーンショットや録画）を禁止する

さらに、ウェブ会議等は、PCにソフトを導入することにより、容易にスクリーンショットをすることや録画も可能であることから、その点を禁止する必要があると思われます。

しかも、Zoomなどのソフトを利用した状態で、Teamsを利用すると容易に画面共有が可能となります。様々な可能性を考慮すると際限がないものの、非弁護士の関与を防ぐための措置が急務です。

なお、この点については、「録画禁止」のテロップを流す、無断録画に対する制裁規定を設けるという議論もあります（研究会報告書63頁）。中間試案では、無断での写真の撮影等に対する制裁を設けることが提案されています（同7頁）。

ウ ネット環境整備

特に、訴訟代理人としては、セキュリティが整備された良好なネットワーク環境を用意する必要があります。フリーのWi-Fiなどを使用することは、システム侵入の危険性があることから、できる限りウェブ会議等による口頭弁論では使用すべきではありません。

エ 事件管理システム及びウェブ会議等システムの利用における本人確認

今般の裁判手続のIT化においては、最高裁が作成する事件管理システムの導入が検討されています。当該システムの利用登録の際の本人確認及

び接続確認を行うことにより、非弁護士の関与を防止するということも検討されています。

筆者としては、現在スマートフォンにおいて一般的に実装されている顔認証技術を利用することもできるのではないかと考えています。顔認証がなされれば、弁護士以外のシステム利用はかなりの程度防止できるのではないかと考えられます。

オ　事務職員のアカウント付与について

法律事務所においては、弁護士を補助し、円滑な訴訟手続を可能ならしめる事務職員の存在の重要性が認められています。仮に、弁護士だけに事件管理システムの接続権限を認めるということになると、諸々の作業を弁護士が行わなければならず、裁判手続を迅速化させるためのIT化が本末転倒となるおそれがあります。

そのため、事務職員に対しても一定の要件の下にアカウント付与をすべきという議論があります（日弁連意見書32頁）。

しかし、事務職員が付与されたアカウントを利用して非弁行為を行う可能性もあることから、弁護士職務基本規程19条に定める指導監督を徹底すること、また、弁護士が使用するアカウントの共有を事務職員とは行わないなどの措置が訴訟代理人には求められます。

2 まとめ

ウェブ会議等による口頭弁論期日を認めることは、当事者の出頭という最も負担となる行動を軽減させられること、迅速で充実した審理を実現できるというメリットを持っています。他方、ウェブ会議等による口頭弁論期日が、裁判の公開原則や裁判を受ける権利を侵害してはなりません。

今後の検討においても、口頭弁論の諸原則とIT化による効率化を並行して進めていけるような施策が検討されるべきであると考えています（法律実務研究　第34号「裁判手続等のIT化」192頁）。

（日比野　大）

5 口頭弁論期日のIT化と審理の迅速化

Q5 裁判手続のIT化による審理の迅速化の可能性について教えてください。

ポイント

1 裁判手続のIT化については、従前より議論が進んでいました。さらに、今般の新型コロナウイルス等の蔓延により、リモートワークその他社会全体のIT化が急速に進んでいることと並行して、裁判手続のIT化も更に進んでいくことが期待されます。

2 裁判手続のIT化は、ウェブ会議等の活用、それらの活用による紙媒体からの脱却、そして裁判記録の保存・管理の効率化という点で、裁判手続を迅速化させます。

3 裁判手続のIT化により、電子ファイル・クラウド技術を使ってより効率的に作業を進め、争点整理等を迅速に行えることとなります。

A 1 裁判手続のIT化による審理の迅速化の意義・重要性

(1) 迅速化の重要性

我が国では、諸外国に比べると非常に遅れていた裁判手続のIT化を進めようという機運が高まっていました。そして、2020年以降は、新型コロナウイルスの蔓延により、全国的にリモートワーク等が進む中で、裁判手続におけるIT化が以前にも増して更に急務となっています。

そして、裁判手続のIT化は、裁判手続の迅速化だけでなく、政府が提唱する新たな生活様式（厚生労働省HP「新型コロナウイルスを想定した『新しい生活様式』の実践例を公表しました」参照）を実践するに際しても必要不可欠なものとなりました。

(2) 裁判手続のIT化と審理の迅速化

現在の社会においては、スマートフォンを利用した電子情報のやりとりが主流となり、スピードが問われる時代となっています。裁判手続においても電子情報の送信及びビデオ会議等のシステムを利用することにより手続を遂行することで、迅速化が図られるものと思われます。これらは、伝染病の拡大防止にもつながると期待されます。

ア　ウェブ会議の活用

インターネット回線を用いたウェブ会議だけでなく、文字やファイル等を用いたリアルタイムなコミュニケーションにより、遠方の裁判所へ出頭するための時間や費用の負担が軽減されるため、期日の設定等も容易になることから、審理が早まる可能性があります。

イ　紙媒体の書面、及び証拠の準備、それらを持参又は郵送する費用、時間、労力の削減

現在の裁判手続においては、紙媒体を多用するため、プリントアウトや郵送のための労力が多重に弁護士事務所と当事者にかかっています。これを電子情報の提出のみで行うことにより、当事者の時間的負担の軽減となります。

ウ　裁判記録の保存、管理の効率化

これまで全て紙媒体であった裁判記録も保存、管理が容易になり、手軽に情報を引き出せることとなりますので、大量の記録を持ち歩く、大量の記録から資料を探し出すといった手間が減る可能性もあります。

2　裁判手続のIT化による審理の迅速化の可能性について

裁判手続のIT化が議論される前より、若手弁護士の間（筆者においても同様です。）においては、Dropboxやグーグルドライブ等を利用した訴訟記録の電子化や、またメールでの書面のやりとりは簡便な方法としてすでに用いられています（第一東京弁護士会会報2019年3月1日No.552 12頁）。

そして、IT化の仕組みを更に幅広く導入することで、審理の迅速化を図る必要があります。審理の迅速化に資する具体的な裁判手続の変化の可能性を見ていきましょう。

(1) 裁判手続のIT化に対する弁護士の姿勢

そもそも、弁護士の姿勢としては、電子化された訴訟記録を用いることによる争点整理等がなされるか否かにかかわらず「アバウトブロックダイヤグラム、時系列（素案）、立証計画案を作り上げるなど……与えられた手段を利用し尽くし、たっぷり汗をかいている」必要があると指摘されています（東京弁護士会民事訴訟問題等特別委員会編『民事訴訟代理人の実務 Ⅱ争点整理』6頁（青林書院、2011年）など）。

今後も弁護士は、電子化された手続を十分に利用して、依頼者の利益を図る姿勢が必要とされています。

(2) 模擬裁判での具体例

最高裁判所事務総局の企画により行われた模擬裁判における争点整理においては、審理モデルとして4つの方法を挙げた上で、これを実際に行い分析がなされています（自由と正義2018年11月号（以下「自由と正義」といいます。）21頁以下）。

具体的には、①現行の審理モデル、②各当事者が期日ごとに訴状と答弁書をWordの校閲機能を利用して改訂する、③訴状と答弁書提出以降は、主張書面を作成せず、裁判官が作成した争点に関するメモを基に口頭議論を行う、④③のメモを作成後、スカイプのメッセージ機能を利用して釈明し、総括ができた段階で、準備書面を提出するという4つの方法で行われています。

そして、「各審理モデルには効用と課題があるが……それぞれの審理モデルにおける効用と課題を考慮しつつ、これらのベストミックスを行うなど、新たな審理方法を模索することは有用である」と結論づけています（自由と正義25頁）。

そのため、具体的な運用や課題（裁判所の訴訟指揮の負担が大きくならないか等）については、今後実際に利用していく中で改善してくものと思われます（法律実務研究　第34号「裁判手続等のIT化」194頁）。

(3) 当事者双方が不出頭となる審理

現行法上、弁論準備手続及び進行協議期日においては、「ただし、当事者の一方がその期日に出頭した場合に」限り（民訴法170条3項、民訴規96条1項）、電話会議及びウェブ会議等による期日が許されることとなっています。

しかしながら、法律上は「期日」の定義がなく、一方が必ず出頭しなければならない理由がないこと、他の法律においては、当事者双方不出頭の期日が存在していることからすれば、「双方不出頭の弁論準備手続（進行協議期日）を認めることについて理論的な障害があるとはいえない」（研究会報告書85頁）と考えられています。

さらに、この議論を推し進めた結果、現在民訴法に存在する「準備的口頭弁論」「弁論準備手続」「書面による準備手続」を一本化すべきではないかという意見があります。

確かに、今後の改正において下記で述べる遠隔地要件や「ただし、当事者の一方がその期日に出頭した場合に限る」との条項が削除された場合には、入院患者や刑事施設被収容者（在監者が提起した民事訴訟が念頭にあります。）のために必要であった「書面による準備手続」（研究会報告書88頁）についても、ウェブ会議等を利用した双方不出頭の弁論準備手続が導入されることにより、その必要性が失われることになります（研究会報告書96頁）。

他方、準備的口頭弁論が公開手続で争点整理が行われるという意義があることから存続させるべきであること、書面による準備手続では、弁論準備手続と異なり、準備書面の提出等のみで争点等の整理を行うものであり、期日における意見交換を中核とする弁論準備手続とは差異がある等（補足説明58頁）、争点整理の選択肢は多い方がよいという意見もある（日弁連意見書18頁）ことから、今後の議論の深化を待ちたいところです（なお、中間試案13頁以降）。

また、「遠隔の地に居住している」ときの要件（民訴法170条3項、民訴規96条1項）については、削除の上、単に「相当と認めるとき」との改正をするよう各意見書とも述べているところです。遠隔地要件が削除された場合、相当性の判断はあるものの、裁判所の裁量によりウェブ会議等による争点整理が認められることとなり、期日調整も容易になることから、審理の迅速化が進むものと考えられます。

（日比野　大）

6 新たな訴訟手続

Q6 民事裁判のIT化を契機として、「新たな訴訟手続」の創設が提案されています。「新たな訴訟手続」の検討状況、課題について教えてください。

ポイント

1　民事裁判のIT化を契機として、裁判が公正かつ適正で充実した手続の下でより迅速に行われるようにするため、訴訟手続の特則として、新たな訴訟手続の創設が検討されています。

2　新たな訴訟手続について、これを創設するかどうか、新たな訴訟手続を創設するとして、手続の開始の要件、審理期間、審理の計画、主張及び証拠の制限、不服申立て等について、それぞれ通常の訴訟手続と異なる規律を設けるかどうか、異なる規律を設けるとして、その内容をどうするかが検討されています。新たな訴訟手続を創設するとして、事件の類型による制限を設けるかどうかも検討されています。

3　多様な懸念も示されている中で、新たな訴訟制度が創設された場合、紛争解決に対する労力や時間を最適化するというニーズに応えつつ、ITツールの利活用に合わせて制度の利用の促進が見込めるかが課題の一つになると考えられます。

A　1　創設が検討されている新たな訴訟手続

現行法でも地方裁判所における訴訟手続の特則として手形訴訟及び小切手訴訟に関する特則（民訴法350条以下）、簡易裁判所における訴訟手続の特則として少額訴訟に関する特則（同法368条以下）、労働審判法が定める非訟事件の手続としての労働審判手続（労働審判法15条2項）があります。これらの手続は、紛争の性質、種類に応じて口頭による訴えの提起、準備書面の省略、反訴の禁止、証拠調べの制限（人証の制限）、控訴の禁止、審理期日の回数の制限等、通常の訴訟手続とは異なる規律を定めています。

研究会報告書（70頁以降）において、裁判手続のIT化、ITツールの特性を活かした争点中心の集中かつ充実した審理により、紛争解決の実効性を担保しつつ紛争を迅速に解決し、解決に要する期間について当事者の予測可能性を高めるための「特別な訴訟手続」の創設が提言されていたところ（原則3回までの期日で行われ、6か月以内にほとんど終結する労働審判がロールモデルとされています。）、同報告書の提案を受け、法制審部会では、通常の訴訟手続とは異なる新たな訴訟手続についてこれを創設するかどうか、新たな訴訟手続を創設するとして、手続の開始の要件、審理期間、審理の計画、主張及び証拠の制限、不服申立て等についてそれぞれ通常の訴訟手続と異なる規律を設けるかどうか、異なる規律を設けるとしてその内容をどうするかが検討されています。

2 新たな訴訟手続の検討状況

法制審部会での検討を経て、中間試案として3つの案（甲案、乙案、丙案）が示されました。新たな訴訟手続の検討状況として、法制審部会により示された3つの案（甲案、乙案、丙案）の概要等は、次のとおりです（中間試案8頁以降）。なお、甲案及び乙案は、新たな訴訟手続を採用する前提で、その内容について提言するものであり、丙案は、新たな訴訟手続の採用をしないとするものです。

(1) 甲案と乙案の共通点

① 地方裁判所における新たな訴訟手続を設ける。

② 第1回口頭弁論期日の終了時までに申し出なければ新たな訴訟手続をとれない。

③ 審理期間は原則として6か月以内となる。

④ 当事者が通知アドレスの申し出（事件管理システムの利用の登録）をしていることが手続の前提となる。

⑤ 裁判所は、不相当と認めるときは通常の手続に移行させることがで

きる。

⑵ 甲案の特徴点

① 原告のイニシアティブで新たな訴訟手続による審判を求める。

② 証拠調べは、即時に取り調べることができる証拠に限りすることができる。

③ 被告は、第1回口頭弁論期日の終了までに通常の手続に移行することを求められる。

④ 新たな訴訟手続の終局判決に対しては、控訴ができないが、異議を申し立てた場合、口頭弁論終結前に復し、通常の手続による審判に移行する。

⑶ 乙案の特徴点

① 当事者の共同の申立てにより新たな訴訟手続による審判を求める。

② 裁判所は争点証拠整理、尋問実施期日、口頭弁論終結及び判決言渡しの予定時期などについて審理計画を定める。

⑷ 丙案

新たな訴訟手続を設けない。

⑸ 甲案又は乙案を採用した場合について

地方裁判所に係属した事案について、当事者双方に異議がない場合に新たな訴訟手続によることができる制度設計となります。第1回口頭弁論期日の終了時までに当事者双方に新たな手続による審理について異議がない場合の手続となります。中間試案では、期日の回数制限は設けられていませんが、期間については、原則として6か月以内とされ、審理の短期化を図るものとされています。また、消費者と事業者の間の訴訟、個別労働関係紛争は、対象から除外することも検討されています。

反訴や弁論の併合については、審理期間の限定を前提に制限しない提案となっています。同様に、主張書面の通数の制限も設けられていません。

甲案では、控訴は許されませんが、地裁の終局判決に対して異議申立てをすることにより、口頭弁論終結前に復し、通常の手続による審理に移行するため、実質的には、控訴が許されるのと同様の効果が得られると言えます。

3 課題について

新たな訴訟手続については、①そもそもITツールの利活用と訴訟手続の特則化それ自体が結びつくものではないのではないか、②過度な主張立証制限がかえって利用を敬遠する要因となり、手続が活発に利用されないのではないか、③手続の利用が強制されているわけではないものの、手続の利用は被告の同意が前提であるので、そもそも請求されている側としては支払を拒んで交渉が長期化しているのであるから、異議が出て通常訴訟となるパターンが常態化しないか等の懸念があると指摘されています。

日弁連では、研究会報告書（70頁以降）において提案された「特別な訴訟手続」に類似の制度については、民事司法の改革の一環として、司法アクセスの拡充と当事者での解決として第24回司法シンポジウム（2010年9月11日）及び民事司法改革グランドデザイン（2018年1月19日改訂）において民事審判制度として要綱案が議論・検討されたものの、内容及び適用範囲を巡って反対意見も多く、日弁連意見書では、研究会報告書の提案する制度の創設に反対する旨の意見が表明されています（同15頁）。

前述**2**のとおり、新たな訴訟手続は、その創設の是非を含めて検討されているところですが、紛争解決に対する労力や時間を最適化するというニーズに応えるために制度創設に至った場合には、ITツールの利活用に合わせて制度そのものの利用の促進が見込めるかが課題の一つとなると考えられます。新たな訴訟手続は、ITツールの利活用と相乗効果により民事司法としての利便性が高まることが期待されてのものであり、当事者ひいてはその代理人である弁護士が積極的に制度を利活用しないと機能せず、せっかく創設したにもかかわらず、使われないものとなってしまうおそれもあります。ITツールの利活用を通じて、紛争解決に対する労力や時間を最適化するような新たな訴訟手続の積極的な利活用が期待されるところです。さらには、たとえば提訴前の事前任意交渉において争点と証拠がある程度絞られ、主張立証を尽くした上で、合意に至らない事案について第三者である裁判所の判断による早期解決を目指して提訴し、本手続を利用する、などの工夫が求められることになるものと思われます。

中間試案では、新たな訴訟手続の利用は、当事者に異議がないことが前提となっています。原告にせよ被告にせよ、一方が反対する場合には、本手続は取れないことになりますが、双方合意が維持される限りは、迅速な事案解決に資するものと考えられますし、いったん合意して新たな訴訟制度の手続で審理を進めておきながら、一方的に異議を申し立てて通常の訴訟手続に戻した場合、裁判官の心証にも影響する可能性があり、手続選択について慎重になるとしても、いったん手続が選択された以上、双方真摯に簡易迅速な審理に協力するという効果が期待できると思われます。また、新たな訴訟手続を選択する場合には、訴訟手続のIT化の活用と結び付けられており、双方がIT技術を活用しての審理が期待されます。

新たな訴訟手続は、交渉段階である程度争点が絞られている事案や類型的になじむ事案なども今後見いだされていく可能性があります。前述した懸念の指摘もありますが、当事者が選択することにより手続が進められることになりますので、訴訟制度の選択肢としてはレパートリーが増えることになります。本制度とIT技術が相まって、裁判による法的紛争の簡易迅速な解決が図られることが期待されます。

（遠藤　啓之）

コラム Teamsはこわくない！

裁判手続のIT化の最初の段階であるフェーズ1では、ウェブ会議等を利用した争点整理手続が行われています。

新型コロナウイルス感染症流行の影響もあり、インターネット回線を用いてパソコンやスマートフォンなどから、映像と音声を用いて離れた場所同士を結んで会議をするウェブ会議は、急速に普及しています。しかし、覚えなきゃ、と思いつつも何となく苦手意識があってまだ始められていないといった方もいらっしゃると思います。

しかし、今後はむしろウェブ会議などを用いたe法廷が一般的になっていく可能性は十分あります。ITに苦手意識をいつまでも持っていたら、弁護士の基本である訴訟活動そのものが苦手に、なんてことにもなりかねません。ぜひ使ってみていただきたいと思います。

裁判所がウェブ会議に用いるのは、数あるウェブ会議サービスの中でも、マイクロソフト社が提供するTeams（チームズ）というものです。Teamsにはさまざまな機能がありますが、今のところ訴訟手続で利用が予定されているのはウェブ会議の機能のみになります。ですから、このウェブ会議の使い方さえ覚えていただければ大丈夫です。

では、始めるにあたって何が必要でしょうか？インターネット回線がつながったパソコンか、スマホ、あるいはタブレットなどがあれば、基本的にそれ以外の機械などを準備する必要はありません。そのパソコンやスマホなど（まとめて「デバイス」といいます。）にカメラなどがついていない場合はウェブカメラを別途購入する必要があります。

そして、Teamsを使うデバイスから、インターネット検索などをするブラウザ（Google Chromeや、Microsoft Edgeといった名前です。）を起動し、検索欄で、「Microsoft Teams」というキーワードを打ち込み、マイクロソフト社のウェブサイトに行きます。ここにサインインという登録のためのボタンがありますので、そこをクリックして求められる事項を入力します。

アカウントの作成途中には、登録したメールアドレスに暗証番号のようなコードが送られますので、それを入力して先に進め、登録を完了させます。

Teamsは、上記のとおりウェブブラウザがあれば使えます。ただ気をつけていただきたいのは、Internet ExplorerとかSafariといったブラウザではウェブ会議対応がなされていないので、こうしたブラウザを普段使われている方は、別途アプリをダウンロードして使っていただく必要があります。

アカウントが作成されましたら、後は、裁判所の書記官から送られてくる当該事件用の招待メールにある青色のボタンをクリックすると、Teamsの画面が自動的に立ち上がります。アカウント情報が保存されていれば（されていなければアカウントを作成した際の情報を入力すると）、自動的にご自身のページに移行し、そこで当該事件のチームが左側に表示されます。これをクリックすれば、今後当該事件についてはウェブ会議への参加の準備が整うことになります。指定された期日の時間に、Teamsの自分のアカウントのページを開いておけば、裁判所からウェブ会議参加依頼というのが出ますので、これに応答すれば、ウェブ会議が開始されます。

日弁連の会員は、同連合会のホームページの会員専用サイト内において、最高裁判所の通知や詳細な設定マニュアルが公開されていますから、是非参照してください（https://www.nichibenren.jp/opencms/opencms/kaimujoho/juyokadai/minji_it/index.html）。

Teamsを使ったウェブ会議は、使い始めると予想以上に簡単で、手放せないものになると思います。ITへの苦手意識、慣れぬ横文字、ちょっと躊躇されている方も多いと思いますが、やってみれば実は全然こわくはありません。必要な機材はたった一台のデバイス（マイク付き、カメラ付き）です。ぜひ早めに試されることをお勧めします！

第4章

弁論準備手続のIT化
（準備書面の提出、ウェブ会議）

1　ウェブ会議等による争点整理手続への参加

Q1　争点整理手続のIT化はどのように進められるでしょうか。争点整理手続のIT化の方向性、ウェブ会議等による争点整理手続のメリット、課題、留意点について教えてください。

ポイント

1　フェーズ2では、現行の争点整理手続を存続させつつ、ウェブ会議システムを利用した争点整理手続を実現するために必要な法改正を行うことが検討されています。

2　ウェブ会議システムを利用することで、当事者が裁判所に出頭することなく、臨場感のある効率的かつ効果的な争点整理を実施できるメリットがあります。

3　ウェブ会議システムを利用した争点整理手続では、①適切なインターネット環境を備えた接続先の確保、②争点整理手続におけるウェブ会議システムの利用方法などに課題と留意点があると考えられます。

A　1　争点整理手続のIT化の現状と今後の方向性について

現行の民訴法では、争点整理のための手続として、①弁論準備手続（民訴法168条～174条）、②書面による準備手続（民訴法175条～178条）、③準備的口頭弁論（民訴法164条～167条）が用意されています。

これらの手続をIT化するに際して、争点整理手続を一本化すべきとの議論も存在します。

しかし、各手続が設けられた背景や制度趣旨、手続存続の必要性などを踏まえ、具体的な審理状況に応じてより適切な争点整理手続を選択できた方が訴訟当事者の利益となるとの考えから、現行の争点整理手続を存続させつつ、ウェブ会議システムを利用した効率的かつ効果的な争点整理手続を実現するのに必要な限りで法改正を行う案が検討されています（研究会報告書83頁ないし97頁、中間試案11～16頁)。

2 改正案の内容

(1) 弁論準備手続(民訴法170条3項の改正)

ア 民訴法170条3項が定める実施方法について

民訴法170条3項では、「裁判所と当事者双方が音声の送受信により同時に通話をする」と定められていますが、このような文言のままでも、ウェブ会議システムを利用した弁論準備手続を行うことは可能と解釈されています(研究会報告書86頁)。

イ 遠隔地要件の廃止

現行の民訴法170条3項では、手続の実施要件として「当事者が遠隔の地に居住しているときその他相当と認めるとき」との定めがあります。

上記文言からすれば、「当事者が遠隔の地に居住して」おり、出頭することが困難な場合か、それと同程度の必要性が認められる場合にしか、ウェブ会議等を利用した弁論準備手続を実施できないとの解釈が一般的でした(現在行われているフェーズ1では従来の解釈が緩められています。)。

そのため、ウェブ会議等を利用した弁論準備手続を実施することに関して、裁判官に広い裁量を認めるために「当事者が遠隔の地に居住しているとき」との文言を削除することが提案されています(研究会報告書84頁及び85頁、中間試案11頁及び12頁)。

ウ 一方当事者出頭要件の廃止

現行の民訴法170条3項ただし書では、当事者の一方が期日に出頭することを手続実施の要件としています。

この点、①「少なくとも一方当事者は出頭しなければならない」という「期日」の定義は法律上存在しないこと、②現在のウェブ会議システムの性能からすれば、当事者双方が出頭して現実に顔を合わせなくても臨場感のある意思疎通は十分可能であること、などの理由で一方当事者の出頭要件は廃止することが検討されています(研究会報告書84頁及び85頁、中間試案11頁及び12頁）。

エ　民訴法170条2項の改正

中間試案（11頁及び12頁）では、今回の改正を機に、民訴法170条2項を改正して、弁論準備手続の期日において、調査嘱託の結果、尋問に代わる書面、鑑定人の意見を記載した書面及び鑑定嘱託の結果などの顕出を認めることが提案されています。

(2)　書面による準備手続（民訴法175条と176条の改正）

書面による準備手続の改正については、①手続存続の必要性、②遠隔地要件の廃止、③手続主宰者の変更、④ウェブ会議等を利用した協議の廃止、などが検討されています（中間試案12頁）。これらの改正案に関する詳細は、**本章Q2**をご参照ください。

(3)　準備的口頭弁論

ア　手続存続の必要性について

準備的口頭弁論（民訴法164条～167条）は、口頭弁論期日で争点整理及び証拠の整理を行う手続です。

IT化にあたり、準備的口頭弁論を存続させるべきかが議論となっていますが、社会的耳目を集める事件の争点整理は、非公開の弁論準備手続ではなく、公開の法廷で行われる準備的口頭弁論で行う必要があるため、そのためにも準備的口頭弁論は存続させるべきだとされています（研究会報告書92頁、中間試案13頁）。

イ　改正点について

準備的口頭弁論では、公開の法廷で行われる口頭弁論期日で争点整理を行うため、口頭弁論の規律が適用されます。そのため、準備的口頭弁論をIT化させるためには、口頭弁論期日に関する規定をIT化に即したものにすれば足り、特に準備的口頭弁論に関する規定（民訴法164条～167条）を改正する必要はないとされています（研究会報告書92頁及び93頁、中間試案13頁。口頭弁論期日のIT化の詳細については、**第3章**をご参照ください。）。

3 争点整理手続をIT化することによるメリット

争点整理手続をIT化することにより、以下のようなメリットがあると考えられます。

(1) 臨場感のある、より効率的な争点整理手続の実現

ウェブ会議等は、音声のみならず、映像の送受信により、互いの顔を見ながら意思疎通を図ることができるため、音声の送受信のみである電話会議システムを利用する場合と比べて、互いの意思疎通が取りやすいというメリットがあります。そのため、双方が異なる場所に居ながらも、臨場感のある争点整理手続を行うことが可能となります。

また、ウェブ会議等を利用することで、当事者が裁判所に出頭する必要がなくなるため、出頭するために要した時間的、経済的な負担を免れることができるというメリットがあります。特に、出頭に時間を要するために、従前であれば他のスケジュールとの関係で期日調整が難航した事件では、ウェブ会議等を利用することによって、期日調整が容易になることが期待できます。このように、ウェブ会議等を利用することによって、効率的な争点整理手続を行うことが可能となります。

(2) 一方当事者出頭要件を廃止することによるメリット

現行法で広く利用されている電話会議システムを利用した争点整理手続では、当事者のどちらかは出頭しなければなりません。そのため、一方当事者は出頭に伴う時間的、経済的負担を免れるにもかかわらず、もう一方の当事者はこれらの負担を負わなければならないという不公平感が存在しました。

しかし、IT化により当事者双方とも出頭が不要になるため、上記のような不公平感は取り除かれることになります。

(3) 遠隔地要件を廃止することによるメリット

遠隔地要件があることにより、現行の電話会議システムを利用した争点整理手続は、一方当事者（又はその訴訟代理人）が遠方に所在しており、そのために出頭に伴う負担が大きい場合に限って、例外的に実施されるよ

うな運用になっていました。

しかし、遠隔地要件が廃止されることにより、今後はウェブ会議等を利用した争点整理手続が積極的に利用されることが期待されます。これにより、すでに述べたIT化によるメリットを当事者が広く享受できることになります。

4 争点整理手続のIT化の課題と留意点について

上記**3**のようなメリットがあるIT化ですが、以下のような課題と留意点があると考えられます。

⑴ 適切なインターネット環境を備えた接続先の確保について

争点整理手続でウェブ会議等を利用するためには、利用する当事者において、通信の安定性が確保された適切なインターネット環境を用意する必要があります。

また、ウェブ会議等を利用する以上、第三者に訴訟に関する情報や当事者のプライバシー情報が流出する危険性があります。準備的口頭弁論以外の争点整理手続は本来非公開であり、その機密性を保つ必要があることを踏まえれば、プライバシーやセキュリティに配慮した安全な接続環境を確保することは非常に重要です。

以上のことを踏まえ、争点整理手続を実施する際の当事者の所在場所等について、その適切性を確保するためのルール化が必要との意見があります（日弁連意見書18頁）。このルール化の案として、ウェブ会議等を行うにあたり必要な細則を最高裁規則で定めることが検討されています。具体的には、①当事者にインターネットの接続先の場所と、その場所のインターネット環境を明らかにさせること、②裁判所が相当でないと認めるときは当事者に場所の変更を命ずることができること、などを最高裁規則に定めるべきとの提案がなされています（研究会報告書85頁、補足説明56頁）。このようなルール化に関しては、たとえば当事者の訴訟代理人が、自宅や弁護士会の相談室などの事務所以外の場所でウェブ会議等に接続して期日に参加することを認めるのか、接続先の場所を変更するたびに裁判所に届出をする必要があるのか、といった点が検討課題になると考えられます。

(2) 争点整理手続におけるウェブ会議等の利用方法について

上記4(1)のとおり、ウェブ会議等を行うための細則は最高裁規則で定めるとされていますが、その具体的な内容はまだ明らかになっていません。そのため、ウェブ会議等を利用した争点整理手続が具体的にどのようにして運用、実施されるのか、未だ不明な点が多いのが現状です。

現在フェーズ1で、試験的に実施されている「Teams」を利用した争点整理手続では、裁判所が予め訴訟代理人に登録用のメールアドレスを申告させ、そのメールアドレスを裁判所が作成したチームに登録（招待）することによって、ウェブ会議が実施されています。この際に登録されるメールアドレスが訴訟代理人のメールアドレス1つであるとすると、期日に参加する当事者本人（当事者が法人である場合には代表者や担当者）や、同じ当事者の代理人であって所属事務所を異にする他の訴訟代理人などは、メールアドレスが登録された訴訟代理人の事務所に出向いて期日に参加せざるを得ないことになります。このような不都合を回避するためにも、ウェブ会議等に登録できる者を訴訟代理人1名に限定するのではなく、裁判所が相当と認める者の登録も認める必要があると考えます。

（金原　一樹）

2 争点整理手続の一本化

Q2 争点整理手続の一本化についての検討状況を教えてください。「書面による準備手続」はどうあるべきでしょうか。

ポイント

1 争点整理手続の一本化については、書面による準備手続及び準備的口頭弁論を廃止することも含め、これらの要否が検討されています。

2 書面による準備手続については、手続を主宰できる者の範囲を拡大させることや、遠隔地要件やウェブ会議等を利用した協議について定めた規定の改廃などが検討されています。

A 1 争点整理手続一本化の議論について

⑴ 書面による準備手続の制度趣旨

書面による準備手続は、遠隔の地に居住しているなどの理由により、当事者が期日に出頭することが困難な事情がある場合には、裁判所が当事者の意見を聴いたうえで、当事者双方の出頭なしに準備書面の交換等により争点整理を行う手続です（民訴法175条～178条）。

書面による準備手続は、書面の交換のみで争点整理を行うドイツの運用をモデルにした手続で、争点整理の選択肢の一つとして、1996年の民事訴訟法改正の際に導入された制度です。

⑵ 議論の論拠

このように書面による準備手続は、当事者双方の出頭なしに準備書面の提出等により争点整理を行う手続であり、この点が一方当事者の出頭を必須とする現行の弁論準備手続との大きな違いです。しかし、弁論準備手続がIT化されれば、当事者双方の出頭が不要なため、上記のような相違点は無くなります。さらに、書面による準備手続では、民訴法170条1項、2項及び5項のような規定がないため、弁論準備手続と比較して手続内で行える訴訟行為が限られています（準備書面の陳述、証拠の採否、書証の取調べなどを書面による準備手続で行うことはできません。）。これらのことから、従前は書面による準備手続が利用されたような事案であっても、改正後には専ら弁論準備手続が利用されるようになるとの指摘がされています（研究会報告書95頁及び96頁、補足説明60頁）。

また、準備的口頭弁論についても、その利用頻度が少ないことから、敢えて弁論準備手続とは別にこれを存続させる必要はないと指摘されています（研究会報告書95頁及び96頁）。

以上のことから、準備的口頭弁論や書面による準備手続を廃止した上で、現行の三種類の争点整理手続の各要素を存置した争点整理手続に一本化するのが望ましいとの意見があります。この意見を踏まえ、現行の弁論準備手続を主軸として、争点整理手続の実施方法、手続内で行える訴訟行為、手続の主宰者などを統一的に定め、適宜、争点整理手続を公開したり、期日を指定せずに書面のやりとりだけで実施したりすることを可能にする案（新たな争点整理手続案）が提案されています（中間試案13～16頁、補足説明64頁）。

⑶　一本化の要否

争点整理手続を一本化すべきか否かについては、それぞれの手続の存在意義と一本化する必要性を十分に検討すべきと指摘されています（部会資料5・13頁）。

書面による準備手続については、同手続が、期日における意見交換を中核とする弁論準備手続とは異なって、原則として書面（準備書面等）の提出のみによって争点整理を行う手続である点に存在意義があるとの指摘があります。そして、このような特質を有する争点整理手続を必要とする場面（刑事施設被収容者やIT機器等にアクセスできない入院患者などが本人訴訟を行う場合など）は依然として存在するため、書面による準備手続は存続させるべきとの指摘があります。

また、準備的口頭弁論についても、口頭弁論期日や弁論準備手続とは異なる規律を敢えて設けていることの意義や、準備的口頭弁論を利用することが適切と考えられる場面（社会的耳目を集める事件の争点整理を行う場合など）が依然として存在していることなどを理由に、これを存続させるべきとの指摘があります。

以上のように、争点整理手続を一本化させるべきか否かについては、現時点で様々な議論が展開されているところです。今後、その規律の在り方についても、さらなる議論と検討が重ねられることが期待されています。

2 書面による準備手続に関する改正点について

争点整理手続のIT化に際して、書面による準備手続については、以下のような提案がされています（研究会報告書87頁ないし92頁、中間試案12頁及び13頁）。

⑴ 遠隔地要件の廃止（民訴法175条の改正）

書面による準備手続では、手続の実施要件として「当事者が遠隔の地に居住しているときその他相当と認めるとき」との定めがあります（民訴法175条）。

しかし、弁論準備手続ですら、遠隔地要件を廃止することが提案されている以上、書面による準備手続で遠隔地要件を維持する必要性は高くないとして「当事者が遠隔の地に居住しているとき」との文言を削除することが提案されています（研究会報告書88頁及び89頁、中間試案12頁）。

⑵ 手続の主宰者について（民訴法176条1項、2項及び4項の改正）

現行の書面による準備手続では、手続は「裁判長」が行うものとされ、事件が高等裁判所に係属している場合に限り、受命裁判官に行わせることができるとされています（民訴法176条1項）。このように手続の主宰者を限定した趣旨は、書面による準備手続が当事者双方の出頭を不要として、書面のみで争点整理を行うことから、経験豊富な裁判官が手続を主宰する必要があるとした点にあります。

しかし、単独事件であれば特例判事補でも手続を主宰できるにもかかわらず、合議事件の場合には、より経験豊富な右陪席裁判官であっても手続を受命させることができないのは不合理と考えられます。また、弁論準備手続の場合、IT化がされれば当事者双方が出頭しなくとも、地方裁判所は、同手続を受命裁判官に主宰させることが可能となります。

以上のことを踏まえ、書面による準備手続の主宰者を「裁判長」から「裁判所」に変更することが提案されています（研究会報告書89頁及び90頁、中間試案12頁及び13頁）。さらに、高等裁判所に事件が係属している場合でなくても、裁判所が行う職務を受命裁判官に行わせることができることを明示した規定を設け、受命裁判官の訴訟指揮等に対する異議については受訴裁判所が判断することを明示する旨の規定を新設することが提案されています（研究会報告書90頁及び91頁、中間試案12頁及び13頁）。

また、書面による準備手続には一定の知識経験が必要であることを踏まえ、判事補のみが受命裁判官になることを禁止することも提案されています（研究会報告書91頁、中間試案12頁）。

なお、手続の主宰者に関するこれらの改正に伴い、民訴法176条2項（民訴法162条に規定する期間を定める主体について定めた条項）の文言のうち「高等裁判所における受命裁判官」を削除することや、書面による準備手続への民訴法149条2項の準用を新たに認めること（民訴法176条4項の改正）などが提案されています（中間試案12頁及び13頁）。

⑶　ウェブ会議等を利用した協議の廃止（民訴法176条3項の削除）

現行の書面による準備手続では、弁論準備手続と同様に、電話会議システムを利用することを想定して、それを利用した協議に関する規定が存在します（民訴法176条3項）。そして、同規定は、弁論準備手続の規定（民訴法170条3項）と同様に、文言を変えることなくウェブ会議システムを利用した協議を実施できるとの解釈が可能です。そのため、書面による準備手続でもウェブ会議システムを利用した協議の実施を認めるのであれば、民訴法176条3項はそのまま維持すべきとも考えられます。

その一方で、①IT化された弁論準備手続でも当事者双方の出頭は不要とされていること、②書面による準備手続で行える訴訟行為は弁論準備手続よりも少ないこと、③書面による準備手続を行っている過程で、音声のやりとりや対面でのやりとりが必要となれば、手続を弁論準備手続に切り替えれば十分であること、などの理由から書面による準備手続ではウェブ会議システム等の利用を認める必要はないとして、民訴法176条3項を削除することも提案されています（研究会報告書91頁及び92頁、中間試案13頁）。この提案どおりの改正がされれば、書面による準備手続は、IT機器にアクセスすることが困難な者が当事者になる場合や、書面の交換のみで争点整理ができる場合に限り利用されることになると考えられます。

（金原　一樹）

3 ウェブ会議等による争点整理の在り方

Q3 ウェブ会議等による争点整理をより効率的で充実したものにするには、当事者はどのような姿勢で臨む必要があるでしょうか。

ポイント

争点整理手続が、主張・証拠に基づいて裁判所・双方当事者が口頭で議論を重ねる場であることを意識して期日に臨むことが必要です。

A ウェブ会議等による効率的な争点整理手続について

(1) これまでの争点整理手続における課題

現行法における争点整理手続としては、準備的口頭弁論、弁論準備手続及び書面による準備手続が定められています。このうち、どの手続を選択するかは、裁判所の裁量に委ねられていますが、多くの裁判で弁論準備手続が用いられていると思われます。そのため、以下では、弁論準備手続に関する実情と課題を中心に検討したいと思います。

弁論準備手続については、「証拠を見ながら議論するのに適している、裁判所と当事者が忌憚のない意見交換をすることができる、期日の設定に融通性がある」といった積極的な評価がある一方で、「口頭弁論と比べて緊張感を保ちにくいことや、当事者間の言い合いに近い応酬になることなどから、長時間化しやすい」との消極的な指摘もありました（東京弁護士会民事訴訟問題等特別委員会編『民事訴訟代理人の実務 Ⅱ争点整理』100頁（青林書院、2011年））。

たとえば、最高裁の「裁判の迅速化に係る検証に関する報告書」（2019年7月）によれば、人証調べを経て判決に至った地裁の民事一審事件の平均審理期間は、2009年には18.5か月（そのうち、争点整理の期間は11.6か月）であったのに対し、2018年には21,2か月（そのうち、争点整理の期間は14,2か月）に延びています。

審理期間の長期化の原因として、双方（電話会議の場合は一方）が出頭可能な期日を調整することが困難であることや事件の複雑化により争点等について認識の共有ができていないことなどが挙げられています。

そもそも、弁論準備手続期日は、「従前行われていた、書面の提出のみに終始する3分間の弁論期日を30分間の期日とし、書面の提出だけではなく時間をとって裁判所と双方当事者との間で議論し、審理を充実させ、早期に争点を整理するための期日として設けられた」という側面があります（前掲民事訴訟代理人の実務Ⅱ争点整理107頁）。

しかしながら、①当事者に、裁判所の理解や心証形成を課題とする意識が強く、そのために、対話の相手が裁判所になること、②有利不利の判断を前提とするため、率直な議論にはなりにくいこと、③書面中心の意識があること、④代理人同士などの議論がなされにくいこと、などの指摘があり、かかる理由から、当初の目的とはかけ離れた弁論準備手続が行われているという指摘があります。

争点整理段階では、裁判所よりも当事者の方が当該事件の内容等を詳細に知っているため、充実した争点整理には当事者の積極的関与が不可欠です。

そこで、裁判手続のIT化に伴い、前記のような問題点を踏まえながら、争点整理手続をより効果的なものにするために、ウェブ会議等をどのように活用していくべきでしょうか。

⑵ 効果的な争点整理の在り方について

まず、双方又は一方当事者の出頭を要する弁論準備手続では、裁判所の準備室の確保に加え、特に出頭する側の日程調整が難航することにより、必要以上に先の期日が指定されることがあり、訴訟の遅延につながるおそれが指摘されています。

この点、日程調整の点については、双方電話会議という方法もありますが、書面や証拠を確認する作業について、出頭（対面）による弁論準備手続に比べ、やりづらいという短所があるように思います。

これに対して、ウェブ会議では、対面の利点を活かしながら、代理人らが事務所で対応できるという点で、進行に応じた柔軟な期日調整が可能となるため、結果的に審理期間全体の短縮に繋がることが期待されると考えます。

また、事件管理システムを利用し、双方当事者が準備期間を踏まえた上で、都合の良い日程を裁判所に知らせておくことで、裁判所としても日程調整の手間が省けるとともに、当事者としては自らの指定した準備期間を遵守する動機が働くことで、期日における充実した審理が期待できると考えます。

なお、裁判手続のIT化が進んでも、全ての争点整理手続をウェブ会議等で行ったり、出頭を希望する当事者の要望を妨げたりするものではないことが確認されていますので、事案や当事者の意向、進行に応じて直接対面する形で争点整理手続を行うことも可能です（IT化研究会第4回議事要旨5頁）。

次に、事案の複雑化に伴う審理期間の長期化についてですが、事案によっては、争点整理手続の長期化もやむを得ないと考えられる一方で、準備書面の陳述と進行の確認のみで終了する期日が多いことが指摘されています。

争点整理手続は、具体的には、訴訟の中で法的に意味のある事実関係のうち、当事者間でどこに争いがあるかを確定し、その争いのある事実関係について、当事者双方の主張を裏づける証拠を議論し、その認識を共有した上で、最終的に誰に何を尋問するかを確定するプロセスであると位置づけられています（IT化検討会第5回議事要旨9頁）。

そのため、裁判所・双方当事者は、前記争点整理手続の位置づけを意識した上で期日に臨み、提出された主張や証拠に基づいて、口頭で議論を行うことが求められています。

また、充実した争点整理手続を行うにあたっては、期日間での準備が重要であり、当事者（訴訟代理人）としては、これまで以上に争点を意識した準備書面の作成や、主張を裏づけるだけの証拠を提出したりすることが必要です。

これらの点は、効果的な争点整理手続とするため、従前からも指摘されてきましたが、ウェブ会議等の実施により、これまで以上に効率的な争点整理手続を実施することが可能ではないかと考えられています。

すなわち、期日間における準備を充実させるための方法として、双方あるいは一方当事者の進捗状況を、裁判所を含めた訴訟関係者がオンラインで確認できるようにすることで、主張書面や証拠が期日の直前に提出されるような事態の減少につながるのではないかということが議論されているところです。

また、時系列表を双方当事者が互いに追加・訂正をしながら争点を確定したり、争点整理表をオンラインで共有することで、次回期日で何を議論すべきかが明確になった上で、期日に臨むことができるのではないかということも指摘されています。

いずれにしても、争点整理手続を効果的に行うためには、裁判所を含めた訴訟関係者が、提出された主張書面や証拠資料を予め通読した状態で期日に臨む必要があり、ウェブ会議等の実施により、主張書面や証拠資料がオンライン上で確認できるシステム作りが期待されているところです。

⑶ IT化模擬裁判にみる争点整理手続

実際、東京地裁と東京三弁護士会が実施した模擬裁判では、裁判所の提案で、原告・被告が交互に準備書面を提出する方法ではなく、原告と被告が訴状と答弁書にそれぞれの認否や主張を重ねて書き込んでいくことで、最終的にそれぞれ書き込んだものが原告と被告の最終準備書面となるような実験が行われました（第一東京弁護士会会報「座談会民事裁判手続等のIT化の検討状況」15頁等参照）。

また、それぞれの認否については、認める部分と争う部分をそれぞれ異なる色で網掛けするなど、争点整理手続の結果を可視化する取り組みが行われました。

今後、ウェブ会議等を利用した争点整理がどのように実用化されるかは、まだ議論の途上ではありますが、前記模擬裁判での裁判所の提案をみると、裁判所が争点整理手続の充実化に力を入れていることを強く意識する必要があり、当事者としても、これに応えるべく、相応の準備を行うことが期待されています。

たとえば、争点整理手続の結果が可視化されれば、認否が明らかになっていない部分が裁判所を含めた関係者全員が把握するところとなりますし、争点にとって重要な事実であれば、早期の回答を求められることになると思います。そのため、当事者（特に訴訟代理人）としては、訴訟の早い段階から、関係者にきちんと事実関係を確認しておく必要がでてくると考えます。

（山本　暢明）

4 IT化と準備書面等の提出

Q4 IT化による争点整理手続において、準備書面の提出方法はどのようになりますか。準備書面を作成するにあたり、「読みやすさ」や「わかりやすさ」などの点から留意すべきことはありませんか。

ポイント

1 裁判手続のIT化により、今後、準備書面の提出は事件管理システムを用いて提出することが可能になる予定です。

2 IT化により、これまでの訴訟手続と比べて早い段階で争点や事実関係の認否を明らかにする取り組みが検討されていることを踏まえると、争点が裁判所や相手方にとって把握しやすく、事実と評価、意見などが明確とされる書面がより期待されているといえます。

A 事件管理システムを利用した準備書面の提出

(1) 準備書面の提出方法

準備書面とは、期日において陳述を予定する事項を記載して当事者が裁判所に提出する書面を意味するものとされています（伊藤眞『民事訴訟法〔第7版〕』289頁（有斐閣、2020年））。

現行法上、口頭弁論は、書面で準備しなければならないとされ（民訴法161条1項）、裁判長は、特定の事項に関する主張を記載した準備書面の提出をすべき機関を定めることができるとされています（民訴法162条）。

また、現行の規則上、準備書面は、相手方が準備をするのに必要な期間をおいて裁判所に提出しなければならないとされており（民訴規79条1項）、提出方法としては、書面を裁判所に持参または郵送する方法、ファクシミリを利用して提出する方法が認められています（民訴規3条1項）。

さらに、相手方に対しては、送付すべき準備書面の写しの交付又はその書類をファクシミリを利用して提出する方法が認められています（民訴規

47条)。

もっとも、前記の提出方法では、パソコンで作成した書面をプリントアウトするという作業が介在するため、IT化という点に関しては十分とは言い難い側面があります。

そこで、準備書面や書証については、事件管理システムを用いて提出する方法が検討されています。

具体的には、裁判所に対しては準備書面を電子データのままインターネットを用いて提出することが考えられています(中間試案4頁)。

相手方に対しては、相手方が裁判所に通知アドレスの通知をしているかどうかで2つの方法によることになります。通知アドレスの届出をした相手方に対して準備書面を直送する場合には、直送しようとする当事者は、裁判所のサーバに送付すべき準備書面(電子準備書面)を記録し、通知アドレスの届出をした相手方がインターネット上でその電子準備書面の閲覧又はダウンロード(複製)をすることができる状態に置き、当該相手方の通知アドレスに準備書面をインターネット上で取得できる旨を自動的に通知してする方法が考えられています。システム送達と異なり、裁判所書記官による個別の電子データの確認やアップロード通知の操作等を介在せずに、準備書面を提出しようとする当事者の意思に基づき、相手方に自動的にアップロード通知が送られることになります。

通知アドレスの届出をしていない相手方に対する準備書面の直送は、紙媒体の準備書面の場合にはその写しの交付(手渡しや郵送)により、電子データであるときには、それを出力した書面の交付によることになります(中間試案6頁、補足説明33頁)。

なお、送付を受けるべき者に対しては、書面の提出が通知アドレスに自動的に通知されるようにすることで、いわゆる受領書の提出に関する規律を設けないとすることも検討されています。

これらの施策により、訴訟当事者本人及び訴訟代理人の双方が、随時かつ容易に、準備書面や証拠等の電子情報にオンラインでアクセスすることが可能となり、裁判手続の透明性が高まる上、当事者本人や訴訟代理人が紙媒体の訴訟記録を持参・保管する負担から解放されることが期待されます。

(2) IT化における「わかりやすい」書面の作成

争点整理手続においては、以前より、口頭議論と暫定的心証開示を通じて、「争点の特定・限定・深化」という作業が行われ、争点の強弱又は争点の格付けを含めた協議が行われるとされてきました（東京弁護士会「LIBRA」2019年2月号5頁）。

また、前述（**本章Q3**）のとおり、争点整理手続は、訴訟の中で法的に意味のある事実関係のうち、当事者間でどこに争いがあるのかを確定して、その争いのある事実について、当事者双方の主張を裏付ける証拠が何かを議論し、その認識を共有した上で、最終的に誰に何を尋問するのかを確定するプロセスと考えられています（IT化検討会第5回議事要旨9頁）。

そうすると、準備書面の提出が事件管理システムを通じて行われるようになったとしても、これら争点整理手続の意義を意識した準備書面を作成する必要があることはいうまでもありません（具体的には、要件事実的分析や事実認定の主張を踏まえた上で、争点整理手続段階に応じた書面を作成するという意識が必要だと考えます。）。

他方、準備書面を事件管理システムで管理することによって、これまでの訴訟手続と比べ、早い段階で、争点や事実関係の認否を明らかにする取り組みも検討されているところであり（この点については、**本章Q3**でも触れています。）、前述の検討会でも、期日間に時系列表を相互に追加、訂正しながら作成したり、あるいは、争点整理表を相互に追加訂正しながら作成し、その中で、必要な証拠があれば適宜提出したりするような裁判モデルが検討されてきました。

したがって、事案によっては、争点整理手続に入る段階から準備書面の他に時系列表や争点整理表を提出するなどして、具体的な争点や争いのない事実関係を裁判所及び双方当事者が共有することで、相手方が認否をしやすいような体裁にするとか、裁判所が争点を把握しやすい記載にするなどの工夫が必要になると考えられます。

さらに、前掲のLIBRAには、準備書面作成の際の注意点として、要件事実と時的因子を常に意識して、「誰が誰に対し、何時、どのような態様で何を行ったのか」を具体的、網羅的に主張することや、関連事情については、原則として、時系列で整理し、間接事実の位置付けと重要性が読み手にわかるように記載することなどに触れられていますが、これらの点は、裁判手続のIT化が進んでも重要な指針になると思います。

以上のことから、冒頭の問いに答えるとすれば、IT化による争点整理手続における読みやすい、あるいはわかりやすい書面とは、争点が裁判所や相手方にとって把握しやすく、事実と評価、意見などが明確な書面ということができると思います。

このような書面が意識的に作成されることにより、相手方も認否・反論がしやすくなるとともに、裁判所も争点を把握しやすくなり、結果として充実した争点整理手続が行われるものと考えられます。

（山本　暢明）

5 ITツールを活用した争点整理

Q5 より効率的で充実した争点整理を実現するために、工夫すべきこと・工夫できることはありますか。

ポイント

エクセルファイル等のITツールを用いて、争点、当事者の主張、証拠関係を一覧化するという工夫を行うことが考えられます。場合によっては、パワーポイントを使って事案や主張をわかりやすく説明することも考えられます。また、それらの事項を記載するにあたっても工夫が必要となると思われます。

A 1 争点整理手続の必要性等

適正かつ迅速な紛争解決のためには、立証すべき事実を明確にして、これについて集中的な証拠調べを行うことが必要となります。争点整理手続は、まさに、立証すべき事実の明確化等に資するものです。

もっとも、争点整理手続の期間が長くなり、結果、民事訴訟の全体の審理期間の長期化が生じているという指摘があります。

そのため、より効果的かつ効率的な争点整理手続の実施が望まれています。本問では、ITツールを活用してより効果的かつ効率的な争点整理手続を行うにあたって工夫できることを検討していきます。

2 医療関係訴訟・建築関係訴訟における運用

(1) 総　論

医療関係や建築関係の一部の専門分野における民事訴訟は、高度かつ複雑な論点が生じうる訴訟ですが、これらの訴訟では、効率的かつ効果的な争点整理手続を行うために様々な工夫が行われています。今後の争点整理方法を検討するにあたって、これらの訴訟における運用は参考になりますので、以下では、医療関係訴訟や建築関係訴訟における争点整理の方法をみていこうと思います。

(2) 医療関係訴訟

ア 診療経過一覧表、検査結果一覧表、手術経過一覧表、投薬一覧表の作成

医療過誤訴訟では、争点整理のため、まず被告に「診療経過一覧表」の作成を求め、原告がそれに対して反論を求める方式が定着しています（東京地方裁判所医療訴訟対策委員会「医療訴訟の審理運営指針（改訂版）」判タ1389号14頁）。また、その他には、「検査結果一覧表」、「手術経過一覧表」、「投薬一覧表」等が作成されることがあります。これらの表はエクセルファイルを用いて作成されます。なお、これらの一覧表は、期日で陳述されつつ、期日調書に添付されます。

診療経過一覧表については、被告による第一次案は早期に提出されることが望ましいとされ、争点が確定していない場合は骨子でも差し支えないとされています（東京地方裁判所医療訴訟対策委員会・前掲判タ1389号14頁）。

診療経過一覧表については、診療録（看護記録等を含む）に記載されている事実のみを記入することが望ましい事案と、診療録に記載されていない事実を記入することを認めた上で、当該事実に下線を引くなどして、診療録に記載されている事実と区別できるようにすることが望ましい事案とがあることに留意すべきと指摘があります（池田辰夫ほか「医療関係訴訟における審理手続の現状と課題（上）」・判タ1330号14頁）。

イ 主張整理書面の作成

弁論準備手続期日を経て、主張整理が進んだ段階で、裁判所と当事者が協力して主張整理書面などを作成することが多いです。また、その作成方法としては、裁判所が争点を立てて当事者が主張を記入するといった方式、裁判所が主張等をまとめて当事者が修正する方式及び当事者双方が争点に

ついて主張を要約した準備書面を提出する方式等があります（池田ほか・前掲判タ1330号20頁）。

⑶ 建築関係訴訟

ア 瑕疵一覧表、追加変更工事一覧表、出来高一覧表、時系列表、被害リストの作成

建築訴訟においては、瑕疵一覧表が作成されることが望ましいとされ、その他には、追加変更工事一覧表、出来高一覧表、時系列表、被害リスト等といった図表が作成されることがあります。

イ 瑕疵一覧表を作成する際の留意点

東京地方裁判所民事22部においては、瑕疵一覧表として、施工瑕疵一覧表、設計瑕疵一覧表、監理瑕疵一覧表、売買瑕疵一覧表の複数種類があります。これらは、データでのやり取りが予定されており、電子メールでデータ送信するかUSBメモリ等で提出すれば、準備書面の別表とすることや書証として提出することは要しないとされています（東京地方裁判所民事第22部「瑕疵一覧表作成に当たってのお願い」1頁）。また、訴訟当事者間でもデータでやりとりが行われます。

瑕疵一覧表のうち、たとえば、施工瑕疵一覧表には、①実際の施工、②あるべき施工とその根拠、③損害の各項目があり、それぞれに当事者の主張と証拠が記載される形式となっています。そのほかの瑕疵一覧表も基本的には同様の形式となっています。

この瑕疵一覧表を作成するにあたっては、重大な瑕疵をぼやかさないため総花的なものでなく、軽重を付けるようにすること、主張書面や建築士の報告書の貼り付けを避けること、瑕疵の根拠となる法令や告示等を引用すること等を指摘する意見もあります（NPO法人　建築問題研究会『ここが知りたい建築紛争』135頁（日本加除出版、2016年））。

瑕疵一覧表中の現在の状況を記載する項目については、争いのない前提事実として建物の現状を確定しておくため、この箇所については客観的な記載に留め、評価的な記載をしないとすべきとする意見があります（松

本克美ほか『専門訴訟講座②建築訴訟［第2版］』446頁（民事法研究会、2013年））。

3 争点整理方法の検討

(1) 議論の状況

上記のように、医療関係訴訟や建築関係訴訟等においては、エクセルファイルの形式による図表を用いて、訴訟当事者でのやりとりが行われ、裁判所にも提出されることとなります。他方で、これら以外の類型の訴訟においては、こういった争点整理の方法がとられないことが多いと思われます。

IT化検討会においては、従来から時系列に関してエクセルファイルで管理され、そのエクセルファイルのやりとりが行われたことを念頭に、このような争点整理方法は当事者双方の認識がわかりやすく、認否や証拠の記載もあれば全体の見通しが良くなることが指摘されています。また、認否や主張反論ができていない箇所が可視化されると、真面目な当事者ないし訴訟代理人が比較的得をし、他方、認否や主張が足りないとそれが明確になり、ごまかしがきかなくなるということが指摘されています（IT化検討会第5回議事要旨11～12頁）。さらに、同検討会においては、現状の争点整理手続が充実していないことの原因が、期日に議論すべき準備ができていないことにあるという指摘がありました。その上で、双方当事者が時系列表や争点整理表を追加訂正して作成するという作業を行い、必要な証拠があれば提出するということをしていくと、期日間に必要な証拠が揃い、結果、期日が充実するという意見がでました（前掲議事要旨12～13頁）。

上記を実現する仕組みについては、エクセルファイルの争点整理表で実現するか、ワード等のワープロで実現するのか、予めシステムに入力項目を設けるのか等様々な方式があるとされています。もっとも、争点の設定の仕方自体も一つの争点であり、当事者の手続保障の観点から、当事者が主張したいことを主張できるシステムになっていなければならないという指摘もあります（前掲議事要旨12～13頁）。

また、上記のエクセルファイルの活用は、当事者の主張の争点を明らかにすることに適していると思われますが、そもそも、当事者の主張をわかりやすく伝える方策も検討すべきです。その方法としては、パワーポイントを活用して、自身の主張を明らかにするということも考えられるでしょう。

⑵ まとめ

医療訴訟及び建築関係訴訟、上記における議論の状況からすると、方式はいくつかありますが、いずれにせよ、ITツールを積極的に活用し、争点、認否を含めた当事者双方の主張内容及び証拠関係が一覧できるものを用いて、争点整理を行うことによって、充実した争点整理が可能になるでしょう。

もっとも、こういった方式をとったとしても、訴訟当事者としては、さらに工夫をしなければなりません。たとえば、当事者としては、客観的に記載すべき箇所については客観的な記載を行うということや総花的な記載をせずに軽重を設けるといったことを行う必要があると思われ、また、事案に適した記載を行うといった必要があると思われます。

（濱田　祥雄）

6 高齢者・障害者と争点整理

Q6 高齢者や障害者にとって争点整理手続がIT化されることのメリットはありますか。

ポイント

1 争点整理手続のIT化は、訴訟の当事者の期日への出頭の負担や書面及び書証等の証拠資料の準備の負担を軽減しうるものですので、高齢者や障害者にとってメリットがあります。

2 他方で、デジタルデバイドの問題があり、争点整理手続のIT化は高齢者や障害者の司法アクセスを後退させる危険があります。また、争点整理手続のIT化は、非弁活動の温床ともなりうる危険があります。

A 1 現状の課題

(1) 一方当事者の出頭の必要性

現行法上、争点整理手続においては、書面による準備手続を除いて、当事者の出頭が必要となります。たとえば、弁論準備手続においてウェブ会議等を行うためには、少なくとも、一方当事者が裁判所に現実に出頭していることが要求されています（民訴法170条3項ただし書）。

期日への出頭に伴う移動及び費用の負担は、訴訟の当事者であれば誰にでも生じるものですが、高齢者や障害者のうち移動が困難な者にとっては特に重いものとなりえます。また、期日に出頭する際の移動時間の確保等から期日の調整がうまくいかず、結果的に期日が先になり、全体の審理期間の長期化が生じるといった事態も生じえます。

(2) 紙媒体の書面及び証拠の準備並びにそれらの持参又は郵送対応の費用、時間及び労力の必要性

現行法の下における民事訴訟では、紙媒体の主張書面や証拠書類等を作成し、相手方当事者及び裁判所に持参又は郵送等を行う必要があります。

これらの対応にあたっては、書類等の作成や郵送等に際し費用や労力が生じます。これらの費用や労力を投入する必要性は、民事訴訟の当事者であれば誰にでも生じることであり、高齢者や障害者においても同様です。

⑶ 障害者への対応

民事訴訟法においては、基本的には、障害のない者が民事訴訟手続の利用者として想定されています。後見等に関する規定を除くと、障害者による訴訟追行を想定した規定はほとんどなく、同法154条1項において「口頭弁論に関与する者が日本語に通じないとき、又は耳が聞こえない者若しくは口がきけない者であるときは、通訳人を立ち会わせる。ただし、耳が聞こえない者又は口がきけない者には、文字で問い、又は陳述をさせることができる。」とされているにとどまります。また、障害については、視覚障害、聴覚障害及び知的障害等といった様々なものがありますが、上記条項を除き、基本的にはそれぞれに応じた配慮もなされていません。

⑷ 高齢者への対応

高齢者においては、身体能力や認知能力に衰えが見受けられることが多いです。もっとも、民事訴訟法においては、後見等に関する規定を除くと訴訟能力に関する規定を除き、基本的には高齢者への配慮はされていません。

2 IT化による高齢者・障害者へのメリット

⑴ 出頭に伴う負担の軽減

争点整理手続がIT化され、双方当事者の出頭が不要になれば、期日の出頭に伴う移動及び費用の負担が軽減することとなります。そのため、移動の困難な高齢者及び障害者は、特にそのメリットを受けることとなります。

⑵ 紙媒体の書面及び証拠の準備並びにそれらの持参又は郵送対応の費用、時間及び労力の軽減

主張書面及び証拠を電子情報で提出することが可能となれば、紙媒体の

書面及び証拠の準備並びにそれらの持参又は郵送対応の費用、時間及び労力が不要となり、その点において、高齢者及び障害者もそのメリットを受けることとなります。

3 IT化によって生じうる問題点

(1) 概　　要

上記のとおり、裁判手続のIT化のメリットは、高齢者及び障害者も同様に享受することとなります。もっとも、裁判手続のIT化はメリットだけではなく、新たな課題を生みだす可能性があります。想定される課題としては、IT機器を使用しない者やITに習熟していない者の司法アクセスの後退の可能性が挙げられます。また、非弁業者の進出の問題があります。

(2) デジタルデバイドの問題

裁判手続のIT化によって、IT機器を使用しない者やITに習熟していない者の司法アクセスを後退させるおそれがあり、本人訴訟の割合が高い我が国ではその影響は大きいという指摘がされています（研究会報告書14頁、日弁連意見書4頁）。

この対応策として、「①裁判所による適切なウェブ上のシステムの構築とその利用環境の整備、②適切な担い手による充実したサポート体制の構築」が挙げられています（研究会報告書15頁）。

①に関しては、裁判所内部に事件管理システムを構築し、その際には、訴訟代理人のみならず、誰でも使える簡易かつわかりやすいものとすることや、パソコンのみならず、スマートフォンやタブレット端末からもアクセスできるようにすべきという指摘がされています。また、裁判所内におけるIT環境の整備も重要とし、裁判所内に主張書面や書証を電子化する機器の設置を検討する必要があるという指摘もあります（研究会報告書15～16頁）。

②に関しては、裁判所によるサポートは書類の電子化等の中立公平なものに限定され、士業者団体によるサポート体制の構築が挙げられています

（研究会報告書16頁）。なお、サポートの主体については、裁判所、法テラス、弁護士、司法書士等が指摘されていますが、数の問題から消費者生活センターもよいのではないかという意見もあります（IT化検討会第7回議事録要旨4頁）。

日本弁護士連合会や司法書士会連合会からは、本人のサポートに関して声明が出されています。日本弁護士連合会の声明では、例として、弁護士会に相談に来た本人に対して予め届け出た弁護士を弁護士会が紹介し、その弁護士が自らの事務所で、必要に応じて対価を得て法的助言や事件の受任を含む法律サービスの提供を行うことが述べられています。なお、この対価は、実費のほかに一定の手数料が考えられるとされています。また、弁護士会の施設内にIT化に対応した機器を設置すること等が述べられています（民事裁判手続における本人サポートに関する基本方針4頁）。もっとも、法律事務所への移動が困難な高齢者や障害者への支援としては不十分と思われます。また、後見相当には至らないものの認知能力が低下した高齢者や知的障害者の方にとっては、IT機器の具体的な使用方法を教示するといったことや、弁護士が訴訟代理人として対応することが必要になると思われます。

なお、「障がい者に対する手続上の配慮」との関係で、日本弁護士連合会は、「障がい者がそうでない者と同等の手続保障を得るため、手続上の配慮をしなければならない旨の配慮規定を法に設けるとともに、障がいのある弁護士や障がいのある当事者又は関係団体から意見聴取をし、これを踏まえてITの活用を前提とした法の規定の要否、内容等を検討すべきである。」との意見を述べており（日弁連意見書34頁）、中間試案でも、「民事裁判手続のIT化に伴い、障害者に対する手続上の配慮に関する規律を設けることについては、引き続き検討するものとする。」とされています（中間試案27頁）。

(3) 非弁活動の抑止

争点整理手続をウェブ会議で行う場合、当事者側のカメラの映る範囲外に、当事者や訴訟代理人以外の第三者がいる可能性があります。そのため、裁判手続に弁護士等でない者が関与する可能性が、従来よりも大きくなるという危険性があります。また、IT機器の提供や利用方法の教示などの純粋な電子支援サービスであればよいのですが、それにとどまらないサービスの提供が第三者から行われる場合には、非弁活動の問題が生じうるため、留意すべきです（詳細は**第3章Q4**参照）。

（濱田　祥雄）

コラム 「フェーズ1」もう経験した？

令和２年２月より、ウェブ会議等を活用した争点整理の運用が始まりました。

これは、裁判手続の全面IT化に向けたプロセスの中で、いわゆる「フェーズ1」と呼ばれる最初の段階の取組みです。フェーズ1では、法改正を行うことなく、まずは現行法の下で実現可能なものについて、速やかに実現を図っていくこととされています。そして、争点整理手続については、現行法でも、「裁判所及び当事者双方が音声の送受信により同時に通話をすることができる方法」によって期日や協議を行うことが可能であることから（民訴法170条３項、176条３項）、これまで利用されていた電話会議システムに加えて、インターネット回線を利用したウェブ会議システムが利用されることになったものです。

このウェブ会議等を活用した争点整理は、当初、東京、大阪、名古屋、広島、福岡、仙台、札幌及び高松の各地裁本庁と知的財産高等裁判所の合計９庁で運用が始まりました。令和２年７月６日時点では、横浜、さいたま、千葉、京都及び神戸の各地裁本庁も加わり、合計14庁となっています（裁判所HPより）。令和２年12月までに、残りの地方裁判所本庁全庁が運用を開始しています（フェーズ1につき富澤賢一郎ほか「ウェブ会議等のITツールを活用した争点整理の運用（フェーズ1）の現状と課題」ジュリスト1553号61頁）。

このようにウェブ会議等を活用した争点整理は全面的な運用に向けて着々と進んでいますが、まだ経験していない弁護士も少なくないのではないでしょうか。

令和２年７月における利用実績は、合計1431件（内訳：弁論準備手続367件、書面による準備手続966件、その他98件）とのことです（最高裁判所事務総局作成「民事訴訟手続のIT化に向けた取組～ウェブ会議等のITツールを活用した争点整理の運用について～」）。弁論準備手続の場合、当事者の一方が期日に出頭した場合に限り電話会議を利用することができますので（民訴法170条3項ただし書）、当事者の双方とも出頭せずにウェブ会議により参加する場合は、書面による準備手続（同法175条以下）を利用することになります。

まったくの偶然ですが、新型コロナウイルス感染症の流行に伴い、弁論準備手続室に裁判官と各当事者代理人とが密集し、数十分もの間、飛沫を飛ばしながら議論を交わすことはできなくなっています。感染リスクをコントロールしながら裁判を進めるという観点からも、裁判手続にウェブ会議等を活用する実例はますます増えていくことが予想されます。

裁判所が利用しているウェブ会議のツールは、マイクロソフト社のTeams（チームズ）です。したがって、弁護士もウェブ会議を活用した争点整理に参加する際はTeamsを利用することになります（ウェブ会議さえできればよいということであれば、無料版で利用できます）。

「ウェブ会議って何?」という方、また、Zoomは使ったことがあってもTeamsはないという方、コラム「Teamsはこわくない！」（98頁）を是非お読みください。

では、ウェブ会議の利用によって、どれくらい期日の様子が変わったのかというと、今のところ、これまで電話会議で行っていたものがテレビ電話に置き換わっただけ、というような感想が多いようです。もっとも、電話会議では、耳に神経を集中して、音声だけで裁判所の反応等を読まなくてはならなかったところが、ウェブ会議では裁判官と相手方代理人の表情や様子も分かる点は大きなメリットでしょう。

「音声だけ」から「映像付き」へ、これを「IT化」と言うことは大げさかもしれませんが、「IT化」に向けた最初の一歩であることは間違いありません。

第5章

証拠取扱い手続のIT化

（電子文書の証拠調べ、書証の提出、ウェブ会議等による証人尋問・検証、事件管理システムを通じた鑑定書等の提出）

1 電子文書の規定

Q1 現行法における電子文書の証拠調べは明文規定がありませんが、民事訴訟手続のIT化において、電子文書の証拠調べや電子文書の提出の方法についてどのような規律を設けることになるのでしょうか。

民事訴訟手続のIT化においても現行法と同様に「証人尋問・当事者尋問・鑑定・書証・検証」を維持することになるのでしょうか。

ポイント

1 法制審部会では、電子文書の証拠調べについて書証に準じた規律を設けることとし、電子文書の提出又は送付は、当該電磁的記録又はこれを電磁的方法により複製したもの（当該電磁的記録に記録された情報について改変が行われていないものに限ります。）ですることができるとする民訴規143条1項に相当する規律を設けることが検討されています。また、原本の存在及び成立に争いがなく、相手方に異議がないことを条件に、原本の提出に代えて写しを提出することが許される旨の規律の明文化が検討されています。

2 電子文書を証拠方法とする証拠調べについては、法制審部会では「証人尋問・当事者尋問・鑑定・書証・検証」の規律を前提としていますが、特に生まれながらの電子文書の証拠調べにおけるメタデータ等の提出の取扱いについては十分な検討が必要です。

A 1 民事訴訟のIT化における電子文書の証拠調べの根拠規定について

電子文書（中間試案16頁における「電磁的記録であって情報を表すために作成されたもの」と同義。以下、本書では便宜上、法制審第4回会議部会資料6に準じこの表現を使用します。）の取調べについて、書証に準じた規律を設けるものとすると提案されています（中間試案16頁）。これは、電子文書のうち、作成者が観念され得るもの（文書及び準文書に相当するもの）について、書証に準じた規律を設けようとするもので、電磁的記録に作成者が観念され得ないようなものが存在した場合に、それを書証に準じた手続で取調べることができるかについては、解釈に委ねられるべきものと考えられています（法制審第7回会議部会資料12・27頁）。

⑴ 現行法下における電子文書の証拠調べ

民訴法231条は、第5節書証の規定は、「図面、写真、録音テープ、ビデオテープその他の情報を表すために作成された物件で文書でないものについて準用する。」と規定し、民訴規144条は、録音テープ等の反訳文書の書証の申出があった場合の取扱いについて、「録音テープ等を反訳した文書を提出して書証の申出をした当事者は、相手方がその録音テープ等の複製物の交付を求めたときは、相手方にこれを交付しなければならない。」と規定しています。したがって、現行法では、電子文書そのものを取り調べる手段についての規定はありません。

現行法下での実務では、電子文書の証拠調べは便宜上、電子文書のうち、人の思想部分が表現された情報部分を印刷した書面を文書に相当するとして取り調べ、または電子文書が記録された電磁的記録媒体そのものを準文書として扱い、原本である電磁的記録媒体を法廷でパソコン等によって可読化（音声や映像がその内容である場合には再生）する方法によって取調べが行われています（研究会報告書100頁）。

⑵ 電子文書を直接取り調べることを認める必要性

ITの発達により、一般国民が扱う電子文書が爆発的に増加し、特定の有体物に固定されない電子文書の保管・複製がありふれていること、民事訴訟手続のIT化により、事件管理システムを用いて電子文書のやり取りをすることや訴訟記録を電子化することが提案されており、これらの制度を採用する場合、当事者が電磁的記録媒体を介さずに直接に、電子文書そのものを証拠として提出し、裁判所がこれを取り調べることができるようにする必要があること、電子文書を印刷した書面を提出する方法では、現在の技術を前提とすると、電子文書の形式的証拠力を判断するために有益な情報であるメタデータ（**本章Q4**で詳述）をほとんど捨象することになり適切ではないことが挙げられます（補足説明70頁、法制審第4回会議部会資料6・2頁）。

⑶ 電子文書の形式について

インターネットを用いて裁判所のシステムにアップロードすることができる電磁的記録に係るファイル作成について、①電子情報処理組織を用いて裁判所の使用に係る電子計算機に備えられたファイルに記録することができる電磁的記録に係るファイル形式は、読解法が標準化されているものとする。②裁判所は、必要と認める場合において、当事者が電子情報処理組織を用いて裁判所の使用に係る電子計算機に備えられたファイルに記録したものに係るファイル形式と異なる他のファイル形式の電磁的記録を有しているときは、その者に対し、当該他のファイル形式の電磁的記録を提供することを求めることができる。と提案されています。そして、証拠となるべきものの写しに係るファイル形式が①に規定するものに該当しない場合の提出に関する規律について、引き続き検討するものとされています（中間試案3頁）。

2 電子文書の提出等について（民訴規143条1項）

法制審部会では、電子文書の提出方法については、民訴規143条1項に相当する規律として以下の提案をしています（中間試案16～17頁）。

> 電磁的記録であって情報を表すために作成されたものの書証に準ずる証拠調べの申出としての提出は、当該電磁的記録又はこれを電磁的方法により複製したもの（当該電磁的記録に記録された情報について改変が行われていないものに限る。）でしなければならないものとする。

すなわち、電子文書の証拠調べの申出は、①作成者が一定の内容を表示するため確定的なものとして最初に作成した電磁的記録か、②これを電磁的方法により複製したもの（当該電磁的記録に記録された情報について改変が行われていないものに限る。）ですることになります。

この「電磁的記録であって情報を表すために作成されたもの」という文言における「情報」とは、書証の目的により表示される人の思想内容であって、書証の手続より心証形成の材料となるべきものを指し（民訴231条及び電子署名法3条参照）、「電磁的記録に記録された情報」という文言における「情報」とは、デジタル情報を指す（電子署名法2条1項2号及び第3条参照）とされています（補足説明71頁）。

現行法は原本提出主義（正本又は認証謄本ではない写しをもってする書証の申出は原則として不適法とされること。最判昭和35年12月9日民集14巻13号3020頁）を採用しています。

本提案は、実務上の取扱い及び電子署名法の考え方に従ったものです。電子署名法は、電子署名が付された電子文書の実データ（原電子文書）が、「当該措置（筆者注：電子署名）を行った者の作成にかかるものである」かどうか、及び実データについて「改変が行われていないかどうか」を電子署名の定義に取り込み（同法2条1項）、実データの非改変性及び作成者の本人性が裁判上争われた場合に、その立証に資するものとして、実データについて、「本人による電子署名」が行われているときに、その成立の真正を推定すべき旨を定めています（同法3条）。これを踏まえ実データの複製により実データのメタデータが不可避的に変更されるとしても、実データについて改変されていない限り、その成立の真正の判断における作成者は、複製行為をしたものではなく、直接に、元となる電子文書（実データ）を作成した者であるとの考えに基づいています。

②において、当該電子文書に記録された情報（デジタル情報）について「改変が行われていない」という要件に関し、どの範囲のデジタル情報について改変が行われていないことが必要かについては、解釈に委ねられることになりますが、書証の申出の適法要件を満たすかどうかは、その申出を行う者がどの範囲の情報を証拠調べの目的とする意思であるか（メタデータを含めて証拠調べの対象とする意思であるか）を基礎として判断さ

れるべきものと説明されています（法制審第7回会議部会資料12・27頁）。補足説明では、本提案の理論的な位置付けについては、文書における民訴法228条1項に相当する電子文書の成立の真正に関する規律とすることも可能と考えられるとしています（補足説明73頁）。

なお、改変が行われているかどうかの判断としては、電子書面、タイムスタンプその他の2つのファイルのハッシュ値を比較する方法、メタデータを確認する方法があります（補足説明73頁）。

民訴規143条2項は維持されますので、電子文書の提出が原本の提出に代えることが許容される場合も、裁判所は原本の提出を命じることができます（菱田雄郷「書証と電子データの取調べ」ジュリスト1549号62頁）。

原本の存在及び成立に争いがなく、相手方が写しをもって原本の代用とすることに異議がないことを条件に原本の提出に代えて写しを提出することが許される旨の規律（大判昭和5年6月18日民集9巻9号609頁）を明文化した上で、前記囲み部分の規律に関わらず、電子文書についてこの規律に準ずる規律を設けるものとする考え方についても検討の対象となっています（中間試案17頁）。

真実発見の観点から、今後も原本の取調べを保障する必要はありますが、原本の存在及び成立に争いがなく、かつ相手方に異議がなく裁判所も相当と認めるときは当該電子文書をもってする証拠の申出を認め、その取調べをもって、原本を取り調べたものと扱うべきあり（日弁連意見書21～22頁）、この観点からすれば、下記判示に準ずる規則を設けるのが望ましいと考えます。

3 インターネットを用いてする電磁的記録の提出命令に基づく提出及び送付嘱託に基づく送付

電子文書の提出命令に基づく提出、送付嘱託に基づく送付についても下記の提案がなされています（中間試案17頁）。

> ① 電磁的記録であって情報を表すために作成されたもの（当該電磁的記録に係るファイル形式が、解読方法が標準化されているもの（中間試案第1の2(1)）に限る。）の提出命令に基づく提出及び送付嘱託に基づく送付については、電子情報処理組織を用いてすることができるものとする。
> ② 電磁的記録であって情報を表すために作成されたものの提出命令に基づく提出及び送付嘱託に基づく送付を電子情報処理組織を用いてする場合は、最高裁判所規則で定めるところにより、裁判所の使用に係る電子計算機に備えられたファイルに当該電磁的記録を電磁的方法により複製したもの（当該電磁的記録に記録された情報について改変が行われていないものに限る。）を記録する方法によりするものとする。

①の電磁的記録に係るファイル形式が、解読方法が標準化されていないものであるときの提出及び送付の在り方については引き続き検討するものとされています。

4 民事訴訟手続のIT化においても現行法と同様に「証人尋問・当事者尋問・鑑定・書証・検証」を維持することになるのか

上記で述べたとおり、法制審部会の提案では現行法と同様に「証人尋問・当事者尋問・鑑定・書証・検証」という規律を前提とします。

しかし、電子文書の内容は多種多様であり、その性質上、証明力の判断が特に困難な場合も考えられますので、電子文書を証拠方法とする証拠調べについては、より手続の適正・安定を保ちながら電子文書を活用する規律を引き続き慎重に検討するべきです。特に、生まれながらの電子文書の証拠調べにおけるメタデータ等（**本章Q4**で詳述）の提出の取扱いについては十分な検討がなされるべきです（日弁連意見書20～21頁）。

（大木　怜於奈）

2 デジタル化された証拠の成立の真正

Q2 デジタル化された証拠には、紙媒体として存在する文書を電子化したものと、電子契約のような生まれながらの電子文書がありますが、それらの原本は何ですか。また、成立の真正や認否の対象は何ですか。

電子文書の成立の真正の立証について、文書における二段の推定とどう違いますか。

ポイント

1 デジタル化された証拠の原本については、①紙媒体として存在する文書を電子化して提出する場合と、②電子契約のように生まれながらの電子文書として存在するものを提出する場合とで分けて考えることができます。

2 上記①の場合、紙媒体として存在する文書が「原本」であり、電子化して提出される電子文書は「写し」となります。一方上記②の場合、最初に完成された電子契約などが「原本」となり得ます。

3 成立の真正についての認否の対象は、挙証者が何を証拠方法とするのかによって異なります。電子化した文書の場合、一般に、手続上の原本の成立、原本（真の原本）の存在及び原本（真の原本）の成立の3点であるとされます。

4 電子文書の成立の真正の立証においては、電子署名法に定めるところによる電子署名が付された電子文書の場合、本人による電子署名がされているときは、真正に成立したものと推定されます（同法3条）。

A 1 デジタル化された証拠の原本について

デジタル化された証拠には、大きく分ければ、①紙媒体として存在する文書を電子化して提出する場合、②電子契約のように生まれながらの電子文書として存在するものを提出する場合、が想定されます。

上記のいずれのケースにおいても、何を「原本」として扱うかは挙証者が何を証拠方法としたいかによって決せられ、この原本を複製したものが「写し」又は「複製」ということになり、相対的な概念にすぎません。以下、この点を上記の各ケースごとに説明します。

(1) 紙媒体として存在する文書を電子化して提出する場合

「原本」とは、「最初に、かつ確定的に、作成された文書」と定義されています（秋山幹男ほか『コンメンタール民事訴訟法Ⅳ〔第2版〕』376頁（日本評論社、2019年））。したがって、紙媒体として存在する文書が「原本」といえます。この場合、電子化して提出される電子文書は、「写し」と理解されます。そして、この「写し」である電子文書については、「原本に代えて」提出される場合と、「写しを原本として」提出される場合があり得ます。原本に代えて提出される場合は、原本に代えて写しを提出することに相手方当事者に異議がなく、かつその原本の存在及び成立に争いがないときに許されるとされます（大判昭和5年6月18日民集9巻9号609頁）。もっとも、近時、「『原本に代えて写し』を提出する場合に常に相手方の異議がない場合に限定する必要はない。むしろ、証拠としての提出を認めたうえで、相手方において、原本に代えて写しを提出することの不都合を明示的に主張立証すべきである。」と判示した裁判例が登場しており（東京高判令和元年9月18日判タ1466号92頁）、「原本に代えて」写しを認める要件が流動的であるとみる余地もあります。

いずれにしても、挙証者が何を証拠方法としたいのか（原本か、その写しである電子文書かどうか）ということにより、「原本」が何を指すのかが決まります。

(2) 電子契約など生まれながらに電子文書として存在するものを提出する場合

この場合も、「原本」は、「最初に、かつ確定的に、作成された」ものであることから、最初に完成された電子契約などが「原本」となります。この理解は、電子文書にも原本性が観念できることを前提としています。一方で、電子文書が文書と同様の意味での原本性を有しないとの見解もあります。しかし、電子文書においても消去・書換えの痕跡を把握できる場合があることから確定性を欠くとまではいえません。また、一定のソフトウェアによる再構成が予定されているとしても、論理的な意味での原本性は有しているといえます。したがって、原本と複製の区別がかなり消失する電子文書においても原本性を有すると考えられます（菱田雄郷「書証と電子データの取調べ」ジュリスト1549号65～66頁）。なお、どの段階で完成されたとみるかは、考え方が異なる場合もあり得ますが、文書の作成者が文書を完成させた時と考えるほかないとされます。

また、最初に完成された電子文書が裁判所において閲読することができない特殊なファイル形式で保存されている場合には、挙証者は、裁判所が閲読することができる汎用性のあるファイル形式に変換した上で、事件管理システムにアップロードする必要があります。挙証者が変換後の電子文書によって書証の申出の対象とした場合に、その証拠方法が変換前の電子文書となるのか（変換前の電子文書に代えて、変換後の電子文書を提出するのか）、変換後の電子文書となるのか（変換後の電子文書を原本として提出するのか）は、上記と同様挙証者の意思次第であると考えられます。すなわち、変換前の電子文書を証拠方法としたい場合は、変換前の電子文書が「原本」であり、事件管理システムを利用して提出された電子文書は、「原本に代えて」提出されたことになります。もっとも、事件管理システムにアップロードされた電子文書を「原本に代えて」提出することに、相手方に異議等がある場合は、当該電子文書を閲覧する方法によって取調べをすることはできません。しかしながら、変換前の電子文書は、裁判所が閲読することができない形式であるため、結局これを「原本」として裁判所に提出するには、原本が保存されたパソコンなどを法廷に持参して電子文書を閲覧する方法が考えられますが、原本として提出することができない場合は、挙証者としては、変換前の電子文書を裁判所が閲覧することができる形式のデータに変換する又は変換前のデータをプリントアウトし、これを「原本」として取調べの対象とすることになるとされます（研究会報告書106～108頁）。

なお、挙証者が何を書証として捉えているかを明らかにする方法として、これまでは、証拠説明書上に記載させるなどして対応していました。例えば、東京地裁のウェブサイトで公開されている証拠説明書の記載例では、とあるウェブサイトについて、ページ画面出力物自体を原本として書証申出するケースが紹介されています（https://www.courts.go.jp/tokyo/saiban/syosiki/index.html）。電子文書の場合は、事件管理システムに電子文書をアップロードする際に、システム上に証拠方法に関するチェック項目を設けることで、挙証者の意思をあらかじめ確認する手当てをすることも一案であるとの指摘がなされています（研究会報告書108頁）。

2 成立の真正について

(1) 認否の対象

ア 紙媒体として存在する文書の写しとして電子化したものを提出する場合

電子文書として提出された書証の成立の真正や認否の対象については、前記のとおり、挙証者が何を証拠方法とするのかによって異なります。すなわち、原本に代えて写しを提出する際の規律に従い、原本（文書）の提出に代えて事件管理システムにアップロードした電子データによる写しを提出する場合には、取調べの対象は「原本」です。したがって、相手方当事者の認否は、原本であるオリジナルの文書の真正な成立に対してすることになります（文書の成立を争う場合については**本章Q1**）。

イ 電子化した文書の複製を原本として書証の申出をする場合

挙証者が、文書として存在する契約書などの複製を電子化して、その複製を「原本として」書証の申出をする場合に、認否の対象については、学説上議論があるものの、一般に、①手続上の原本の成立、②原本（真の原本）の存在、③原本（真の原本）の成立の3点であると解されています。もっとも、上記①については現代の複写技術を前提とすればほとんど審査する意義はなく、実際には相手方の認否を求めない実務があるとされており、現実には、上記②③が認否の対象となるといわれています（高田裕成＝三木浩一＝山本克己＝山本和彦編『注釈民事訴訟法　第4巻』462頁（有斐閣、2017年））。

⑵　成立の真正の立証

生まれながらの電子文書を取り調べる場合には、原本に代えて複製である電子文書を提出する方法と、複製である電子文書を原本として提出する方法がありうるところ、いずれにせよ、原本の成立の真正が争われた場合には、挙証者はその立証を行う必要があります（民訴法228条1項）。

ア　電子署名法上の電子書面

なお、情報を表すために作成され、電子署名法に定めるところによる電子署名が付された電子文書については、「本人による電子署名（これを行うために必要な符号及び物件を適正に管理することにより、本人だけが行うことができることとなるものに限る。）」がされているときは、真正に成立したものと推定されます（同法3条）。当該規定が、電子文書におけるいわゆる二段の推定を定めたものと言えるかについては両論あります。文書における二段の推定のうち、一段目の推定は、印鑑の事例における判例（最一小判昭和39年5月12日民集18巻14号597頁）による事実上の推定です。したがって、直ちに同法3条の推定についても二段の推定が通用するのかは明らかではなく、一段目の推定の部分（本人の意思に基づく本人だけが行える電子署名であること）については、現段階では個別の立証をすべきといえるでしょう。なお、同法3条に二段の推定が成立する可能性が十分あるとする見解も存在します（福岡真之介「電子署名法3条の推定効についての一考察」（NBL1179号42頁参照）。二段の推定にいう二段目の推定についてはこの規定の明文の効果ですので、押印された私文書の真正な成立の推定（民訴法228条4項）と同様に、「本人による電子署名が行われている」ことが立証されれば、その電子署名の付された電子文書全体として真正に成立したと推定されます。

イ　電子署名法2条1項1号に関する見解

電子署名法に関して、行政解釈ではあるものの、次の見解が示されています（総務省・法務省・経済産業省「電子署名法第2条関係Q&A」（令和2年7月17日））。

「電子署名法第2条第1項第1号の『当該措置を行った者』に該当するためには、必ずしも物理的に当該措置を自ら行うことが必要となるわけではなく、例えば、物理的にはAが当該措置を行った場合であっても、Bの意思のみに基づき、Aの意思が介在することなく当該措置が行われたものと認められる場合であれば、『当該措置を行った者』はBであると評価することができるものと考えられる。」

「利用者が作成した電子文書について、サービス提供事業者自身の署名鍵により暗号化を行うこと等によって当該文書の成立の真正性及びその後の非改変性を担保しようとするサービスであっても、技術的・機能的に見て、サービス提供事業者の意思が介在する余地がなく、利用者の意思のみに基づいて機械的に暗号化されたものであることが担保されていると認められる場合であれば、『当該措置を行った者』はサービス提供事業者ではなく、その利用者であると評価し得るものと考えられる。」

「上記サービスにおいて、例えば、サービス提供事業者に対して電子文書の送信を行った利用者やその日時等の情報を付随情報として確認することができるものになっているなど、当該電子文書に付された当該情報を含めての全体を1つの措置と捉え直すことよって、電子文書について行われた当該措置が利用者の意思に基づいていることが明らかになる場合には、これらを全体として1つの措置と捉え直すことにより、『当該措置を行った者（＝当該利用者）の作成に係るものであることを示すためのものであること』という要件（電子署名法第2条第1項第1号）を満たすことになるものと考えられる。」

上記の見解はあくまで電子署名法2条1項1号に規定される「電子署名」

についてのものです。「電子署名」の中でも適用対象を限定した、同法3条に基づく推定については、前記のとおり別途議論が必要です。一方で、特定認証業務の認定を受けた電子認証機関によって認証された電子署名が、自動的に同法3条による真正な成立の推定を受ける電子署名であるとの直接的な連動はないと指摘されていますので、同法4条以下の特定認証業務の認証の有無自体は、同法3条の適用の有無と直結しないとされます。

ウ　電子署名法3条に関する見解

同法3条の「これを行うために必要な符号及び物件を適正に管理することにより、本人だけが行うことができることとなるものに限る。」との限定要件については、特に法務省が「サーバー上にある秘密鍵と電子証明書を用いたリモート署名は『符号及び物件』の要件を満たさない」との見解を示したものもあり（法務省、総務省、経済産業省「論点に対する回答」2頁。令和2年5月12日）、事業者等から法改正の提言がなされていました。

その後、「電子署名法第3条関係Q&A」（令和2年9月4日）において、いわゆる事業者署名型（PDFなどの電子契約書をインターネット上にアップロードし、双方が確認して合意することで立ち会った電子契約サービス提供事業者が契約書の締結を確認して電子署名を行う方式。一方、契約の当事者が印鑑証明にあたる電子証明書を取得し、本人であることを証明する方式を「当事者型」といいます。）の電子契約サービスについて、一定の要件を満たすことにより、本人による電子署名が施された電子文書の真正性を推定する効力が及びうる旨の見解を示し（http://www.moj.go.jp/MINJI/denshishomeihou.html）、具体的には次の要件を示しました。

① 同法2条1項に規定する電子署名に該当すること（上記イの見解参照）。

② 当該サービスが本人でなければ行うことができない（十分な水準の固有性を満たしている）ものであること（固有性の要件）。

上記②について補足しますと、固有性の要件を満たすためには、①利用者とサービス提供事業者の間で行われるプロセス及び② ①における利用者の行為を受けてサービス提供事業者内部で行われるプロセスのいずれにおいても十分な水準の固有性が満たされている必要があるとされています(同資料)。同資料においては、上記の各プロセスを評価するための参考となる文書について例示されていて、今後の動向を注視する必要があります。また、固有性の要件を満たすためのサービスとして、電子契約サービスのクラウドサイン（https://www.cloudsign.jp/）では、送信者が受信者に対して、2要素認証（認証の3要素のうち、2種類の認証要素を組み合わせた認証方法）又はIdP認証（SAMLなどの規格に対応したIDプロバイダ（IdP）を通じて、SSO（シングルサインオン）してクラウドサインにログインした場合の認証方法）をした上での同意を求めることができる機能を実装している旨公表しています。

エ　成立の真正が推定されない場合

推定機能に頼らない成立の真正についての立証方法としては、様々な方法が考えられ、例えば、原本のメタデータ等（**本章Q4**で詳述）を分析した解析報告書を書証として提出するほか、当該電子文書のメタデータの検証を申し立てることも考えられます。

また、たとえば、上記のクラウドサインでは、その電子署名システムについて、訴訟での利用を想定した説明資料を一般公開しており（https://www.cloudsign.jp/pdf/litigation_support_documents.pdf)、これらも有効活用し得るといえます。

（佐藤　孝丞）

3 文書等の提出手続の変更等

Q3 事件管理システムを利用する場合の文書等の提出等の手続はどう変わりますか。
また、事件管理システムを利用しない場合の手続はどう変わりますか。

ポイント

1 これまで文書の写しはファクシミリ等で直送されていましたが、事件管理システムを利用する場合、事件管理システムに電磁的記録をアップロードすることで写しの提出とし、事件管理システムにアップロードされた旨を相手方へ通知アドレスに宛てて通知することで相手方へ複製を直送したことになります。
2 事件管理システムを利用しない場合の手続は、送付すべき書類の写し又は送付すべき電子文書に記録された情報の内容を出力した書面の交付によることになります。現行法令で認められているファクシミリによる直送を維持すべきかどうかについては賛否両論あり、引き続き検討されます。

A 1 インターネットを用いてする証拠となるべきものの事前の準備としての写しの提出

文書等を提出して書証の申出をする場合には、その申出をする時までに、当事者は文書等の写しを裁判所に提出しなければなりませんが（民訴規137条1項本文。高田裕成＝三木浩一＝山本克己＝山本和彦編『注釈民事訴訟法　第4巻』466頁（有斐閣、2017年））、事件管理システムを利用する場合と利用しない場合について説明します。

(1) 事件管理システムを利用する場合の手続

① 証拠となるべきものの事前の準備としての写しの提出については、電子情報処理組織を用いてすることできるものとする。

② 電子情報処理組織を用いてする証拠となるべきものの事前の準備と

しての写しの提出は、最高裁判所規則で定めるところにより、裁判所の使用に係る電子計算機に備えられたファイルに当該証拠となるべきものの写しを記録する方法によりするものとする（中間試案17頁）。

⑵ 事件管理システムを利用しない場合の手続

当事者は文書の写し（電子文書の場合は印刷したもの）2通（相手方の数が2以上であるときはその数に1を加えた通数）を裁判所に提出しなければなりません（民訴規137条1項本文。ただし、以下で述べる直送の場合は裁判所に提出する通数は1となります。高田ほか・前掲475頁）。

2 当事者の相手方に対する送付

⑴ 直送の場合

書証の申出をする時までに裁判所に提出すべき文書等の写し及び証拠説明書は、挙証者は相手方に直送することができます（民訴規137条2項）。

中間試案6頁では、直送は、次に掲げる方法によることができるものとし、通知アドレスの届出をした相手方に対する直送は次に掲げる方法のうち、①によるものと提案されています。

① 裁判所の使用に係る電子計算機に備えられたファイルに送付すべき電子書類を記録し、通知アドレスの届出をした相手方が電子情報処理組織を用いてその電子書類の閲覧又は複製をすることができる状態に置き、当該相手方の通知アドレスにその旨を自動的に通知してする方法（通知アドレスの届出をした相手方に対するものに限る。）。

② 送付すべき書類の写し又は送付すべき電子書類に記録された情報の内容を出力した書面の交付。

したがって、事件管理システムを利用する場合の手続は①、利用しない場合の手続は②とされています。

なお、事件管理システムを用いた直送以外の方法として、現行法令で認められているファクシミリによる直送を維持するかどうかについては賛否両論あり、提出当事者が直送しなければならないとすれば、受取当事者が許容する他の方法についても広く認めることが相当であるとの意見もあり、引き続き検討することが相当とされています（法制審第7回会議部会資料12・13頁）。

⑵ 裁判所の当事者等に対する送付

当事者が裁判所のシステムを通じて提出した送付すべき電子書類を通知アドレスの届出をしていない相手方に送付する場合の取扱いは、⑴提出当事者による直送と、⑵裁判所の送付によるという考え方があります。

> 裁判所の当事者等に対する送付は、次の掲げる方法によることができるものとする。ただし、通知アドレスの届出をした当事者等に対する送付は、次に掲げる方法のうち①によるものとする。
>
> ① システム送達（通知アドレスの届出をした当事者等に対するものに限る。）
>
> ② 送付すべき書類の写し又は送付すべき電子書類に記録された情報の内容を出力した書面の交付

裁判所の送付による場合、送付に用いる書面は、①当事者自ら出力した書面を用いるか、②一定の手数料を納付し裁判所が出力した書面を用いるかを選択することができるとの考え方があります（中間試案6～7頁）。

3 事件管理システムを用いた提出及び直送を認める趣旨

2004年改正により新設されたオンライン申立て等に関する規定は文書の写しの提出（民訴規137条1項）は含まれていません。これは、文書の写しが正確に電子化されることをどのように手続的に担保するかなどにつき慎重な検討が必要とされたためです。

その後の技術の発展により、紙媒体の複写と電子化に有意な差がなくなりました。したがって、事前の準備の提出についてのみ、オンラインによることを認め、かつ、文書（原本）を提出してする書証の申出は期日において行わなければならないという規律（民訴法219条）を維持すれば、事件管理システムを用いた提出及び直送を認めたとしても文書の写しが正確に電子化されたかについて争う機会を手続的に担保することができます。

4　事件管理システムを利用しない場合の注意点

本章Q1の**1**⑴**ウ**で述べたとおり、電子文書を印刷した書面を提出する方法では、現在の技術を前提とすると、電子文書の形式的証拠力を判断するために有益な情報であるメタデータ（**本章Q4**で詳述）をほとんど捨象することになります。このため、事件管理システムを利用できない場合はこの点を注意する必要があります。

（大木　怜於奈）

4 電子文書の改ざん

Q4 電子文書におけるメタデータとは何ですか。また、メタデータはどのように確認することができるのでしょうか。

電子文書の改ざんはどの程度立証するのでしょうか。

ディープフェイク、虚偽の証拠の提出の防止はどのような方法によりますか。改ざんされた電子文書が提出された場合の制裁はどうなりますか。

ポイント

1 メタデータとは、概ね「データに関するデータ」をいいます。具体的には、ファイルの作成日時、更新日時等のタイムスタンプや画像ファイルに記録された撮影日時、画像解析度などの情報を指します。

2 メタデータの内容は、多様であるため、その確認方法も多種多様です。特別なフォレンジック・ツールを必要としない方法からそれらのツール等の高度な技術を必要とする方法があります。

3 文書の成立の真正は、提出者に立証責任があります（民訴法228条1項）。もっとも、相手方が文書の成立を否認するときは、否認の理由を明らかにしなければなりません（民訴規145条）。したがって、生まれながらの電子文書の場合、電子証拠固有の性質を踏まえた改ざんないしこれを疑わせる事実の立証が必要です。

4 ディープフェイク、虚偽の証拠の提出の防止手段としては、原本のメタデータ等を分析した解析報告書を書証として提出するほか、当該電子文書のメタデータの検証を申し立てるなどの手段が想定・検討されています。もっとも、検証環境確保の問題が指摘されています。

A 1 電子文書におけるメタデータとその確認方法について

⑴ メタデータとは

多義的ではあるものの、メタデータとは、電子メールや電子ファイルのコンテンツと対照をなす概念で、「データに関するデータ」を含む、ファイルの属性情報を説明する汎称です。いわゆるプロパティ情報や電子メールのヘッダー情報なども包摂するものの意味で用いられる用語です（東京弁護士会「LIBRA」2020年1・2月合併号14頁）。具体的には、ファイルの作成日時、更新日時等のタイムスタンプや画像ファイルに記録された撮影日時、画像解析度などの情報を指します（研究会報告書110頁）。

電子文書は、データの作成・送受信・変更等の際、コンテンツとして表現される作成者の思想・認識とは別に、データの状態・変化、コンピュータの活動等の情報が機械記録され、データ本体にメタデータを付帯させます。

⑵ メタデータの重要性

メタデータは、書証として出されるコンテンツ・データの真正性を検討するにあたり重要です。ただ、もし裁判所への提出前に電子文書のメタデータが消去されたり付け直しをされると、提出証拠が、要証事実発生の際、機械生成された真正な証拠と同じものか、相手方は提出されたデータ自体からは確認が難しくなります。生まれながらの電子文書に「写しを原本とする」扱いを認めると、電子文書を紙に印刷して、いったん文書化し、これをPDFなどさらに電子文書化したうえで写しを原本で提出した場合、重要なメタデータを失うことになるので注意が必要です（前掲LIBRA18頁）。

⑶ メタデータに関する裁判例

裁判例では、インターネットアーカイブのメタデータに関し、「スキャンデイト」の項目に「・使用上の注意：物理アイテムがスキャン／デジタル化されるとき、scandateはデジタル化が行われた日時を表します。…」、「・定義：メディアがキャプチャされた日時（UTC）。」との記載があること等に照らし、URLの記載から、ウェイバックマシン（インターネットアーカイブの収集・保存サイト）が、特定の年月日時に特定のウェブページを収集・保存した事実を認定したものがあります（知財高判令和元年10月24日（平成30年（行ケ）第10178号・裁判所ウェブサイト、LEX/DB25570553））。

⑷ メタデータの確認方法の例

データ生成時にコンピュータが残すメタデータには多様なものがあります。以下の例は、特別なフォレンジック・ツール（広義では、デジタル形式の証拠の識別、収集、検査、報告についての科学的考察手段）を必要とせず、日常使用するコンピュータの機能のみによって確認が可能です。

ア Wordファイル

メタデータの一部の情報は､印刷して目視することができます。例えば、Wordの「印刷」機能中の「ファイル情報」を印刷する方法により、ファイル名、フォルダ、テンプレート、作成者、作成日時、変更回数、最終保存日時､最終保存者､編集時間､最終印刷日時､最終印刷時のカウント（ページ数、単語数、文字数）等を見ることができます。

メタデータの一部は、ディスプレイでも見ることができます。例えば、Wordファイルの「プロパティ」中の「詳細」タブでは、作成者、前回保存者、プログラム名、コンテンツの作成日時、前回保存日時、総編集時間、内容の種類、ページ数、単語数、文字数、行数、段落数などが表示されます。Wordでは、文書ファイルを保存すると、「最終印刷日」より後の保存日が「更新日時」になり、「最終更新者」も保存操作を行ったユーザの名前に変更されるので、要注意です。

Wordのファイル名末尾の拡張子「.docx」を「.zip」に入れ替え、これをダブル・クリックして展開・解凍すると、3個のファイル・フォルダと1個のXMLドキュメントが表示されます。ファイル・フォルダのうち、「docProps」を開くと、さらに2個のXMLドキュメントが現れ、そのうち「core.xml」をクリックすると、詳細なメタデータを見ることができます。zipファイルを展開した際、「docProps」と並んで現れるファイル・フォルダのうち、「Word」のファイル・フォルダを開くと「document.xml」が表示されます。コンテンツを人が普通に目視しても判別困難な情報も、「document.xml」からは確認できます（前掲LIBRA15頁）。

イ　画像（イメージ）

JPEG画像のExif情報からも撮影につかわれたカメラの製造元・機種等が顕出します。スマートフォンのGPS機能により位置情報等が付加されていることもあります。（前掲LIBRA16頁）。

ウ　電子メール

メール（以下、Gmailを例に説明します。）のヘッダー情報について紹介します。開いたメールから「メッセージのソースを表示」すると、「元のメッセージ」と詳細な【ヘッダー情報】が現れます。ヘッダーには通信に関わる情報が記録されます。これらのヘッダー情報から改ざんを疑う例としては、以下のものがあります（前掲LIBRA16頁）。

① 電子文書のコンテンツに表示された時刻がヘッダー情報の転送時刻と整合していない場合

② 「自然言語」に日本語とUS英語とあるのに、コンテンツに別の言語の書体表記がある場合

③ メールをoutlookで送信した旨を証人が証言したのに対し、ヘッダー情報ではメーラーがBecky ！と表示されている場合

④ プロバイダが通常経由のものと異なっている場合

⑤ アドレスがReply toとFromが一致しない場合

2　電子文書の改ざんとその立証について

(1)　電子文書改ざんの立証の特質

文書の成立の真正の立証責任は、提出者にあります（民訴法228条1項）。もっとも、相手方が文書の成立を否認するときは、否認の理由を明らかにしなければなりません（民訴規145条）。たとえば、メールの場合、メール送受信の日付と当該日付に対応する曜日とが齟齬しているケースでは、相手方

は成立を否認する理由を合理的に説明できます。一方で、改ざんメールでありながら、字面上改ざんをうかがわせる手がかりが見あたらないものもあります。後者の場合、通常、訴訟代理人も裁判所も、改ざんに気付かないと推測されます。そして、このような外観上明らかでない改ざんは、電子文書においては容易にできてしまいます。特に、訴訟の相手方が送受信に関わっていない場合や、送受信当時のPCを買い替えてしまっている場合などでは、相手方には、突合可能な反面証拠がないため、成立を争う理由の提示が困難となります。

このように、生まれながらの電子文書の場合、提出証拠が、行為時に生成された電子文書と同一か否かを確認するために、電子証拠固有の性質を踏まえた改ざんないしこれを疑わせる事実の立証が必要です（前掲LIBRA13頁以下）。

⑵　改ざんの立証

ア　ログの照合

メタデータの場合は、複雑に絡み合っているため、一部のメタデータの改ざんでも全体として何らかのほつれが生じる可能性があります。提出されたデータ単体から改ざんが判明しなくとも、端末本体内に残された各データ間の整合性や操作のプロセス、SIMカード、メモリカード、デバイス（モバイル等）の接続先PC、バックアップ先のクラウド、データ送受信先（cc、bcc、転送先）の各種デバイス、ルータ、サーバ、ファイア・ウオール、プロバイダ等サービス事業者の管理コンピュータ等々のどこかに痕跡を残し、あるいは複層化した各ログ等の紐付け突合などによって手掛かりがみつかる可能性があります。

このように、電子証拠の原本確認においては、当該証拠データを格納していたデバイス等に残されたログ（コンピュータの利用状況やプログラムの実行状況、データ通信の送受信状況などを記録したファイル。システムに発生するあらゆる事象がその瞬間毎タイムリーに機械記録されるもの。）、その他データ状態との照合する方法がまずはあげられます（前掲

LIBRA17～18頁以下)。

イ　ログに関する裁判例

裁判例では、被告のサーバコンピュータへの顧客の接続履歴の内容がアクセスログとして自動的に記録される仕組みとなっており、株取引の変更注文についてのアクセスログの記録が、特定年月日時に、特定銘柄コードの株式を特定株数、売り注文の指値を特定の金額に訂正し、注文確認画面を省略して、注文発注ボタンを押下したという意味であることを認定したものがあります(東京地判平成30年3月16日(平成29年(レ)第502号・LEX/DB25553151))。この裁判例では、控訴人は、前記アクセスログなど被控訴人の提出する証拠は偽造されているかシステム障害によるものであるから信用できないなどと主張しましたが、裁判所は、アクセスログの原データに人為的な編集や改ざんがなされた形跡はうかがうことができないし、本件各注文があった日に、被控訴人のシステムに障害があったことをうかがわせるような証拠ないし事情も見当たらないなどとして、前記認定のアクセスログの内容が虚偽であると認めることはできないと判示しました。

ウ　ハッシュ値を利用した立証

また、ハッシュ値(任意のデータから一定の計算手順(ハッシュ関数)により算出される規則性のない固定長の値)を利用した立証もあり得ます。ハッシュ値の特質は、固定長(入力データの長さに関係なく、ハッシュ値は必ず長さが決まった固定長になる)、同一値(入力データが同じであれば、常に同じハッシュ値が出力される)、初期値敏感性(入力データがわずかでも変われば、出力されるハッシュ値は大きく変わる)、一方向性(ハッシュ値(出力結果)から元の値を求める(逆算する)ことは事実上不可能であり、元データは判別できない)、衝突回避性(複数の異なるデータが同じハッシュ値になることを衝突―シノニム―というが、ハッシュ値が偶発的に衝突する可能性は極めて低い)などとされます。ハッシュ値の衝突確率に関しては、SHA-1(従来のハッシュ・アルゴリズムとしては新しくない仕様)でも、1400兆×(10の33乗)分の1といわれます(前掲LIBRA17頁以下)。

エ　ハッシュ値の裁判例

裁判例では、訴訟の進行協議期日において、被告が原告に貸与していた特定番号のPCとして担当裁判官及び原告に提示したPC（被告提供PC）のハードディスク（保存されていたデータを含みます。）が、同日、被告提供PCから取り出され、厳封された上、後日、当事者双方立ち会いの下でコピー3部を作成し、被告及び原告が各1部を受け取り、残り1部を原告が裁判所に証拠提出したところ、ハッシュ値が同一であること等を根拠に、前記コピー3部は、上記ハードディスクの完全なコピーであると認定したものがあります（東京地判平成28年3月23日（平成25年（ワ）第21911号・LEX/DB25554255））。

一方で、「被告が復元したファイルと鑑定人が復元したファイルとの間に過不足があることや、同一名称のファイルでありながらハッシュ値が異なるとしても、鑑定嘱託の結果は、被告が特定したファイルの内容と一致しており、被告の特定したファイルの信用性を左右するものではない。なおファイルのハッシュ値は、ファイルのバイナリデータの僅か1ビットの変動でも異なってくるものであるから、ハッシュ値の違いのみから、被告の解析結果の信用性を判断するのは全く相当でないと思慮する。」としたものもあるので（大分地判平成27年2月23日（平成21年（行ウ）第3号ほか）・判時2352号36頁、LEX/DB25540269））、注意が必要です。

オ　改ざんの立証の問題点と立証のために必要な資料の入手方法

ただし、IT化のもとでの原本データの確認には、労力、技術及び費用等の面から過負担になりかねないという問題が残っています（前掲LIBRA17頁以下）。

なお、相手方が任意に改ざんを検証する資料を提出しないときには、文書提出命令を記録媒体やプリントしたものを対象文書ないし準文書として求める手段があり得ます（高橋郁夫ほか『デジタル証拠の法律実務Q&A』170頁以下（日本加除出版、2015年））。

3 ディープフェイク、虚偽の証拠の提出の防止及びデータ改ざんに対する制裁について

(1) 虚偽証拠提出の防止

ア デジタル・フォレンジック技術の活用

メタデータの裁判上の重要性が認識されるにつれて、メタデータの改ざんや消去のおそれも高まります。改ざんを探知されないように操作したり消去するアンチ・フォレンジック（フォレンジック・ツールによる検証を困難とする技術。）など、提出証拠付帯のメタデータ単体では確認されない、電子的な証跡に広く関係する問題に直面することも予想され、真正性等の確認にデジタル・フォレンジック技術の活用を検討すべき場合が生じる可能性があります（前掲LIBRA19頁以下）。

イ デジタル・フォレンジック技術に関する裁判例

裁判例では、元取締役のパソコンのフォレンジック調査を行った結果、被告が、特定期間に、多数のファイルやメールデータを削除したり、削除したファイルを復元不能とするプログラムを実行したりしたことが判明したのに加え、削除されたメールデータの復元により、被告が旅行に家族を同行しており、その渡航費を会社経費として精算していたことも判明したと認定したものがあります（東京地判平成29年4月11日（平成26年（ワ）第30231号・LEX/DB25553662））。

元従業員の非違行為の実態の把握のために、被告が使用したパソコンを対象に、削除済みのメールやファイルの復元及びデジタルフォレンジックを実施し、その費用が197万1000円であったことが認められ、その額は被告の非違行為による損害であると認められたものもあります（東京地判平成31年3月26日（平成30年（ワ）第10053号・LEX/DB25580965））。

ウ ディープフェイク

また、ディープフェイク（機械学習アルゴリズムの一つである深層学習（ディープラーニング）を使用して、複数の画像や動画の一部を結合させ元とは異なる動画を作成する技術）等による虚偽証拠の提出にも警戒が必

要です。現在、様々なIT系企業により「Face X-ray」などのディープフェイクを顕出する技術の開発が競われていますが、まだ課題が残っているとされます。

エ　改ざんへの対応としての検証

以上に関連し、IT化研究会において、このような改ざんへの対処方法の例として、「原本のメタデータ等を分析した解析報告書を書証として提出するほか、当該電子データのメタデータ（略）の検証を申し立てることも考えられる（略）。もっとも、当該メタデータのファイル形式などにもよるが、裁判所の設備では当該データを検証することができない場合なども考えられ、当事者において検証可能な機器を裁判所に持ち込む又は解析可能な機関において検証を行うということが考えられる」との見解が示されています（研究会報告書109頁以下）。

⑵　電子文書改ざんに対する制裁

電子文書の証拠調べを可能とした場合には、現在と比べて改ざんのおそれが高まるものと考えられることから、当事者による故意の改ざんについての制裁規定を設けることも考えられるという意見もあります。しかし、電子文書で提出された場合についてのみ制裁規定を設けることについては合理性がなく、慎重に検討すべきであるという意見もあります（研究会報告書106頁、110頁）。

一方、「この制裁規定（案）に対しては、重過失等によって文書成立の真正を争う場合の制裁（民訴法230条）が相殺的に作用することもありうることから、改ざんへの制裁だけでなく、真正を争う理由を重過失なく説明できる技術的手当てが必要となる。」との指摘もあります（IT化研究会第14回資料14・103～104頁）

法制審においても上記の点は議論され、「素人のあまり詳しくない弁護士が、相手方から出された証拠について、それが偽造だと見破るのは難しいのではないか。」「偽造証拠が出されないような仕組み、出されたときにそれに対して、場合によっては、一番極端な制裁としては敗訴するような、少なくとも故意に偽造された動画、写真などは提出できないような仕組みを検討されたい。」という趣旨の意見が述べられています（法制審第1回会議議事録15頁）。

偽造を看破する能力については、本人訴訟でこれを期待するのは困難であり、今後の課題になり得ます。弁護士などの代理人においては、日常的にIT業者等と連携を深めるなどして、迅速な電子文書のチェックができる体制を整えることが重要になるでしょう。偽造の予防策としては、上記のような慎重意見はあるものの、電子文書が、精緻かつ容易に偽造されてしまう特殊な証拠方法である点を強調すれば、少なくとも故意に偽造電子文書が提出された場合について特別な制裁規定を設けることは、立法事実としても合理性を有するのではないでしょうか。

（佐藤　孝丞）

5 証人尋問・当事者尋問・通訳

Q5 証人尋問について、裁判官の面前で証人の陳述を聴取することにより心証を形成するという直接主義の要請がありますが、IT技術の発展によりウェブ会議等による尋問は対面と同等であるという考えもあります。民事訴訟手続のIT化によりウェブ会議による尋問も広く認めることになるのでしょうか。また、証人尋問の要件はどう変わりますか。

ウェブ会議による尋問が実施される場合、証人等の所在場所はどうなりますか。

ポイント

1 現行法でも直接主義の例外として、一定の要件のもとテレビ会議システム等がありますが、当事者に異議がない場合にもウェブ会議等による尋問を認めるなど要件を拡大することが検討されています。

2 証人尋問がより多く利用されるために、現行法と異なり、証人等の所在場所を幅広く認めるのが望ましいと考えられますが、適切な尋問を行うため、さらなる検討が必要です。

A 1 現行法の内容と裁判手続のIT化における視点

(1) 直接主義とその趣旨

現行法では、証人尋問を行う場合には、証人が現実に出廷して、証言を行うことを原則としています。これは、当事者の弁論と証拠調べが受訴裁判所の面前で行われ、なんぴとの介在も許されないとする直接主義の要請に基づくもので（秋田幹男ほか『コンメンタール民事訴訟法Ⅱ〔第2版〕』141頁（日本評論社、2004年））、特に証人尋問においては、証人の陳述を、声や顔の様子も含めて、裁判官の面前で聴取することにより、証人が真実を語っているかどうか適切に心証形成を行う必要があると考えられるためです（研究会報告書112頁）。

⑵　直接主義の例外（テレビ会議システム）

もっとも、直接主義にも例外があります。証拠調べに関しては、受命・受託裁判官等による証拠調べ（民訴法185条、195条）等とともに、映像等の送受信による通話の方法（いわゆる「テレビ会議システム」）による尋問（同法204条）があります。「テレビ会議システム」による尋問は、①証人が遠隔の地に居住するとき、②事案の性質、証人の年齢又は心身の状態、証人と当事者本人との関係その他の事情により、証人が圧迫を受け精神の平穏を著しく害されるおそれがあると認める場合であって、相当と認めるときに限り用いることができます（同法204条1号・2号）。直接主義の要請があるため、その要件は限定されています。

⑶　裁判手続のIT化における視点—「e法廷」の実現

裁判手続のIT化においては、裁判手続を当事者等の裁判所への出頭に代えてウェブ会議等を活用して実施する「e法廷」の1つとして、証人尋問をウェブ会議等で行うことが検討されています。

2　ウェブ会議等を利用した証人尋問の要件

法制審部会では民訴法204条につき、下記の要件が示されています（中間試案17～18頁）。

> 同条第１号を次のとおり改める。
>
> 証人の住所、年齢又は心身の状態その他の事情により、証人が受訴裁判所に出頭することが困難であると認める場合であって、相当と認めるとき。
>
> 同条第３号として、次の規律を加える。
>
> 相当と認める場合において、当事者に異議がないとき。

⑴　法制審部会における議論

法制審部会では、裁判所が証人の表情や声、動作や態度等を総合的に考慮した上で心証形成をするため、近年のITの発展を踏まえたとしても、慎重な検討が必要であり、証人尋問の重要性、真実発見のためには、法廷に現実に出頭し、裁判官の面前で宣誓を行った上で陳述するという手続の重要性は高いとして、民訴法204条の枠組みを基本的に維持しつつも、要件の緩和も考えられるとしています（補足説明79頁）。

そこで、当事者の反対尋問の利益との観点のみならず、真実発見という公益的観点も加味し、当事者の同意に加えて、裁判所の相当性審査も必要とする要件が提案されており（研究会報告書113頁）、また、証人が出頭困難である事情は、証人の居住地が遠隔の地である場合に限らないことから、法制審では、上記要件が示されました（補足説明79頁）。

なお、宣誓の方法について、現行法では証人に宣誓書を朗読させ、これに署名押印させるもの（民訴規112条3項）とされていますが、宣誓書という書面による形式がIT化の観点から不合理とも考えられる一方、宣誓した証人が虚偽の証言をした場合の制裁が予定されており、宣誓の趣旨を証人に自覚させるためには一概に不要とは言えないとの考え方もあることから、「宣誓書の作成自体を不要とする考え方や、書面の形式による宣誓書に代わる新たな宣誓書の形式を創設する考え方があり得る」として、今後の議論に委ねています（補足説明81頁）。宣誓の趣旨を踏まえると、宣誓を不要とするのは適切ではないですが、宣誓の形式そのものは電子データの形式による宣誓書を作り、署名押印に代えて、作成者を明らかにする措置をとるなどIT化に合った方法がよいのではないかと考えます。

⑵ ウェブ会議等を利用した証人尋問についての考察

平成28年・同29年の第一審通常訴訟既済事件の総数は148,022件・145,985件で、そのうち証人尋問が実際された件数は11,389件・11,211件（いずれも司法統計年報）ですが、さらに民訴法204条1号の事由でテレビ会議が実施された回数は46回・50回、同2号の事由の場合は17回・40回です（研究会第6回議事要旨3頁）。要件を充足しなければテレビ会議システムでの証人尋問はできませんが、それでも証人尋問の件数に比べ、その実施数は極めて少ないと言えます。それには、様々な要因が考えられますが、やはり裁判官自身が証人と直接対面した上で、証人の様子や態度も含めて感じ取ることで、心証形成したいと考えていることが大きな理由の1つでしょう。また、訴訟代理人としても、対面のほうがやりやすいだけでなく、反対尋問等の際に、証人と相対し、より突っ込んで尋問をすることで、その様子を直接見た依頼者（＝当事者）から納得が得られやすくなる等、直接対面するからこそ得られるメリットもあると考えます。

したがって、IT技術が発達しているとしても、現時点においては、直接主義の例外を大きく認めるべきではないでしょう（設問中の「IT技術の発展によりウェブ会議等による尋問は対面と同等であるという考え」に対し、ウェブ会議等を利用した証人尋問が実際に行われる時点で、どの程度IT技術が発展しているかによりますが、少なくとも現時点の状況からすると申し分のない通信環境で、かつ、かなりのスペックを要したシステム・機材を用いなければ、対面と同等と評価できる尋問は不可能でしょう。

もっとも、ウェブ会議等を利用した証人尋問を導入するにあたっては、以下の観点も検討すべきだと考えます。

まず、民事裁判のIT化が国民の司法アクセスの向上を企図していることです。尋問のため、証人が行き慣れていない裁判所に、平日の日中に赴く必要があるとなれば、現在の社会状況からすると、その負担は大きいと言わざるを得ません。司法アクセスの向上というのであれば、証人の私生活上の利益にも十分配慮する必要があり、多忙等証人自身の都合も、上記要件における考慮要素の1つとして検討すべきでしょう（たとえば中立的な立場にある医師で緊急対応が必要である場合など（研究会第11回議事要旨30頁）。なお、業務・養育・介護を理由とする多忙を含める考えについては、青木哲「証人尋問におけるウェブ会議等の利用」ジュリスト1550号69頁）。

次に、新型コロナウィルス等の感染症拡大の影響です。裁判を遅延させることなく、かつ人との接触をできるだけ避ける方法として、ウェブ会議等が適当な代替手段となるはずです。よって、感染症の拡大についても、「出頭することが困難である場合」（同条1号）と解釈できるのではないでしょうか。

なお、ごく近い将来におけるIT技術の進展や、それに伴うウェブ会議等に対する国民の理解の程度は到底予想しがたく、直接主義との兼ね合いもその都度見極める必要があるので、実施方法等については、技術の発展に応じ適時改正することも必須だと考えます。

また、要件とは異なりますが、ウェブ会議等を利用した証人尋問の調書については、映像と音声の録音録画も検討されてもよいと考えます。一度きりの尋問で心証形成が難しい場合等に再度確認することができますし、文字に起こした尋問調書とは異なり、まさに尋問の内容そのものを記録したものなので、裁判官の事実認定にも、より資するのではないかと考えます。

3 ウェブ会議等における証人の所在場所

(1) 法制審部会における議論

近年のITの発展状況に照らせば、音声のみならず、映像についてもインターネット回線を通じた通信は十分に可能であり、その発信元を裁判所に限定する必要性は低下していると言える一方、証人の所在場所がオープンスペースや通信が十分にできない場所である場合、また、同所在場所に、証人に対する不当な影響を与える者がいる場合には、適正な尋問を行うことができなくなると指摘されていることから、中間試案では、下記の要件が提示されています（中間試案18頁）。

> 法第204条に次のような規律を設けるものとする。
>
> 同条に規定する方法による尋問は、証人を次に掲げる要件を満たす場所に出頭させてする。
>
> ア　当事者の一方又はその代理人、親族若しくは使用人その他の従業者（以下本項において「一方当事者等」という。）の在席する場所でないこと（当該場所が当事者の他の一方又はその代理人の在席する場所であるとき、一方当事者等の在席する場所に証人を出頭させることにつき、他の当事

者に異議がないとき及び裁判所が事案の性質、証人の年齢又は心身の状態、証人と当該一方当事者等との関係その他の事情を考慮し、相当と認めるときを除く。)。

イ　その他適正な尋問を行うことができる場所として最高裁判所規則で定める要件を具備する場所であること。

なお、中間試案における考え方を踏まえると、①受訴裁判所に裁判官と当事者等が在廷し、証人がウェブ会議等を利用する場合、②証人も当事者等もウェブ会議等を利用する場合（研究会報告書116頁)、③当事者等は証人の所在場所で尋問を行い、受訴裁判所に裁判官が在廷し、ウェブ会議等を利用する場合（IT化研究会第6回議事要旨7頁以下)、④裁判所外における証人尋問の手続として、合議体の構成員の一部は証人の所在地に実際に赴いて証人尋問の手続に関与し、他の裁判官がウェブ会議等を利用して関与する場合（ハイブリッド方式）のいずれも考えられます。

法制審部会では、ハイブリッド方式を用いることの有益性が認められ、民訴法185条に新たに規律を加えることが提示されており、**本章Q7**で詳しく説明しますが、ハイブリッド方式による証人尋問を認めることが提示されています。また、証人等と同席の上手続に関与することを制限する対象を、当事者又はその代理人、親族若しくは使用人その他の従業員と提案していますが、上記アに掲げられていない者であっても上記イの規定に基づき同席が相当ではないと判断される余地はあり、証人との同席が相当ではない者の範囲については引き続き検討するとされ（補足説明80頁)、明確にその範囲を画することが難しい場合には、このような明文規定を設けず裁判所の裁量的判断に委ねることも提案されています（法制審第9回会議部会資料14－2・22頁)。

さらに、ウェブ会議等を利用した証人尋問における文書の提示について、証人が1人しかいない場合、パソコンの操作を適切に行えるのか、原本を提示したいときはどうするのかという問題が指摘されています（IT化研究会第6回議事要旨10頁)。

⑵ ウェブ会議等における証人の所在場所についての考察

現行法上では、テレビ会議において、証人の所在場所は裁判所に限定されています（民訴規123条。なお、少額訴訟手続における電話会議による証人尋問では所在場所は限定されていません（民訴規226条）。）が、法制審部会で提示された要件では、証人の所在場所を裁判所に限らないとされ、ウェブ会議等の利活用の点からすれば、歓迎すべきでしょう。通信環境が整備されること（通信が途切れることがあり得る環境ですと、証人が質問内容をきちんと聞き取れているにもかかわらず、通信が悪いので聞き取れない等言い訳をし、その間に回答内容を考えたりする等不正な手段に用いられかねず、尋問が成り立たないでしょう。）、不当な第三者の影響を排除することも大切です。

また、カメラに映らない箇所は、裁判官が把握できませんので、不当な第三者だけでなく、証人自身が手控えメモを見ながら回答する等証人が不当な手段を用いることもあり得ます。それにとどまらず、裁判所における対面での証人尋問の場合、裁判官は、在廷する当事者や傍聴人の立ち振舞いを含む法廷内すべての状況を把握でき、その上で適切な証人尋問を実施するため、訴訟指揮を行うことになります。このような裁判長の訴訟指揮権・法廷警察権があるからこそ、当事者を含む関係者が裁判の公正さを実感できるものと考えます（公正さを実感できるのは、「厳粛な雰囲気を確保できる」ことに限りません。）。

したがって、所在場所につき裁判所以外を認めるにしても、裁判長の訴訟指揮権等が適切に及ぶ場所であるべきで、そうすると現時点では、おのずと場所は限られるでしょう。たとえば、役所等公的な機関が考えられます。その場合、裁判所と各自治体とでどのような連携が必要か等調整する必要があります。それでもなお、多くの国民が、役所であれば、物理的にも心理的にも行きやすいと考えていると思われ、国民の司法アクセスの向上にも寄与するはずです。

今後のIT技術の発展の程度も踏まえ、所在場所をより多くする方向で運用することが好ましいことから、具体的な方法等は最高裁規則によるとともに、最高裁規則の適時に改正すべきでしょう。

なお、ハイブリッド方式を用いれば、裁判官が証人の所在地に実際に赴くことになるため、証人の所在場所の制約は自ずと緩やかに考えられるべきです。この点からハイブリッド方式が有益であると言えますが、証人の所在場所に赴く裁判官の負担は避けられず、また、ウェブ会議等を用いた証人尋問の導入する趣旨からしても、裁判所が何を基準に相当性を判断するのか明確であるべきです。したがって、最高裁規則等で一定の基準を示したほうがよいでしょう。

4　当事者尋問と通訳人

⑴　当事者尋問

当事者尋問について、中間試案18頁では、民訴法204条を準用する同法210条の規律を維持し、証人尋問と同じ規律とすることが提案され、証人尋問と異なる規律を設ける必要は特段見当たらないことが理由とされており（法制審第3回会議部会資料5・25頁、補足説明81頁)、相当だと考えます。

⑵　通 訳 人

通訳人について、中間試案18頁では、

> 裁判所は、相当と認めるときは、最高裁判所規則で定めるところにより、【音声の送受信により相手の状態を相互に認識しながら通話をすることができる方法】【映像と音声の送受信により相手の状態を相互に認識しながら通話をすることができる方法】によって、通訳人に通訳をさせることができる。

との要件が提示されています。

前者は「音声の送受信」によるもので、電話会議の方法による通訳を想定している一方、後者は「映像と音声の送受信」によるもので、ウェブ会議による通訳を想定している案となっており、法制審において、電話会議の方法による通訳に対し、賛成する意見と宣誓の正確性の担保等の観点からこれを認めることに疑問を呈する意見の双方が出たため、上記のとおり併記された形で提示されています。

現行法上、通訳人について鑑定人に関する規定を包括的に準用しており（民訴法154条2項）、民訴法215条の3で、ウェブ会議等による通訳が、遠隔地居住等を要件に許容されています。もっとも、少数言語の通訳人の人数が少なく、確保が難しいこともあり、遠隔地居住に限定せず、裁判所が相当と認める場合には、ウェブ会議等を利用した通訳を認めることが示されています（補足説明82頁）。

通訳人について、鑑定人に関する規定が準用されるのは、専門性に着目したものであり、また、通訳人は証人と異なり、真実発見や適切な心証形成といった観点からも、在廷が特に求められるものではありません。外国語で証言する証人等の言葉を、より正確、かつ、適切に通訳することが求められますが、ウェブ会議等を利用すること自体で、この通訳に支障を来す場合は考えにくいでしょう。

さらに、在廷が特に求められるものではないことから、電話会議による通訳についても考えられます。もっとも、宣誓の正確性の担保等の観点や、鑑定人に関する規律との異同を整理する必要があり、また、発話者の口の動きや表情から発話内容を読み取ることで、通訳の正確性を確保していると考えられるので、電話会議では通訳の正確性を制度上担保するのが困難ではないかと指摘されていますが、電話会議による通訳を認めてよいのではないかとの考えもあります（補足説明82～83頁）。また、電話会議による通訳を認めつつ、事案の性質、通訳人自身の経歴や能力、意見等をもとに、相当性の判断を行えば、少なくとも正確性を確保することはできるだろうと考えます。

なお、私見となりますが、今後は通訳人ではなく、AI等を用いた自動翻訳を利用することも検討されてもよいと考えます。

5　参考人等の審尋

民訴法187条1項本文において、裁判所は決定で完結すべき事件について、参考人又は当事者本人を審尋することができる、とされていますが、同法87条と同様、電話会議による手続を認めるべきとして、同法187条に「裁判所は、相当と認めるときは、最高裁判所規則で定めるところにより、音声の送受信により相手の状態を相互に認識しながら通話することができる方法によって、参考人又は当事者本人を審尋することができる。」との規律を加えることが提示されています（中間試案18頁）。

（廣石　和也）

6 外国に所在する証人等に対する尋問

Q6 民事訴訟手続のIT化により、外国に所在する証人等に対し、ウェブ会議を利用して外国で尋問を行うことは可能でしょうか。

ポイント

ウェブ会議等を用いた証人尋問を行う場合、証人の所在場所を国内にとどまらず、外国であったとしても、技術上は問題ないと考えられますが、ウェブ会議等を用いた場合とはいえ、日本の裁判を外国で行うことが可能かとの問題があり、引き続き検討が必要です。

A 1 現行法下の外国での尋問について

現行法下では、外国において尋問を行う場合、民訴条約等に基づき、我が国の領事館等による取調べと、指定当局等に嘱託して行う取調べの方法があり得ますが、いずれも嘱託書を複数の機関を経由するなどして手続を行わなければならず、その実施までに相当時間を要する（研究会報告書120頁）との問題点が指摘されています。なお、「民事事件に関する国際司法共助手続マニュアル」327頁によれば、昭和63年から平成10年の11年間に外国に証拠調べの嘱託を行ったのは平成元年の5件のみということです（国際私法年報第13号2011年116頁）。

2 ウェブ会議等を用いることの是非

上記問題点も踏まえ、ウェブ会議等を用いて、外国にいる証人に対して尋問を行うことができれば、簡易・迅速な尋問が実現でき、ウェブ会議等の技術の観点からすると、証人の所在地が、国内か外国かで異なる点はないはずです。

しかし、**本章Q5**で検討した問題点（直接主義の例外をどこまで認めるべきか等。ただし、証人が遠隔地に居住しているのですから、適正かつ迅速な裁判の実現のためにはウェブ会議等を利用する必要性は極めて高いといえます。）のみならず、外国にいる証人に対し、ウェブ会議等を用いて尋問を行えば、外国にいる証人に対しても日本の裁判権が及ぶことになり、日本法の規律のみをもって、外国に日本の裁判権を及ぼすことができないと考えられています。

本章Q5で検討したとおり、所在場所を裁判所以外にする場合であっても、裁判長の訴訟指揮権・法廷警察権が及ぶ場所であるべきで、外国にいる証人に対し、ウェブ会議等を用いて尋問を行うに際しても例外ではありません。また、裁判権自体が国家の主権行為の一つであり、当然訴訟指揮権もその中に含まれる以上、外国との調整なしには実施は難しいと言わざるを得ないからです。

上記のとおり、現行法下では、民訴条約等、国家間の取決めがあるからこそ、外国での証人尋問が認められており、相手国の事前の了承といった外国側の対応を踏まえず、外国にいる証人に対するウェブ会議等を用いた尋問が可能とする法改正に至った場合、外国側が改正法を受け入れるとは限らず、外国との間で許容する取決めがなければ、無用な外交上の紛争が生じかねません（少なくとも現在の民訴条約等、国家間の取決めでは、対象国に所在する証人に対して、ウェブ会議等を用いて尋問を行うことまで想定されていないはずです。）。

そこで、研究会報告書では、裁判のIT化が進められている諸外国の取扱いを調査するとともに、必要に応じて外国との交渉を進めるなどの措置を講ずるのが適切とし、引き続き検討することが提案されています（研究会報告書111頁、120～122頁）。それを受け、法務省は、2020年7月「IT化に伴う国際送達及び国際証拠調べ検討会」を設置し、法的課題を整理し、検討結果を法制審部会に報告することになりました。なお、一般的な傾向として、大陸法系諸国の多くはウェブ会議等のビデオリンクの活用に消極的である一方、英米法諸国の多くは、任意での裁判所と証人等とを直接接続するビデオリンクによる証拠収集について許容する傾向にあり、外国に所在する証人等に対し、ウェブ会議を利用して外国で尋問を行うことは、証人等が任意で応じている等の場合、国際法上も許容され得るとの立場もあります（竹下啓介著「域外証拠収集に関する現代的考察—ビデオリンクの利用と国際管轄権」国際法外交雑誌第118巻第1号25頁以下）。

もっとも、同論考では、実際に国際法上問題ないといえるには、原則として、証人等が所在する外国がビデオリンクを利用して日本の裁判所が証拠収集手続を行うことを許容している場合や当該外国の法に積極的に抵触しない場合に限られることが示唆されています（前掲・竹下46頁）。

そのため、日本法で外国に所在する証人等に対するウェブ会議等を利用して尋問の規定を定めたとしても、実際に実施できるか否かは、当該外国での法の定めに左右されることになり、それであれば無用な国際法上の問題を生じさせないためにも、きちんとした条約や国家間の取決めを前提とした整備を目指すべきでしょう。

したがって、外国に所在する証人については、ウェブ会議等を利用して証人尋問する必要性は極めて高く、また、諸外国においても同様だと考えられますから、条約の締結等、必要な法整備を進めるべきであると考えます。

（廣石　和也）

7 鑑定・検証

Q7 民事訴訟手続のIT化により鑑定・検証の要件・手続はどう変わりますか。

検証の実施率は現状では低いとされていますが、その理由はなぜでしょうか。また、準文書等の証拠調べとの関係を踏まえ、検証は必要でしょうか。

ポイント

1　鑑定について、ウェブ会議等による意見陳述を行うにあたっての要件として、法制審部会では「遠隔の地に居住しているとき」の削除が検討されています。遠隔地に限る必要性が乏しく、より多様な場面での利用を視野に入れているからです。また、鑑定書や宣誓書については、電子情報処理組織を用いる方法により意見を述べ、または宣誓することが検討されています。

2　検証は、裁判官が直接、事物の形状等を検閲して得た認識を証拠資料にする証拠調べですが、精度の高い映像及び音声の送受信によって間接的に認識することでも足りる場合も考えられるため、当事者に異議がない場合で相当なときにウェブ会議等を用いた検証が可能となることが検討されています。

3　検証は直接、事物の形状等を観察等する必要がありますが、検証を実施しなくとも、録音テープやビデオテープ等で代替できる場面が多く、検証に伴う手間も省けることから、実施件数は少なくなっています。もっとも、ビデオテープ等は一方当事者が作成したものであり、適切な心証形成のためにも、検証がすべて準文書・電子文書の証拠調べに代替されるべきとはいえないでしょう。

A　1　鑑定意見の口頭陳述

現行法では、鑑定人の口頭での意見陳述について、テレビ会議システムを用いて行うには、「遠隔の地に居住しているときその他相当と認めるとき」の要件を充足する必要があります（民訴法215条の3）。以前は証人尋問の規定が準用されていましたが、鑑定人は多忙であることが多く、記憶に基づいて正確に証言しているかどうかをテストする証人尋問の手続に比べると、直接対面して尋問を実施すべき必要性が低いため、証人尋問と異なり、遠隔地に居住している場合に限らず、「相当と認めるとき」には、利用可能としたものです（兼子一ほか『条解民事訴訟法〔第2版〕』1170頁（弘文堂、2011年））。

もっとも、「遠隔の地に居住しているときその他相当と認めるとき」との規定ぶりからは、利用の相当性の判断において、遠隔の地に居住していることと同等の必要性が認められる場合に限るとの解釈も考えられ（研究会報告書87頁）、この解釈の場合、実施が認められるケースはより限られてしまうおそれがあります。

そこで、中間試案19頁では、「鑑定人が遠隔の地に居住しているとき」との文言を削除することが提示され、裁判所が相当と認めるときは広くウェブ会議等による意見陳述を認めることが志向されています。

より多様なケースで用いられることが考えられ、上記要件の変更は歓迎すべきと言えるでしょう。

2　鑑定人の発問

鑑定人は、鑑定のため必要があるときは、審理に立ち会い、裁判長に証人等に対する尋問を求め、又は裁判長の許可を得て、これらの者に対し直接発問することができます（民訴規133条）が、現行法上、電話会議等を用いて鑑定人の発問等をすることは認められません。

この点、中間試案19頁では、上記発問について、ウェブ会議等によることができるものとして提示されています。

3　鑑定書等の提出（電子情報処理組織を用いる場合について）

鑑定人が口頭で意見を述べる以外に、書面で意見を述べることもあります。口頭か書面かは裁判長（受命・受託裁判官が鑑定人を取り調べる場合は、受命・受託裁判官）の手続裁量に委ねられ、実務では、書面陳述、すなわち書面によって鑑定意見を報告させるのが通例とされています（兼子ほか・前掲1164頁）。

書面陳述の場合、裁判所は鑑定人に対して、鑑定書と宣誓書を提出させることができる（民訴法215条1項、民訴規131条2項）とされており、現在は、これらの書面を持参又は郵送によって提出する必要があります。

もっとも、準備書面と同様、当事者の利便性や手続きの合理性から、必ずしも紙媒体での提出を要するとは言えません。

中間試案19頁では、鑑定人が書面で意見を述べるとき、書面の提出に代えて、最高裁判所規則で定めるところにより、電子情報処理組織を用いる方法により意見を述べることができる、との規定が提案され、また、宣誓書を裁判所に提出する方法によって宣誓する場合に、インターネットを用いる方法によってこれを行うことができるものとする考えがあることが示されています。

また、鑑定人に対する鑑定資料の送付などについても、電子情報処理組織を活用することが考えられますが、現在の実務と同様、鑑定資料を厳選し、鑑定人は鑑定資料のみ参照する必要があるとされています（IT化研究会資料11－1、15頁）。

なお、法制審第4回会議部会資料6では、書面（鑑定書及び宣誓書）の提出にあたって、電子訴状等と同様、非改変性を担保するための措置を講ずることが考えられる、としています。

民事訴訟手続のIT化を促進するとともに、IT化によって考えられる問題への対処を適切に取り入れた提案であると評価できます。

4　なぜ検証の利用が低調なのか

検証とは、裁判官がその感覚作用によって直接に、事物の性質・形状・現象・状況を検査・観察して得た認識結果（事実判断）を証拠資料にする証拠調べをいいます（兼子ほか・前掲1274頁）。検証の例として、境界の確認や事故現場の確認等「視覚」によるものが多いですが、それに限らず「聴覚」（空港騒音やカラオケ騒音の実情把握）、「嗅覚」（工場から排出される悪臭）、「味覚」（食品の品質検査）、「触覚」（日照妨害の際の室温や湿度の調査）によるものもあります（兼子ほか・前掲1274頁）。

もっとも、裁判所に検証物を持参して、裁判官の面前で提示することができればまだしも、そうでない場合は、裁判官が裁判所の外に出て、事故現場等に赴き検証を行うことになり、さらに、検証の結果については裁判所書記官が検証調書を作成する必要がある（民訴規67条1項5号）など、裁判所が費やす労力は相当なものになります。

また、民訴法231条により、録音テープやビデオテープ等を準文書として、それらに記録された内容を書証に準じて証拠調べを行うことができるため、わざわざ検証物を裁判所に持参したり、裁判官が実際に検証物のある場所まで赴いたりしなくとも検証の目的を達する場面が多くなりました。

さらに、検証ですと、裁判官がどのような印象を持つかはやってみないとわからないでしょうが、録音テープやビデオテープであれば、不適切にならない程度に、自由に記録することができるため、当該証拠を提出することで達成したい目標を実現しやすいことも、準文書の証拠調べが検証に代替される理由の1つとも言えるでしょう。

なお、現地を見て説明を受けるのは、進行協議期日で実施し、その際に撮影された写真・ビデオを提出させ、写真等を見ながら法廷で証言等を聴くという手続きが多いとされています（加藤新太郎編『民事事実認定と立証活動　第Ⅰ巻』181頁（判例タイムズ社、2009年））。

これらの理由等から、検証の実施率は低いと考えられます。

5 ウェブ会議等を利用した検証

上記のとおり、現状では、準文書の証拠調べが検証に代替されていると言えますが、準文書である録音テープやビデオテープ等は一方当事者が作成し、証拠として裁判所に提出するため、検証と同等とまで言えないケースも考えられ、または裁判官や他方当事者が気づかない不適切な場面もありえます。

そこで、裁判官の適切な心証形成を目指し、もって、真実の発見及び妥当な判断を実現するとともに、昨今のITの技術革新を踏まえ、精度の高い映像と音声の送受信による検証を行うことも取り入れるべきと言えます。

特に、ウェブ会議等を利用した検証の場合、その状況（映像や音声）を録音録画すれば、繰り返し確認することができますし、裁判所書記官にとって大きな負担となっている検証調書についても、実質的記載事項を「（録音録画等をした）ファイル名のとおり」とすれば足り、検証調書の作成に費やす労力はかなり軽減されるはずです（加藤・前掲181頁によれば、現時点においても、現場では検証の情況をビデオにおさめ、検証調書は簡略化して、別添ビデオ（撮影）のとおりであるということで実施しているようです。）。

もっとも、その場合は、検証の性質である「直接」ではなく、「間接」になってしまい、検証の目的を本当に達成できるのか（場合によっては、当事者から裁判官に対して、検証物を直接確認してほしいと望む場合もあります。）、事故現場等裁判所外での映像及び音声の録取となれば、それらを当事者で行うことが想定されるため、裁判所が映像及び音声の送受信を通じて認識しているものが取り調べるべき検証物と同一のものであるか、いずれも疑義が生じることがあり得ます。そこで、中間試案19頁では、裁判所は、相当と認める場合であって、当事者に異議がないときは、最高裁判所規則で定めるところにより、ウェブ会議等を用いた検証ができるとの規定が提案されています。また、中間試案では、上記ウェブ会議等を用いた検証を行う場合において、相当と認めるときは、合議体の構成員に命じ、裁判所外で手続に関与させることができることについても提案されています（本章**Q7**で詳述）。

少なくとも検証といった従前からある手続に、新たにウェブ会議等を導入することで、その利用方法は様々に考えられ、ハイブリッド方式に限らず、ITの技術革新を踏まえて、より多様な方法が認められるべきでしょう。

間接かつ一方当事者が作成した準文書・電子文書より、間接であっても、裁判官の感覚の作用による認識結果を証拠資料とした方が、より真実発見に資すると言えます。裁判所及び代理人である弁護士がこれらを意識して、ウェブ会議等を用いた検証を積極的に行うべきであり、そうでなければ民事裁判のIT化それ自体が画餅に過ぎないと言わざるを得ません。

6 裁判所外における証拠調べ

中間試案19～20頁では、民訴法185条で認められている裁判所外における証拠調べに関して、新たに、裁判所が相当と認めるときは、当事者の意見を聴いて、最高裁規則に定めるところにより、当事者の一方又は双方がウェブ会議等により手続に関与することができるとの提案がされています。

あくまでも、裁判官（受命・受託裁判官を含みます。）が裁判所外で証拠調べを行うに際して、当事者の一方又は双方がウェブ会議等により手続に関与することができることを提案するもので、当事者の利便性等の観点から歓迎されるべきだと考えられる一方、当事者の意見を聴くことは求められますが同意まで必要はない点については、当事者の意見は裁判所の相当性判断にも影響し得ると考えられますが、当事者の意向を蔑ろにすべきではないと考えます。

また、中間試案19～20頁では、民訴法185条に、さらに下記規律を設けることも提示されています。

「裁判所、同条第1項の規定により裁判所外において証拠調べをする場合（合議体の構成員に命じ、又は地方裁判所若しくは簡易裁判所に嘱託して証拠調べをさせる場合を除く。）において、相当と認めるときは、その期日における手続を行う場所以外の場所に合議体の構成員の一部を在席させることができる。この場合において、当該合議体の構成員の一部は、裁判所及び当事者双方が映像と音声の送受信により相手の状態を相互に認識しながら通話をすることができる方法により手続を行うものとする。」

これは、いわゆるハイブリッド方式による証拠調べについて規定したもので、証人尋問のみならず、あらゆる証拠調べを対象としています。また、法制審第9回会議部会資料14－2・25頁では、ハイブリッド方式による証拠調べが裁判所外における証拠調べの手続の一類型として位置づけられるという理解を前提とすると、この場合にウェブ会議等による証拠調べを行う場合の要件を別途充足する必要はないものと思われる、と指摘しています。

裁判所による相当性の判断が、どのような基準に基づいて行われるのか、現時点では不明ですが、積極的な利用が目指されるべきだと考えます。

（廣石　和也）

8 民事訴訟手続のIT化と事実認定

Q8 ① 民事訴訟手続のIT化により従来の事実認定論はどのように変容するでしょうか。

② 民事訴訟手続のIT化により事実認定はどうあるべきでしょうか。

ポイント

1 民事訴訟手続のIT化により、主張書面や証拠に動画や画像が使われることも想定されるところ、事案把握が円滑になるなど充実した審理の促進が期待される反面、裁判官に偏った印象を与えるおそれもあります。

2 証拠として提出された動画や画像が改ざんされたものであった場合、それをどのようにと改ざんと看破できるようにしていくか、また、偽造に対しどのような制裁を加えるべきかという点につき、今後の課題とされます。動画や画像は改ざんが容易でその証明が難しいという性質を踏まえ、証明力は慎重に判断すべきものと考えます。また、経験則についても、新しい証拠に則した経験則が適用される必要があります。

A 1 民事訴訟手続のIT化により事実認定論はどのように変容するか

今後、主張書面及び証拠の提出は電子情報処理組織を用いて提出又は送付されることとなり、また、訴訟記録が電子化されることによって、主張書面などもカラーにしたり、画像や動画など別紙として添付したりして、また、証拠も、画像や動画などを提出して、分かりやすく説得的に立証することが想定されます。

これにより、裁判官の事案把握がスムーズになるなど、充実した審理の促進が期待される反面、裁判官に偏った印象を与えるおそれがあります（法制審第1回会議議事録15頁）。

画像や動画などの電子文書は多種多様であり、その性質上、証明力の判断が特に困難な場合も考えられますので（日弁連意見書20頁)、法制審においても、これらの証拠の性質を踏まえた事実認定論の議論が期待されます。

また、経験則については、電子文書などの新しい技術による証拠はその性質に則した経験則が適用されるべきです。電子文書についての名義人の意思に基づく作成についても実務の中で事実上の推定を積み上げていくことが求められます（研究会第5回議事録10頁)。

2 民事訴訟手続のIT化により事実認定はどうあるべきか

⑴ 改ざんされた電子文書等提出の抑止の方法

主張書面や証拠に使われる動画や画像が改ざんされた場合、IT技術の進展によって証拠等の改ざんを見破ることができるようになる可能性はあります。しかしながら、裁判所も弁護士も、IT技術のプロフェッショナルではないため、相手方から出された証拠について、改ざんであると看破すること困難なケースが多いと考えられます。または改ざんを発見する技術が追い付かないことも考えられます（ディープフェイク及び改ざんされた証拠の提出に対する制裁については本章**Q4**で詳述)。

⑵ 改ざんの立証の手続保障

挙証者から改ざんされた証拠が提出され、誤った事実認定がなされないように、相手方当事者が十分に反論できる手続保障がされることが重要となります。

期日前に、期日に向けての準備の場面でも電子文書を検討する必要があり、検討に十分な時間が確保されるべきです。特に電子文書をそのまま把握できない場合については、電子文書のメタデータを相手方に提出させ検討できるようにすることが望ましいと考えます。

また、電子文書のメタデータの取扱いについては、少なくとも改ざんの有無を検証するためには慎重な取扱いが必要であり、元のデータをいかにして保存するかという証拠保全の手当てが必要になるとの指摘があります

（IT化研究会第5回議事要旨10頁）。

⑶ 電子文書の証明力について

近年注目されているディープフェイクについても専用のソフトウェアがあり、SNSなどに投稿された動画や画像を用いれば作成は可能であるところ、それを見破る技術については各IT企業も対策を急いでいる段階です（令和2年10月3日付け日本経済新聞電子版〔https://www.nikkei.com/article/DGXMZO64577690S0A001C2CZ8000/〕）。したがって、写真や動画などの電子文書の証明力は、それが作成・提出された時期における改ざんの容易さ等や改ざんを見破る技術の程度等を踏まえて評価すべきものと考えます。

また、相手方の証拠だけでなく、当事者・代理人として提出する証拠についても、改ざんの主張がなされないよう、電子文書等を提出する場合は、当該電子文書のメタデータの確認や他の証拠との整合性を十分に検討することが必要になると考えます。

⑷ 経験則について

電子署名法3条では法律上の推定機能はあるものの、一段目の推定については直接法規で規定しているわけではなく、具体的な判例もないとされ、当該電子署名に関する電子証明書等により当該電子署名が本人によってなされたことを主張立証することが挙げられています。電子化の普及や国際間の取引の増大という傾向も踏まえ、新しい経験則に基づき判断されることが期待されています。（電子署名法については**本章Q4**で詳述）。

（大木　怜於奈）

第6章

判決・和解手続のIT化

（判決の電子データによる作成・電子署名、判決のシステム送達、ウェブ会議による和解）

1 電子データによる判決書の作成

Q1 判決書が電子データで作成される場合、紙の判決書とどのような違いが生じますか。電子データで作成される判決書にはどのような言語が適しますか。

ポイント

1 判決書が電子データ化されることにより、判決をした裁判官による署名押印（民訴規157条1項）ができないため、電子署名などに変わる点が紙の判決とは異なります。それにより送達方法が変わります。

2 デジタルトランスフォーメーション（DX）推進に対応し、判決情報をAIで活用するためにはソフトウェア間の通信に用いることができるコンピュータ言語で作成することが望ましいと考えます。拡張性のあるマークアップ言語（XML）で作成することは有益であると思われますが、裁判所が容易にXMLで判決書を作成することのできるツール等の導入が必要になると考えられます。

A 1 判決書の電子データ化

(1) 判決書を電子データ化する理由

訴訟は、訴えの取下げ(民訴法261条)、請求の放棄・認諾(民訴法267条)、訴訟上の和解といった当事者の自主的紛争解決方式によって終結する場合もありますが、訴訟の審理が進展し、最終判断が可能になるか、そのための資料が出尽くし、裁判をするのに熟したときに（民訴法243条1項)、裁判所が審理を打ち切り、請求の当否について結論的判断として終局判決に至ります。判決は、原則として、口頭弁論における審理に基づいてなされなければなりません（必要的口頭弁論（民訴法87条1項本文)。例外として民訴法78条、140条、290条、319条等)。

判決書の意義、役割は、確定判決の効力が及ぶ範囲を明らかにするとともに、当事者の主張及び立証の内容や、裁判所が主文の結論を導くに至った事実認定、法令の適用等の各過程の内容を明らかにすることで、当事者に上訴をするか否かの判断材料等を提供し、上訴がなされた場合に上訴審が原審の判断過程を吟味できるようにすることで、裁判の適正や公正を確保することにあると解されます。判決は言渡しによってその効力を生ずることとされ（民訴法250条）、判決の言渡しは、判決書の原本に基づいてすることとされています（民訴法252条）。現行法上、判決書は書面により作成されることが前提とされており、電子判決書は電磁的記録により作成されます（中間試案20頁）。

判決書の電子データ化により、当事者が判決書の電子データにアクセスし、迅速に判決内容を了知することが可能となるといったメリットや、裁判所間でデータの連携をすることなどにより、将来的には、例えば、強制執行の申立ての際に要求されていた判決書の正本の添付を省略することができるようになるなど、強制執行手続の簡易化、迅速化につながるといったメリットが挙げられます。現在の実務においては、判決書の下書きはワープロソフトを利用して作成され、これを書面に印字したものに、裁判官が署名・押印をすることで、判決書の原本が作成されており、判決書を電子データで作成することとしても、特段支障はないと考えられます。したがって、判決書は電子データにより作成するのが相当であると考えられます。

⑵ データ化された判決書と紙の判決書との違い

ア 判決書がデータ化されることにより生ずる影響

判決書には判決をした裁判官が署名押印するのが原則です（民訴規157条1項）。電子判決書においても、作成主体を明示し、改変が行われていないことを確認することができる措置をしなければならないとされていますが（中間試案20頁）、電子データの場合ですと紙ベースの判決書とは異なり署名押印できないため、それに代わる作成主体を明示し、改変を防ぐための措置が検討されています（中間試案20頁、補足説明89頁）。

判決書が電子データにより作成されることにより、判決の言渡しは判決書の電子データに基づき行われることになります。判決の言渡しは、判決の外部的成立の要件であり、裁判所に対しても自己拘束力を生じるため、判決は判決書の原本に基づく必要があるとされていますが、この趣旨については、電子データにより判決書が作成されることになっても当てはまるものと考えられます。そこで、判決の言渡しは、電子署名がされた判決書の電子データを事件管理システムにアップロードしたものに基づき言渡しをすることが考えられます。アップロード後、言渡し前に裁判所がアクセスできる必要がありますが、言渡しまでは当事者が当該判決書の電子データにアクセスできないような工夫が必要になります。なお、判決言渡期日をどのようにするかについては、ウェブサイトに判決書の電子データに記載された主文を公開することで判決の言渡しに代えることも考えられますが、裁判所法69条2項や憲法82条に反する可能性があるため、これまでどおり公開法廷における言渡しが行われると考えられます（この点は**本章Q3**で詳述します）。また、判決書の原本が、判決文が印字された紙から電子データに変更されることに合わせて、判決書の送達方法が変更されます（この点は**本章Q4**で詳述します）。

イ　判決書の記載内容への影響

前述のとおり、現在の紙の判決書の内容はPCを利用して起案・作成された文書を印刷して、裁判官が署名・押印して作成されます。したがって、作成された判決書の言渡し方法や送達方法、他の裁判所とのデータ連携の点では違いが生じることも想定されますが、現在でも判決内容自体はすでに電子データとして作成されているため、判決内容自体が電子化されたことにより直ちに変わることはないと考えられます。もっとも、**本章Q2**で説明するとおり、原審判決を引用する方法で作成される控訴審判決については、第一審裁判所との判決データの連携により、引用をしない判決が作成されることも考えられるため、判決内容が変わる可能性があります。

2 判決書の作成形式（XML化の可能性）

判決書をXMLで作成することは可能でしょうか。また、その必要性はあるでしょうか。

⑴ XMLを用いた判決書の作成

2018年12月、経済産業省はデジタルトランスフォーメーション（DX）を推進するためのガイドラインを取りまとめ、DXを「企業がビジネス環境の激しい変化に対応し、データとデジタル技術を活用して、顧客や社会のニーズを基に、製品やサービス、ビジネスモデルを変革するとともに、業務そのものや、組織、プロセス、企業文化・風土を変革し、競争上の優位性を確立すること」と定義しました。DXを実現するためにはデータやデジタル技術の活用が必要となります。また、法律事務所などでもAIの活用が提唱されています。

DXを推進し、AIで活用するためにはソフトウェア間の通信に用いることができる拡張性のあるマークアップ言語「Extensible Markup Language（XML）」が望ましいと考えます。マークアップ言語とは、コンピュータによって処理される人工言語の種類の一つで、データ中に特定の記法を用いて何らかの情報を埋め込むためのものです。テキスト（文字）データ中に特定の記号で囲まれたタグ（tag）と呼ばれる表記を用いて構造や見栄えなどを記述するものがよく知られていますが、バイナリデータ中に埋め込むものなど、様々な種類があります。XMLは、統一的な記法を用いながら独自の意味や構造を持ったマークアップ言語を作成することができるため、ソフトウェア間の通信・情報交換に用いるデータ形式や、様々な種類のデータを保存するためのファイルフォーマットなどの定義に使われています。

法令の内容や裁判の記録、事件・事故の詳細といった情報のデータ化が進んでいき、データのXML化が実現できれば、法務業界においてもAIやビッグデータ活用の可能性が広がります。AIやビッグデータなどのデータを活用するには、元のデータがXMLで作成されていることが便利だと考えられます。

裁判所が審理の結果、判決として示した判断は、紛争発生前には行動規範となるとともに、紛争発生後には当事者による紛争解決指針の一つともなり得るものであり、社会全体で共有・活用すべき重要な財産であると考えられています。市民が紛争に巻き込まれた際や、弁護士が市民から相談を受けた際に、同種事案において裁判所の判断を仰いだ場合にいかなる結果となるかの見通しをつけるために裁判例を参照できることは有益ともいえます。将来的に、AIによる紛争解決のサポートの可能性があり、AIによる紛争解決手続の活用が国家経済の活性化にもつながり得るものであることも踏まえると、現状、先例性の高い事件や社会的に関心の高い事件等の一部の事件に限定して一般に提供されている民事判決情報については、今後、より広く国民に提供されるべきでしょう。他方で、裁判となった事件の記録の多くは個人のプライバシーとして保護される情報や企業の営業秘密として保護されるべき情報を多分に含んでいます。

このような観点から、民事裁判の訴訟記録については、原則として誰でも閲覧することが可能ですが（民訴法91条1項）、当事者によって訴訟記録中に当事者の私生活についての重大な秘密や営業秘密（不正競争防止法に規定する営業秘密）が含まれていることなどが疎明されて申し立てられた場合は、当事者以外の者の閲覧を制限することができることとされています（民訴法92条）。

オープンデータ化を原則としつつ、プライバシーや営業秘密の保護を図る要請はIT化が進められても変わることはありません。そして、プライバシーや営業秘密の保護のために一部の秘匿措置を施したり、利用者の属性に応じて匿名化や公開範囲の限定を行ったりするためにはXML化がきわめて有益であると考えられます。

⑵ XMLで判決書を作成することの可能性・必要性

以上のように、判決書をXMLで作成することにより、DXを推進し、データ活用ができる点やプライバシー等の保護を図るための方策を取ることができる点において利点があり、一定の必要性は認められます。しかしながら、実際に裁判所においてXMLを用いて判決書を作成するためには、裁判官や書記官がXMLによる判決書の作成方法を習得しなければならず、浸透するまでに相当の時間を要すると考えられます。日頃の業務に加えてXMLの習得をすることは裁判所にとって大きな負担となることが予想されるため、現実的には難しいのではないかと思われます。

もっとも、XMLによる判決書の利点を考えると、簡単かつ正確に、判決書をXMLで作成することができるツールが導入されるなど、裁判所の負担を軽減することができれば実現することは十分に考えられ、ぜひ期待したいところです。

2016年に運用が開始された法制執務業務支援システム（e-LAWS）は、国民が、法令データベースに蓄積されたすべての法律・政令をインターネット（e-Gov）経由で容易に検索・閲覧・利用できるようになっています。これらのデータもXML形式で提供されていることから、判決書の提供にあたっても参考になると考えられます。

（本多　基記）

2 わかりやすい判決書

Q2 IT化により判決書の記載内容はどのように変わりますか。わかりやすい判決書のためにどのようなことが望まれるでしょうか。また、控訴審の判決書はどうあるべきでしょうか。

ポイント

1 IT化により判決の記載内容は、当事者及び国民にとってよりわかりやすいものになることが期待されます。わかりやすい判決のためには、事件における中心的争点に対する判断を平易簡明な文体を用い、わかりやすい文章で示されること、形式的な記載、重複記載等の無駄を省き、簡潔なものであることが望まれます。

2 控訴審の判決書は、引用によって当事者にとってわかりにくくなることのないような判決書である必要があります。

A 1 IT化により判決の記載内容がどのように変わるか

(1) わかりやすい判決とはどのようなものか

判決書作成の目的は、①訴訟当事者に対して、判決の内容を知らせるとともに、これに対し上訴するかどうかを考慮する機会を与えること、②上級審に対して、その再審査のため、いかなる事実に基づき、いかなる理由の下に、判決をしたのかを明らかにすること、③一般国民に対して、具体的な事件を通じ法の内容を明らかにするとともに、裁判所の判断及び判断の過程を示すことによって裁判の公正を保障すること、などの諸点が挙げられます（司法研修所「民事判決起案の手引」1頁）。

判決が誤りのない裁判所の判断内容であることは当然の前提です。そして、その判決書は第一次的には当事者のための判決ですから、当事者にとってわかりやすい判決である必要があります。訴訟代理人が当該判決書の内容を説明することも可能ですが、できるかぎり当事者本人にも理解できるものとすべきといえます（東京地方裁判所プラクティス委員会第一小委員会「効果的で無駄のない審理を経た事件での新様式判決の在り方」判例タイムズ1340号62頁）。

判決書は、平成2年1月の東京高等・地方裁判所民事判決書改善委員会、大阪高等・地方裁判所民事判決書改善委員会による共同提言「民事判決書の新しい様式について」（以下「共同提言」といいます。）が公表されて以来、いわゆる新様式による判決書が多くなっています。在来様式による判決は、「事実」について当事者の主張のすべてを要件事実とその認否として整理して摘示し、「理由」について事実欄に摘示された内容を順次判断することから重複が多く、当事者にとってわかりにくいという批判があり、これに対して新様式による判決は、判決書全体を簡潔なものとするため、主文に続き「事実」と「理由」を分けないで「事実及び理由」と一括した項目とし、そのなかで「事案の概要」、「争点に対する判断」の全体を記述します。「事案の概要」では、冒頭において、紛争の概要を簡潔に記載することにより訴訟物を明らかにし、あるいは争いのない事実や争点として摘示される事実や主張が実態上どういう意味を持つものであるかを明らかにするのが相当であるとされ、「争いのない事実」と「争点」を分けて記述します。「争点に対する判断」では、最初に認定事実を一括して記載し、次にこれを引用しながら争点の判断をする方法や争点ごとに関係する認定事実とこれに基づく判断とをまとめて記載する方法が事案に応じて選択されます（前掲「民事判決起案の手引」92頁）。

共同提言では、新様式による判決の留意点として、①「当事者のための判決であることを重視して、事件における中心的争点を浮かび上がらせ、これに対する判断を平易簡明な文体を用い、わかりやすい文章で示すこと」、②「裁判官にとって、書きやすいものであることも念頭に置く」、③「判決書は、形式的な記載、重複記載等の無駄を省き、簡潔なものとなるように心掛ける」、④「事実及び理由は、全体を通じて、主文が導かれる論理的過程が明瞭に読み取れる程度の記載で足りるものとする。ただし、中心的争点については、具体的な事実関係が明らかになるよう、主張と証拠を摘示しながら丁寧に記述するように心掛ける」を挙げています。

新様式判決は、①訴訟物や附帯請求が不明確なものがある、②争点の摘示が曖昧で不的確なものがある、③必要な法律要件の検討や要件事実の記載が欠落しているものがある、④記載内容が簡単すぎて判決書のみからは事案の内容がわかりにくいなどの問題点が指摘されてきました（家原尚秀『民事判決書の在り方についての一考察』東京大学法科大学院ローレビュー・2015年）。特に、必要な法律要件の検討や要件事実の記載が欠落しているとの点については、在来様式判決書と異なり、請求原因、抗弁、再抗弁等と攻撃防御方法の位置づけが明示されないことから、摘示された事実が実体法上どのような意味を持つのか明らかにはならないといった批判があります。また、2013年6月に東京三弁護士会が行った地方裁判所における民事第一審通常訴訟の判決に関するアンケートの結果では、判決書が争点整理の結果を適切に反映したものであることが多いとの肯定的な意見がある一方で、重要な主張または証拠が存在するにもかかわらず、これに対する判断が十分に行われていないと感じることがあるとの回答が半数を超えており、その要因として、主張の採否や証拠の信用性についての判断が不十分である、重要な証拠の信用性が判断されていないことが挙げられています。また、判決の内容が不意打ちになっていると感じたことがあるとの回答も少なくなく、当事者と裁判所との間で争点整理の結果についていかにして共通認識を形成するかが課題とされています（「判決の現状と今後のあるべき姿について―東京三弁護士会有志によるアンケートを踏まえて―」（判例タイムズ1415号45～62頁））。

⑵ IT化によって期待される判決書

IT化によって判決書が電子データで作成されるため、裁判官は署名押印に代えて電子署名などをするといった形式的な変化が考えられます。実質的な変化として、判決書がIT化によって具体的にどのような内容になるかは明らかにされていません。しかしながら、判決書作成の目的のうち特に重要な点と考えられる「当事者に対する告知機能」はIT化によっても変わりなく、一般国民に対する告知機能はさらに重視されると考えられます。そうだとすれば、判決書はより一層当事者及び一般国民にとってわかりやすい内容であることが要求されるでしょう。

わかりやすい判決については、前述の共同提言における留意点も参考になりますが、さらに、判決で記載された内容が審理の結果を反映したものであることに着目すると、審理において適切に争点が絞り込まれ、その争点につき無駄のない証拠調べが行われた場合には、判決書も簡潔でわかりやすいものになりますが、逆に、中心的争点の絞り込みが十分でない場合には、当事者が期待した争点が脱落したり、当事者が予期しない争点についての判断で結論が出されたりしてしまうことにもなりかねないと考えられます。

⑶ 争点の明示的な確認

判決書に対する批判として挙げられる、不意打ち的な判決は、裁判所と当事者との間で中心的な争点の所在ないし内容についての認識にずれがあることにより生じるものなので、裁判所と双方当事者との間で中心的な争点を明示的に確認する必要があると考えます。

裁判手続のIT化は「e提出」、「e事件管理」、「e法廷」を実現するものですが、e提出、e法廷の実施により、当事者が遠隔地等で出廷できない場合でも、証拠等を確認しながらより充実した議論が実現できること、主張書面が審理経過や議論の内容に合わせてクラウド上でアップロードされ整理をすることが可能になります。そして、e事件管理の実施により、争点整理手続期日で確認された進行計画やプロセスをオンラインにて容易に確認することも可能となるなど、両当事者及び裁判所の認識の共有化を図ることができるようになります。このような裁判手続のIT化により、中心的争点の絞り込みが十分になされ、その争点について無駄のない証拠調べがなされることが期待されます。そして、当事者と裁判所との間の議論や連絡が密になされること、やり取りの内容を事後的に確認することも可能になることから、当事者が期待した争点の脱落や、不意打ちとなるような判決を回避できることが期待されます。

当事者にわかりやすい判決書を実現するためには、法曹の間で当然のこととされている考え方や慣行にとらわれることなく、法曹の枠を超えた時代の要請に敏感であるとともに、時代の要請に応じた判決書を目指して改善を続ける必要があるでしょう（宮崎公男『講座新民事訴訟法Ⅱ』374頁（弘文堂、1999年））。インターネットの発達により国民一般が様々な情報を収集することができるようになり、裁判で提出される証拠も多様な形式で提出されます。提供される証拠の採否や評価、判決への引用を含めて当事者が納得できるという意味でのわかりやすい判決であることはもちろんですが、IT化により、公共財としての判決書が当事者以外の者にも閲覧できる環境が整うことから、国民一般が理解できるようなわかりやすい判決になることが期待されます。

2 控訴審判決のあるべき姿

(1) 控訴審の判決書の問題点

控訴審は、第一審の終局判決に対して、その事実認定又は法律判断を不当として、不服を申し立てる上訴ですから、原判決の事実認定、法律判断の両面にわたってこれを審判することができます。控訴審は、続審制を採用していることから、当事者は第一審に現れた一切の訴訟資料を控訴審に提出しなければならず（民訴法296条）、第一審においてした訴訟行為は控訴審においてもその効力を有し（民訴法298条）、これを前提にしつつ、当事者はさらに新たな攻撃防御方法を提出することができます。

もっとも、控訴審では、第一回期日のみで審理が終了し、その後に主張立証の機会は与えられない、いわゆる一回結審が多く、2019年度は高等裁判所における控訴審で口頭弁論期日が開かれた事件数1万1,375件のうち、1回結審で終わった事件は8,844件（約78%）にのぼっています（令和元年度司法統計）。

控訴審での審理が尽くされると終局判決がなされます。原判決が正当で、控訴による不服申立てを理由がないとする場合には控訴棄却判決となり（民訴法302条1項）、第一審判決が不当である場合（民訴法305条）、第一審の判決の手続が法律に違反したとき（民訴法306条）、訴えが不適法である場合は、控訴審は第一審判決を取り消すことになります。いずれにせよ迅速な言渡しを可能にするため、控訴審の判決書またはこれに代わる調書における事実及び理由の記載は、第一審の判決書またはこれに代わる調書を引用してすることができることとされています（民訴規184条）。

例えば、「前提事実並びに争点及び争点に関する当事者の主張は、原判決○頁○行目の「……」の次に「……」を加えるほかは、原判決の「事実及び理由」中「第2　事案の概要」に記載のとおりであるから、これを引用する。」といった要領で引用が行われています。

引用判決は、第一審判決書の内容を控訴審判決において繰り返すだけで済み、控訴裁判所の負担が軽減されるほか、迅速な判決の言渡しを含めた手続の迅速化を図ることができる点、第一審判決と対照すれば内容の理解はでき、さらにどの部分が加除訂正されたかが判別しやすく判決書の重複記載回避という利点があるとされています。

しかし、引用判決を認める民訴規184条は第一審判決の引用の仕方について何らの限定をしていないため、控訴審判決書における引用の仕方次第では、手続の迅速化には大きく貢献するものの、当事者の理解や納得が得られない可能性があります。すなわち、控訴審においてなされる多くの引用判決は第一審判決の事実摘示及び理由を全面的または部分的に引用したうえで、第一審判決書の頁数や行数を示してこれに削除、付加、訂正を加えるという形をとる結果、第一審判決書と控訴審判決書を対照しなければ控訴審判決の内容がわからないという欠点があります。当事者にとって控訴審判決の内容を把握するのに手間と時間がかかるという点のみならず、控訴裁判所の判決も法の解釈、適用の上で重要な役割を果たすところ、引用判決は判決が言い渡された事件関係者以外、その内容を知ることが困難になるので、判例の発展に寄与することができなくなるという難点も指摘されます（松本博之『民事控訴審ハンドブック』564頁（日本加除出版、2018年））。

(2) 控訴審の判決書のあり方

民事訴訟の目的は紛争の解決にほかなりません。紛争当事者が納得することにより紛争が解決されますから、民事判決書は、紛争当事者たる訴訟当事者の理解や納得を得てはじめてその使命を全うするものと考えます。その意味では、控訴審判決書においては、引用によって当事者にとってわかりにくくなることのない判決書である必要があります。かつて判決書は和文タイプライターを用いて作成されていましたが、そのような時代であれば、引用判決は有用であったと言えますが、PCの普及により、裁判官各自がPCを用いて判決を起案する今日においては、第一審判決のデータを用いることにより引用のない控訴審判決を迅速かつ容易に作成することができると考えられます。今後はPCの普及を一歩進めた裁判手続のIT化により、判決書もデータ化されることから、引用判決が減ることが期待されます。

他方で、引用判決は原判決と見比べてどの点が変更になったのかがわかりやすい点ではメリットがあります。この点に関しては、IT化により訴訟記録が電子化されるのですから、原判決に修正履歴を記録する設定の下で控訴審判決を作成し、修正履歴がわかる形式のファイルを訴訟記録として閲覧できることにすれば、当事者としては、原判決からどの点が変更されたのかが一目瞭然となり、わかりやすい判決書となるのではないかと考えられます。

（本多　基記）

3 判決の言渡し

Q3 判決の言渡しはどのようになされますか。判決データはいつ確定しますか。

判決言渡し前に判決を修正する必要が生じた場合には、どのような手続が必要になりますか。判決言渡し後に判決内容を修正する必要が生じた場合はどうですか。

ポイント

1 判決の言渡しは、電子判決書に基づいてなされます（中間試案20頁）。判決言渡期日には公開法廷のほか、ウェブ会議を利用した出頭もできるようになります。

2 判決データの確定は、裁判官は電子署名を使用して作成した判決書を事件管理システムにアップロードした時となります。

3 判決は言渡しをされると効力が生じることから（民訴法250条）、判決言渡後に判決内容を修正する必要が生じた場合には、現在と同様、更正（民訴法257条）あるいは変更手続（民訴法256条）によることになると考えられます。

A 1 判決言渡しはどのようになされるか

(1) 判決の言渡し

判決の言渡しは、電子判決書に基づいてなされます（中間試案20頁）。

現行法上、判決の言渡しは、調書判決による場合を除き、判決書の原本に基づいてするものとされています（民訴法252条）。

同条の趣旨は、判決の言渡しが、判決の外部的成立の要件であり、それ以降自己拘束力を生じるものであることから、その内容を事前に確定する必要がある点にあります。

かかる趣旨は、判決書の作成方法を見直す場合においても維持され、判決の言渡しは電子判決書に基づいてなされる予定です（中間試案20頁）。

なお、裁判官が電子署名を利用して判決書を作成する場合、判決書の作成過程において、判決書の電子データを事件管理システムにアップロードすること自体に法的な意味は見出せないことから、「判決の言渡しは、電子データにより作成され、事件管理システムにアップロードされた判決書に基づいてする」という規律を設けることは予定されていません。

IT化が実現すると、当事者が判決書のデータにアクセスできることにより、迅速に判決内容を了知することができるようになります。そして裁判官が電子署名を利用して判決書を作成した場合には、判決書の作成主体が明示されることになり、判決書が真正に作成され、適正な手続に基づくことが担保されます。矛盾する理念と説かれることがあった適正な手続の理念と迅速な手続きの理念が相互に支え合う関係となって実現します。

(2) 判決言渡期日のウェブ会議等を利用した出頭について

判決の言渡しは公開の法廷において口頭弁論期日で行うものとされています（憲法82条1項）。当事者が裁判所に出頭せずにウェブ会議等の方法により口頭弁論期日における手続を行うことができるとする規律が設けられ、判決の言渡しをする口頭弁論期日においても、ウェブ会議等の方法により期日に参加することができるようになる予定です。

判決言渡期日に当事者の在廷は必要ありません（民訴法252条2項）。これまで、当事者や代理人が判決言渡期日に出頭せず、書記官に電話して主文を聞いて判決内容を確認することも行われていましたが、ウェブ会議に参加することで、法廷に行かず、また書記官に電話せずに、判決内容を確認することができるようになります（言渡直後に、アップロードされた判決自体をダウンロードして送達を受けられることはもちろんです。）。

書記官に電話して主文を聞くのは、代理人である場合がほとんどですから、判決の送達方法につき、システム送達の特則が適用される場合がほとんどであると見込まれます。そうすると、特則が適用される場合ですので判決の送達方法につき書面による場合ではありませんから、交付送達を懸念して出廷せず、電話で主文を聞くという代理人の行動が変容すると考えられます。

また、判決言渡しの際に法廷内の当事者席に座ったからといって交付送達を受けなければならないわけではなかったものの、これまでは、敗訴が濃厚な当事者・訴訟代理人等が、判決書の交付送達を懸念して、傍聴席で判決を聞くこともありました。しかし、今後は、代理人は、代理人の事務所等でウェブ会議に参加して判決内容を確認することができるようになり、交付送達の心配なく、判決言渡期日に判決内容を確認することができます。

敗訴した当事者は、これまで、控訴期間の進行を遅らせ控訴するかどうかの決定までの時間的猶予を確保するために、あえて交付送達を受けないようにすることがありました。しかし、今回の改正により、代理人の行動が変容することになると考えられます。どのように変容すると考えられるかは、**本章Q4**で述べます。

なお、判決の言渡しは、原則として主文の朗読のみが行われますが（民訴規155条1項）、判決言渡期日に、当事者が出頭する事件や社会的な耳目を集める事件等裁判長が相当と認める場合は、判決の理由についても朗読等をすることができることとされており（同条2項）、近年、裁判の透明性の向上や当事者の判決に対する納得感を高めるため、理由の朗読等を積極的にすべきであるという指摘がなされています（IT化研究会資料7・7頁）。このことも踏まえると、当事者がウェブ会議等の方法により判決言渡期日に参加することができるようになれば、主文の朗読のみならず、その理由の説明もされることが増えることも想定され、さらに裁判の透明性や当事者の判決に対する納得感の向上、ひいては司法に対する国民の信頼に寄与するものになるとも考えられています。

⑶ 裁判の公開原則との関係について

当事者が判決言渡期日に出頭することは少ないという実情に照らし、法廷やウェブ会議での判決の言渡しではなく、事件管理システム上の特定のウェブサイト上に判決書の電子データに記載された主文を表示する方法により判決の言渡しに代えるとすることも検討されました（IT化研修会資料7・7頁、法制審第7回会議議事要旨6頁）。

しかし、このような方法に対しては、裁判の公開原則を定める憲法82条第1項に反するのではないかという強い懸念がある上、理論的に他の口頭弁論との区別を説明することが困難であることから、この方法は採用されませんでした。

2　判決データはいつ確定するのか

判決データが確定するのは、裁判官が電子署名を使用して作成した判決書を事件管理システムにアップロードした時となります。

判決データを事件管理システムにアップロードしただけでは、電子データだけでは誰がいつ作成したものか判然としないだけではなく、事後的な改変が容易であるほか、アップロードすることで経緯がデータとして残ることになります。

そこで、裁判官の電子署名などを採用することにより、当該判決書が真正に作成され、その内容に作成時から変更が生じていないことを担保し、痕跡を残さない形での事後的な変更の余地が一切ない制度設計が予定されています。このような制度設計にすることによって、判決に対する国民の信頼を確保することにつながります。

3　判決言渡し後の判決内容の修正

判決は言い渡されると効力が生じることから（民訴法250条）、判決の言渡し前に判決を修正する必要が生じた場合は、更正手続あるいは変更手続なく修正することができます。

判決言渡し後に判決内容を修正する必要が生じた場合、更正手続（民訴法257条）あるいは変更手続（民訴法256条）によることになります。

（田伏　いづみ）

4 判決書のシステム送達と判決言渡期日の変更、調書判決

Q4 判決書のシステム送達に留意すべき点はありますか。
判決の言渡期日の指定・変更について裁判所が当事者の意見を聴くようにすることはできないですか。
調書判決の制度は維持されますか。

ポイント

1 電子判決書の送達については、原則として裁判所の使用に係る電子計算機に備えられたファイルに記録された電子判決書の内容を書面に出力したものをもってするとした上で、例外的にシステム送達を受けることができる者すなわち通知アドレスを届け出た者に対する電子判決書の送達は、システム送達の方法によることとされています（中間試案20頁）。
2 システム送達による場合、訴状等のシステム送達一般の規律に従います。
3 控訴審の検討の予定を組んだ当事者に配慮して、期日指定や変更につき、当事者の意見を聴取すべきかどうかの議論がありました（IT化検討会第12回議事要旨5頁）。
4 調書判決の制度は維持されます。

A 1 判決書の送達について

(1) 民訴法255条1項の規律について

現行法上、判決書は、言渡し後遅滞なく、裁判所書記官に交付され（民訴規158条）、裁判所書記官は、交付された判決書に基づいて、正本を作成し、これを当事者に送達するものとされています（民訴法255条1項、2項、民訴規159条1項）。

判決書を当事者に送達する趣旨は、当事者に対して判決書の内容を確実に了知させる点にあります。かかる趣旨は、判決書の作成方法を見直す場合にも維持されます。

(2) 原　　則

判決書を電子データで作成することとする場合には、判決書の送達についても、事件管理システムを通じて電子的に提供する方が、裁判所に出頭することなく言渡し直後に判決書を入手することができる点で、当事者の利便性に資するものと考えられます。

もっとも、事件管理システムを利用できない者については、従前どおり書面化した判決書を送付するなどし、その判決内容を了知させる機会を与える必要があります。

そこで、判決書の送達については、当事者に送達しなければならないことを前提に、裁判所の使用に係る電子計算機に備えられたファイルに記録された電子判決書の内容を書面に出力したものをもってするとされる予定です（中間試案20頁）。

(3) 特則について

システム送達の要件を満たすもの、すなわち、通知アドレスを届け出た者、具体的には通知アドレスの登録をしている者又は訴訟係属後に通知アドレスを届け出た者に対する判決書の送達についてはシステム送達によることが予定されています（中間試案20頁）。

2 電子判決書のシステム送達について

(1) 電子判決書のシステム送達

控訴は、第一審の判決書等の送達を受けた日から2週間の不変期間内に提起しなければなりません（民訴法285条）。

従来、訴訟代理人が、判決言渡期日において口頭弁論に出席せず、書記官に電話して主文を聞いて、敗訴していた場合、控訴するかどうかの決定までの時間的猶予を確保するため、送達の効力発生時期を遅らせようとする行動も見受けられました。

しかし、判決書の送達はシステム送達の方法によることとされています（中間試案20頁）。裁判所は当事者に判決期日を通知することから（民訴規156条)、当事者は、判決言渡し直後に、事件管理システムにアクセスして、判決書を閲覧することができます。判決書を閲覧することにより、送達の効力が発生します。

また、判決書を閲覧しなくても、通知が発出された日から一定期間経過するまでに閲覧しないときは、その日が経過した時は閲覧したものとみなす、みなし閲覧の規定を設けることが予定されています。

みなし閲覧の制度により、敗訴が濃厚な当事者がなるべく閲覧日を遅らせようとするため、いつまでも事件管理システムにアクセスせず、閲覧しないことにより送達の効力が発生しない、あるいは送達の時期を遅らせることができなくなります。

当事者が事件管理システムにアクセスしなくても、送達の効力が発生してしまうなら、いつまでもアクセスせず、みなし閲覧により送達の効力発生を待つ当事者はいなくなるでしょう。

今後は、訴訟代理人としては、判決言渡し直後に判決書をダウンロードし、速やかに判決内容を知り、判決内容を踏まえた控訴等の対応をしていくことになり、従来の訴訟代理人の行動は変容していくことになるでしょう。

⑵ 電子判決書の送達がシステム送達一般の規律による理由

システムの規律のあり方については、判決の場合、特則を設けることなくシステム送達一般の規律になります。

訴えの提起等の場合ではなく、判決書の送達の場合、当事者の都合を聞かずに裁判所が期日を変更した場合や当事者側のウェブの不都合やPCの不具合などによって通知が届かなかった場合に、当事者が知らないうちに控訴期間がスタートしてしまう、場合によっては控訴期間を徒過してしまうという弊害が考えられます。

しかし、敗訴が濃厚な当事者において送達の効果を遅らせるために、あえて通知を無視することが蔓延することは防がなければなりません。

思うに、訴状の送達は訴訟の開始、判決の送達は訴訟の終了、といずれも重要な効果が生ずるものであることから、送達の効力発生時期に特段の差異を設ける必要はありません。

また、効力発生時期は判決日の閲覧日または電子メールの送信日から一定期間経過した日とすることは、確実にかつ明確に公証できることからも、一般の規律によることによることになりました。

3 判決言渡期日の指定、変更について当事者の意見の聴取の要否

判決言渡期日の指定・変更につき、控訴や執行の検討の予定を組んでいた当事者に配慮して、当事者の意見を聴くべきとの議論もありました。

当初の判決言渡期日については、従来、裁判所が指定し、当事者の意見を聴いていません。当事者は指定された期日を前提に予定を立てるので、期日の指定につき従来どおり当事者の意見を聴く必要はないと考えてよいでしょう。

期日の変更については、変更後の期日は、もともと予定されていた判決言渡期日後になることがほとんどだと考えられます。予定の組み直しのために当事者の意見を聴いて期日をさらに変更することが事案の解決に資するとは必ずしもいえないでしょう。

また判決言渡期日は当事者に通知されるので（民訴規156条)、控訴等の準備ができなくなるわけではありません。

そこで、当事者の意見を聴くことは不要であるとの考えが主張されています（IT化研究会第12回議事要旨5頁)。

4 調書判決について

現行法では、①被告が口頭弁論において原告の主張した事実を争わず、その他何らの防御の方法も提出しない場合や、②被告が公示送達による呼出しを受けた場合に関わらず口頭弁論の期日に出頭しない場合（被告の提出した準備書面が口頭弁論において陳述されたものとみなされた場合は除きます。）において、裁判所が請求を認容するときは、民訴法252条の規定にかかわらず、判決書の原本に基づかないで判決の言渡しをすることが

できるものとされています（民訴法254条1項）。

この点につき、被告の応訴の意思等の確認の手続のように、訴状送達後に被告の応訴意思を確認し、被告の応訴意思が確認された場合には被告との期日を調整した上で第1回口頭弁論期日を指定する仕組みを採用した場合には、当該口頭弁論期日に被告が欠席するということは基本的にはないと考えられ、調書判決の制度を維持しなくても、簡易認容制度により簡易迅速な手続きを採ることができます。そこで、調書判決の制度を維持するかどうか問題となります。

指定された期日に被告が何の連絡もなく欠席することは皆無というわけではなく、それまで事実を争うと述べていた被告が口頭弁論期日において原告の主張した事実を争わないというように訴訟追行態度を変えることもあり得ます。また、公示送達による呼出しを受けたにも関わらず被告が出頭しないことは、IT化導入の有無に関わらず、あり得ることと考えられます。

そこで、調書判決の制度は維持される予定です。

記録の全面電子化が達成された場合には、調書判決の言渡しがされた口頭弁論期日の調書についても電子データにより作成されることとなり、判決書の電子データと同様の扱いがされることになります。

なお、IT化に伴う書記官事務の見直しも検討されています。

見直しの一つとして、調書の更正に関する規律を創設し、調書の更正について裁判所書記官の権限とするという考えもあります（中間試案26頁、補足説明121頁）。

（田伏　いづみ）

5 強制執行の準備

Q5 裁判手続のIT化により判決の確定証明はどのように取得することになりますか。仮執行宣言に基づいて強制執行する場合に、裁判手続のIT化でどのように利便性が高まることになりますか。債務名義による違い（和解調書も含む。）はありますか。

ポイント

1 裁判手続のIT化により判決正本は電子データ化され、システム送達が利用できる場合には、判決書もシステム送達されます。確定証明の申請も事件管理システムを通じてできるようになります。

2 判決正本がシステム送達されると、判決の言渡し直後に内容を確認できるようになります。判決の言渡しから当事者が受け取るまでの時間が短縮されますので、確定を待つ必要がない仮執行宣言に基づく強制執行の場合には、判決の言渡しから強制執行の着手までの期間が短くなるというメリットがあります。ただ、今回のIT化の対象は民事裁判手続ですので、執行裁判所とのデータ連携は想定されていません。

3 裁判手続のIT化がなされると民事裁判手続に関連する債務名義の正本は電子データ化されますが、それ以外の債務名義については従来どおり紙が正本になります。判決に次いで多い和解調書は電子化されますので、その送達は判決書に準じて、システム送達が利用できる場合にはシステム送達によることになります。

A 1 裁判手続のIT化と判決書の送達方法

(1) 判決書の電子データ化

裁判手続がIT化されると、民事訴訟法及び民事訴訟規則に基づく手続はすべて事件管理システムの中で完結されることが予想されます。事件管理システムとは、今後裁判所において開発が予定されているシステムで、裁判所に提出すべき書面等をアップロードする方法によって提出すること等を可能とするシステムです（補足説明V頁）。このシステムを用いて、電子化された訴訟記録の管理や、ウェブ会議等を利用した期日の実現等も実施される予定です。

判決書の原本も電子データにより作成され、事件管理システムに保存されます（IT化研究会報告書130頁）。判決書には判決をした裁判官が署名押印するのが原則です（民訴規157条1項）が、電子データの場合ですと署名押印ができませんので、それに代わる措置が検討されています（中間試案20頁、補足説明89頁）。

このように、判決書の原本が、判決文が印字された紙から電子データに変更されることに合わせて、判決書の送達方法が変更されます。

(2) 電子データ化された判決書等の送達

判決書及び判決が記載された調書（以下「判決書等」といいます。）を当事者に送達しなければならないルール（民訴法255条1項）に変更の予定はありませんが、判決書等も新たに導入されるシステム送達（中間試案4頁）によることが可能となります。

具体的には、通知アドレスの登録をした者又は訴訟係属後に通知アドレスを届け出た者に対する判決書等の送達がシステム送達に変更されます（中間試案20頁）。事件管理システムを通じて電子的に提供するほうが、裁判所に出頭せずに言渡し直後に判決書を入手することができ、当事者の利便性に資すると考えられたからです（IT化研究会報告書133頁）。これまでの実務では判決の言渡日に主文を書記官に電話で確認するのが一般的ですが、こうした作業は不要になります。

もっとも、事件管理システムを利用することができない人もいますので、そのような場合には、事件管理システムに記録された情報の内容を書面に出力したもので、判決書等の送達は実施されます（中間試案20頁）。

2 判決書等の電子データ化による強制執行準備への影響

強制執行は執行文の付された債務名義の正本に基づいて実施されます（民執法25条）。電子データ化された判決書の正本を裁判所間でデータ連携できれば、強制執行の申立ての際に判決書正本の添付を省略できますが、今回の改正では執行裁判所へのデータ連携までは構想されていません（IT化研究会報告131頁）。

したがって、裁判所間のデータ連携がなされるまでは、強制執行の準備のため、判決書正本である電子データを何らかの方法で紙にし、これを強制執行の申立書に添付する必要があると思われます。以下では、確定証明の要否で区分して検討します。

⑴ 判決の確定証明が必要な場合

裁判の確定証明とは、裁判がその訴訟手続において取り消される可能性がなくなった状態を証明するものです（裁判所職員総合研修所監修『民事実務講義案Ⅱ（五訂版）』77頁及び78頁（司法協会、2017年））。問の「判決の確定証明」とは、裁判の確定証明の代表例になります。

判決の確定証明の請求先は、原則として第一審裁判所の書記官で、証明方法は証明書の交付によります（民訴規48条1項）。現在の実務では、申請者が確定証明申請書を書記官に提出し、これに書記官が「令和○年○月○日確定」などと表示することが一般的です（同上83頁）。

民事訴訟法及び民事訴訟規則に関連する手続は事件管理システムの中で完結されることが予定されています。判決の確定証明も民事訴訟規則に定められた手続ですので、裁判手続のIT化により同システムによることになります。

⑵ 判決の確定証明が不要な場合

確定が必要である判決は形成判決や意思表示を命じる判決等で、一般的には判決の確定によってはじめて法律上の効果が発生するものがそのように分類されます。

一方、原状回復が容易な金銭の支払命令などの給付判決の場合には、仮執行の宣言が付されるのが一般的です。仮執行の宣言とは、未確定の終局判決に確定したものと同様の執行力を付与する裁判です（新堂幸司『新民事訴訟法〔第6版〕』749頁（弘文堂、2020年））。仮執行宣言が付されると判決の確定が不要となり、実務的には、上述の確定証明の取得が不要となります。

判決書がシステム送達された場合には、当事者は裁判所に出頭することなく言渡し直後に判決書を入手できます。従来ですと、判決の言渡期日から送達されるまでに時間を要しましたが、システム送達によるとこのタイムラグがなくなります。その結果、仮執行の宣言が付された金銭支払命令の場合には、支払を受ける側は強制執行を早く実施することができるようになるメリットがあります。

その反面、仮執行宣言の執行停止を求める側（民訴法403条1項2号又は3号）は、タイムラグがなくなる分、仮執行宣言に基づく強制執行との競争が従来よりも激しくなる可能性があります（IT化研究会第7回議事要旨14頁）。

強制執行等の申立てに必要な判決正本は事件管理システムにアップロードされた後に直ちに入手することが可能となります。もっとも、強制執行手続のIT化は民事執行法の次の改正を待たなければなりませんので、当面、裁判手続のIT化後も紙による申立てが必要となります。一方、仮執行宣言の執行停止の裁判は民事訴訟法に基づく手続ですので、事件管理システムを通じた申立てが可能となる可能性があります。したがって、仮執行宣言付き判決で敗訴した者のうち担保を立てることができる資力のある者にとっては便利となります。

3　債務名義による違い

ここまでは判決書等を債務名義とする場合の検討をしましたが、それ以外の債務名義についてはどのような影響があるでしょうか。

(1) 債務名義の種類

強制執行は債務名義により実施されます（民執法22条）。債務名義とは、①確定判決（同条1号）、②仮執行の宣言を付した判決（同条2号）、③抗告によらなければ不服を申し立てることができない裁判（確定しなければその効力を生じない裁判にあっては、確定したものに限る）（同条3号）、④仮執行の宣言を付した損害賠償命令（同条3号の2）、⑤仮執行の宣言を付した届出債権支払命令（同条3号の3）、⑥仮執行の宣言を付した支払督促（同条4号）、⑦訴訟費用、和解の費用もしくは非訟事件、家事事件若しくはハーグ条約の実施に関する法律29条に規定する子の返還に関する事件の手続の費用の負担の額を定める裁判所書記官の処分又は民執法42条4項に規定する執行費用及び返還すべき金銭の額を定める裁判所書記官の処分（同条4号の2）、⑧執行証書（同条5号）、⑨確定した執行判決のある外国裁判所の判決（同条6号）、⑩確定した執行決定のある仲裁判断（同条6号の2）、⑪確定判決と同一の効力を有するもの（同条3号に掲げる裁判を除く。）（同条7号）をいいます。

(2) 原本の電子データ化の有無

債務名義のうち、民事裁判手続の中で取得するものは、確定判決（上記①）、仮執行の宣言を付した判決（上記②）、仮執行宣言付き支払督促（上記⑥）、和解調書（上記⑪）、消費者の財産的被害の集団的な回復のための民事の裁判手続の特例に関する法律44条に基づく簡易確定決定（上記⑤）等です。これらは裁判手続のIT化により原本が電子データ化される予定です。

これに対し、犯罪被害者等の権利利益の保護を図るための刑事手続に付随する措置に関する法律32条に基づく損害賠償命令（上記④）、債務者が直ちに強制執行に服する旨の陳述がなされている公証人作成の公正証書（上記⑧）、民事調停法16条に基づく調停（上記⑪）などは、民事裁判手続の中で取得する債務名義ではないので、今回予定されている裁判手続のIT化の対象ではありません。そのため、債務名義となる書類の原本は引き続き紙で作成されることが見込まれます。このうち執行証書（上記⑧）については、公正証書の原本の電子データ化がなされないと紙による作成が続くと思われます。裁判手続のIT化を踏まえ、公正証書の電子データ化やシステム送達の導入が期待されます。

(3) 債務名義が和解調書の場合

最高裁判所が公表する令和元年度の全地方裁判所における第一審通常訴訟既済事件数の終局区分をみますと、総数13万1,560件のうち和解は5万626件で、判決（5万7,543件）に次ぐ多さとなっています（https://www.courts.go.jp/app/files/toukei/347/011347.pdf）。

訴訟上の和解とは、訴訟の係属中に当事者双方が訴訟物についての主張を譲り合って訴訟を終わらせる旨の期日における合意をいいます（新堂・前掲367頁）。和解が調書に記載されると、当該調書は確定判決と同一の効力を有することになります（民訴法267条）。

和解の内容が記載された調書は和解調書と呼ばれ、訴訟記録として保管されます。裁判手続のIT化により和解調書も電子化されます。

和解調書は、判決書（民訴法255条）と異なり、職権で送達する旨の規定がないので、実務上当事者からの申請を待って送達する取扱いがなされており、和解の成立と同時に送達申請がなされることが一般的です（裁判所職員総合研修所監修『民事実務講義案Ⅰ（五訂版）』362頁（司法協会、2014年））。電子化された和解調書の原本は事件管理システムに保存されます。裁判利用者の利便性を考えれば、職権で送達する旨の規定を民事訴訟法又は民事訴訟規則に設けるなどして、申請を待たずにシステム送達できるようにすることが望まれます（中間試案21頁、補足説明93頁）。

（山崎　岳人）

6 和解手続期日の明記

Q6 口頭弁論・争点整理手続とは別に和解手続を設けることにはどのような意義がありますか。訴え提起前の和解（即決和解）がIT化されたときに留意すべき点はありますか。

ポイント

1 現行の民事訴訟法では和解の手続に関する規定が欠缺しています。たとえば、電話会議等を用いて和解の手続を行うことができるかという点についての疑義がありました。

2 今回の改正では、和解の手続に関する規定が整備され、和解手続期日に関する規律が明確化される予定です。たとえば、訴訟指揮権及びこれに対する異議権の所在が明らかにされるとともに、証拠調べ手続の後に、電話会議で和解を成立させる目的で、本来争点整理のための手続である弁論準備手続を開催する必要がなくなります。和解手続期日がウェブ会議で開催可能であることも明文化が予定されています。

3 訴え提起前の和解（即決和解）も裁判手続のIT化の対象になり、申立てから和解成立まで事件管理システムの中でできるようになります。ただ、従来から双方代理や替玉出頭の問題が指摘されていますので、ウェブ会議が導入された場合には、非弁行為の温床にならないよう本人確認、代理権の確認は慎重になされなければなりません。

A 1 裁判上の和解とは

裁判上の和解とは、訴訟の係属中に当事者双方が訴訟物についての主張を譲り合って訴訟を終わらせる旨の期日における合意をいいます（新堂幸司『新民事訴訟法〔第6版〕』367頁（弘文堂、2020年））。後述する訴え提起前の和解（以下「即決和解」ともいいます。）と併せて「裁判上の和解」と呼ばれています（新堂・前掲368頁。裁判所職員総合研修所監修『民事

実務講義案Ⅰ（五訂版）』294頁（司法協会、2016年））。

2　訴訟上の和解とは

(1)　訴訟上の和解の意義

訴訟上の和解は、裁判所からの和解の勧試によって行われます（民訴法89条）。訴訟の係属中であれば、訴訟がいかなる程度であるかを問わず、和解することができます。たとえば、訴状の陳述前、争点整理手続中、証拠調べ手続終了後、弁論手続終了後、判決言渡し後であっても判決確定前であれば可能です（前掲民事実務講義案Ⅰ・297頁）。

進行協議期日においては和解の協議は可能ですが、進行協議期日で和解を成立させることはできません（民訴規95条2項）。進行協議期日の協議に基づき和解を成立させるには、その場で手続を「和解期日」に切り替える必要があります（前掲民事実務講義案Ⅰ・297頁）。

本改正により、和解の手続に関する明文の規定を設け、裁判所が口頭弁論期日、弁論準備手続期日とは異なる和解手続期日を指定することができる規律が設けられる予定です（中間試案20頁及び21頁、本稿後述(4)参照）。これを前提に、IT化研究会では進行協議期日に和解を成立させることができないという規律が必要かという点について疑問が出されました（IT化研究会第4回議事要旨18頁）が、この規律は維持される予定です。訴訟の進行に関する協議と和解協議の線引きは明確にすべきであり、また、協議の過程で当事者間に和解の機運が生じた場合には進行協議期日を終了させ、直ちに和解手続期日を指定して和解を成立させれば足りるからです。裁判手続のIT化により進行協議期日も、和解手続期日同様、ウェブ会議での開催ができるようになります（中間試案15頁及び16頁）ので、ウェブ会議で進行協議期日を開催している場合もその場で和解手続期日に切り替えればよく、実務的な不都合は生じません。

(2)　口頭弁論・争点整理手続との関係

口頭弁論とは、公開法廷で当事者が対席して、直接口頭で申立てや攻撃防御方法を提出する審理方式で、訴訟における中心的手続です（前掲民事実務講義案Ⅰ・73頁）。また、争点整理手続とは、充実した審理を行うため、当該訴訟の審理において証明すべき事実を明らかにして、争点及び証拠の整理を行う手続で（前掲民事実務講義案Ⅰ・192頁）、準備的口頭弁論、弁論準備手続、書面による準備手続の3種類があります。

口頭弁論、争点整理手続は、いずれも当事者が主張をし、証拠を提出することが予定されていますが、裁判所は、いつでも和解を試み、成立させることができます。ただ、和解の期日とは異なり主張を譲り合う場ではありませんので、たとえば、自己に不利な発言がなされたときに、発言の趣旨が自白なのか、和解条件の提示なのかなどについて明確にする必要があります（前掲民事実務講義案Ⅰ・297頁）。

争点整理手続は、平成8年民事訴訟法改正により、和解と弁論を明確に区別するために設けられたものです。改正前は和解の手続に弁論の機能を持たせた「和解兼弁論」が実務上全国的な広がりをみせていましたが、どちらが主目的かわからない・交互面接方式のため一方当事者しかいない場で語られた内容が弁論に影響を及ぼしているなどの批判があったからです（安西明子「訴訟上の和解」法教480号33頁（2020年）、草野芳郎『新和解技術論』32頁（信山社、2020年））。そのため、平成8年民事訴訟法改正後も、争点整理手続中に和解を試みる場合には明示的に和解を勧告するなど手続の明確性に留意することが裁判所に求められています（前掲民事実務講義案Ⅰ・297頁）。もっとも最近では、和解と弁論の峻別にとどまらず、いずれの手続においても裁判所で当事者が実質的な議論ができることが重要であるとの立場から、和解手続の適正さそのものへの関心が高まっています（安西・前掲36頁）。

⑶　現行の民事訴訟法における和解期日の位置付け

現行の民事訴訟法には和解の期日が存在することを前提とする規定があります（民訴法261条3項）が、和解の期日そのものに関する手続規定はありません。実務上、「和解期日」が指定され、その中で和解手続が行われていますが、電話会議等で「和解期日」を開催できるかどうか疑いがあることから、証拠調べ後であっても弁論準備手続を指定して、その中で電話会議等を用いて和解が行われています（研究会報告書135頁）。

⑷ 本改正の意義

ア 改正の内容

そこで、今回の見直しにおいては、欠缺している和解の期日に関する規律が整備される予定です。具体的には、民訴法89条に次のような規律が加えられます。後述イ記載のとおり、ウェブ会議等の利用が可能であることも明文で定められる予定です（中間試案20頁及び21頁）。

㋐ 裁判所は、和解を試みるため、和解手続の期日を指定することができます。

㋑ 裁判所は、相当と認めるときは、当事者の意見を聴いて、最高裁判所規則で定めるところにより、裁判所及び当事者双方が音声の送受信により同時に通話することができる方法によって、和解手続の期日における手続を行うことができます。

㋒ 上記㋑の期日に出頭しないで上記㋑の手続に関与した当事者は、その期日に出頭したものとみなされます。

㋓ 以上のほか、裁判長の訴訟指揮権（民訴法148条）、訴訟指揮権に対する異議（民訴法150条）、通訳人の立会い等（民訴法154条）、弁論能力を欠く者に対する措置（民訴法155条）の規定は和解手続に準用することとされています（中間試案20頁及び21頁）。また、和解手続を受命裁判官又は受託裁判官が行う場合には、裁判所又は裁判長の職務は当該裁判官が行います（中間試案20頁及び21頁）。

イ 本改正がもたらす効果

このように、和解の期日に関する手続が法定されることで、裁判における和解手続の役割が明らかとなり、裁判所の訴訟指揮権や当事者の異議権の所在などが明文化されますので、和解手続期日に臨む当事者の安心感は改正前より増すでしょう。

また、電話会議で和解を成立させることを目的として、弁論準備手続を、証拠調べ手続終了後に便宜的に開催する必要はなくなります。証拠調べ終了後に争点整理のための手続である弁論準備手続を開催するのは本来の目的から逸脱するもので、制度の流用にあたります。こうした制度の流用は裁判の利便性を向上させており、当事者に実質的な不利益をもたらしていることはないでしょうが、争点整理終了後に弁論準備手続を開催するという“不快感”はなくなります。

さらに、裁判手続のIT化により当事者が出頭しないで開催できるウェブ会議でも和解を成立させることができるようになります。

以上から、本改正は、いずれも当事者の利便性に資するものだといえます。

ウ　本改正への懸念はあるか

もっとも、和解には訴訟終了効がある（民訴法267条）ので、特に本人訴訟を念頭に置いた場合に、遠隔地にある本人の真意に基づくものであるか、第三者の不当な介入の影響で意思が表明されなかったのかについて懸念する声があります（IT化研究会第4回議事要旨17頁）。

今後も本人訴訟については必要に応じて裁判所に出頭させ、直接面前で和解の意思を確認するなど、裁判所では本人の真意が慎重に確認されるようです（IT化研究会第11回議事要旨2頁）。もっとも、せっかくウェブ会議を導入するのですから、実務上出頭を求めるのは、表情と音声を同時に確認できる映像が利用できない場合や映像を利用してもなお不安が残る場合などきわめて例外的な場合に限定すれば足りると思われます。

3　訴え提起前の和解

(1)　訴え提起前の和解（即決和解）の意義

訴え提起前の和解とは、民事上の争いについて、当事者間で合意ができる場合に、簡易裁判所に対して和解の申立てをし、合意の結果を調書に記載することによって、訴訟上の和解としての効力を得ることができる簡便な手続です（裁判所職員総合研修所監修『民事実務講義案Ⅲ（五訂版）』

165頁（司法協会、2017年））。通常1回程度の期日で終了しますので、実務上「即決和解」と呼ばれています（同上。以下「即決和解」といいます。）。即決和解は「起訴前の和解」と呼ばれることもあります（新堂・前掲886頁）。即決和解の場合も、和解が調書に記載されると、当該調書は確定判決と同一の効力を有することになります（民訴法267条）。

裁判手続のIT化の対象は民事訴訟手続全般に及びますので、簡易裁判所が主催する即決和解も対象となります。つまり、即決和解の申立てから成立まで、事件管理システムの中でできるようになることが見込まれます。

⑵　即決和解特有の問題点

もっとも、即決和解は、当事者間に争いがないにもかかわらず、当事者の一方が契約上の義務についてあらかじめ簡便に債務名義を獲得する手段として多く利用されているとの指摘や、相手方の白紙委任状を利用して双方代理や無権代理が行われがちであるほか、いわゆる替玉出頭の問題があることが指摘されています（前掲民事実務講義案Ⅲ・165・166頁）。

また、即決和解の場合、代理人については、代理人許可申請書を提出し、それが認められることを条件に、申請人が自然人の場合には親族、申請人が法人の場合には社員や従業員が就任することが実務上許されています（民訴法54条1項ただし書、司法書士法3条1項6号ロ。実務の取扱いは東京簡易裁判所ホームページhttps://www.courts.go.jp/tokyo-s/saiban/l3/Vcms3_00000351.htmlを参照）。

裁判所は、代理人がついている事件であっても、出頭当事者の同一性や代理権の有無の確認について特に注意しているようです（前掲民事実務講義案Ⅲ・172頁）。たとえば、本人確認について、①呼出状の持参とともに出頭カードに自署させ、これらの書類を記録に編てつする、②運転免許証、健康保険証等本人であることを証明するものを提示させる、③本人でなければ所持していないようなクレジットカード等の提示を求める、などの工夫がなされています（同上）。一方、代理権の確認については、①申立時に相手方にあらかじめ代理人が就任している場合は、本人の印鑑証明書を提出させて委任状の印影と照合する、呼出状と申立書副本は代理人宛ではなく、本人宛に送付する、②申立後に相手方に代理人が就任した場合には、委任状には既に送付している和解条項案を添付し、本人印で契印してもらう、和解期日には相手方本人あての呼出状を持参させる、といったものです（同上）。

こうした工夫は簡易裁判所への出頭時を捉えて実施されていますので、即決和解にウェブ会議が導入されると、これらの工夫が一部できなくなります。非弁活動の温床になりかねませんので、即決和解にウェブ会議を導入する場合には、事件管理システムへの登録時や即決和解手続時に、表情と音声を同時に確認できる映像を利用した本人確認や代理権の確認が実施される必要があります。

（山崎　岳人）

7 ウェブ会議による和解

Q7 どのような場合に和解期日をウェブ会議等で行うことが想定されるでしょうか。本人が和解期日に参加する場合に備えて法律等で手当てすべき点があるでしょうか。

ポイント

1 当事者が遠隔地に居住している場合に限定せず、裁判所が相当と認める場合に、ウェブ会議等にて和解期日を行うことが想定されています。

2 訴訟代理人を選任していない当事者が、ウェブ会議等にて和解期日に参加する場合、本人の真意の確認や、第三者の不当な関与の排除が問題となります。運用上の工夫に加えて、最高裁規則に、ウェブ会議の接続先の条件のほか、ウェブ会議等を行うにあたり必要な細則を定めること等が考えられます。

A 1 和解期日をウェブ会議等で行うことが想定される場合

法制審部会においては、口頭弁論・争点整理手続とは別に、和解手続の期日（以下「和解期日」といいます。）に関する明文の規定を設けることが検討されています。

この和解期日についても、当事者の利便性確保という観点から、ウェブ会議又はテレビ会議（以下総称して「ウェブ会議等」といいます。）を利用して行うこともできる方が望ましいといえます。しかしながら、現行法上、和解期日に関する規定はほとんどなく、和解期日においてウェブ会議等を利用できるかどうか疑義があります。

そこで、民訴法89条に次のような規律を加えることが提案されています（中間試案20頁）。

ア 裁判所は、相当と認めるときは、当事者の意見を聴いて、最高裁規則で定めるところにより、裁判所及び当事者双方が音声の送受信により同時に通話をすることができる方法によって、和解手続の期日における手続を行うことができる。

イ　アの期日に出頭しないでアの手続に関与した当事者は、その期日に出頭したものとみなす。

なお、現在、当事者が裁判所外で和解に参加する場合、弁論準備手続を指定した上で、その中で電話会議を行う等の工夫がなされていますが、現行法上、弁論準備手続においてウェブ会議等を利用するためには、「当事者が遠隔の地に居住しているときその他（裁判所が）相当と認める」ことが要件とされています（民訴法170条3項）。

法文上は、「当事者が遠隔の地に居住しているとき」という要件と「相当と認めるとき」という要件とは並列の関係にあり、前者の要件は独立の要件として定められたものにすぎず、それ以外の場合については裁判所の裁量に委ねられているものと考えられます。

もっとも、「当事者が遠隔の地に居住しているときその他相当と認めるとき」と定められている場合、裁判所が相当と認めることができるのは、遠隔の地に居住している場合と同程度の必要性が認められる場合に限るという解釈を生むおそれがあります。立法当時は、当事者が訴訟代理人を選任している場合にその訴訟代理人が遠隔の地に事務所を有するとき、当事者や訴訟代理人が怪我等の理由によりその期日に裁判所に出頭することは困難であるが、自宅や事務所において電話会議等により手続に関与することはできるときなど、合理的な理由によってその期日に裁判所に出頭することは困難であるが、電話会議等によれば手続に関与することができるときを指すものと理解されていたものと思われます。

しかし、当事者の利便性及び迅速な争点等の整理の実現という観点からは、当事者が合理的な理由を有しているかどうかを問わず、裁判所が相当と認める限り、幅広く電話会議等による弁論準備手続の実施を可能とすることが望ましいものと考えられます。

そのため、裁判所により広い裁量を認める趣旨で、「当事者が遠隔の地に居住しているとき」という文言を削除し、単に、「相当と認めるとき」とするのがよいと考えます（中間試案20頁）。

「相当と認める」場合については、利用者の利便性向上という民事裁判手続IT化の趣旨からすれば、広く解釈されるべきものといえます。たとえば、本人以外の第三者が後ろから指示を出すなど不正が行われる可能性がある場合には、不相当な場合に該当するでしょう（IT化研究会第4回議事要旨9頁）。

なお、現状においても、出頭を希望する当事者の意向を無視して電話会議による弁論準備手続が行われることがないのと同様、和解期日にウェブ会議を導入したとしても、出頭を希望する当事者の意向が無視されることはないものと考えられます（研究会報告書87頁参照）。

2　本人が和解期日に参加する場合に備えて法律等で手当てすべき点等

(1)　本人の真意の確認

ウェブ会議等で和解を行うことができれば、当事者にとっても有用性が高いものです。

他方、和解を成立させることで、当事者間の権利義務が終局的に確定してしまいます。そのため、特に本人訴訟においては、ウェブ会議等を利用して和解手続を行う場合であっても、裁判所に出頭させ面前で確認するのと同程度に、本人の真意に基づく和解といえるのか慎重に吟味する必要があります。

たとえば、裁判所から、本人に対し、丁寧に訴えの取下げ、和解並びに請求の放棄及び認諾の意味や、和解条項の内容やその法的意義について説明をしたり、必要に応じて、本人を裁判所に出頭させ、直接面前で和解の意思を確認したりするなど、本人の真意を慎重に確認することが求められます（研究会報告書138頁）。

⑵ プライバシー・情報漏洩への配慮

ウェブ会議等で和解を行う場合、たとえば本人訴訟において、本人が公共の場所でウェブ会議等を行うときには、第三者が和解の内容を見聞きしてしまい、プライバシーの侵害や、営業秘密等の情報漏洩が生じる可能性があります。

このため、特に本人訴訟の場合には、運用上、相手方当事者のプライバシー侵害や営業秘密等の漏洩が生じないように配慮するよう促すといった工夫が必要になります。

⑶ 第三者の不当な関与の排除

さらに、特に本人訴訟において、ウェブ会議等を利用して和解を行う場合、弁護士以外の第三者（例えば、非弁業者）が和解期日に不当に関与することへの懸念もあります。

現行法上も、電話会議を利用し和解手続が行われることがありますが、この場合でも非弁活動のおそれは存在します。この点につき、現状では、本人、訴訟代理人とも本人確認をした上で、今どこにいるのか、誰か他に部屋にいるかを確認する等の裁判官の個別の運用により対処されているようです（IT化研究会第3回議事要旨29頁）。

ウェブ会議やテレビ会議の場合、画面を通じて非弁活動をチェックできる分、電話会議よりは、第三者の不当な関与のおそれは低くなると考えられます。しかしながら、たとえば、カメラの背後等カメラに映らない場所にいる第三者については確認のしようがないため、ウェブ会議やテレビ会議であっても、第三者の不当な関与のおそれを完全に排除することは困難です。そこで、ウェブ会議やテレビ会議の場合についても、第三者の不当な関与を排除するため、運用上の工夫（たとえば、ウェブ会議等に参加予定の者に対し、特に本人訴訟の場合には、全く関係ない者がその場にいることはよろしくないとか、大勢の人を集めてみんなで参加するのは不適切であるといった内容の定型的な注意書きを裁判所から送付し注意を促す等）が必要になると考えられます（IT化研究会第3回議事要旨29頁）。

また、このような運用上の工夫と併せて、最高裁規則等に、ウェブ会議の接続先の条件のほか、ウェブ会議等を行うにあたり必要な細則を定めること（たとえば民訴規226条などを参考にして、①当事者の申出を条件とすること（同条第1項）、②接続先の場所を明らかにした上（同条第2項）、接続先のインターネット環境を明らかにすること、③裁判所が相当でないと認めるときは、場所の変更を命ずることができること（同条第3項）を定める。また、少なくとも初めてウェブ会議を行う場合には、前日までの間に接続先を確認することとし、実質的に届出制を導入する等）が検討されます（研究会報告書63頁）。

さらに、より厳格に、訴訟代理人を選任していない当事者本人の場合には、接続先の場所として、最寄りの裁判所や、一定の公的施設に限定するということも検討されます（IT化研究会第10回議事要旨32頁、第11回議事要旨7頁等）。

ウェブ会議により和解期日を行う場合の非弁護士による不当な介入に関しては、**第3章Q4**も併せてご参照ください。

(4) 受諾和解制度の存続

現行法上、受諾和解制度（民訴法264条）の趣旨は、当事者間において実質的に合意が成立しているが、一方当事者の出頭が困難である場合にも和解を成立させることができるようにするものです。

現実に裁判所に出頭せずとも、ウェブ会議等の方法により和解期日を行うことができるとなると、そもそも受諾和解制度を存続させる必要があるのか、という点が問題になりますが、特に本人訴訟の場合等、ウェブ会議等を活用することができない当事者については、受諾和解の制度を存続させる意義があるようにも思います（補足説明94頁）。

他方、ウェブ会議等による和解期日を、本人サポートの方法により実現するということも考えられます。地方裁判所における本人サポートには、①IT機器の提供や利用方法の教示などの純粋な電子化支援サービス（ITリテラシー支援策）である形式サポートと、②①に加え法的助言などを伴う法律サービスとセットとなったサポート業務（実質サポート）があると指摘されています（日本弁護士連合会「民事裁判手続のIT化における本人サポートに関する基本方針」3頁）。②実質サポートであれば、本人の真意が和解条項案に反映されているのか等のサポートも可能となるものの、①形式サポートの場合、和解の内容にまで踏み込んだサポートをすることはできません。したがって、受諾和解制度により、本人訴訟の当事者が、裁判所に現実に出頭し、裁判官の面前で、和解の法的な意味や、和解条項の内容について説明を受けるという点については、ウェブ会議等の本人サポートがあるとしても、なお一定の意義があるのではないかと考えます。

なお、現行法では、受諾書面を提出した当事者の相手方当事者については、口頭弁論等の期日に出頭し、その和解条項案を受諾することが必要であるとされていますが、当事者双方が共に裁判所から提示された和解条項案を受諾する旨の意思を明らかにしている場合には、あえて期日を開く必要はないので、双方が裁判所等から提示された和解条項案を受諾する旨の書面を提出したときは、その書面を提出した当事者の真意が確認できる限り（民訴規163条2項参照）、当事者間に和解が調ったものとみなし、和解調書に真意が確認された旨を記載したときはその調書は確定判決と同一の効力を有するとの規律を設けることが検討されています（中間試案22頁、補足説明95頁）。

（小澤　亜季子）

8 和解に代わる決定

Q8 簡易裁判所の訴訟手続以外の訴訟手続に和解に代わる決定の制度を導入することにはどのような問題があるのでしょうか。
双方代理人が付いている場合でも同様の問題があるのでしょうか。

ポイント

簡易裁判所の実務においては、被告が裁判所に出頭しないものの事実を争わず分割払を内容とする和解を希望する場合などに、その事件を自庁調停に付した上で、民事調停法17条の調停に代わる決定（以下「17条決定」といいます。）をするという運用がされていました。このような17条決定の運用に対しては、必ずしも同条の本来的な適用場面ではない場面にこれを用いているとの指摘がなされていました。そこで、平成15年民訴法改正において、簡易裁判所の訴訟手続の特則として、和解に代わる決定の制度が新設されました（民訴法275条の2）。他方、地方裁判所などの訴訟手続においても、17条決定の制度が、同条の本来的な適用場面ではない場面で便法的に活用されています。このため法制審部会においては、この簡易裁判所の訴訟手続における和解に代わる決定の制度と同様の制度を簡易裁判所の訴訟手続以外の訴訟手続にも導入するべきか否か検討しています。

A 1 研究会報告書の提言、法制審部会での検討

(1) 研究会報告書の提言の内容

研究会報告書は、簡易裁判所の訴訟手続における和解に代わる決定の制度（民訴法275条の2）と同様の制度を簡易裁判所の訴訟手続以外の訴訟手続にも導入することを提言しました（研究会報告書129頁以下）。

具体的には、①裁判所又は受命裁判官若しくは受託裁判官は、相当と認めるときは、当事者に異議がない場合に限り、当事者双方のために公平に考慮し、一切の事情を考慮して、職権で、事件の解決のため必要な和解条

項を定める決定（以下「和解に代わる決定」といいます。）をすることができるとされています。そして、②この和解に代わる決定に対しては、当事者は、その決定の告知を受けた日から2週間の不変期間内に、受訴裁判所に異議を申し立てることができ、③上記期間内に異議の申立てがあったときは、和解に代わる決定は、その効力を失うこととされています。

⑵ 研究会報告書の提言の理由

現行法上の和解に代わる決定（民訴法275条の2）は簡易裁判所の訴訟手続の特則ですが、地方裁判所においても、当事者間において和解のための協議が行われ、相互に歩み寄りがみられたが、和解の合意が成立するまでには至らない場面などにおいて、その事件を自庁調停に付した上で、17条決定をするという事例が少なくありません。このような17条決定の活用方法が、同条の本来的な適用場面ではない場面にこれを用いる一種の便法であることは、簡易裁判所の実務に対してされた指摘と同様です。そこで、訴訟手続一般において、和解に代わる決定の制度を設けるべきではないかとして、上記提言がなされました（研究会報告書138頁以下）。

⑶ 法制審部会での検討

研究会報告書の提言に対して、法制審部会では、次の内容の提案（甲案）と、規律を設けない乙案が示されています（中間試案21頁）。

甲案：新たな和解に代わる決定の規律を設ける。ただし、上記**1**⑴で記載した要件①について、和解を試みた裁判所等は、和解が調わない場合において、審理及び和解に関する手続の現状、当事者の和解に関する手続の追行の状況を考慮し、相当と認めるときは、当事者の意見を聴いて、当事者双方のために衡平に考慮し、一切の事情を考慮して、職権で、事件の解決のため必要な和解条項を定める決定ができるとする（以下、本設問において「本制度」といいます。）。

2 和解に代わる決定に対する懸念点

和解に代わる決定の制度に対しては、以下のような懸念点が示されています（研究会報告書140頁、日弁連意見書26頁以下）。

① 訴訟は当事者が裁判所に判決を求めて提起するものであり、そもそも話合いを目的とする調停とは異なるところ、民事訴訟において、裁判所が一方的に和解案を押し付けるような制度設計は妥当ではない。

② 裁判所が事件処理を進めるため、又は判決理由を示すことを回避するため、和解に代わる決定を乱発するという事態が生じ得る。

③ 本人訴訟の当事者が法律の専門家である裁判所に異議を申し立てることは容易ではなく、むしろ裁判所の決定には従わざるを得ないと思い込んでしまいがち。弁護士も同様のおそれあり。

④ 和解に代わる決定の制度を新たに導入せずとも、現行法下の17条決定を利用することで不都合は存在しない。

3 考 察

(1) 懸念点①について

司法統計（民事・行政平成31／令和元年度年報第20表（第一審通常訴訟既済事件数—終局区分及び審理期間別—全地方裁判所））によると、令和元年度に既済となった事件の終局区分は以下のとおりです。

判決：57,543件（約43.7%）／和解：50,626件（約38.5%）／その他：23,391件（約17.8%）

上記のとおり、既済事件全体の約4割が判決によって終結し、それと同程度の約4割が和解によって終結しています。この統計結果は弁護士の実務感覚とも合致するのではないでしょうか。上記統計結果からしても、「訴訟は裁判所に判決を求めて提起するもの」という懸念点①の前提については、必ずしもそうではないのではないかと感じます。判決を得るには時間がかかりますし、判決を得た後にも強制執行の時間・手間・お金がかかります。紛争の当事者としては、判決か否かはともかくとして、紛争が解決すればそれでよいと考える者も多いのではないでしょうか。

確かに、案件によってはどうしても判決が欲しいという場合もありますが、当事者が予め判決を希望していれば、裁判所が濫用的に和解案を押し付けることは想定されません。また、本制度においては、決定した後に異議を申し立てることもできます。よって、判決が欲しい場合には、予め和解に応じる意思のないことを裁判所に明示したり、上記の異議の制度を活用すれば足りるものです。

⑵ **懸念点②について**

仮に裁判所が事件処理を進めるため、又は判決理由を示すことを回避するため、和解に代わる決定を乱発したとしても、当事者から異議を申し立てられれば、結局裁判所は判決を起案しなければいけません。したがって、懸念点②のような事態はあまり想定されないのではないかと考えます。

なお、現行の17条決定においても、おかしな形で無理やり17条決定に行かされてしまったということはないように思います（研究会第14回議事録20頁委員等コメント参照）。

⑶ **懸念点③について**

2019年に出された家事事件手続法284条の調停に代わる審判8045件に対しては、1081件（割合にして13.44%）の異議が出されています（調停時報206号62頁第18表）。家事事件における審判と17条決定とは異なるものの、家事事件でこれだけ多くの異議が出ていることからすると、本人だから異議が出しにくいというのは当てはまらないように思います。ただ、本人訴訟の場合には、裁判所より、当事者に対して、裁判所は和解を強制するものではないこと、また、和解に代わる決定が出された場合にも、当事者は異議を申し立て、その効力を失わせることができることを、丁寧に説明し、当事者の意思を確認することは重要です。

したがって、本制度の手続要件として、当事者に異議がない場合に限るという消極的同意を必要とした方がよいのではないかと考えます。

なお、当事者の同意まで必要という考え方もありますが、本制度の主な利用場面、すなわち和解の機運が高まっているが感情的な理由等によりあと一歩のところで和解に合意できないという場面において、当事者の同意を要求することは困難ですので、要求すべきではありません。

弁護士も裁判官にはいいづらいとの批判もあります。しかし、訴訟代理人として弁護士がついている場合、弁護士は裁判官と並び法曹三者の一翼を担う者であり、その弁護士が、裁判所に異議を申し立てることは容易ではなく、むしろ裁判所の決定には従わざるを得ないと思い込んでしまうのであれば、むしろそのこと自体が問題ではないでしょうか。

⑷ 懸念点④について

17条決定による場合、一度自庁調停に付すという手続が必要であり、その一手間（立件手続や便法的な17条決定の運用に関する当事者への説明を含みます。）を裁判所に課すことが、裁判の迅速化・効率化を阻害しています。今回の裁判手続のIT化の目的は「迅速かつ効率的な裁判の実現」（未来投資戦略2017（平成29年6月29日閣議決定））にあるのですから、17条決定という便法的な手段によらない本制度の導入が、迅速かつ効率的な裁判手続に資するのであれば、意義があるのではないかと考えます。

⑸ 小　括

弁護士の立場からも、当事者と裁判所の間で和解の協議が煮詰まってきたものの、あと少し開きがある、お互いにもう降りることが難しいが、裁判所の判断があれば、和解に応じるよう依頼者を説得できそうだ、という場面は時々経験するところです。したがって、筆者としては、本制度（甲案）については、要件や内容について検討を加えるべき点はあるものの、概ね賛成するものです。

なお、事件対象を限定すべきとの意見もありますが、社会が複雑化し変化も著しい現在においては、紛争も多様化することが見込まれますので、限定することは望ましくないと考えます。

（小澤　亜季子）

第7章

その他の手続のIT化
（訴訟記録の閲覧、通常抗告の即時抗告化、手数料の電子納付）

1 訴訟記録の閲覧

Q1 民事訴訟手続のIT化により訴訟記録の閲覧等はどのように行われるのでしょうか。また、訴訟記録の電子化に伴い、プライバシーや営業秘密が含まれる記録についてどのような配慮が検討されているのでしょうか。

ポイント

1　事件管理システムの利用登録をした当事者は、訴訟係属中及び訴訟終結後一定期間（法制審第5回会議部会資料7・1頁では、1年以内のものに限るとの案が出されています。）が経過するまでは、いつでも事件管理システムに記録されている訴訟記録の閲覧及びその複製（ダウンロード）をすることができるようにするべきと考えられています（研究会報告書145頁、149頁）。

2　事件管理システムの利用登録をした当事者以外の者は、現行法と同様、裁判所書記官に対し、訴訟記録の閲覧等を請求するものとされ（中間試案22頁）、その請求の可否は、裁判所書記官の判断によるとするのが適切とされています（研究会報告書147頁）。

3　第三者は、裁判所においてする訴訟記録（公開を禁止した口頭弁論に係る訴訟記録を除く。）の閲覧を請求することがでるものとされていますが（中間試案22頁）、電子化された訴訟記録は関係者のプライバシー情報等が多く含まれているため、第三者が裁判所外の端末を用いて訴訟記録の閲覧をする場合には、利害関係を疎明しなければならないものとされています（中間試案23頁）。利害関係のない第三者の裁判所外の端末による訴訟記録の閲覧請求については、閲覧の対象となる訴訟記録の範囲を制限して、これを認める甲案と閲覧請求を認めない乙案が提示さています（中間試案23頁）。また、訴訟記録の閲覧制限決定（民訴法92条1項）があった場合に、解釈上、同項の申立てをした当事者以外の当事者等が負うこととされていた秘密保持義務の明文化が検討されています（中間試案24頁）。秘密保持義務は当事者、法定代理人、訴訟代理人及び補佐人に課される予定です（中間試案24頁、補足説明108頁）。

A 1 事件管理システムを利用した訴訟記録の閲覧等

(1) 民訴法91条1項から4項までの改正案の概要

研究会報告書では、民訴法91条の改正案として、訴訟記録（訴訟記録とは、一定の事件に関して裁判所及び当事者の共通の資料として利用される、受訴裁判所に保管される書面等の総体をいうとされています（法制審第5回会議部会資料7・1頁）。）の全面電子化が実現していることを前提として、事件管理システムの利用登録をした当事者は原則として事件管理システムに記録されている訴訟記録を自由に閲覧・複製（ダウンロード）することができる旨提案されています（研究会報告書144～145頁）。

一方で、当事者以外の第三者が訴訟記録の閲覧等を自由に行うことができるとすれば、当事者のプライバシー等が侵害される恐れがあることから、裁判所に設置された端末による訴訟記録（公開を禁止した口頭弁論に係る訴訟記録は含まれません。）の閲覧請求を除き、第三者は利害関係を疎明しなければ閲覧等の請求をすることはできないものとする規律が設けられる予定です（中間試案23頁）。また、訴訟記録が全面電子化した状況においても、IT機器を保有しない又はIT利用に習熟していない人々が訴訟記録を利用する機会を現行法と同程度に保障する必要があります。そこで、これらの人々も、裁判所で訴訟記録の閲覧等ができるようにすべきであると考えられています(研究会報告書146頁)。具体的な内容については、以下で説明します。

(2) 当事者による訴訟記録の閲覧等

ア 事件管理システムの利用登録をした当事者の場合

訴訟記録の全面電子化が実現した場合には、事件管理システムの利用登録をした当事者は、事件管理システムに記録されている訴訟記録の閲覧及びその複製（ダウンロード）を自由に行うことができると考えられています（中間試案23頁）。これにより、事件管理システムの利用登録をした当事者は裁判所書記官に請求することなく、いつでも訴訟記録の閲覧・複製等が可能になりますので、訴訟記録の利便性が飛躍的に高まることになります。それでも、システムの容量には限界があることから、いつまでも事件管理システム上に訴訟記録のデータを存置しておくことは難しいと考えられています。

それゆえ、訴訟終結後一定期間（IT化研究会においては、1年程度にすべきではないかという意見も出されていますが、現在も検討が行われています。）が経過した場合における当事者による訴訟記録の閲覧・謄写等については、第三者による場合と同様に、裁判所書記官に対して請求をした上でできることとすべきであるとの意見があります（研究会報告書149頁）。

なお、事件管理システムの利用登録をした当事者も裁判所書記官の認証文言や証明文言が付された訴訟記録の謄写等や証明書を必要とする場合があるため、事件管理システムの利用登録をした当事者は裁判所書記官に対して、これらの交付を請求することができるようにすべきであるとされています（中間試案22頁）。

イ　事件管理システムの登録ができない当事者の場合

訴訟記録の全面電子化が実現したがゆえに、IT機器を保有しない又はその利用に習熟しない当事者が訴訟記録を利用する機会が奪われるようなことがあってはなりません。そこで、これらの当事者は裁判所において裁判所書記官に請求することにより訴訟記録の閲覧・謄写等をすることができるものとされています（中間試案22頁）。

これをさらに進めて、受訴裁判所のみならず、最寄りの裁判所においても訴訟記録の閲覧・謄写等をできるようにすべきだとの提案もされています（中間試案22頁、補足説明99頁）。

なお、補助参加の申出があった場合には補助参加の要件がないと確定するまでの間、当事者として扱われるという規律を利用して、補助参加の要件がないにも関わらず、補助参加の申出を濫用して訴訟記録の閲覧等が可能になってしまうことから、少なくとも補助参加人が確定的に訴訟行為をすることが可能になるまでの間は、当事者の資格で訴訟記録の閲覧等をすることはできないものとすべきではないかとの指摘がされています（中間試案22頁、補足説明100頁）。

⑶　当事者以外の者による訴訟記録の閲覧等

ア　第三者による訴訟記録の閲覧の時期及びその対象となる訴訟記録の範囲について

裁判所に設置された端末による訴訟記録の閲覧は全ての人が裁判所書記官に対して請求することができる予定ですが、公開を禁止した口頭弁論に係る訴訟記録については、当事者及び利害関係を疎明した第三者に限り、裁判所においてする訴訟記録の閲覧をすることができると考えられています（中間試案22頁）。しかし、これらの請求は、訴訟記録の保存又は裁判所の執務に支障があるときは、することができないものと規律される予定です（中間試案22頁）。

次に、利害関係を疎明した第三者は、裁判所書記官に対し、電子情報処理組織を用いてする裁判所外における訴訟記録の閲覧及び複製の請求をすることができます。しかし、利害関係のない第三者による電子情報処理組織を用いてする裁判所外における訴訟記録の閲覧に関する規律については、閲覧の対象の範囲を制限して閲覧を認める甲案と利害関係のない第三者による閲覧を認めない乙案のいずれかによるものとされています（中間試案23頁）。

甲案は、閲覧の対象となる訴訟記録の範囲を、判決書その他の裁判書のほか、調書（証人、当事者本人及び鑑定人の陳述、検証の結果並びに和解が記載された部分を除く。）、訴状及び答弁書その他の準備書面としており、書証の写し等を含めない予定です。また、甲案では、利害関係のない第三者は公開を禁止した口頭弁論に係る訴訟記録を閲覧することができません。乙案は利害関係のない第三者による電子情報処理組織を用いてする訴訟記録の裁判所外における閲覧を認めない案ですが、一度拡散されてしまった情報がデジタルタトゥーとなり、侵害された当事者のプライバシーを事後的に回復することがより難しくなった現在においては採用の余地が十分にある案であると思われます。

イ　第三者による訴訟記録の複製等の請求について

訴訟記録の複製、その正本、謄本若しくは抄本の交付又は訴訟に関する事項の証明書の交付の請求は、訴訟記録の電子データの複製等まで請求することができるとすることなので、当事者のプライバシー等の侵害の程度は、閲覧よりも大きいと言えます。そこで、閲覧の請求の場合よりも請求の主体を限定し、利害関係を疎明した第三者については、裁判所書記官に対し、複製等の請求を行うことができると規律される予定です（中間試案22頁）。

ウ　裁判所書記官による審査

現行法上、訴訟記録の閲覧等の制度を濫用して訴訟追行以外の他の目的（たとえば、広告や選挙運動）のために使用しようとする場合には、訴訟記録の閲覧等の請求を拒絶することができると解されています。そこで、改正案においても、現行法（民訴法91条1項、3項）と同様に裁判所書記官に対し閲覧等の請求をすることとして、それらの請求を裁判所書記官の審査にかからしめることが適当だと考えられています（研究会報告書147頁）。

2　プライバシーや営業秘密が含まれる電子化された訴訟記録についての配慮

(1)　電子化された訴訟記録には関係者のプライバシー情報等の重要な情報が多く含まれていることから、第三者が電子化された訴訟記録を閲覧等する場合には、裁判所書記官に請求すべきであるとして、プライバシー等の保護を図っていることは前述したとおりです。この点、現行法でも訴訟記録の秘密記載部分の閲覧等の主体を当事者に制限する制度が設けられています（民訴法92条）。そして、訴訟記録の閲覧制限が付された場合には、当事者は、秘密を保持し、訴訟追行以外の目的に無断で使用してはならないという私法上の義務を負うものと一般に解されています（法務省民事局参事官室編「一問一答　新民事訴訟法」Q50（商事法務、1996年）、兼子一（松浦馨ほか）「条解民事訴訟法〔第2版〕」380頁（弘文堂、2011年））。

しかし、訴訟記録の全面電子化が実現した場合には、その閲覧等を制限しても当事者がオンライン上に訴訟記録をアップロードすることにより、現行法の下よりも容易にその情報を拡散させることができますので、裁判のIT化に伴いこの解釈上の義務を明文化して明らかにしておく必要があります。そこで、民訴法92条1項の訴訟記録の閲覧制限決定があった場合には、当事者等（当事者、法定代理人（法人の代表者等を含む。民訴法37条）、訴訟代理人）及び補佐人は、その訴訟において取得した同項の秘密を正当な理由なく、当該訴訟の追行の目的以外の目的のために利用し、又は、当事者等及び補佐人以外の者に開示してはならないとの規律を設ける予定です（中間試案24頁、補足説明108頁）。

(2)　また、訴訟記録に営業秘密が含まれることから、秘密保持が特に強く要求される知的財産訴訟については、特別法（特許法、種苗法独占禁止法、著作権法及び不正競争防止法）により、秘密保持命令の制度が設けられており、その違反に対しては刑事罰を設けて対応しています。このように秘密の漏洩については特別法で厳しく対処している以上、民事訴訟一般でこのような制度を設けることは適切ではないと考えられますので、刑事罰については設けないことが適切であると考えられています（研究会報告書152頁）。

（佐々木　慎平）

2 口頭弁論の公開とオープンデータ化への動き

Q2 裁判の公開原則に基づき、口頭弁論がウェブ上で公開されることはあるのでしょうか。また、民事判決の公開について、訴訟記録の保存を含めた現状と、オープンデータ化に向けた動きについて教えてください。

ポイント

1 口頭弁論の公開については、現実の法廷でのみ行うことが適切であると考えられます（中間試案8頁）。

2 裁判の公開の在り方として、テレビ中継やウェブ中継をすることは現行法でも許容されていると考えられていますが、民事裁判の多くは訴訟当事者及び関係者のプライバシーに関わる情報が含まれていますので、これをウェブ中継などで公開してしまうことに対しての国民の抵抗感は強いものと思われます。よって、口頭弁論の公開については、ウェブ中継などを認めたり禁止したりする規律を設けない旨提案されています（研究会報告書154頁、中間試案8頁）。

3 現行法においては、訴訟記録は書面により作成されることが前提となっています。そのため、現状では書面で作成された訴訟記録の保存には広範な物理的スペースが必要な上に、その管理・運搬が大きな負担となっています。

4 オープンデータ化については、公益財団法人日弁連法務研究財団が、法務研究財団PTを設置しました。法務研究財団PTでは、民間レベルで民事判決のデータベース化を実現するために機械処理による仮名処理方法、匿名化の在り方、法整備の必要性などの課題について必要な検討がなされています。民事判決のオープンデータ化による具体的な活用可能性については、民事判決情報のオープンデータ化が進んでいる米国における活用の状況からすれば、大きく①リサーチ支援と②判決予測システムが考えられます（大坪和敏「民事判決オープンデータ化プロジェクトの始動」

ジュリスト1546号63頁、増田雅史・徳田安崇・中野玲也・松本啓裕・小坂翔子「民事判決オープンデータ化に関する取組みと判決データの利活用の可能性～各国の状況と日本における現状と展望～」NBL1183号46～49頁（以下「NBL」といいます。））。

A　1　口頭弁論の公開

⑴　裁判手続のIT化における口頭弁論の公開のあり方

裁判手続のIT化が実現された場合でも口頭弁論の公開は現実の法廷において行うこととしますが、裁判所がインターネット中継等によって行うことを許容したり禁止したりする規律は設けないことが適切であると考えられています（中間試案8頁）。

⑵　ウェブ中継等による口頭弁論の公開の可否

現行法の下においても、口頭弁論をウェブ中継等で公開することは可能であると考えられています。この点、日弁連は、司法に対する国民の理解の増進、裁判手続の公正性や透明性の向上を図るため、訴訟関係者のプライバシーや営業情報に配慮しつつ、下級審に先行して最高裁判所の弁論期日をインターネットで配信することの検討を開始すべきであるとの意見を出しています（日弁連意見書28頁）。しかしながら、**第3章Q2⑴イ**でも述べられているとおり、プライバシー等の侵害のおそれから、両当事者がウェブ中継に同意することは想定し難く、少なくとも現段階では法廷のウェブ中継まで許容すべきではないでしょう。

裁判手続のIT化が実現された場合であっても、口頭弁論の公開を現実の法廷でのみ行うこととし、現在と変わらない方法が予定されているのは、口頭弁論のウェブ中継等による公開を国民が許容する段階にまで至るには時間がかかると考えられているからです（研究会報告書154頁参照）。

2　民事判決の公開について、訴訟記録の保存を含めた現状

日弁連は、判決の公開について、特定の個人をできるだけ識別不可能に

するために仮名処理をするなど訴訟関係者等のプライバシーや営業秘密に配慮しつつ、原則として全ての判決を公開し、これを検索して閲覧できるようなシステムを構築すべきであるとの意見を出しています（日弁連意見書33頁）。

日弁連は裁判の公正の担保のみを根拠にしてこのような主張をしていますが、実用的な側面からの検討も必要であるように思われます。現在、民事事件の裁判例は、裁判所のウェブサイトにおいて、先例性の有無・程度やプライバシー等に配慮した上で、匿名処理を施して一定範囲で掲載されているほか、法律系出版社などが独自に収集して匿名処理等を行い出版物、データベースとして公開しています（大坪・前掲ジュリスト62頁）。そして、ウェブサイトで公開されている民事判決情報のもととなる判決書も含めた訴訟記録について、現行法では、オンライン申立てが行われた場合であっても、裁判所は、申立てに係るデータを書面に印字しなければならないこととされていますので、判決書も含めた訴訟記録は書面により作成されることが前提となっています（民訴法132条の10第5項、400条等参照）。そのため、膨大な量の訴訟記録が書面で作成され、それらを保存するために広範な物理的スペースが使用されています。また、裁判所では、移送や上訴等により事件の係属裁判所が変更する場合に、訴訟記録を運搬しなければなりませんが、その運搬にかかる時間的、労力的負担は小さいものではありません（研究会報告書24頁参照）。

3　民事判決のオープンデータ化に向けた動き

(1)　民事判決オープンデータ化の意義

オープンデータとは、単に判例等を自由に入手可能とするというだけではなく、コンピューターが直接アクセスして生のデータを取得し、処理するのに適した形で提供されていることをいいます（町村泰貴「民事裁判におけるAIの活用」法律時報91巻6号49頁（2019年））。総務省はより具体的に定義し、国、地方公共団体及び事業者が保有する官民データのうち、国民誰もがインターネット等を通じて容易に利用（加工、編集、再配布等）できるよう、①営利目的、非営利目的を問わず二次利用可能なルールが適用されたもの、②機械判読に適したもの、③無償で利用できるものという3つの項目のいずれにも該当する形で公開されたデータをオープンデータとしています。

このようにオープンデータは定義されていますが、以下の事情から、法務研究財団PTが設置され、現在、民事訴訟の判決のオープンデータ化の実現に向けた検討が進められることになりました。まず、**第6章Q1の2⑴**でも述べられたとおり、裁判所が判決として示した判断は、紛争発生前には行為規範になり、紛争発生後には紛争解決指針ともなり得るものであり、社会全体で共有・活用すべき重要な財産であると考えられています。

そこで、民事判決が社会全体でより共有・活用されるように民事判決のオープンデータ化を進める必要があります。

また、民事判決のオープンデータ化はAI技術を活用した紛争解決手続の発展に不可欠な要素となっています。

近年、内閣官房に設置されたODR活性化検討会では、近年のAI技術の急速な発展を踏まえ、ODRの実装・実現の可能性についての検討がなされています（ODR活性化検討会「ODR活性化に向けた取りまとめ」（令和2年3月16日））。

ODRとは、IT・AI等の先端技術を用いたオンラインでの紛争解決手続のことをいいますが、AI技術の活用の前提として、AIによるデータ分析の対象になるデータ（ビッグデータ）を大量に集積する必要があります。もちろん民事訴訟の判決データもその対象に入っていることから、ビックデータとして活用するために民事判決のオープンデータ化を進める必要があるのです（大坪・前掲ジュリスト62頁）。今後、日本においても、オープンデータ化によって、一定程度の先例性のある判決に止まらず、あらゆる民事判決データがビッグデータとして集積されれば、検索の精度が向上し、リサーチしたい個別の事実状況により類似する、又はより関連性の高い判決等を容易に見つけ出せるようになることも期待できます（NBL・前掲50頁）。また、同様の事実状況や論理展開の裁判例がどの程度存在するかという量的な観点からの分析も可能になり（あるべき結論が多数決により決まるものではないものの）、判決の予測可能性が向上する可能性があります。さらに、裁判所や裁判官の傾向、ひいては代理人弁護士の傾向まで分析が可能になるかもしれません（NBL・前掲50頁）。

(2) 民事判決のオープンデータ化の検討状況

法務研究財団PTでは、民事判決データの管理及び利活用にあたり検討すべき課題・対応策について幅広い観点から、実務的協議を行っていますが、とりわけ判決情報の匿名化についての協議が盛んに行われています。具体的には、諸外国の判決情報の匿名化状況や機械処理による判決情報の匿名化作業、その実証実験などについての検討が進められています。判決データの匿名化等に関する実証実験は2020年に実施されており、その結果については日弁連法務研究財団のホームページに詳細に公開されています。この実証実験の結果を踏まえて、法務研究財団PTでオープンデータ化の可能性を再度検討し、民事判決のオープンデータ化の実現に向けた取りまとめが発表される予定となっています（大坪・前掲ジュリスト63頁）。

（佐々木　慎平）

3 その他の手続のIT化①

Q3 民事執行・保全手続、倒産手続、裁判外紛争処理手続（ADR）をIT化することには、どのようなメリットと問題点があるのでしょうか。また、現在の検討状況を教えてください。

ポイント

1 民事執行・保全手続及び倒産手続は、複数当事者の関与及び一定の定型的処理が求められる手続であるため、手続のIT化と親和性が高く、IT化により飛躍的に利便性・実効性が向上すると考えられます。

2 裁判外紛争処理手続（ADR）のIT化は、ODR（Online Dispute Resolution）の活用・AI技術の向上によって手続の利便性が向上し、当事者間での簡易迅速な紛争解決を可能にすると考えられます。

A 1 民事執行・保全手続のIT化

(1) IT化のメリットと問題点

ア 執行・保全手続の特色

執行・保全手続は、実体法上の権利実現にかかる実効性を確保する手続であり、手続の迅速性が求められます。実務的にも、申立書や目録等の定式化・事務処理の標準化による手続の効率化が図られていますが、提出書類の書面性が求められているため（民執規1条、民保規1条）、書面上の誤謬の訂正など人的要因による手続遅延が問題として挙げられます（内田義厚「民事執行手続におけるIT化の意義と課題」法律時報1138号29頁（2019年））。

イ IT化のメリット

執行・保全手続のIT化は、人的要因による手続遅延の問題解決に資すると考えられます。オンライン上で電子データ形式による書類提出を認め、提出時に電子データの不備を確認するシステムを構築し、オンライン上で誤謬の訂正を可能とすることなどによって人的要因による遅延を排斥することが可能となります。

また、利害関係人がアクセス可能なクラウド上で事件記録を管理し、事件記録の閲覧を容易に行えるようにすることにより、不服申立て・救済手続の迅速化にも資することができます。

ウ IT化の問題点

電子データによる資料提出について、特に疎明資料による仮の権利実現を認める保全手続においては、電子データの改ざん可能性等にも注視する必要がある（デジタル・フォレンジックの活用が求められる）と考えられます。

⑵ 検討状況の概観

ア 保全手続

保全手続は、個別の検討は進められてはいませんが、執行手続と平仄を合わせた検討が求められると考えます。

イ 不動産執行手続

㈠ 不動産執行手続では、オンライン上の不動産物件情報提供サイト（BITシステム）において、物件情報（現況調査報告書、評価書及び物件明細書）が提供されており、情報提供のIT化が実現されているため、現状、他の手続のIT化につき検討が進められています（内田・前掲31頁以下）。

㈡ 各種書類提出手続及び事件管理のIT化（「e提出」及び「e事件管理」）の検討が進められていることは民事訴訟手続のIT化と同様であり、同手続特有の現況調査報告書・評価書（民執法57条・58条）の電子データによる提出・管理につき検討が進められています。

また、売却代金の配当手続については、後述の倒産手続のIT化に関する検討と共通し、電子データによる債権届出・配当要求（民執法49条・51条）を可能とすることや、オンライン上での配当期日の動画配信、配当異議の申出（民執法85条・89条）等の権利行使を可能とすることの検討が進められています。

(ウ) また、売却手続について、電子入札制度（オンライン入札）の導入の可否が検討されています。オンライン上での入札に加えて、開札期日のリアルタイム配信、次順位買受申出（民執法67条）等の権利行使を認めることなどにより、売却手続の効率化が期待されています。

ウ　債権執行手続

債権執行手続も、「e提出」や「e事件管理」の検討が進められているほか、差押債権の特定などの定型的判断を要する場面におけるAI技術の活用も検討されています（内田・前掲35頁）。

エ　動産執行手続

動産執行は、差押禁止の範囲が広く、債権回収手続としての実効性に乏しいことが問題として挙げられており、手続のIT化（オンライン動産競売システムの導入等）以前の問題解決が急務と考えられています（内田・前掲35頁）。

オ　他の機関とのオンライン情報共有

執行手続は、登記嘱託（民執法46条1項）や第三者からの情報取得手続（民執法204条以下）など、行政機関や金融機関の関与が予定される手続があり、各機関とのオンラインによる情報共有についても、検討がされています。

2　倒産手続のIT化

(1)　IT化のメリットと問題点

ア　倒産手続の特色

倒産手続は、多数の債権者が関与する集団的手続であるため、各債権者との連絡や書類の授受等に多くの事務的・経済的負担を要することが問題として挙げられます。また、近年の社会経済活動の国際化に伴い、日本国外の債権者の手続参加も増加しており、各国の郵便事情等による手続遅延が起こり得ることも問題となっています。

イ IT化のメリット

倒産手続のIT化は、各債権者との連絡や書類の授受を、オンライン上で電子データ形式で行うことによって、書類管理にかかる事務負担や郵便・管理費用等の経済的負担の軽減につながり、ひいては配当率の向上も期待できると考えられます。

ウ IT化の問題点

倒産手続は、申立時に財産目録等の関係資料の提出が求められており（破産法20条1項、破産規則14条等）、利害関係人は、関係資料の閲覧・謄写が可能です（破産法11条等）。

債務者の提出書類には、個人情報や営業秘密等が含まれる場合が少なくないため、情報セキュリティの確保が特に重要な問題であると考えられます（倒産手続研究会報告書1頁以下、杉本純子「倒産手続におけるIT化と「5つのe」の実現」法律時報1138号36頁（2019年））。

⑵ 検討状況の概観

倒産手続は、特別の定めがある場合を除き、民訴法が準用されるため（破産法13条、民事再生法18条、会社更生法13条）、民事訴訟手続のIT化の実現によって、倒産手続のIT化の一部も同時に達成されます。他方で、民訴法に規定のない倒産手続特有の「手続開始決定通知」、「債権の届出・調査・確定・配当の各手続」、「再生計画案や更生計画案に対する投票手続」等については、民事訴訟手続のIT化とは別途の検討が必要です。

倒産手続におけるIT化は、倒産法特有の上記各手続を踏まえて、「5つのe」、すなわち、「e提出」、「e事件管理」、「e届出」、「e集会（e投票）」及び「e情報提供」の実現という観点から検討が進められています（倒産手続研究会報告書6頁以下、杉本・前掲38頁以下）。

⑶ 「5つのe」の実現

ア 「e提出」及び「e事件管理」

倒産手続における申立書類等は、書面による提出が原則とされていますが（破産規則1条1項、民事再生規則2条1項、会社更生規則1条1項）、各書類の電子データによるオンライン提出を可能とし、裁判所が、電子データによる事件管理を行うことの検討が進められています（倒産手続研究会報告書17頁、19頁、杉本・前掲38頁）。

イ 「e届出」

倒産手続では、債権者が提出する債権届出の内容を調査し、債権の存否や内容を確定し、配当する手続が予定されています（破産法111条以下、民事再生法94条以下、会社更生法138条以下）。

これらの手続について、債権者が、オンライン上で債権届出やその補正等を可能とするシステムを構築し、裁判所又は管財人が同システムを利用し、破産債権の管理・配当等を簡便化することが検討されています（倒産手続研究会報告書13頁、23頁、杉本・前掲39頁）。

なお、マウントゴックス社の民事再生事件では、オンライン上での債権届出等を可能とするシステムを構築しており、「e届出」システム構築の参考とされています（倒産手続研究会報告書3頁）。

ウ 「e集会（e投票）」

倒産手続では、申立てがあった場合、債権者集会が招集されます（破産法135条、民事再生法114条、会社更生法114条）。

管轄裁判所で開催される債権者集会を、オンライン上でリアルタイム中継し、事後的に動画配信することによって、遠隔地に所在する債権者の手続参加を容易にし、債権者に対する情報提供を行うことが検討されています。また、民事再生計画・会社更生計画に関する債権者の議決権（民事再生法230条、会社更生法189条）を、オンライン上で行使可能とする「e投票」も、検討が進められています（倒産手続研究会報告書21頁以下、杉本・前掲38頁）。

エ 「e情報提供」

倒産手続では、債権者は、手続の情報を得るため、事件記録の閲覧・謄写が可能です。この閲覧・謄写手続について、債権者がアクセス可能なクラウド上に管財人が関係資料をアップロードする方法によって実現することも、検討が進められています（倒産手続研究会報告書15頁、杉本・前掲39頁）。

3 裁判外紛争処理手続（ADR）のIT化について

(1) IT化のメリットと問題点

ア ADRの特色

ADRは、提供主体（司法型・行政型・民間型）や種類（助言型・調整型・裁断型）によって複数の手続があり、いずれも、裁判手続に比して安価かつ短時間の解決が見込まれる手続であることが期待されています（ADR基本法6条15号、3条1項）。

しかし、開催日（主に平日の日中）や開催場所（ADR提供主体の指定する場所）が限定されているために手続利用が困難となることや、専門家代理人がいないことが多いため相手方との対峙や自己の判断に対する心理的負担が大きいことなどが問題として挙げられます（山田文「ADRのIT化（ODR）の意義と課題」法律時報1138号42頁以下（2019年）、ODR活性化検討会「ODR活性化に向けた取りまとめ」7頁以下）。

イ IT化のメリット

ADRのIT化は、手続の一部ないし全部について、ODR（Online Dispute Resolution）を実現することによって、上記問題の解決に資することが期待できます。たとえば、手続期日のオンライン化によって手続参加への時間的・地理的問題が解消され、適時適切な先例や法令に関する情報提供やAIによる手続支援により、手続利用者の心理的負担を軽減できると考えられます。

ウ IT化の問題点

ODRのソフトウェアやインターフェースのデザインによっては、手続利用者が特定の結論に誘導される可能性があるため、手続利用者に分かりやすく、公正なシステム構築が問題となります。また、専門家の関与しないODRにおいては、手続的・実体的公正さが担保されない結論となる可能性があるため、事後的な検証・救済手続の設計も不可欠の問題といえます。

⑵ 検討状況の概観

ア ADR手続の一部のIT化

ADR手続においても、民事訴訟手続のIT化と同様、オンライン上で手続期日を開催し、書類の提出・管理等を電子データ形式で行うこと（「e提出」、「e事件管理」）に向けた検討が進められています。

弁護士会による国際家事調停など一部のADRでは、スカイプ等を用いる「e期日」が実践されています。情報セキュリティの問題や、手続実施者の影響力が弱まることなどの問題が指摘されていますが、先例的価値がある手続と言えます（山田・前掲43頁）。

イ 当事者間による紛争解決手続

㈠ 近年、小規模事業者や個人間で、オンライン上のプラットフォーム（eBay、Amazon等）を利用して少額取引を行うケースが増加しています。

当事者同士が、オンライン上で、このような取引に関する紛争を簡易迅速に解決することのできるODRシステムの実現についても検討が進められています。具体的には、当事者の手続支援にAI技術を活用することや、事後的な検証・救済手続を可能とすることにより手続的公正が保たれるシステムの構築について、検討が進められています（山田・前掲44頁、ODR活性化に向けた取りまとめ10頁以下）。

㈡ この点、「eBay」がオンライン上で提供する紛争解決システムは、申立人が定型化されたフォームにチェックを入れて申請を行い、相手方も複数の選択肢の中からチェックを入れて応答することによって当事者間での問題解決を目指すというもので、多数の解決事例があるとされており、ODRシステム構築の参考となると考えられます。

ウ 「ODR活性化検討会」の開催

ODRは、近時、専門家による「ODR活性化検討会」が開催されるなど社会的関心が高く、今後大きな発展が見られると考えます。

（臼井　智晃）

4 その他の手続のIT化②

Q4 その他の手続のIT化について現在の検討状況を教えてください（上訴、再審、手形・小切手訴訟、簡裁手続、刑事手続）。また、「通常抗告の即時抗告化」とはどのようなことか教えてください。

ポイント

1 簡裁手続のうち支払督促手続は、その特性を踏まえて、通常訴訟手続のIT化とは異なる検討が進められています。

2 刑事手続のIT化の検討が開始され、今後は、刑事手続の課題とされてきた時間的、労力的ロスの大幅な削減につながり、人権救済及び適切な司法権の実現につながることが期待されます。

3 「通常抗告の即時抗告化」とは、「通常抗告」を廃止し、すべての抗告手続を、申立期間制限及び原裁判の執行停止効のある「即時抗告」に統一する考えをいいます。

A 1 その他の手続の検討状況について

(1) 上訴手続、再審、手形・小切手訴訟

ア 上訴手続のIT化

民訴法第3編第1章「控訴」、第2章「上告」及び第3章「抗告」の各上訴手続に関するIT化は、第一審訴訟手続のIT化と同様に、オンラインによる申立て（e提出）、裁判記録の電子化（e事件管理）及びウェブ会議方式による口頭弁論期日・審尋期日の実施（e期日）を行うこととされています(中間試案24頁)。詳細は、本書第1章ないし第6章をご確認ください。

イ 再審、手形・小切手訴訟のIT化

民訴法第4編「再審」及び第5編「手形・小切手訴訟」に係る手続についても、第一審の訴訟手続と同様にIT化するものとされています（中間試案24頁)。

⑵ 簡易裁判所手続

ア　通常訴訟手続

簡易裁判所における通常訴訟についても、地方裁判所における第一審の訴訟手続と同様にIT化することを前提として、その具体的規律や、IT化に伴う特則を設けることについては、引き続き検討するものとされています（補足説明111頁）。詳細は、本書第1章ないし第6章をご確認ください。

イ　支払督促手続

㋐　既存のオンラインシステム

支払督促手続は、2004年の民訴法改正により、民訴法132条の10及び397条以下の規定並びに「民事訴訟法第132条の10第1項に規定する電子情報処理組織を用いて取り扱う督促手続に関する規則」（平成18年最高裁判所規則第10号）が整備され、オンラインによる手続が可能となっています。

2006年9月1日から、裁判所のホームページ上で「督促手続オンラインシステム（督オンシステム）」の運用が開始され、2010年11月1日からは、同システムで全国の支払督促事件の処理を行えるようになっています。

もっとも、上記2004年改正では、送達や異議申立て等の債務者に関係する手続はオンライン化されていないため、これらについて、通常訴訟と同様にIT化することを前提に、引き続き検討するものとされています（補足説明111頁）。

㋑　記録の閲覧・処分の告知

a　オンライン申立てによる支払督促に関する訴訟記録の閲覧は、現行法上、電子化された訴訟記録を書面に出力する方法で行うこととされています（民訴法401条）。

しかし、通常事件で電子データによる訴訟記録の閲覧を認めるのであれば、支払督促においても同様の方法による記録閲覧を認めるべきと考えられています。

b　オンラインによる処分の告知

支払督促手続に関する一定の処分の告知のうち、書面等をもってするものについては、オンラインによることができる旨等の定めがありますが（民訴法399条1項、2項、132条の10第3項準用）、通常事件において、事件管理システムを利用したオンラインによる判決の送達（詳細は、**本章Q6**をご確認ください。）を認めるのであれば、支払督促においても同様の方法による処分の告知を認めるべきと考えられています。

㈦　「OCR方式」による支払督促規定の削除

民訴法402条は、「OCR方式」による督促手続を規定していますが、同手続の運用を定めた最高裁規則が2007年2月1日限り廃止されており、「OCR方式」による督促手続は終了しています。

そのため、事実上死文化している民訴法402条の規定を削除すべきと考えられています。

ウ　少額訴訟

㈠　少額訴訟とは

少額訴訟は、原則一期日で審理を終結し、証拠調べは即時に取調べをすることができる証拠に限るとする手続です（民訴法370条、371条）。少額訴訟のIT化は、手続の特色を踏まえて、通常訴訟と異なる規律を設けるか否かの検討が行われましたが、以下のとおり、特段の規律は不要であると考えられています（研究会報告書174頁）。

㈡　ウェブ会議を利用した期日参加

少額訴訟において、ウェブ会議方式による期日参加を認める場合、1期日で審理を終結できないのではないかとの疑問が出され、ウェブ会議方式による手続参加を認めないとする規律を設けるべきか否かにつき検討がされました。

この点については、事前準備により特段の問題は生じないとする意見が多く、特段の規律は不要と考えられています。

㈦　電話会議方式による証人尋問

少額訴訟においては、現行法上、電話会議システムによる証人尋問が認められていますが（民訴法372条3項）、ウェブ会議方式による手続参加を認めるのであれば、電話会議方式を廃止しても良いのではないかとの点につき検討が行われました。

この点については、現行手続をあえて否定する理由はないとの意見が出され、特段の規律は不要と考えられています。

⑶　刑事手続について

ア　IT化の検討状況

現時点（2020年9月時点）で、刑事手続のIT化について十分な検討が進められてはいませんが、2020年6月25日付自由民主党司法制度調査会2020提言には、「刑事手続のIT化についても、捜査・公判の円滑な遂行に有益であり、国民の負担軽減にもつながるものと考えられることから、検討を開始すべきである」との内容が盛り込まれ、今後、刑事司法手続のIT化の検討が進められる見通しです（自民党司法制度調査会「司法制度調査会2020提言」第3「より強じんな司法インフラの整備」、同第5「国際的な協調・協働へのメッセージ」）。

イ　検討の方向性

報道によれば、まずは令状請求手続並びに警察から検察への送致書類の電子化及びオンライン送付の各検討が進められるとのことですが、いずれも刑事手続法の改正・システム構築が必要であり、実現は早くとも数年後になると考えられます。

将来的には、東京など大規模の裁判所に令状審査専門部署を置き、全国の捜査機関からのオンラインによる令状申請に対する審査を行えるようにするなど、裁判官の少ない地域での令状事務の負担を軽減することも検討される見通しです。

また、検察から弁護人側に対する電子データによる証拠開示も検討される見通しであり、これが実現すれば弁護人の大きな負担軽減につながると考えられます。なお、この点については、過年度に参議院法務委員会でも議論がされていますが、「関係者のプライバシーの問題、また外部に流出した際の様々な危険性、こういったことを総合的に考えてみますと、極めて慎重に検討する必要があるというふうに考えております。」との意見が出されています（2018年6月14日第196回国会参議院法務委員会第17号）。

ウ　IT化の問題点

刑事司法手続のIT化にあたっては、各情報が慎重な取扱いを要する個人情報であることから、情報漏洩防止のための厳格な対応が求められます。また、電子データによる証拠提出を認める場合、えん罪防止の観点から証拠の改ざんに対する手当が不可欠になると考えられます（大阪地判平成23年4月12日判タ1398号374頁等参照）。

2 「通常抗告の即時抗告化」について

⑴　抗告制度

ア　通常抗告と即時抗告

㋐　現行民訴法における抗告は、「通常抗告」と「即時抗告」があります。「即時抗告」には、申立期間の制限があり、かつ原裁判の執行を停止する効力がありますが、「通常抗告」には、申立期間の制限はないと解されており、原則として原裁判の執行停止効はありません（民訴法332条、334条1項、2項）。

㋑　「通常抗告の即時抗告化」とは、これら二種類の抗告概念を整理し、「通常抗告」を廃止して全ての抗告手続を、申立期間制限及び原裁判の執行停止効のある「即時抗告」に統一する考えを指します。

「通常抗告の即時抗告化」には、手続の早期確定ができることや不服申立期間を一律にシステム上で管理することができる等のメリットがあると考えられています（研究会報告書160頁以下）。

イ　通常抗告のできる裁判

現行民訴法は、「口頭弁論を経ないで訴訟手続に関する申立てを却下した決定又は命令」及び「決定又は命令により裁判をすることができない事項について決定又は命令」がされたときに抗告ができるとされています（民訴法328条1項、2項)。

具体的には、管轄指定(民訴法10条)、特別代理人の選任(民訴法35条1項)、訴訟引受け(民訴法50条)、費用償還命令(民訴法69条1項、2項)、担保の取消し(民訴法79条)、専門委員の関与の取消し(民訴法92条の4)、当事者に申立権がある場合における期日指定(民訴法93条1項)、裁判所書記官の処分に対する異議(民訴法121条)、手続の受継(民訴法128条1項)、弁論準備手続に付する裁判の取消し(民訴法172条)、証拠の保全(民訴法234条)、判決の更正(民訴法257条)、仮執行宣言又は仮執行免脱宣言の補充(民訴法259条5項)、起訴前の和解(民訴法275条)の申立てを却下する裁判などに対し、通常抗告ができると考えられています。

⑵ 検討の方向性

ア 条文構成の見直し

「通常抗告の即時抗告化」を実現するためには、民事訴訟法の改正が必要となります。現行民訴法は、民訴法328条を通常抗告の根拠規定とし、即時抗告が可能な類型について個々に即時抗告ができるとする旨の条項を設けています。

この条文構成を見直す考え方として、2つの方向性が検討されています。一つは、民訴法328条を即時抗告の一般的規定とした上、即時抗告を規定する個々の条項の削除等を行う考え、もう一つは、民訴法328条のような包括規定を廃止し、即時抗告が可能な場合を個々に網羅的に規定するとの考えです。

いずれの考えが適切かは、今後の立法政策議論に委ねられるべきですが、現時点では、規定漏れによって抗告ができなくなることを防ぐために、前者が適切と考えられています。

したがいまして、現行法において、即時抗告ができると規定されている個々の条項について、民訴法328条の規定に包含されると解される場合は規定を削除し、そうでない場合には当該規定を維持ないし修正する方向で検討されていました(研究会報告書161頁)。

イ　抗告期間の見直し

現行民訴法における即時抗告の期限は、1週間とされています（民訴法332条）が、非訟事件訴訟法67条1項の即時抗告に関しては2週間とされているなど各種法令における差異があるため、これらの期限を統一すべきかについても検討がなされています。この点については、期間を統一すべきとする考えがある一方で、各種法令が当該期間を定めた趣旨を踏まえた検討が必要と考えられています（研究会報告書161頁）。なお、日弁連は、通常抗告を即時抗告に統一することは賛成しつつ、抗告期間は2週間とすべきであるとの意見を表明しています（日弁連意見書29頁以下）。

⑶　法制審部会での検討状況

通常抗告の即時抗告化については、法制審部会でも検討が行なわれました。しかし、通常抗告ができる裁判に当たるかどうかは、解釈上も争いがあるところであり、即時抗告に統一する場合において、網羅的に即時抗告をすることができる裁判を規定することは相当困難であること、その他、即時抗告の期間を1週間とするか2週間とするか等についても網羅的に検討する必要があり、慎重に検討すべきとの意見が多く出され、中間試案での提案は見送られています（法制審第7回会議部会資料12・39頁）。

（臼井　智晃）

5 IT化による手数料や郵送費用等

Q5 裁判手続のIT化によって、訴え提起を含む申立て等の手数料や郵送費用はどのように納付されることになるのでしょうか。

ポイント

1 訴訟手続のIT化に伴い、訴え提起を含む申立て等の手数料及び送達費用のいずれについても、基本的に、現行の収入印紙、郵券及び電子納付以外の方法での現金による納付の取扱いを廃止し、ペイジーによる電子納付の方法への一本化がなされるべきです。

2 電子納付等による方法について、法制審部会では、ペイジー（税金や各種料金等の支払いを金融機関のインターネットバンキングやATMを利用して行うことができるサービスであり、原則として払込手数料無料で利用できるサービス）による納付に一本化する方向で検討されています（中間試案25頁）。

A 1 現　状

⑴ 手 数 料

裁判手続を利用するに当たっては、当事者は、裁判所に対し、申立て等の手数料のほか、手数料以外の費用（証人の旅費や鑑定費用、書類の送達等を行う郵便費用など）として、書類の送達にかかる郵便費用等を納付しなければならないとされています（費用法3条、11条）。

まず、申立て等にかかる手数料については、現行法上、原則として、訴状その他の申立書又は申立ての趣意を記載した調書に収入印紙を貼って納めなければならないとされており（費用法8条本文）、ペイジーを利用するなど、電子納付等によることは認められていません。

例外的に、最高裁判所規則で定める場合には、現金をもって納めることができることとされていますが（同条ただし書）、現行法上は、納付する手数料の額が100万円を超える場合や支払督促において督促手続オンラインシステムを利用する場合に限られており、しかも、この現金納付の方法として電子納付をすることができるのは後者の場合のみです。

⑵　手数料以外の費用

次に、手数料以外の費用については、原則として、概算額を現金で予納しなければならないこととされていますが（費用法12条1項）、郵便費用についてのみ、現金に代えて郵券で予納することが認められています（費用法13条）。手数料以外の費用の予納については、郵便費用を含め、現在でも、電子納付の方法により行うことが可能となっていますが、実務において、広く利用されているとまではいえない状況です。

現行法下における納付方法の規律

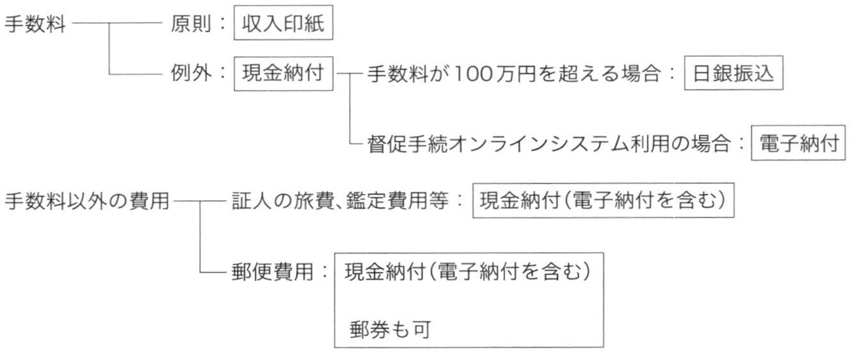

出典：法制審第2回会議部会資料4・2頁

2　電子納付への一本化

前記**1**のとおり、現行法上、手数料等の電子納付が認められる場合は限定されており、現在の実務では、訴えの提起等に際して、収入印紙を貼付した訴状等の提出に併せて、郵便費用の概算額を郵券で予納することが一般的に行われています。

しかし、「民事裁判手続のIT化により、インターネットを用いた申立てがされる場合には、そもそも収入印紙を貼付すべき訴状その他の申立書」等が存在しないため、「インターネットを用いてする申立ての過程において、手数料等の納付も、収入印紙ではなくインターネットを用いてすることができるようになれば当事者の便宜に資する」と指摘されています（補足説明113頁）。

また、手数料のほか、郵便費用等の手数料以外の費用の予納についても、電子納付による場合であれば、当事者は、裁判所に赴くことなく、原則としていつでも納付することが可能となります。

現行制度でも、督促手続オンラインシステムを利用する支払督促においては、手数料の納付方法を電子納付に一本化することが既に実現されており、また、手数料以外の費用についても、電子納付以外の方法による現金納付が可能であるものの、実際には、電子納付の方法で予納することとなっています。

これらを踏まえ、中間試案25頁では、インターネットを用いてする申立てがされる場合には、手数料及び手数料以外の費用のいずれについても、現行の収入印紙、郵券及び電子納付以外の方法での現金による納付の取扱いを廃止し、ペイジーによる納付の方法に一本化することとしています。

これに対し、インターネットを用いてする申立てを認めつつ、手数料及び手数料以外の費用の納付方法について、電子納付等の方法とは別に、これまでどおり収入印紙や郵券等を裁判所に持参または郵送する取扱いも併存させることも選択肢としてはあり得ます。しかし、現行のペイジーを利用した電子納付においては、払込みの手数料が原則不要であり、インターネットバンキングや郵便局・金融機関等の各所のATMでの納付が可能とされており、その普及状況からすると、インターネットを用いてする申立てがされる場合の手数料等の納付方法について、従来の収入印紙や郵券による納付方法等を残す合理的な理由はないと考えます。

以上から、インターネットを用いてする申立てがされる場合には、現状の規律を改め、手数料及び手数料以外の費用の納付について、ペイジーによる納付の方法に一本化すべきとする中間試案は相当であると考えます。

なお、中間試案25頁によれば、訴訟手続のIT化について検討するこの機会に、郵便費用について、これまでの手数料以外の費用としての取扱いを改め、手数料として扱うこととし、申立ての手数料に組み込んで一本化し、郵便費用の予納の制度を廃止することとすべきとされています。

電子納付への一本化が実現した場合には、郵券を取り扱うことに伴う当事者及び裁判所にとっての取扱いの煩雑さ、事務負担の大きさという問題はおおむね解消されるのではないかと思われますが、手数料以外の費用について概算額の予納が義務付けられている以上、不足する都度追納を行う必要があり、煩雑である上追納しなければ訴訟が遅延する事態が生じるという問題が残ります。

現在の実務では、書類の直送やファクシミリを利用した送信を活用した運用が定着していること、また、今回の裁判手続のIT化により、裁判所と当事者との間で郵便による書面によるやりとりが大幅に減少することが見込まれることを踏まえると、郵便費用を手数料以外の費用として整理する前提はもはや維持されているとはいいがたく、郵便費用を、申立ての手数料、すなわち裁判制度を利用するための費用として整理しなおすべきであると指摘されています。

3　書面による申立てが許容される場合における手数料等の納付方法

インターネットを用いてする申立ての義務化の範囲の例外をどこまで認めるかに関わるものの、仮にインターネットを用いてする申立てに加え、書面による申立てが一定の場合に許容されることとなった場合でも、中間試案では手数料及び手数料以外の費用の納付方法については、やむを得ない事情があると認めるときを除き、ペイジーによる納付の方法によらなければならないものとするとされています。

たとえば、訴訟当事者が刑事施設被収容者である場合などは、やむを得ない事情があると認めるときにあたると思われます。そのようにやむを得ない事情があると認めるときの納付方法については、現行の費用法第8条の規律を維持するものとされています（中間試案25頁及び26頁）。

なお、「仮にインターネットを用いてする申立てと書面による申立てとが併存することとなった場合には、インターネットを用いてする申立てを促進する観点等から、両者の手数料の額に差異を設けてインターネットを用いてする申立てに経済的インセンティブを付与することについても引き続き検討す」べきとも指摘されています（中間試案25頁）。

（須藤　泰宏）

6 AI活用の動向と問題点

Q6 裁判手続においてAIを活用することはできるでしょうか。また、AIを用いることにどのような問題点があるでしょうか。

ポイント

1 日本の裁判手続においては、裁判のIT化が議論されている段階であり、AIの活用は実現していませんが、将来的には、諸外国のように裁判手続にAIを活用することは十分に可能ではないかと考えます。

2 ただし、AIを用いるためには、裁判例のオープンデータ化の実現が必要となるという問題点があるほか、データの歪みの可能性や、ブラックボックス化してしまうという問題点が指摘されています。

A 1 AIとは何か

AIとは、Artificial Intelligenceの略語であり、日本語では人工知能と訳されていますが、その定義は研究者の間でも統一されていません。経済産業省がまとめた「AI・データの利用に関する契約ガイドライン」9頁以下（以下「ガイドライン」といいます。）においては、「「AI技術」とは人間の行い得る知的活動をコンピュータ等に行わせる一連のソフトウェア技術の総称である」としています。また、ガイドラインにおいては、「便宜上、「AI技術」と表記した場合、後述する「機械学習」、またはそれに関連する一連のソフトウェア技術のいずれかを意味するものとする」としています。

機械学習とは、ガイドラインにおいて、「あるデータの中から一定の規則を発見し、その規則に基づいて未知のデータに対する推測・予測等を実現する学習手法の一つである」と定義されています。これに対して、深層学習とは、機械学習の手法を用いたアプローチの一つであるが、情報の取捨選別や情報から得る規則性等の発見も、コンピュータに任せる手法です。

AIに関しては、「人間の知能そのものを持つ機械を作ろうとする立場からの汎用的なAI」（強いAI）と、「人間が知能を使ってすることを機械にさせようとする立場からのAI」（弱いAI）という区分がありますが、ガイドラインでは、現在実用化が進められているのは「弱いAI」であるという認識の下、「AI」という言葉を、「弱いAI」、中でも特に機械学習に関する学問分野（研究課題）を意味するものとして説明を行う」としています。

2 裁判手続におけるAIの具体的な活用方法

(1) 諸外国の場合

すでに、諸外国においては、AIを裁判手続に利用する動きが始まっています。

たとえば、アメリカのウィスコンシン州においては、再犯可能性予測システム（COMPAS）が被疑者・被告人の釈放や再犯可能性の判断のために用いられており、量刑判断の理由の一つとしても用いられています（柳瀬昇「AIと裁判」山本龍彦編著『AIと憲法』363頁以下（日本経済新聞出版、2018年））。

また、エストニアにおいて、7000ユーロ未満の契約上の紛争について、ロボット裁判官が判断を下すという計画についての報道がなされています（ただし、不服がある場合には、人間の裁判官に対する上訴が可能とのことです）。

(2) 日本の場合

現状、日本の裁判手続においては、裁判のIT化が議論されている段階であり、AIの活用は実現していません。

しかし、研究レベルではありますが、法律エキスパートシステムの開発研究が行われており、今後研究が進めば、「訴状、準備書面、そして判決書の作成支援ツールとして、あるいはその逆の使い方となるが、訴状審査の補正のツールとしても有用性が期待できる」といわれています（町村泰貴「民事裁判におけるAIの活用」法律時報1138号50頁（2019年））。

また、AI技術は「交通事故による過失割合や、交通事故に限らない人身事故一般における損害計算にも用いることができる」とも指摘されています（町村・前掲51頁）。

AIを用いる上では、後述の問題点をクリアする必要はありますが、将来的には、日本の裁判手続においても、さらに進んで、エストニアのように、一定の紛争について人間の裁判官に代わりロボット裁判官が判断を下すとすることも十分に可能ではないかと考えます。

3 AIを用いることに対する問題点

⑴ オープンデータ化

裁判手続においてAIを用いるためには、AIに機械学習が可能な環境の整備、すなわち過去の裁判例の自由な利用が可能となる状況の整備（いわゆるオープンデータ化）が必要です。

「法実務分野でのディープラーニングを実現するためには、当事者が提出した書類、そして証拠となるべき書類のすべてがデジタル情報の形で保存され、アクセス可能であることが必要となる」と指摘されています（町村・前掲52頁））。

しかし、オープンデータ化に際しては、現行法上、訴訟記録の謄写が当事者及び利害関係を疎明した第三者に限られていることや（民訴法91条3項）、また、現状、裁判例のすべてが公開されているわけではなく、公開されている裁判例データは、最高裁判例だけでみても、裁判例総数の数パーセント程度しかないという課題があります。さらに、裁判例は私人間の紛争に関する情報であるため、プライバシーや営業秘密に関する配慮等が必要であり、一般公開にあたっては匿名加工と復元禁止が必要となるなどの課題もあります。

そのため、現状、民事判決のオープンデータ化に向けては、法務研究財団PTでの検討が重ねられている状況です（本章**Q2**参照）。

⑵ その他の問題点

その他、裁判手続においてAIを利用する上では、「AIが機械学習をするに当たって使用するデータによっては、学習結果に特定のバイアスがかかることがありうる」というデータの歪みの可能性や、AIによる推論が「ディープラーニングに至ると、大量のデータのどの点を重視して結論を導いたのかを検証することができず、いわばブラックボックス化してしまうという可能性」が問題点として指摘されています（町村・前掲52頁）。

しかし、データの歪みの問題は、AIに機械学習をさせる上で使用するデータを選別する、つまり裁判手続でいえば裁判例データの限定選別をするという作業を行う場合の問題ではないかと考えられます。上記のとおり裁判例をオープンデータ化し、裁判例データの限定選別を行わず等しく学習させるのであれば、学習結果に特定のバイアスがかかるという問題は生じません。また、結論に影響する項目の重要度等を人間が設計するということで学習結果にバイアスがかかるという危険性については、結局はそれを設計する人の問題にすぎず、人間裁判官が裁判をすることでも同様に生じる問題ではないかと考えられます。

以上のことから、裁判手続においてAIを利用するとしても、その利用範囲を、機械学習のレベルにとどめる限り、その学習のプロセスの検証は可能であり、ブラックボックス化という問題は避けることができると考えます。

（須藤　泰宏）

◆事項別索引◆

と

に

は

ひ

ふ

へ

ほ

ま

編著者一覧

（50音順）

有本　真由
〒150－0013　東京都渋谷区恵比寿１－10－５　中田ビル401
アレシア国際法律事務所　TEL　03－6459－3502

安藤　博規
〒103－0013　東京都中央区日本橋人形町３－４－５　日本タオル会館３階
人形町総合法律事務所　TEL　03－6661－0980

植草　美穂（第５章編者）
〒160－0017　東京都新宿区左門町13－１　四谷弁護士ビル204－206
東京四谷法律事務所　TEL　03－3358－0151

臼井　智晃
〒101－0048　東京都千代田区神田司町２－８　第25中央ビル３階
ひびき綜合法律事務所　TEL　03－5207－7300

遠藤　啓之
〒102－0083　東京都千代田区麹町５－２－１　K-WINGビル３階・４階
田島・寺西法律事務所　TEL　03－5215－7355

大木　怜於奈
〒104－0061　東京都中央区銀座８－９－17　KDX銀座８丁目ビル11階
レオユナイテッド銀座法律事務所　TEL　03－6263－8177

小澤　亜季子
〒100－0004　東京都千代田区大手町１－７－２　東京サンケイビル25階
センチュリー法律事務所　TEL　03－5204－1080

金原　一樹
〒105－0003　東京都港区西新橋２－22－１　西新橋２丁目森ビル６階
あたご法律事務所　TEL　03－3434－2776

黒須　祐希
〒160－0023　東京都新宿区西新宿６－12－６　コアロード西新宿203
小林・福井法律事務所　TEL 03－3343－6088

小沼　千夏
〒170－0011　東京都豊島区池袋本町３－30－12　池袋SYマンション301
AWL法律税務事務所　TEL　03－6323－6374

佐々木　慎平
〒136－0071　東京都江東区亀戸6－57－19　丸宇本社ビル6階
亀戸法律事務所　TEL　03－5609－5586

佐藤　孝丞
〒103－0023　東京都中央区日本橋本町3－1－11　繊維会館8階
佐野総合法律事務所　TEL　03－3279－2758

須藤　泰宏
〒170－0013　東京都豊島区東池袋1－25－3　第2はやかわビル3階
須藤パートナーズ法律事務所　TEL　03－6914－2997

髙梨　滋雄（第1章編者）
〒105－0001　東京都港区虎ノ門3－10－4　虎ノ門ガーデン809
髙梨滋雄法律事務所　TEL　03－6450－1923

谷口　太規
〒170－0013　東京都豊島区東池袋1－34－5　2階
弁護士法人東京パブリック法律事務所　TEL　03－5979－2900

田伏　いづみ
〒160－0004　東京都新宿区四谷2－14－4　ミツヤ四谷ビル5階
四谷国際法律事務所　TEL　03－6457－4301

永石　一恵（第2章編者）
〒160－0022　東京都新宿区新宿5－8－2　ニューライフ新宿2階
永石一郎法律事務所　TEL　03－3356－7766

西川　達也（第7章編者）
〒160－0023　東京都新宿区西新宿1－11－11　河野ビル5階
西川達也法律事務所　TEL　03－5909－1772

濱田　祥雄
〒100－0004　東京都千代田区大手町1－5－1
大手町ファーストスクエアイーストタワー19階
和田倉門法律事務所　TEL　03－6212－8100

浜本　匠（第6章編者）
〒105－0001　東京都港区虎ノ門1－1－18　ヒューリック虎ノ門ビル
虎門中央法律事務所　TEL　03－3591－3281

日比野　大
〒997－0028　山形県鶴岡市山王町9－29
弁護士法人mamori鶴岡支店　TEL　0235－26－8165

廣石　和也
〒102－0094　東京都千代田区紀尾井町3－19　紀尾井町コートビル7階
ソフィア法律事務所　TEL　03－3262－0770

藤﨑　太郎（第3・4章編者）
〒151－0053　東京都渋谷区代々木2－23－1　ニューステイトメナー1371
あかぎ総合法律事務所　TEL　03－5843－5814

藤沼　光太
〒107－0052　東京都港区赤坂2－10－5　赤坂日ノ樹ビル8階
小林・弓削田法律事務所　TEL　03－3568－8410

藤間　崇史
〒194－0013　東京都町田市原町田4－16－21　キムラヤビル2階
草薙一郎法律事務所　TEL　042－720－5911

藤原　奈美
〒105－0001　東京都港区虎ノ門1－16－4　アーバン虎ノ門ビル2階
法律事務所虎ノ門法学舎　TEL　03－3506－0405

本多　基記
〒100－0006　東京都千代田区有楽町1－12－1
新有楽町ビルヂング10階1039区
本多・森田・吉田法律会計事務所　TEL　03－6259－1380

溝下　兼一郎
〒104－0061　東京都中央区銀座1丁目10番6号
銀座ファーストビル2階
ロードスターキャピタル株式会社　TEL　03－6630－6690

美和　薫
〒100－0011　東京都千代田区内幸町1－3－3　内幸町ダイビル9階
フォーサイト総合法律事務所　TEL　03－6457－9481

山崎　岳人
〒105－0004　東京都港区新橋4－25－6　ヤス丯ビル2・6階
コスモス法律事務所　TEL　03－3432－1475

山本　暢明
〒103－0025　東京都中央区日本橋茅場町2－14－7
日本橋テイユービル201
吉原法律事務所　TEL　03－3665－1611

実務が変わる！
Q&A 民事裁判手続IT化

令和3年4月15日　第1刷発行

編　集　東京弁護士会法友会

発　行　株式会社ぎょうせい

〒136-8575　東京都江東区新木場1-18-11
URL：https://gyosei.jp

フリーコール　0120-953-431
ぎょうせい　お問い合わせ　検索　https://gyosei.jp/inquiry/

〈検印省略〉

印刷　ぎょうせいデジタル（株）

ISBN978-4-324-10948-9
(5108684-00-000)
〔略号：QA裁判IT化〕